# LE SECTEUR DE L'INDUSTRIE AUTOMOBILE AU MAROC

Histoire et Perspectives méditerranéennes

Dans le cadre de cette collection, créée en 1985, les Éditions L'Harmattan se proposent de publier un ensemble de travaux concernant le monde méditerranéen des origines à nos jours.

Dernières parutions

Hamid TOUALI, *Le Hirak du Rif, Émergence du contre-espace public rifain*, 2025.
Chokri BEN FRADJ, *Le Parti communiste français face à la question coloniale : le cas du Maghreb. Militantisme politique et errance idéologique entre deux rives 1920-1939*, 2025.
Mohammed MADANI, *Constitutionnalisme protestataire et ordre politique au Maroc. La fabrique d'une constitution (20 février-29 juillet 2011)*, 2025.
Dimitrios KARGIOTIS, *De la Grèce aux Balkans : des voisins loin-tains Études sur la constitution des espaces critiques*, 2025.
Hajer BEN HAMZA, *La migration interne en moments de crises. Le cas de la Tunisie post-2011*, 2025.
Jamâl ABARROU, *Ayt Warayagher au centre de l'Histoire, ou Guerres du Rif et le Colonialisme Franco-Espagnol*, 2025.
Azelarab QORCHI, *Le clap et l'écran. Ecrits sur le cinéma marocain*, 2025.
Naouel NESSARK, *Regards sur l'architecture religieuse à Alger. De l'époque coloniale à nos jours,* 2024.
Sofia TABARI, *L'histoire du jardin et du paysage, Entre fantasmes et sciences dans la pensée islamique, Alger au fil du temps*, 2024.
Zoulal MANSOURI & Nabila BENNAGHMOUCH, *Les défis de la déperdition étudiante dans les universités marocaines,* 2024.
Ghazi BEN AHMED, *Échos de Tunisie : populisme, transition et espoirs de démocratie*, 2024.
Nafie ABDERRAHIM, *Le patrimoine communal et le développement économique et social au Maroc*, 2024.
Sultan CETINKAYA TAHTACI, *Les récits des ghaza chez les Ottomans du XV^e^ siècle*, 2024.

Chaimaa Khachani

# Le secteur de l'industrie automobile au Maroc

## Facteurs d'attractivité et de compétitivité territoriales

Préface d'Ayda Fathi

L'Harmattan

5-7, rue de l'École Polytechnique - 75005 Paris
www.editions-harmattan.fr
ISBN : 978-2-336-54666-7
EAN : 9782336546667

# Préface

L'industrie automobile se retrouve aujourd'hui au cœur d'enjeux stratégiques, économiques et géopolitiques majeurs à l'échelle internationale. Les gouvernements, tout comme les acteurs privés, s'attachent à consolider un écosystème fiable, performant, capable de répondre aux défis de la compétitivité, de l'innovation et de la durabilité. Sous l'impulsion de Sa Majesté le Roi Mohamed IV, que Dieu l'assiste, la montée en puissance de ce secteur au Maroc s'appuie sur une volonté forte des pouvoirs publics de faire du pays un hub incontournable en matière de production, d'exportation et d'envergure automobile, tout en garantissant une optimisation des ressources territoriales et une intégration complète dans les chaînes de valeur mondiales.

Cet ouvrage se veut une contribution à l'analyse des facteurs d'attractivité et de compétitivité du territoire marocain, et plus particulièrement de leur impact sur la filière automobile, avec un focus sur la branche du câblage. Il met en évidence l'importance de politiques publiques cohérentes, mêlant incitations fiscales, renforcement des infrastructures, qualification du capital humain et promotion de la recherche-développement. L'ambition est de montrer comment la combinaison de ces leviers contribue à l'émergence d'un secteur automobile performant, créateur d'emplois, générateur de la valeur ajoutée et de hisser le Maroc parmi les plateformes les plus compétitives au Monde.

Au cœur de cette démarche se trouve un travail à la fois descriptif, analytique et comparatif, qui puise dans les meilleures pratiques internationales. Il ne s'agit pas seulement de dresser un état des lieux ni de relater des politiques publiques existantes, mais de proposer des pistes d'action concrètes et adaptées aux spécificités du contexte marocain. En s'inspirant de l'expérience d'autres pays émergents et de certaines régions européennes, l'ouvrage vise à dégager des enseignements pertinents pouvant améliorer la consolidation et la pérennisation de l'écosystème automobile au Maroc.

Cette lecture s'adresse autant aux chercheurs et étudiants désireux de mieux cerner les dynamiques de localisation industrielle. Elle sera également utile aux opérateurs économiques qui y trouveront un éclairage sur les facteurs-clés de succès dans le secteur automobile marocain. Au-delà de l'analyse théorique et empirique, les recommandations ici formulées ouvrent des perspectives prometteuses pour accompagner la montée en gamme du secteur, renforcer sa compétitivité et son positionnement.

L'industrie automobile est le premier secteur exportateur au Maroc avec un chiffre d'affaires à l'export de plus de 1.55MM DH en 2025, le Royaume étant le premier producteur automobile sur le continent africain.

**FATHI Ayda,**

**Directrice du secteur automobile**

**au ministère de l'Industrie et du Commerce au Maroc.**

# Sommaire

# Abréviations

**ACM :** Analyse des Correspondances Multiples.
**ACMA :** Association Indienne des Fabricants de Composants Automobiles.
**AMICA** : Association Marocaine de l'Industrie Automobile.
**BEI :** Banque Européenne d'Investissement
**CARS 21 :** Competitive Automotive Regulatory System for the 21st century.
**CDEIF :** Club des Développeurs Economiques d'Ile de France.
**CEE-ONU** : Commission Economique des Nations unis pour l'Europe.
**CSF :** Comité stratégique de filière.
**EEC :** Eastern Economic Corridor Development Project.
**EEC :** Eastern Economic Corridor Development Project.
**FSE :** Fonds social européen.
**GAFTA :** Great Arab Free Trade Area.
**GAFTA :** Great Arab Free Trade Area.
**IDE :** Investissement Direct à l'Etranger.
**IMD :** International Institute for Management Development.
**NATRiP :** National Automotive Testing and R&D Infrastructure Project.
**OCDE :** Organisation de Coopération et de Développement Economiques.
**OFEM :** Observatoire de la Formation, de l'Emploi et des Métiers.
**PFA :** Plateforme de la filière automobile.
**SIAM :** Société des constructeurs automobiles indiens.
**TAA :** Tunisia Automotive Association.
**TAI :** Thailand Automotive Institute.
**TFZ :** Tangier Free Zone.
**UE :** Union Europeen.

# Résumé

L'ouvrage a pour objectif principal d'apporter une contribution à l'avancement des connaissances théoriques et à l'amélioration des pratiques de la politique industrielle marocaine, en termes d'attractivité et de compétitivité du territoire au niveau du secteur automobile en général et la filière du câblage en particulier. Il vise la proposition d'une approche innovatrice et originale pour le choix du territoire marocain comme une localisation industrielle à travers des mesures incitatives à l'investissement. Pour y parvenir, l'approche constructiviste est retenue, parce qu'elle favorise le développement de nouvelles connaissances sous une forme applicable. La méthode mixte qualitative et quantitative et l'étude de cas (l'étude est menée auprès d'une dizaine d'entreprises et deux établissements publics) sont le socle du protocole méthodologique. Des entretiens semi-directifs, et l'analyse documentaire permettent, principalement de collecter les informations utiles.

En effet, il étudie l'attractivité et la compétitivité territoriale et ses rapports avec le choix de la localisation industrielle, en se focalisant sur le rôle de l'acteur public à travers la politique industrielle marocaine. Il s'agit d'examiner l'ensemble des facteurs d'attractivité et de compétitivité que le Maroc présente aux nouveaux investisseurs du secteur automobile, en mettant l'accent sur les coûts logistiques. Ces instruments permettent de faire une collecte multi-sources de données que nous pouvons classer en deux groupes : le premier concerne les données tirées des différents établissements publics, à savoir le ministère de l'industrie et l'AMICA. Le second s'intéresse aux données issues d'enquêtes auprès de la cible représentée principalement par les multinationales du câblage automobile. L'analyse empirique appliquée sur ces données génère des résultats fiables qui prouvent l'hypothèse que le territoire marocain est attractif et compétitif pour les nouveaux investisseurs étrangers. En outre, afin d'améliorer le positionnement du Maroc à moyen et à long terme au niveau international, il doit veiller à la mise en place de la production et la commercialisation du véhicule futur qui répond aux nouvelles mutations et exigences environnementales, un sujet qui peut faire l'objet d'un ouvrage.

**Mots –clés :** Territoire, Attractivité, Compétitivité, Automobile, Choix de localisation, Positionnement.

# Abstract


The main objective of this book is to contribute to the advancement of the theoretical knowledge and to the improvement of the practices of Moroccan industrial policy, in terms of attractiveness and competitiveness in the automotive sector in general and more particularly in the wiring industry.

This book aims to propose an innovative and original approach to the choice of the Moroccan territory as an industrial location through investment incentives. To achieve this, the constructivist approach is adopted because it promotes the development of new knowledge in an applicable form. The mixed qualitative and quantitative method and the case study (the research is carried out among ten companies and two public institutions) are the basis of the methodological protocol. Semi-directional interviews and documentary analysis allow, mainly to collect useful information.

Indeed, the book studies the attractiveness and territorial competitiveness and its relationship with the choice of industrial location, focusing on the role of the public actor through Moroccan industrial policy. The aim is to examine all the factors of attractiveness and competitiveness that Morocco presents to new investors in the automotive sector, with a focus on logistics costs. These instruments make it possible to collect data from multiple sources and to classify them into two groups: the first relates to data from the various public institutions, namely the Ministry of Industry and AMICA. The second is data from surveys of the target represented mainly by multinational car cabling companies. An empirical analysis is applied on these data generates reliable results that prove the hypothesis that the Moroccan territory is attractive and competitive for new foreign automobile investors. In addition, in order to improve Morocco's position in the medium and long term at the international level, it must ensure the implementation of the production and marketing of the future vehicle that meets new changes and environmental requirements, a topic that may be the subject of scientific research.


**Keywords:** Territory, Attractiveness, Competitiveness, Automotive, Choice of location, Positioning.

# Introduction générale

# Introduction générale

## Contexte de l'ouvrage

Nous choisissons de présenter le contexte de cet ouvrage selon les points suivants :

### Contexte international

La mondialisation est caractérisée par le phénomène de l'internationalisation des entreprises. Cette internationalisation est peut-être définie comme l'évolution et la croissance d'une entreprise, en dehors de son marché local. Cependant, nous constatons que toutes les entreprises qui investissent à l'international, n'utilisent pas les mêmes moyens et méthodes, et ne se basent pas sur les mêmes critères pour le choix de leurs localisations.

Ainsi, récemment nous remarquons une tendance rapide des entreprises à ouvrir des unités de production au niveau international à la fois, pour s'approcher d'une nouvelle clientèle, intégrer le coût des transports[1], et diminuer le temps séparant l'offre de la demande, pour faciliter la réactivité dans un délai court et la bonne compréhension de la commande[2] par une communication directe.

Dans ce contexte, le marché mondial offre des opportunités importantes pour les entreprises et les pays. Alors, afin que les entreprises puissent bénéficier de ces opportunités, elles doivent accéder et maintenir une place sur ce marché. D'où le recours au choix de la localisation industrielle comme une mécanique économique.

**La localisation des activités économiques (industrielles) : hasard ou choix rationnel ?**

Le choix de la localisation industrielle joue un rôle important dans les stratégies des firmes. Elles sont toujours à la recherche d'une main-d'œuvre qualifiée, d'un marché potentiel, d'une bonne accessibilité, des infrastructures, etc., autrement dit, il s'agit bien d'un choix de la localisation « optimale ».

En effet, la localisation des activités économiques est régie par un certain nombre de critères, dont le poids et la diversité changent

1)- Fontagné, L., & Lorenzi, J. H. (2005). Désindustrialisation, délocalisations.
2)- Veltz, P. (1996). Mondialisation, villes et territoires. L'économie d'archipel, 2, 230.

considérablement d'une situation à l'autre, et un même facteur peut entraîner des impacts différents. Mais un seul facteur ne peut pas expliquer la localisation d'une firme. Donc, le choix d'une localisation est toujours une question de compromis et d'offres, basés sur un ensemble de facteurs.

A ce sujet, plusieurs théoriciens économistes, comme Dunning, et Krugman donnent aux investissements étrangers une place intéressante dans le développement économique du pays d'accueil. Les principaux arguments inspirés de la théorie du commerce des investissements étrangers et du marketing justifient le rôle important de ces derniers dans l'économie du pays hôte. Ces arguments peuvent être résumés par les flux des investissements étrangers qui peuvent créer de l'emploi, accroître la formation du capital, promouvoir les exportations, fournir le savoir-faire et le travail qualifié, engendrer le transfert technologique et assurer la diffusion des externalités positives.

Selon l'OCDE[3], « L'investissement direct est bénéfique pour le pays d'origine et d'accueil et fait partie intégrante d'un système économique international ouvert et efficace constitue l'un des principaux catalyseurs du développement ».

Donc, face à cette importance des retombées des investissements étrangers sur le pays hôte, les pays ne cessent d'améliorer l'image de leur territoire, afin d'être parmi les pays attractifs aux investissements étrangers.

## Contexte national

A l'heure actuelle, nous constatons que l'économie internationale connaît une accélération du processus d'industrialisation des Pays en Voie de Développement. A l'instar du Maroc, plusieurs politiques industrielles voient le jour. Elles se focalisent sur des industries spécifiques qui s'intéressent essentiellement aux nouveaux métiers mondiaux.

Aujourd'hui, le Maroc mène une politique industrielle qui vise à reconstruire une industrie affaiblie. En protégeant de nouvelles industries, en aidant à la reconversion des secteurs en difficulté, en promouvant les exportations, ou encore en s'engageant dans des plans de subventions, pour des industries qui portent sur les métiers mondiaux.

---

3) - OCDE. (2002). L'investissement direct étranger au service du développement—optimiser les avantages—minimiser les coûts.

Dans ce contexte, le présent ouvrage s'intéresse à la politique industrielle marocaine, en choisissant de se focaliser sur le secteur de l'industrie automobile en générale et sur la filière du câblage en particulier comme l'un des métiers mondiaux. En effet, il étudie les facteurs d'attractivité et de compétitivité, en concentrant sur le renouvellement des réflexions portant sur le choix de la localisation industrielle, en termes de la compétitivité des firmes et l'attractivité du territoire marocain.

Son objectif est de répondre aux attentes des multinationales, et les inciter à choisir le Maroc comme un territoire préféré pour de nouvelles localisations, en mettant en place de nouveaux moyens d'industrialisation, le renforcement de l'exportation, de l'infrastructure, du transport et de la communication, l'assouplissement des impôts, et l'investissement dans le capital immatériel, l'innovation et la technologie de la production.

## Justification du choix

Le domaine de cet ouvrage dans les industries des métiers mondiaux est immense, d'une part grâce à l'importance de ces nouveaux métiers dans l'économie nationale et internationale, et d'autre part par leurs poids au niveau de la position concurrentielle du pays dans le monde.

En effet, l'ambition de réaliser une étude exhaustive sur l'ensemble des secteurs, que rassemble le domaine de ces industries dans le cadre d'un ouvrage, est voué inéluctablement à l'échec, d'où une sélection, dictée par les contraintes.

Dans ce sens, nous remarquons, depuis la fin des années 50, que la politique industrielle dominante au Maroc est l'industrie industrialisante, dont le secteur automobile est privilégié. Ce dernier a traversé plusieurs étapes, en commençant par l'assemblage des véhicules localement, en vue d'une valorisation locale et une stimulation d'un effet d'entraînement sur le tissu industriel, par la mise en place d'une industrie progressive des composants automobiles, en arrivant au premier secteur exportateur du pays, par sa performance particulièrement remarquable au niveau de la création d'emploi et la croissance annuelle à deux chiffres. Pour cela, notre choix porte d'une manière générale sur le secteur de l'industrie automobile et d'une manière particulière sur la filière du câblage. Ce choix permet de mener une étude et une recherche approfondies sur notre question dudit ouvrage.

## Problématique de l'ouvrage

La définition de la problématique du présent ouvrage s'appuie sur les perspectives ouvertes par l'analyse pluridisciplinaire de la littérature. Elle est déterminée à partir des principaux apports et limites des travaux empiriques et théoriques existants.

Celle-ci permet de présenter l'offre territoriale qu'un pays présente aux nouveaux investisseurs désirant s'implanter sur son territoire, à travers des mesures incitatives. A l'instar du Maroc, notre problématique s'intéresse aux facteurs d'attractivité et de compétitivité territoriales concernant le secteur de l'industrie automobile en générale et la filière du câblage en particulier.

D'où la question principale de cet ouvrage est :

**Le territoire marocain est-il attractif et compétitif pour le secteur de l'industrie automobile en général et de la filière du câblage en particulier ?**

Cette formulation générale de la problématique d'ouvrage permet d'étudier les deux facteurs influençant le choix d'une nouvelle localisation, tout en intégrant le rôle de l'acteur public dans la prise de décision d'une firme pour un lieu d'implantation.

## Méthodologie et démarche de l'ouvrage

Le principal objectif de cet ouvrage est d'apporter une amélioration aux pratiques de la politique industrielle marocaine, en ciblant les facteurs d'attractivité et de compétitivité du territoire au niveau du secteur automobile en général et la filière du câblage en particulier. Selon cet objectif, la méthodologie qui semble la plus convenable à notre ouvrage est caractérisée par le paradigme épistémologique constructiviste avec l'approche inductive, et sa démarche est basée sur la méthode mixte qualitative et quantitative. Ce choix est justifié aussi par le caractère innovant d'ouvrage. Donc, une méthodologie en deux temps est choisie :

Dans une première phase, la méthode qualitative se concrétise par une exploration sur terrain, il s'agit bien d'une étude de contextualisation réalisée auprès du ministère de l'industrie, en effectuant un stage d'étude, et des rencontres avec les responsables de l'AMICA, en tant qu'une association qui s'intéresse au développement du secteur automobile marocain. Cette étude vise à analyser et étudier la politique industrielle marocaine, en se concentrant sur les mesures incitatives à l'investissement dans le secteur, et relever ses différentes caractéristiques. La finalité de cette démarche de contextualisation est de se rapprocher le plus possible des réalités des pratiques de la politique industrielle, en termes d'attractivité et de compétitivité. Donc, cet effort de contextualisation semble nécessaire pour mieux comprendre la réalité de notre objet de cet ouvrage, et aussi pour faciliter l'élaboration d'une étude comparative entre le Maroc et les pays concurrents au niveau des mesures incitatives à l'investissement.

La deuxième phase de notre étude empirique est conduite par une enquête réalisée auprès de dizaines d'entreprises spécialisées en câblage automobile, et une étude de cas réalisée auprès d'un équipementier international qui porte sur la logistique automobile (l'optimisation des coûts logistiques). Elle est considérée comme un complément du travail.

Le traitement des données est effectué selon trois opérations qui sont ; l'épuration, le codage et l'analyse. L'analyse de ces données est réalisée par la méthode de l'analyse des correspondances multiples en utilisant le logiciel STATA.

## L'intérêt de l'ouvrage

L'intérêt principal de cet ouvrage est de proposer des améliorations permettant de rendre le secteur automobile marocain compétitif, attractif et plus visible à l'international.

De ce fait, il sera utile pour la communauté académique et professionnelle. Pour la première, il se concrétise par l'enrichissement des travaux empiriques et théoriques (car ce travail est caractérisé par un enrichissement de la partie théorique par les résultats empiriques). Et pour la seconde, il se matérialise par l'enlèvement des failles des pratiques managériales, et par la proposition des recommandations. Il est destiné aux responsables publics chargés de la politique industrielle automobile d'une manière générale et « l'écosystème câblage » d'une manière spécifique.

## Structure de l'ouvrage

Cet ouvrage se compose de deux parties :

La première partie vise à élaborer le cadre théorique permettant de co-construire les notions de territoire, d'attractivité territoriale et de compétitivité territoriale puis de définir, dans une optique opérationnelle, la notion du choix de la localisation industrielle et ses rapports au territoire. La construction de ce cadre théorique constitue une base importante pour notre ouvrage. Elle est structurée en deux chapitres :

- Le premier chapitre est consacré à la revue de littérature. Il présente un ensemble de théories de la localisation des entreprises et le rôle de l'acteur public dans leurs choix, en se focalisant sur l'attractivité territoriale.
- Le second chapitre s'intéresse à la notion de la compétitivité territoriale et le choix de la localisation industrielle, en s'intéressant aux facteurs de compétitivité territoriale.

Les réflexions conduites dans les deux premiers chapitres permettent d'établir des conclusions théoriques sur l'attractivité et la compétitivité territoriales. Ces théories visent d'une part les facteurs issus des deux notions pour le choix de la localisation industrielle, et d'autre part le rôle de l'acteur public à travers les politiques publiques industrielles.

La seconde partie aborde empiriquement les facteurs d'attractivité et de compétitivité territoriales du secteur de l'industrie automobile marocain d'une manière générale, et de la filière du câblage d'une manière particulière. Elle est consacrée au test empirique de nos conclusions d'analyse théorique. Toutefois, ce test ne se limite pas à nos propres résultats d'enquête, mais il est complété par d'autres enquêtes, recherches et études conduites dans ce domaine. Et ce, pour mener une étude dont les résultats sont fiables et complets.

Cette seconde partie est divisée en deux chapitres qui sont :

- Le troisième chapitre est l'occasion d'expliciter nos choix méthodologiques ainsi que de présenter les résultats de l'étude de contextualisation. Nous justifions dans la première section la méthodologie qualitative retenue pour conduire ce travail, ainsi que la stratégie d'investigation mise en place. Les techniques de production et d'analyse des données sont également abordées. Nous présentons dans la deuxième section, les résultats de l'étude de contextualisation, qui nous permet d'intégrer les spécificités et les caractéristiques du contexte marocain dans le cadre d'analyse conçue sur la base de la littérature.

Le quatrième chapitre expose les résultats de l'étude empirique de cet ouvrage. Il se compose de deux sections. La première section présente d'une part, les données et les résultats bruts de l'étude d'une manière descriptive. Elle se concrétise par une enquête auprès de dizaines d'entreprises et une étude effectuée au sein d'un équipementier international, comme un complément de travail. D'autre part, une interprétation des données recueillies à travers une analyse approfondie. Cette analyse nous permet de tirer les enseignements de l'étude selon les questions préalablement formulées. La deuxième section présente une discussion des résultats au regard des travaux antérieurs, afin de préciser les enrichissements et les apports du présent ouvrage par rapport aux travaux déjà développés sur l'attractivité et la compétitivité territoriales.

# PREMIERE PARTIE :
# ANALYSE THEORIQUE DES FACTEURS D'ATTRACTIVITE ET DE COMPETITIVITE ET LEURS INFLUENCES SUR LES CHOIX DE LA LOCALISATION INDUSTRIELLE

# Introduction de la première partie

Aujourd'hui, la croissance et la répartition des activités sur les territoires se trouvent au centre des priorités des politiques industrielles. L'activité économique ne se distribue pas au hasard dans l'espace. Les territoires se livrent à une concurrence, pour attirer les investissements étrangers. D'où l'attractivité des entreprises est devenue une priorité importante dans les politiques industrielles des pays en voie de développement. Ainsi, cette nouvelle source de croissance se trouve au centre des enjeux de la compétitivité territoriale.

Pour cette raison, les pays cherchent toujours à renforcer leur attractivité, en mettant en œuvre des politiques incitatives, afin d'attirer les investisseurs étrangers et bénéficier des retombées positives d'une nouvelle localisation industrielle. Ainsi, ce choix d'implantation occupe aujourd'hui les débats publics et régit par deux concepts à savoir ; la compétitivité et l'attractivité territoriales récurrentes aux débats traitant du développement économique des territoires.

L'impact des investissements étrangers sur l'économie du pays d'accueil est étudié dans plusieurs disciplines économiques. Ainsi, nous constatons que les divers travaux et études existants insistent sur la présence des externalités positives ou négatives générées par l'investissement extérieur sur l'économie du pays d'accueil. Toutefois, il faut noter l'importance de la dominance des effets positifs de ces investissements sur la croissance économique du pays d'accueil, plus précisément sur l'emploi, sur le transfert technologique, le capital humain, le commerce international et l'investissement domestique. Face à cette importance des résultats des investissements étrangers, le pays d'accueil est obligé de perfectionner et améliorer l'image de son territoire, afin d'être parmi les meilleurs pays choisis pour l'investissement, autrement dit, les pays les plus attractifs et compétitifs.

Dans ce contexte, l'objectif de cette première partie est de présenter les bases théoriques d'une analyse qui porte sur les théories des choix de la localisation industrielle, régies par les facteurs d'attractivité et de compétitivité territoriales. Elle implique l'analyse et l'articulation de la littérature liées à notre problématique, afin de constituer le socle théorique de notre travail. Cette partie s'articule en deux chapitres.

Le premier chapitre vise à construire une approche théorique sur la notion de l'attractivité territoriale et son rapport avec les théories de la localisation industrielle. Ainsi, il étudie les facteurs d'attractivité.

L'attractivité des territoires peut être définie comme « la capacité pour un territoire d'offrir aux acteurs des conditions qui les convainquent de localiser leurs projets sur leur territoire plutôt que sur un autre[4]». En contrepartie, ces investissements sont sensés de créer des postes d'emplois supplémentaires, de générer de nouvelles explorations, de transférer des nouvelles technologies et des nouveaux modes de gestion. D'où la notion de l'attractivité territoriale se trouve au cœur des caractéristiques de la mondialisation. Plusieurs Etats sont « aujourd'hui au cœur de la disjonction territoires-nations. Ils cherchent à réguler et développer des territoires nationaux notamment par une attractivité des firmes[5]... ».

En effet, aujourd'hui, la problématique de l'attractivité occupe le centre des préoccupations centrales dans les pays en voie de développement. Ces derniers mènent des politiques industrielles, qui se composent de plusieurs mesures d'incitation et d'encouragement, permettant de faciliter l'implantation et d'assurer un environnement attractif propice, tant aux investisseurs locaux qu'à ceux provenant de l'extérieur du territoire.

Le deuxième chapitre s'intéresse à constituer une base théorique sur la notion de la compétitivité territoriale et son rapport avec les théories de la localisation industrielle. Il étudie les différents types de compétitivité. L'objectif de ce chapitre est de comprendre comment la compétitivité territoriale contribue-t-elle au choix de la localisation industrielle, en se basant sur la détermination des facteurs de compétitivité.

En effet, pour être compétitives, les entreprises doivent proposer des produits ou des services qui par leur coût, leur qualité, leur mode de production, etc., sont suffisamment compétitifs, pour faire face à l'offre proposée par leurs concurrents. Or, la compétitivité est non uniquement liée aux caractéristiques de l'acteur économique, mais aussi aux spécificités du territoire, où il est implanté, c'est-à-dire aux ressources et actifs disponibles au sein du territoire ou facilement accessibles depuis la base arrière que constitue le territoire.

---

4)- Hatem, F., Lejeune, C., Delapierre, M., & Michalet, C. A. (2004). Investissement international et politiques d'attractivité. Paris: Economica.

5)- Hugon, P. (1997). Economie politique internationale et mondialisation. Economica.

# Chapitre I : L'Attractivité Territoriale et les Théories de Localisation Industrielle

Face à la mondialisation, la stratégie du choix de la localisation industrielle est toujours en évolution, ce qui exige de plus en plus des territoires à être plus attractifs et de répondre à une concurrence accrue.

Dans ce cadre, la dimension territoriale est devenue ces dernières années un enjeu majeur, autant pour les entreprises que pour les institutions publiques. D'où l'attractivité des territoires représente une grande importance, et elle devient ainsi un nouvel impératif classé en premier ordre des politiques économiques des nations.

En effet, l'objectif prioritaire de chaque pays pour améliorer son économie nationale est d'attirer les investisseurs étrangers, en leur offrant un environnement très favorable pour leurs implantations, et en développant des facteurs d'attractivité plus fiables.

Ces facteurs sont devenus aujourd'hui une préoccupation primordiale pour les pouvoirs publics, qui se trouvent en situation de concurrence directe avec les autres territoires. Il s'agit donc pour eux d'attirer le plus grand nombre possible d'entreprises, et surtout de favoriser la mise en œuvre d'un environnement propice et favorable, pour le maintien de ces firmes sur le territoire.

La littérature abondante de l'attractivité indique l'existence de plusieurs angles d'étude, qui peuvent aider à mieux expliquer les facteurs d'attractivité des territoires, leurs contributions et leurs impacts sur la stratégie de la localisation industrielle. Ces derniers apparaissent comme le résultat de l'interaction entre la firme, le territoire et les autorités publiques, présentant ainsi un enjeu déterminant de la politique économique nationale.

Dans ce contexte, l'attractivité des territoires peut être définie d'une manière générale comme un ensemble de politiques économiques, institutionnelles et fiscales que les institutions publiques élaborent et mettent en œuvre, dans le but de rendre leur territoire plus attractif pour les investisseurs.

La notion de l'attractivité territoriale est très riche. Elle est multidimensionnelle et son concept est polymorphe, car elle se réfère à plusieurs définitions. En effet, « l'Attractivité est peut-être définie comme la capacité d'un territoire d'offrir aux investisseurs les conditions d'accueil suffisamment intéressantes, pour les inciter à y localiser leurs projets de préférence à un autre territoire ». Donc, l'attractivité est toujours liée au choix de la localisation des investisseurs, autrement dit, les firmes multinationales font leurs choix d'un territoire qui englobe à la fois, le rôle des acteurs publics, les choix d'outils incitatifs et une écoute des contraintes des entreprises permettant des démarches conjointes et proactives, qui peuvent se référer à une démarche du marketing territorial poursuivie par le pays d'accueil.

L'objectif de ce chapitre est de présenter une synthèse des approches théoriques qui s'intéresse aux facteurs d'attractivité influençant la décision de choix d'une firme à implanter une filiale dans un tel pays ou dans une telle région plutôt que dans tel ou telle autre. Il est structuré en deux sections.

Dans un premier temps, nous essayons de traiter les principales approches conceptuelles, stratégiques et territoriales qui apportent des éclairages à la notion de l'attractivité territoriale.

Ensuite, dans un deuxième temps, nous présentons les théories de choix de la localisation industrielle dans une perspective historique et moderne. Nous montrons ainsi comment les facteurs d'attractivité influencent le choix de la localisation industrielle des entreprises.

## Section 1 : Approches Conceptuelles de l'attractivité territoriale dans le champ théorique du développement territorial

L'attractivité est une notion que nous pouvons étudier en plusieurs dimensions : Etude des déterminants, théoriques ou empiriques ; mesure de la capacité d'attraction potentielle de différentes économies, facteurs…

Cette section étudie la question de l'attractivité des territoires. L'actualité de cette question tient à l'évolution complète des politiques territoriales, qui se sont significativement éloignées de la logique traditionnelle d'aménagement du territoire en mettant les pays en compétition.

Cette section a pour objectif de répondre aux sous-questions suivantes : *Quel est le cadre de définition théorique ? Quels sont les indicateurs de mesure ? Et quelles sont les approches stratégiques ?*

Alors méthodiquement, cette section est organisée en trois sous-sections. La première décrit un aperçu théorique de la notion d'attractivité territoriale. La deuxième s'intéresse aux indicateurs de mesures de l'attractivité territoriale. Et la troisième présente les approches stratégiques de l'attractivité territoriale.

## 1. Aperçu théorique de la notion d'attractivité territoriale

Pour bien déterminer l'aperçu théorique de la notion de l'attractivité, il est souhaitable de définir tout d'abord le concept du « territoire ».

### 1.1. Territoire

La notion du territoire est toujours liée à la géographie, à l'idée d'espace approprié. Dans la littérature économique, il existe plusieurs définitions, du fait de la grande polysémie du terme, il renvoie à des significations variées, qui dépendent de l'angle d'approche, des disciplines et de l'époque.

Dans ce contexte de multidisciplinarité de définition du concept, nous choisissons de nous baser en premier lieu sur la définition donnée par le dictionnaire de géographie[6]. Ce dernier permet de déterminer trois définitions du mot territoire, qui ne s'opposent pas mutuellement, elles sont :

- Le territoire peut être assimilé comme un territoire administratif.
- Le territoire peut être limité par des frontières et habité par une population voir une nation.
- Le territoire peut désigner tout espace socialisé, et approprié par ses habitants quelle que soit sa taille.

Cette définition met principalement l'accent sur le territoire, en tant qu'un espace limité par des frontières que ce soit administratives, géographiques…, dans lequel une population cohabite. Alors, cette proximité permet la création des relations sociales, économiques, politiques… Pour cette raison, le géographe Di Méo[7] qualifie le territoire comme un construit social, à vrai dire « une appropriation à la fois économique, idéologique et politique de l'espace, par des groupes qui se donnent une représentation particulière d'eux même, de leur histoire ».

---

6)- Baud, P., & Bourgeat, S. (2003). et Bras C. Dictionnaire de géographie, Hatier, Collectioninitial, 544p, 137-138.

7)- Di Méo, G. (2000). Que voulons-nous dire quand nous parlons d'espace?. Logiques de l'espace, esprit des lieux, 37-48.

Selon Guilly et Perrat[8], le territoire prend la forme d'un construit socio-économique produit entre des acteurs locaux que ce soit économiques, sociaux, techniques, et institutionnels… qui participent à résoudre un problème commun ou à réaliser un projet de développement collectif. C'est-à-dire que le territoire est un système dans lequel interagissent plusieurs acteurs et qui investissent des moyens dans une vue commune.

Donc, nous pouvons dire que, le territoire peut être défini comme étant un système dans lequel interagissent plusieurs sous-systèmes. Ce système - territoire est caractérisé par des processus institutionnels qui participent à sa régulation. Pour cette raison, un territoire est caractérisé par sa gouvernance[9]. Autrement dit, le territoire est un espace d'échanges entre les acteurs comme rappelle C. Lacour « le partage de préoccupations semblables pouvant émerger entre différents acteurs »[10]. Ainsi, il peut être qualifié comme un produit retravaillé par un acteur ou un ensemble d'acteurs en interaction.

En somme, pour cerner le concept du territoire, nous pouvons le considérer non seulement un espace géographique, mais un cadre organique dans lequel s'inscrivent un ensemble territorialement intégré de relations non uniquement interentreprises, mais principalement des relations hors marché, de partenariat, de coopération, des échanges d'informations qui se structurent au sein d'un réseau. Il se forme par deux éléments qui sont les stratégies des acteurs localisés et de l'histoire d'un territoire, de sa culture, de son identité, dans lequel ils se développent[11]. Selon B. Pecqueur, « le territoire est le support de localisation des entreprises, mais il résulte de processus de construction sociale complexes et inscrits dans la longue période »[12]. Ainsi, le territoire regroupe plusieurs éléments parmi lesquels, nous relevons, l'organisation politique, la gestion économique et sociale où les dimensions historiques, idéologiques et affectives sont vraiment

---

8)- Gilly, J. P., & Perrat, J. (2003). La dynamique institutionnelle des territoires: entre gouvernance locale et régulation globale. Cahier n, 5.

9)- Gilly J.P et Perrat J. (2003). Op cité.

10)- Longuépée, J. (2004). Dynamiques territoriales et gestion des inondations: une approche en termes de proximité. Journée d'études «Les territoires de l'eau », Arras, 26.

11)- Maillat, D., Crevoisier, O., & Lecoq, B. (1991). Réseaux d'innovation et dynamique territoriale: un essai de typologie. Revue d'Economie Régionale & Urbaine, 3, 407-432.

12)- Pecqueur, B. (1995). Sur les déterminants territoriaux de la compétitivité des entreprises. Association Portugaise pour le Développement Régional, Porto.-3e rencontres nationales.

présentes. Il se caractérise par une localisation, un processus d'appropriation, un processus de gestion, un héritage et un projet.

En conclusion de point de vue économique, nous pouvons avancer que le concept de « Territoire » peut désigner à la fois :

- Un système de relations économiques et sociales qui permet l'élaboration du capital relationnel ou du capital social d'un certain espace géographique ;
- Un système de gouvernance local basé sur un ensemble de collectivités, d'acteurs privés, et un système d'administrations publiques locales.
- Un système regroupant un ensemble de facteurs matériels et immatériels, qui génèrent un avantage compétitif aux entreprises et qui, grâce à l'élément de la proximité et à la réduction des coûts de transaction qu'il comporte, peuvent devenir aussi des externalités patrimoniales.

Après avoir présenté le concept du territoire à travers les définitions des auteurs relevant de multiples disciplines faisant autorité en la matière, nous intéressons dans le paragraphe suivant à la notion de l'attractivité territoriale.

## 1.2. Attractivité Territoriale

Aujourd'hui, le concept de l'attractivité n'est pas encore pleinement stabilisé. L'attractivité est un concept multidimensionnel par la diversité des acteurs et des facteurs qui interagissent[13] et qui peut être appréhendé sous différents angles de vue.

Coeuré et Rabaud[14] définissent l'attractivité comme étant « la capacité d'un pays à attirer et retenir les entreprises ». Pour Mouriaux (2004)[15] : » l'attractivité d'un territoire est la capacité à y attirer et retenir les activités à contenu élevé en travail très qualifié ». D'autres auteurs s'intéressent à la dimension humaine dans le développement de cette notion.

D'autres définitions peuvent être avancées pour l'attractivité : c'est la capacité d'une nation à attirer les investisseurs étrangers et surtout la capacité à assurer une installation durable dans le pays d'accueil. Aussi

13)- Poirot, J., & Gérardin, H. (2010). L'attractivité des territoires: un concept multidimensionnel. Mondes en développement, (1), 27-41.

14)- Coeuré, B., & Rabaud, I. (2003). Attractivité de la France: analyse, perception et mesure. Économie et Statistiques" (pp. 363-64). N° 363-364-365.

15)- Mouriaux, F. (2004). Le concept d'attractivité en Union monétaire. Bulletin de la Banque de France, 123, 29-44.

elle peut être définie comme la capacité à y attirer les investissements, selon un ensemble des politiques économiques, fiscales, douanières et institutionnelles que les autorités élaborent, dont le but de rendre un territoire donné plus attractif. Ainsi, elle peut aussi qualifier comme la capacité d'un territoire à garder les investissements qui sont déjà présents et implantés sur le territoire. Donc, l'attractivité d'un pays est déterminée par la qualité des institutions et des politiques publiques, qui doivent être transparentes et qui peuvent influencer positivement le comportement des investisseurs. Ainsi, nous pouvons déduire qu'un territoire attractif est celui qui a plus de capacité à fournir, grâce à leurs ressources des conditions d'implantation plus intéressantes que celles des territoires concurrents pour les projets mobiles. Alors, vu la complexité de ce phénomène, plusieurs études et disciplines économiques s'intéressent à la notion de l'attractivité et du choix de la localisation, afin d'approfondir la compréhension des différents éléments qui constituent ces concepts.

Dans ce cadre, afin de définir la notion de l'attractivité, Fabric Hatem[16] propose trois définitions selon trois niveaux différents (macro, méso et micro) : « au niveau global ou « macro », elle peut se définir comme l'existence sur le territoire d'une offre compétitive de ressources élémentaires et d'un climat d'affaires favorable ; au niveau sectoriel ou « méso », comme la capacité d'offrir un environnement attractif pour l'accueil d'un type d'activité particulier, basé sur les spécificités du territoire concerné. Enfin, au niveau « micro », l'attractivité se définit comme la capacité à proposer, pour un projet donné, l'offre complexe de facteurs (site et ressources) la plus compétitive par rapport aux besoins de l'entreprise investisseuse ».

Maintenant, nous présentons un cadre d'analyse théorique afférent à cette attractivité territoriale.

## 1.3. Acteurs soumis à l'attraction des territoires

Il existe deux types d'acteurs qui sont susceptibles d'être attirés par un territoire : les premiers sont les personnes physiques résidentes et les deuxièmes sont les responsables ou équipes dirigeantes des organisations (entreprises, administrations, institutions de types association ou organisation non gouvernementale, etc.) qui investissent dans le territoire et y créent des emplois.

16)- Hatem, F. (2004). Op cité.

### 1.3.1. Attraction d'un territoire sur les personnes physiques

L'attraction d'un territoire sur les personnes physiques (les ménages et les individus) se traduit par une localisation temporelle et résidentielle. Dans le cadre de notre ouvrage, nous nous intéressons plus à l'attraction des territoires sur les investisseurs.

### 1.3.2. Attraction des territoires sur les investisseurs

Deux cas de figures caractérisent l'attraction des territoires sur les investisseurs qui sont ; la première est l'attraction exercée sur des entreprises déjà implantées, qui agrandissent leurs établissements ou en créant de nouvelles filiales. La deuxième est l'attraction qui cible les entreprises potentielles, et elle essaie de les attirer en utilisant les différents moyens (des facteurs de l'attractivité territoriale).

## 1.4. Cadres généraux d'analyse théorique de l'attractivité Territoriale

Dans le cadre de cet ouvrage, nous proposons de présenter trois principaux cadres d'analyse théorique de l'attractivité qui sont : l'économie industrielle, l'économie spatiale et la nouvelle économie géographie (N.E.G).

### 1.4.1. Economie industrielle

L'économie industrielle peut être définie tout d'abord comme étant la branche de l'économie qui étudie les acteurs productifs dans leurs comportements et leurs stratégies, pour donner une explication précise à leurs performances. Autrement dit, cette discipline fournit une analyse des comportements en interne comme en externe des entreprises sur les différents types de marché, dont le but est de comprendre les résultats observés.

L'économie industrielle apporte un éclairage complémentaire pour comprendre les choix de localisation, dans la mesure où les ressorts de la compétitivité d'une entreprise ne sont pas liés uniquement aux caractéristiques naturelles de son territoire d'implantation, mais dépendent également de certaines ressources dites spécifiques (matériels ou immatériels) du territoire. Par conséquent, elle sert aux meilleurs choix de décision des entreprises (politique tarifaire, différenciation des produits, fusion horizontale ou verticale…). Elle peut aider aussi à la mise en œuvre des politiques publiques (politique industrielle, politique de la concurrence, politique d'aménagement du territoire…).

Ce courant regroupe plusieurs approches théoriques en liant l'analyse industrielle et l'analyse spatiale, afin de comprendre les bouleversements et les dynamiques spatiales. Il analyse ainsi les relations entre les entreprises et leurs environnements et les modes d'organisation qui caractérisent ces relations. Les analyses se centrent par conséquent sur les relations interentreprises et l'encastrement socio-économique territorial. De ce fait, cette approche permet d'éviter un écueil possible de la nouvelle économie géographique, qui est une absence de l'analyse du territoire dans l'étude du processus d'agglomération des activités économiques.

L'analyse des liaisons interindustrielles et l'étude des systèmes territoriaux de production (clusters, technopôles, district industriel et pôle de compétitivité...) constituent les apports majeurs de l'économie industrielle à l'étude de l'attractivité territoriale.

### 1.4.2. Economie spatiale

Dans le cadre de notre ouvrage, nous pouvons dire en bref que l'économie spatiale présente deux explications de la localisation des firmes dans l'espace, une explication objective basée sur les coûts (coûts de transport, coûts du travail et/ou du capital « terrain »), les dotations factorielles (disponibilité du travail et du terrain), les atouts naturels du territoire, les facteurs historiques tels qu'une concentration antérieure d'activités productives et les incitations fiscales et financières. Une autre explication subjective liée aux comportements et à la perception de l'espace par les investisseurs. Par conséquent, ces deux explications font référence aux facteurs d'attractivité territoriale.

### 1.4.3. Nouvelle économie géographie

La nouvelle économie géographie a pour objectif l'explication des choix de localisation des activités sur un espace. Ce courant utilise l'approche des économies externes développées par Marshall en 1919, pour expliquer les mécanismes d'agglomérations des activités économiques. Pour les tenants de la NEG, notamment Krugman en 1991 considère que la localisation des activités économiques dans un espace est étroitement liée et conditionnée par la présence des économies d'agglomération. Ainsi, il lie le développement d'un territoire à sa capacité de créer des richesses par l'attraction d'investissements et la mise en place d'unités de production ou ce qui est connu par l'économie résidentielle ou productive. En effet, la NEG cherche à rendre compte des phénomènes de concentration des activités économiques, en mettant en avant le rôle des externalités dans la détermination des forces d'agglomération et de dispersion à l'origine de l'équilibre spatial. Elle se base sur le principe que les choix d'implantation des entreprises résultent de forces antagonistes :

D'une part, les forces d'agglomération, qui encouragent les entreprises à se concentrer géographiquement pour bénéficier d'économies d'échelle et des externalités. Parmi celles-ci, la littérature met en avant : les rendements croissants au niveau du marché qui poussent les entreprises, la concurrence pour les parts des marchés qui encourage les entreprises à se regrouper, et la présence d'externalités de type pécuniaire ou technologique.

Et d'autre part, les forces de dispersion qui favorisent la dissémination des activités compte tenu des contraintes de disponibilité des ressources naturelles et de fixité de certains facteurs de production.

En somme, les travaux de l'école de la nouvelle économie géographique permettent de mieux comprendre le rôle de facteurs hors prix dans l'attractivité et la compétitivité d'une nation. Toutefois, elle se limite à la prise en compte de facteurs essentiellement économiques et n'intègre pas assez les spécificités territoriales et les facteurs d'ordres institutionnels, pour expliquer le phénomène d'agglomération des entreprises et de l'attractivité territoriale.

En résumé, l'économie industrielle, l'économie spatiale et la nouvelle économie géographique constituent ainsi les cadres généraux d'analyse théoriques de l'attractivité territoriale.

Alors après la présentation de ce cadre théorique de l'attractivité territoriale, nous traitons dans la sous-section suivante les indicateurs de mesure de l'attractivité territoriale.

## 1.5. Indicateurs de mesure de l'attractivité territoriale

Pour bien présenter les indicateurs de mesure de l'attractivité territoriale, nous commençons par ces deux définitions « l'attractivité d'un territoire est sa capacité à attirer des investissements et à retenir ceux déjà existants », et « l'attractivité d'un territoire est conçue vis-à-vis des entreprises comme « la capacité de celles-ci à fournir, grâce à leurs ressources, des conditions d'implantation plus intéressantes que celles des territoires concurrents pour les projets mobiles »[17].

Ces deux définitions s'intéressent à la mesure de cette attractivité par des indicateurs.

### 1.5.1. Les catégories des indicateurs d'attractivité

En général, il existe trois catégories d'indicateurs qui sont :

#### *1.5.1.1. Les indicateurs simples*

Un indicateur simple informe sur une seule des caractéristiques du phénomène étudié. Il n'apporte qu'une information unique, ce qui rend sa compréhension et son utilisation aisée, mais sa portée analytique est limitée. Certains établissements et organisations préfèrent choisir un seul indicateur pour décrire l'attractivité d'un territoire, celui qu'ils jugent le plus caractéristique du concept. Alors en termes de ces indicateurs simples, deux principaux sont généralement évoqués :

Le premier est afférent à la Conférence des Nations Unies pour le commerce et le Développement (CNUCED) qui publie l'Indice des Investissements Directs à l'Etrangers, établissant un classement entre les pays sur la base de nombre d'IDE reçu par rapport au PIB. Il informe donc sur l'attractivité du pays vis-à-vis des investisseurs étrangers.

**Les investissements directs étrangers en % du PIB[18]**

Les investissements directs étrangers (IDE) sont les rentrées nettes d'investissement pour acquérir, dans une entreprise opérant au sein d'une économie autre que celle de l'investisseur, une participation durable (10% ou plus des actions avec droit de vote). C'est la somme des fonds propres, des bénéfices réinvestis, des autres capitaux à long terme et des capitaux à court terme comptabilisés dans la balance des paiements. L'indicateur "Part des IDE dans le PIB" représente le poids des investissements directs étrangers dans le PIB d'un pays.

**Indice Best Countries for Business**

L'indice de meilleurs pays pour les affaires est un indice, élaboré par Forbes (Un magazine économique américain fondé en 1917 par Bertie Charles Forbes), pour l'évaluation de la performance des pays dans le domaine des affaires et ce, à travers plusieurs facteurs clés qui en constituent les fondements : les droits de propriété, l'innovation, les

---

17)- Hatem, F. (2004). Op cité.

18)- https://www.lesiteinfo.com/economie/forbes-le-maroc-3e-pays-pour-investir-en-afrique/ (consulté le 29/02/2020).

taxes, la technologie, la corruption, la liberté (personnelle, commerciale et monétaire), la bureaucratie, la protection des investisseurs et la performance du marché boursier.

### *1.5.1.2. Les indices composites*

En général, un indice composite représente la synthèse de l'agrégation de plusieurs variables. Il permet d'obtenir un résumé de l'information existante sur un sujet d'une façon claire, facile, et compréhensible. Par conséquent, il est aisément utilisable pour effectuer des comparaisons dans le temps et dans l'espace.

Alors, à l'opposé de ce premier type de mesure de l'attractivité, qui consiste en un indicateur unique, certaines organisations, les mêmes parfois, créent des indicateurs qui, en fait, sont la combinaison de nombreux autres, liés de telle manière à ce qu'ils ne forment plus qu'un.

Plusieurs indices sont élaborés par certains organismes et bureaux d'expertise internationaux, c'est le cas notamment de l'Indice de Compétitivité Mondiale[19], calculé chaque année par l'institut international pour le développement de la gestion en tant qu'une institution académique indépendante. Il représente l'un des indicateurs le plus connu en matière d'attractivité, qui prend en considération des variables traduisant la performance économique, l'efficacité du gouvernement, l'efficacité des affaires et les infrastructures. Ainsi, comme autre indice de référence, nous relevons celui du World Economic Forum[20] (WEF), qui est connu sous le nom de l'Indice de Compétitivité Global/Mondial, et qui retient 9 piliers de la compétitivité qui sont : les institutions, les infrastructures, l'environnement macroéconomique, le niveau d'éducation, l'efficience du marché du travail, le développement des marchés financiers, le niveau technologique, la taille du marché et l'innovation.

**Good countries index[21]**

En 2014, le chercheur "Simon ANHOLT" élabore l'"indicateur "Good Country Index", permettant de classer 125 pays dans le monde selon leurs contributions au développement de la planète et de l'humanité, à travers leurs politiques et leurs comportements. "Good Country Index" est un indice composite de 35 sous-indicateurs répartis en 7 dimensions, à savoir :

---

19)- https://www.imd.org/ (consulté le 18/01/2020).

20)-https://fr.weforum.org/about/world-economic-forum/ (consulté le 18/01/2020).

21)https://www.ires.ma/images/PDFs_publications/Tableau_de_bord_stratgique_Evolution_du_positionnement_international_du_Maroc_Huitime_dition.pdf (consulté le 20/12/2020).

- Sciences, savoir et technologie :

Nombre d'étudiants étrangers dans le pays (relativement au PIB).

Exportations de revues scientifiques et de journaux (relativement au PIB).

Nombre d'articles publiés dans des revues internationales (relativement au PIB).

Nombre de lauréats du Prix Nobel (relativement au PIB).

Nombre de demandes de dépôt de brevet (relativement au PIB).

- Culture :

Exportations de produits créatifs (par rapport au PIB).

Exportations de services créatifs (par rapport au PIB).

Cotisations en souffrance de l'UNESCO.

Nombre de pays et territoires sans visa pour les citoyens du pays.

Liberté de la presse.

- Paix international et sécurité :

Nombre de troupes militaires déployées dans des missions de maintien de la paix (relativement au PIB).

Cotisations en souffrance en matière de contribution financière aux missions de maintien de la paix de l'ONU ;

Nombre attribué de victimes suite aux violences internationales organisées (relativement au PIB).

Exportations d'armes (relativement au PIB).

Score de l'indicateur "Global Cyber Security index".

- Ordre mondial :

Nombre de traités signés par procuration pour l'action diplomatique et la résolution pacifique des conflits.

Nombre de réfugiés accueillis (relativement au PIB).

Nombre de réfugiés à l'étranger.

Proportion de la population qui donne à la charité par procuration pour l'attitude cosmopolite.

- Climat :

Empreinte écologique.

Exportations de déchets dangereux (relativement au PIB).

Polluants organiques dans l'eau (relativement au PIB).

Emissions de $CO_2$ (relativement au PIB).

Emissions des autres gaz à effet de serre (relativement au PIB).

- Prospérité et égalité :

Commerce transfrontalier.

Nombre de bénévoles envoyés à l'étranger (relativement au PIB).

Taille du marché commercial (relativement au PIB).

Flux sortants des IDE en % du PIB.
Aide au développement en % du PIB.

- Santé et bien-être :

Aide alimentaire (relativement au PIB).
Exportations de produits pharmaceutiques en % du PIB.
Cotisations excédentaires volontaires à l'Organisation Mondiale de la Santé par rapport au PIB.
Contributions en matière d'aides humanitaires (relativement au PIB).
Saisie de drogues (relativement au PIB).

Le classement final est obtenu en calculant le rang moyen obtenu par chaque pays au niveau des sept dimensions composant "Good Country Index". Il est à noter que le rang de chaque dimension correspond, à son tour, au rang moyen des cinq sous-indicateurs composant cette dimension. Le rang des sous-indicateurs étant un rang fractionnaire (0 = rang le plus élevé ; 1 = rang le plus bas) calculé par rapport à l'ensemble des pays pour lesquels les données sont disponibles.

**Indice global de la compétitivité**

L'indice global de la compétitivité évalue la compétitivité des secteurs institutionnels (droits de propriété), économiques (stabilité macroéconomique, marché du travail), et sociaux (santé et éducation). L'indice est établi sur la base d'une combinaison de 113 critères dans différents domaines (infrastructures, environnement macroéconomique, santé, éducation, ...), dont 34 critères sont issus des bases de données statistiques des organismes internationaux et 79 critères sont issus de réponses aux enquêtes de perception auprès des cadres et dirigeants d'entreprises des différents pays.

**Indice de l'attractivité des investisseurs étrangers**

Cet indice a pour but de classer les pays selon leur attractivité des investissements étrangers. Il se compose de dix facteurs qui sont ; la croissance économique, la stabilité financière, la sécurité physique, la corruption, l'expropriation par le gouvernement, l'exploitation par les partenaires locaux, le contrôle des capitaux et du taux de change, la croissance de la valeur d'un actif, la conservation de cette valeur alors que l'actif est détenu, et la facilité de rapatrier le produit de vente de l'actif.

### *1.5.1.3. Les tableaux de bord*

Le tableau de bord, réunit un ensemble d'indicateurs d'une manière ordonnée (par thème, dimensions, ...). Il présente l'avantage de fournir une vision complète et fine du cas étudié. Prenons par exemple ; un tableau de bord qui porte sur cette question de l'attractivité, il est publié chaque année par la Commission Européenne intitulé « Bnechmarking Policy Entreprise ».

Ainsi, il permet de comparer entre les territoires sur la base des points précis. En effet, il existe plusieurs méthodes pour classer les territoires selon le degré d'attractivité, parmi elles, nous relevons les plus utilisées :

**Les enquêtes d'opinions**

Les enquêtes d'opinion sont des méthodes de sondage qui se réalisent auprès des investisseurs, tout en leur demandant de classer les critères de localisation, et de faire un classement relatif des différents territoires d'accueil potentiels par rapport à leurs critères. C'est le cas notamment du baromètre d'attractivité d'Ernst Young[22]. Ce baromètre se publie annuellement. Il s'applique sur une enquête auprès des dirigeants d'entreprises multinationales.

**L'approche économétrique**

Aujourd'hui, les approches économétriques présentent la branche la plus active de la recherche économique. Elle prend comme variable à expliquer les IDE et comme variables explicatives les différents facteurs ou critères de localisation. En général, les variables explicatives sont des indicateurs macroéconomiques. Nous notons que l'intérêt de ces approches économétriques est de permettre de dégager les variables jugées significatives de l'attraction des IDE, ce qui permet d'expliquer l'attractivité comparée des différents territoires.

#### *1.5.1.4. Les indices élaborés par des institutions internationales*

**L'indice « Doing Business in ... » de la Banque Mondiale[23]**

L'indice Doing-business est publié par la Banque mondiale. Il mesure l'application effective de la réglementation des affaires dans les économies. Il consiste à classer les pays suivant l'importance de leurs réformes dites positives. Cet indice s'intéresse plus de l'incitation aux investissements ou de l'attractivité. Ainsi, ce classement de la Banque Mondiale se base sur neuf critères tels que ; l'agrément, l'exécution des contrats, la facilité de réalisation des affaires, l'enregistrement des

22)- Mucchielli, J. L. (1991). De nouvelles formes de multinationalisation: les alliances stratégiques. Problèmes économiques, 17, 118-134.
23 )- www.doingbusiness.org (consulté en mars 2020).

biens, l'obtention de crédit, la protection des investisseurs, le paiement des impôts, le commerce transfrontalier, et la fermeture des entreprises. L'objectif de ces critères est de déterminer la facilité dont les entreprises bénéficient pour faire des affaires de façon générale.

**Interprétation**

Ces indicateurs servent essentiellement à simplifier les mesures de l'attractivité, il existe cinq variables[24] qui permettent de l'expliquer. Il s'agit bien de la taille du marché de la région, du nombre d'entreprises mis en place, des coûts du travail et du capital dans le cas d'une intégration des mesures fiscales incitatives, de la qualité des infrastructures publiques et du capital humain. En bref, ce sont les facteurs essentiels pour le territoire afin d'attirer les investisseurs.

Pour un territoire qui met en évidence une stratégie d'attractivité territoriale, de marque ou de promotion territoriale (qui sont souvent non tangibles), sa réussite constitue un facteur d'attractivité tributaire de la gestion locale. La prééminence de ces facteurs liés à la gestion des autorités locales permet dans une approche plus exhaustive d'intégrer l'aspect multidimensionnel des cibles qui au-delà des entreprises concerne aussi les personnes avec des objectifs différents. Ainsi, ces indicateurs suscités permettent de classer et d'appréhender le degré d'attractivité d'un territoire.

Par ailleurs, la plupart de ces indicateurs ne sont pas créés dans la perspective de percevoir le potentiel latent des territoires, et par conséquent ne sont pas susceptibles de servir de leviers pour renouveler les politiques publiques concernées par l'amélioration de l'attractivité de leurs territoires d'action. Donc en conclusion, une mesure de l'attractivité bien fondée doit répondre à une vision exogène et concurrentielle du développement attractif territorial. D'où la nécessité de s'interroger de deux façons : *être attractif par rapport à quoi ? Et pour qui ?*

Alors, dans le cadre des indicateurs cités précédemment, être attractif est jugé par comparaison aux autres territoires. C'est attirer plus que l'autre : plus d'entreprises, plus d'emplois qualifiés, plus de services... Ainsi, l'attractivité des territoires ne semble pas très éloignée de la concurrence entre les territoires, autrement dit, ces derniers doivent donc être plus attractifs et en conséquence d'attirer plus

24)- Friboulet, J. J. (2010). La construction de l'attractivité: une analyse en termes de capacité. Mondes en développement, (1), 11-26.

d'entreprises et plus de main-d'œuvre qualifiée, d'où la nécessité de développer des facteurs afférents à la compétitivité territoriale.

Par rapport à la deuxième interrogation du *« pour qui ?»,* il faut chercher à qui sert cette concurrence entre territoires. Il semble bien qu'elle est en faveur de l'entreprise. Donc, l'interrogation est résolue.

En outre, ces indicateurs ne mettent pas uniquement l'accent sur les atouts qu'un territoire peut développer et/ou valoriser pour améliorer des situations en termes d'emploi, de pauvreté… Mais ils relèvent aussi la nécessité d'améliorer le rôle des acteurs responsables des politiques publiques par la mise en place d'une part, des indicateurs à une échelle très fine, permettant de mieux comprendre les dynamiques à l'œuvre sur leur territoire, le comportement des différents acteurs et leurs demandes. Et d'autre part, ils ont besoin de mettre en œuvre du benchmarking, à des fins marketing et comparatives, afin d'établir et d'instaurer la liaison entre l'attractivité territoriale et des nouveaux indicateurs de richesse.

Ce point porte sur la nécessité d'améliorer le rôle des acteurs publics et la qualité des politiques publiques pour attirer de nouvelles firmes, car de plus en plus le choix de la localisation de la firme se rattache à la qualité des institutions et aux conditions économiques. D'où la nécessité de traiter dans le point suivant les approches théoriques stratégiques menées par ces acteurs publics pour l'amélioration du niveau de l'attractivité territoriale.

## 2. Approches stratégiques de l'Attractivité Territoriales

La notion de l'attractivité représente aujourd'hui l'un des thèmes les plus intéressants dans les débats de la politique économique. Donc, la question de l'attractivité exige un intérêt très important pour les chercheurs. Pour cela, il est intéressant de présenter ses approches stratégiques dans cette section. En effet, Fabrice Hatem identifie cinq grandes catégories d'approches pour appréhender le concept d'attractivité.

### 2.1. Approche « Macro »

Cette approche vise à identifier les déterminants globaux qui expliquent le degré d'attractivité d'un territoire considéré pour les investissements internationaux, autrement dit, sa capacité à attirer une part de ces investissements plus importante que d'autres territoires. Elle consiste donc à comparer les territoires en fonction des principaux facteurs de localisation retenus par les entreprises, ainsi elle implique tous les éléments de comparaison agrégés sur tous les « fondamentaux » de l'attractivité : disponibilité, qualité et coût des facteurs, caractéristiques générales de l'environnement d'affaires, marchés, infrastructures...

Cette approche présente le passage d'une problématique de spécialisation dans des facteurs fixes vers une problématique d'accueil d'un facteur mobile (le capital productif) qui légitime ici l'apparition de la notion d'attractivité territoriale, en complément de celle de compétitivité. Nous constatons cependant combien les deux notions sont étroitement liées, dont l'attractivité ne constitue en fait que l'une des étapes (accueil des facteurs de production) de la dynamique de construction de la compétitivité territoriale. Concrètement, cette approche donne lieu à plusieurs catégories de travaux distincts, parmi eux, nous distinguons :

### 2.1.1. Des approches économétriques

Elles sont basées sur une variable expliquée qui est les investissements étrangers, et une variable explicative qui est les différents critères de localisation. Les variables expliquées peuvent être des flux financiers appartenant aux investissements étrangers, et les variables explicatives sont en général des grands indicateurs agrégés, tirées du modèle théorique (taux de salaire, PIB, taux d'imposition, etc.). La question de l'attractivité territoriale apparait donc ici comme duale de celle des critères de localisation. A noter que dans cette approche, les notions d'attractivité et de performance sont confondues, la variable mesurée étant la performance territoriale effectivement réalisée.

### 2.1.2. Des approches par enquêtes d'opinion

Elles sont réalisées auprès des investisseurs. Ces enquêtes ont pour objectif de demander aux investisseurs de classer leurs critères de localisation, et la position relative des différents territoires d'accueil potentiels par rapport à ces critères. Dans ce cadre, il existe plusieurs outils et méthodes, parmi eux nous citons ; par exemple le baromètre de l'attractivité de Ernst and Young, publié chaque année et basé sur une enquête auprès de 500 dirigeants de firmes multinationales.

Enfin, nous constatons que plusieurs institutions réalisent des « baromètres » de l'attractivité ou de la compétitivité, à partir de la collecte d'un nombre en général élevé d'indicateurs comparatifs permettant de « benchmarker » un territoire par rapport à ses concurrents, selon un très grand nombre de critères. Cette approche permet d'avoir deux résultats intéressants : la première est la constitution, sur une base homogène de « tableaux de bord » permettant d'identifier les points forts, et les points faibles du territoire concerné, et la deuxième est la détermination d'indicateurs de synthèse sur l'attractivité ou la compétitivité globale du territoire concerné.

## 2.2. Approche « Méso »

Cette approche vise essentiellement de mettre en évidence les atouts d'un territoire donné pour une activité déterminée, tout en se basant sur la méthode de recensement de l'ensemble des facteurs présents sur le territoire, et susceptibles de lui offrir une attractivité spécifique pour une activité concernée (entreprises spécialisées, centres d'étude et de formation, infrastructures dédiées, offre immobilière, ressources humaines, réseaux de coopération…), et ce, pour parvenir à un ciblage précis des investisseurs susceptibles de venir s'implanter dans ce territoire. Cette description peut s'approcher en général sur le niveau local, régional et national. Cette analyse permet particulièrement en premier temps de déterminer les priorités de recherche de localisation en fonction des atouts du territoire, en deuxième temps de formuler des argumentaires sectoriels ciblés, et en troisième temps d'orienter la politique locale de développement de manière à réduire les faiblesses du territoire.

Pratiquement, cette approche a pour objectif principal de s'interroger sur la question suivante : *Pourquoi d'une catégorie spécifique d'activités (que ce soit secteur ou activité) sera-t-elle davantage attirée par un territoire particulier ?*

La réponse relève tout d'abord d'un point de vue théorique de l'approche remontante jusqu'aux travaux d'Alfred Marshall sur la notion d'atmosphère industrielle[25]. Originalement, ce courant d'analyse n'est pas focalisé sur la question des investissements étrangers, ni même sur celle de la localisation du capital productif considéré comme un facteur mobile, mais plutôt sur l'analyse des dynamiques locales qui

---

25)- Lagnel, O. (1998). L'attractivité des territoires (Doctoral dissertation, thèse de Doctorat en Sciences Economiques, Université de Paris-X-Nanterre).

permettent l'émergence endogène d'un pôle de production et de compétitivité. Ce cadre d'analyse peut toutefois être élargi de manière relativement aisée à la prise en compte des comportements de la localisation du capital productif.

Ensuite, d'un point de vue pratique, cette approche se focalise sur la propension des autorités du territoire à y édifier des pôles de compétitivité ou clusters, c'est-à-dire des regroupements de compétences complémentaires et efficacement coordonnées, qui expliquent la construction simultanée d'un avantage compétitif pour le territoire, et pour des firmes qui s'y sont développées[26]. Ces approches appuient leur argumentaire sur l'exploration de l'offre territoriale à travers ses dotations de ressources, les économies externes avec leur capacité à offrir des avantages additionnels liés à la localisation. Suivant ce principe, la diversité des activités qui s'établissent dans un territoire vise à renforcer sa capacité à attirer d'autres dans la mesure, où les cibles trouvent soit leurs intrants, leurs marchés, ou les services auxquels ils aspirent sur place. En effet, nous constatons que le développement du contexte économique invite les territoires à choisir un positionnement, et à l'adapter en fonction des facteurs de localisation des activités, afin de créer une offre territoriale attractive et différenciée. Alors afin de mieux rapprocher cette analyse pratique, nous proposons de présenter la notion de l'offre territoriale comme étant la construction de ressources spécifiques mises à la disposition des firmes par les acteurs du territoire[27].

Selon une approche plus spécifiquement marketing[28], l'offre territoriale est celle dans laquelle le territoire représente le cadre d'exercice de l'activité économique, ce qui conduit à se focaliser sur les externalités et les caractéristiques économiques présentes (comme les marchés, fournisseurs, main d'œuvre...). Donc cette offre territoriale est composée et/ou organisée par un ensemble de caractéristiques socio-économiques d'un territoire ayant un effet plus ou moins direct sur l'accueil et le maintien de nouvelles activités économiques. Il peut s'agir d'éléments très hétérogènes : caractéristiques physiques d'un territoire, infrastructures (au sens le plus large), caractéristiques démographiques, structure du tissu économique, compétences en

---

26)- Hatem, F. (2004). Attractivité : de quoi parlons-nous. Pouvoirs locaux, 61(2), 34-43.
27)- Colletis, G., Gilly, JP, Leroux, I., Pecqueur, B., Perrat, J., Rychen, F., & Zimmermann, JB (1999). Construction territoriale et dynamique économique. Sciences de la Société, 48 (1), 25-47
28)- Texier, L. (1999). Une clarification de l'offre d'implantation en marketing territorial: produit de ville et offre de territoire. Revue d'économie régionale et urbaine, (5), 1021-1036.

matière grise et en recherche, politiques fiscales et des incitations financières, qualité des interdépendances locales et intensité de l'animation locale. Cette notion de l'offre territoriale peut se concrétiser selon trois niveaux essentiels d'un territoire donné :

- Au niveau national : l'offre territoriale doit faire l'alliance de l'offre compétitive de ressources élémentaires et du climat d'affaires favorable.
- Au niveau régional : l'offre territoriale concerne la dimension sectorielle.
- Au niveau local : la rencontre de l'offre et de la demande se met en œuvre par l'implantation. Là, s'impose l'importance de « l'offre territoriale complexe » d'un côté et de l'autre côté l'importance d'un interlocuteur crédible qui sont les « acteurs locaux ».

### 2.3. Approche « Micro »

Cette approche a pour objectif de déterminer le meilleur site de la localisation possible pour un projet particulier. Pour le faire, il faut porter un jugement définitif sur la rentabilité escomptée d'un projet d'investissement individuel pour un site donné, mais ni l'approche par les indicateurs globaux ni celle par l'offre territoriale différenciée ne le permettent. Pour cela, il faut parvenir à évaluer celle-ci, donc, il correspond bien à reconstituer d'une manière intelligente les conditions concrètes de fonctionnement du projet.

### 2.4. Approche par les processus de décision

Cette approche s'intéresse au processus à travers lequel l'investisseur choisit le site sur lequel il implante son projet. Elle se base sur la logique du choix de l'investisseur plutôt que sur les caractéristiques comparées des territoires en compétition.

### 2.5. Approche en termes d'image

Cette approche s'intéresse à la manière pour laquelle, un territoire donné peut améliorer son attractivité, tout en créant un effet d'image dans l'esprit du décideur. Alors, dans l'esprit des consultants en communication, au moins aussi écoutés que les économistes par les décideurs politiques, l'existence de pôles de compétence ne constitue qu'une base utile, mais pas totalement indispensable à la mise en place d'un discours marketing visant à créer autour du territoire concerné une image positive et si possible « différenciant », c'est-à-dire, insistant sur sa capacité à attirer un type d'activités particulier[29].

En somme, si cette première section a pour objectif de présenter les approches conceptuelles de l'attractivité territoriale, à travers un aperçu théorique de la notion de l'attractivité territoriale et ses indicateurs de mesure simples et composites, il semble opportun d'exposer les différentes approches théoriques pouvant apporter des éclaircissements nécessaires à la compréhension de l'attractivité territoriale sur tous les niveaux micro, macro et méso.(dans le cadre du travail porté par cet ouvrage, il semble bien que l'approche méso est plus importante). La deuxième section aura pour objectif d'étudier en détail les fondements théoriques à travers les théories de la localisation industrielle et les facteurs d'attractivité.

## Section 2 : Théories de la Localisation Industrielle et Facteurs d'Attractivité

La théorie fondamentale de la localisation industrielle s'intéresse à la localisation géographique des activités économiques. Cette section explique les différents courants théoriques qui essaient d'appréhender la localisation des firmes ou des activités économiques selon le contexte spatial et temporel.

En effet, la théorie économique classique ne réussit pas beaucoup à expliquer les choix de la localisation des activités économiques dans l'espace. Cependant, il est évident de penser que les entreprises se localisent géographiquement, selon certains facteurs d'attractivité. Plus précisément, il s'agit d'identifier les facteurs qui influencent l'attractivité d'un territoire, c'est-à-dire sa capacité à attirer et à retenir les activités industrielles.

Cette section a pour objectif de répondre aux sous-questions suivantes : *Quelles sont les théories qui étudient la localisation industrielle ? Est-ce qu'elles présentent des facteurs d'attractivité ? Si oui, quels sont ces facteurs ?*

Alors méthodiquement, afin de comprendre les théories de la localisation industrielle, il est nécessaire de présenter le fondement théorique de la localisation des activités économiques. En effet, cette section est organisée en deux sous-sections. La première décrit un aperçu historique des théories de la localisation industrielle. Ces

29)- Hatem, F. (2005). Attractivité du Territoire: Théorie et Pratique, aller-retour. Ecole de management de Normandie.

théories sont classées selon des facteurs d'attractivité quantitatifs et qualitatifs et des facteurs de minimisation de coûts et maximisation de profits. Et la deuxième présente un nouveau cadre théorique des facteurs d'attractivité.

## 1. Fondement théorique de la localisation industrielle

La science économique connaît de grands changements, notamment le passage d'une analyse statique à une analyse dynamique d'un côté, et la non-prise en compte de l'espace à son intégration dans l'analyse[30] de l'autre côté. Le but de ce fondement théorique est d'apporter quelques éclaircissements à l'intérêt de l'approche spatiale de la localisation des activités économiques.

Les fondements de l'analyse spatiale de l'économie, telle que nous la connaissons aujourd'hui, se trouvent dans trois courants principaux : l'économie urbaine, la science régionale et la concurrence spatiale. Ces approches se distinguent principalement par la modélisation proposée, et par la place qu'occupe chacune d'elles par rapport à la pensée économique globale.

### 1.1. Apports de l'économie urbaine

L'économie urbaine pose la question de l'émergence et de la structure des villes sur la base des travaux de Von Thünen (1826) et d'Alonso (1964).

J. H.VON THÜNEN est le premier à introduire l'espace dans la théorie économique et à développer une théorie de la localisation des activités agricoles autour d'une ville considérée comme le lieu central d'échanges. Il essaie de comprendre comment vont se localiser les activités agricoles par rapport au marché. En référence à la théorie Ricardienne, il trouve que chaque parcelle est affectée à une production selon une logique de maximisation de la rente foncière nette des coûts de transport des biens vers le centre. Ainsi, pour lui, la production d'un bien ne vaut la peine que si elle se fait à une distance raisonnable du marché. En dehors de cette distance, soit les coûts fixes sont très élevés, soit la production d'un autre bien devient rentable. Ainsi, le zonage des activités se fait par un arbitrage entre rente et distance du marché. Le modèle prôné par Von Thünen présente une analyse de la disposition

30)- Rhellou, A. (2005). Le concept de centralité en analyse économique : revue de littérature. Revue Regard sur l'Economique, (3), 219-233.

spatiale des activités économiques, tout en gardant les hypothèses du paradigme concurrentiel (rendements constants et concurrence pure et parfaite).

En 1964, Alonso transforme ce modèle de l'analyse de la production agricole au contexte urbain : le modèle de la ville monocentriste. Toutefois, cette approche présente une limite importante qui ne prend pas en considération l'existence même de la ville en tant qu'agglomération. D'où la naissance d'un autre courant (économie d'agglomération) pour remédier à ces limites.

## 1.2. Economie d'agglomération

Alfred Marshall[31] est considéré comme le premier auteur qui tente de fournir une explication aux phénomènes d'agglomération des firmes et à l'émergence des quartiers industriels par l'introduction du concept d'économies externes. Pour lui, les économies d'échelle sont définies comme les avantages à produire d'une façon centralisée, et qui peuvent naître de deux sources qui sont les économies internes qui augmentent avec la taille des unités de production, et les économies externes qui trouvent leur origine dans l'environnement économique, dans lequel évoluent les firmes et qui profite donc à toutes les entreprises et ne dépendent pas de leur taille.

Il identifie aussi trois types d'externalités incitant les entreprises d'un secteur d'activité donné à s'agglomérer par d'abord, la concentration spatiale qui favorise une grande disponibilité d'inputs (biens et travailleurs), ensuite l'agglomération qui permet la formation d'une main-d'œuvre hautement qualifiée provenant d'une meilleure accumulation du capital humain, et enfin la concentration spatiale qui facilite l'échange d'informations et favorise ainsi les avancées en recherche et développement.

La caractéristique principale de ces externalités marshalliennes est qu'elles sont avantageuses seulement pour les firmes localisées dans une même zone géographique.

Par la suite, le concept d'économies d'agglomération apparait pour déterminer les gains externes que les firmes peuvent réaliser par leur concentration géographique[32].

---

31)- Jacoud, G., & Tournier, É. (1998). Les grands auteurs de l'économie. Paris, Hatier.

32)- Catin, M., Ghio, S., & Van Huffel, C. (2001). Intégration, investissements directs étrangers et concentration spatiale dans les pays en développement. Région et Développement, 13, 11-46.

Les économies d'agglomération peuvent être regroupées en deux grandes catégories selon Hoover :

- D'une part, les économies de localisation ou externalités marshalliennes, qui représentent les gains générés par la proximité à d'autres firmes appartenant à un même secteur.
- D'autre part, les économies d'urbanisation définies comme les gains générés par l'activité économique des firmes implantées dans un même lieu, par exemple la concentration de la population ou la présence d'infrastructures publiques. Elles sont externes à la firme et résultent de la taille de l'agglomération.

En conclusion, nous pouvons dire que l'approche marshallienne permet de comprendre les fondements du regroupement spatial des firmes. Elle se base sur la recherche à bénéficier d'un climat, dans lequel les firmes s'agglomèrent parfois pour coopérer, et souvent pour échanger, ainsi de profiter d'un bassin de main-d'œuvre flexible et compétent.

Mais certaines limites peuvent être constatées, notamment une insuffisante considération des forces qui s'opposent à l'agglomération. Cette limite peut présenter l'apport de la science régionale qui traite d'un point de vue plus global la question de la localisation et l'équilibre entre ces forces.

## 1.3. Science régionale

En 1954, la science régionale a vu le jour avec Walter Isard, fondateur de l'Association de Science Régionale, qui est aussi créateur d'une discipline visant à introduire la notion de l'espace dans la théorie économique. Cette science s'intéresse plus généralement aux questions de localisation des activités et des hommes. Parmi les travaux précurseurs, nous relevons ici ceux d'Alfred Weber (1909) sur la localisation optimale des lieux de production et les recherches de Christaller (1933) et Lösch (1940) sur la théorie des lieux centraux (central-place theory).

### 1.3.1. Théorie des lieux centraux

Les bases de la théorie des lieux centraux sont constituées par plusieurs auteurs, parmi eux, nous relevons W. Christaller (1933) et A. Lösch (1940). Dans ce contexte, Lösch avance que même si le monde peut être une boule lisse, les localisations des activités économiques ne sont pas dispersées uniformément, ce sont les avantages économiques de la spécialisation et de la production de masse qui conduisent à des concentrations locales, mais elles sont limitées par la recherche des économies sur les frais de transport, lesquelles poussent à une certaine dispersion. Plus pratiquement, Lösch cherche non pas le point de moindre coût mais le point de profit maximum, car dans son analyse, il intègre l'interdépendance des firmes. Son objectif n'est pas d'expliquer la localisation d'une activité économique, mais de montrer comment se mettre en place un système de localisation des activités économiques[33]. Ainsi, selon une procédure complexe Lösch construit d'abord des réseaux de surfaces de marchés « hexagonales » pour chaque bien. Leur combinaison en système de réseau le conduit ensuite à élaborer une théorie des régions économiques. Enfin, ces systèmes régionaux sont eux-mêmes reliés en réseau de systèmes (ou réseau de régions). Ainsi, il construit une hiérarchie des lieux centraux, c'est-à-dire des agglomérations dont les tailles, les espacements et les zones d'influences sont co-déterminés[34]. Selon cette approche théorique, les lieux de marché n'émergent pas par hasard, ils sont le résultat de l'activité économique.

C'est l'arbitrage entre spécialisation et économies d'échelle d'un côté et coûts de transport de l'autre qui explique l'agglomération.

### 1.3.2. Concurrence spatiale

En principe, l'entreprise cherche toujours à se localiser sur un territoire qui lui permet d'être bénéficiaire du côté de l'existence de plusieurs points de vente et des fournisseurs. Par conséquent, la concurrence risque elle aussi d'être plus rude.

En effet, lorsqu'une entreprise décide de choisir sa localisation et son prix, elle doit s'interroger sur comment prendre en considération les interactions avec les autres. La réponse se trouve dans le prototype du modèle de compétition spatiale pour les problèmes de localisation présentés par Hotelling. Il suppose un jeu en deux étapes, dans lequel les firmes décident simultanément de leur localisation lors de la première étape et déterminent, ensuite, le prix de vente lors de la seconde étape. Le fait de séparer chacune des décisions permet de rendre compte du caractère stratégique de la localisation. Hotelling montre que ce jeu de concurrence spatiale introduit deux solutions.

33)- Mérenne-Schoumaker, B. (1991). La localisation des industries. Mutations récentes et méthodes d'analyse. Nathan Université, Paris, France.

34)- Ponsard, C., et Beguin, H. (1988). Analyse économique spatiale. Presses universitaires de France.

La première est celle où les deux firmes se localisent au centre du marché, c'est la solution de différenciation minimale. La seconde est celle où chacune des deux firmes se localise à une extrémité du segment. Ces répartitions spatiales extrêmes sont le résultat d'un arbitrage entre deux types de forces : la concurrence en termes de prix pousse les entreprises à s'éloigner au maximum l'une de l'autre alors que la concurrence spatiale les amène à se rassembler en un même point. L'apport théorique de Hotelling permet la compréhension des mécanismes d'agglomération. En conclusion, nous pouvons dire que :

- L'économie urbaine s'intéresse à la structure interne du territoire et aussi au principe de l'économie des agglomérations.
- Les sciences régionales s'intéressent aux questions de localisation des activités économiques et des hommes.
- La concurrence spatiale introduit la notion d'arbitrage entre les forces centrifuges et centripètes pour expliquer les choix de la localisation économiques.

Enfin, cette rapide revue des fondements de la théorie de localisation nous permet d'identifier les problématiques soulevées par la prise en compte de la dimension spatiale en économie et plus particulièrement, sa contribution dans les choix de la localisation des entreprises.

Maintenant, après avoir présenté le cadre du fondement théorique des choix de localisation des activités économiques, nous proposons de présenter la localisation industrielle, tout en commençant par sa définition.

## 2. Localisation industrielle : définition

Il s'agit de montrer que cette réflexion constitue un préalable indispensable à l'entrée dans notre questionnement introductif relatif aux déterminants de la localisation des nouveaux investissements. En ce sens, une lecture approfondie des principaux travaux de l'économie spatiale s'impose.

D'une part, Ponsard (1988) considère que l'économie spatiale est une discipline scientifique à part entière susceptible de se substituer à la théorie économique ponctuelle et ayant la compétence à traiter tous les domaines de cette dernière. De ce fait, l'économie spatiale possède ou devrait posséder une certaine autonomie. D'autre part, l'argument est plus nuancé car, s'il s'agit d'attribuer à l'étude de la spatialisation des activités économiques le statut de discipline scientifique à part entière, cette dernière doit néanmoins s'appuyer sur la théorie économique spatiale pour se développer.

Thisse soutient cette deuxième façon d'appréhender l'économie spatiale en disant : « Si l'on veut faire de la bonne économie géographique, il faut commencer par étudier la théorie économique ponctuelle. (…) on part des problèmes spatiaux bien définis et on cherche au sein de l'analyse économique des concepts et outils susceptibles d'être appliqués de manière fructueuse et ce moyennant des révisions parfois substantielles et profondes[35] ».

Cet angle de vision consiste donc à faire progresser en parallèle les deux disciplines : la science économique ponctuelle et l'économie spatiale. La seconde s'alimente et s'enrichit des abstractions de la première. C'est dans ce cadre que les programmes de recherche dans l'économie spatiale intègrent des courants de pensée distincts. Cette façon d'appréhender l'économie spatiale a permis la diffusion de nombreux travaux au sein de la communauté scientifique en économie. A titre d'exemple, nous pouvons citer le développement des travaux sur la concurrence spatiale. Ces travaux profitent du développement de la théorie des jeux non coopératifs. Ils permettent de montrer en quoi représente une source de différenciation des produits conduisant à une remise en cause profonde de la concurrence pure et parfaite, sans pour autant toucher à l'épine dorsale relative à la rationalité des agents.

La localisation peut être définie comme étant l'emplacement relatif relié aux autres éléments, c'est le lieu situé par rapport à un référentiel spatial. C'est le fait de situer un élément dans un espace de relations : localisation d'une ville, d'une usine… Elle représente l'acte de localiser, c'est-à-dire définir et/ou déterminer la localisation. Elle peut être considérée comme l'opération de choisir un lieu pour une activité donnée sur la base de ses attributs intrinsèques (notion de lieu ou de site), ou en fonction du cadre spatial (notion de situation) : choisir la localisation optimale pour implanter une usine donnée.

Alors, la localisation[36] peut être définit selon Colbert et Côté comme une analyse d'un ensemble de variables géographiques, économiques, sociologiques et culturelles, qui vise à évaluer une localisation existante, ou sélectionner le meilleur emplacement, dans le but d'atteindre des objectifs de ventes et de profits pour un commerce

---

35)- Bailly, A. (1994). Territoires et territorialités,[w:] Auray JP., Bailly A., Derycke P.-H, et Huriot J.-M., Encyclopédie d'Economie spatiale: Concepts-Comportements-Organisations. Economica, Paris.

36) - Colbert, F., & Côté, R. (1990). Localisation commerciale. G. Morin

ou une activité de production, elle symbolise donc le fruit des stratégies complexes des différents acteurs, qui se trouvent en présence, en fonction du contexte socio-économique, des intérêts en jeu et en compétition, des moyens mis en œuvre et des contraintes présentes.

Dans ce cadre, les critères du choix d'implantation à l'étranger représentent des facteurs d'attractivité territoriale pour la firme, dont nous citons la qualité de la main-d'œuvre qui doit être qualifiée, la politique fiscale, la politique de change, la qualité de l'infrastructure, la taille de marché... En bref, les critères du choix de la localisation qui incitent les firmes étrangères à investir dans une localisation particulière peuvent être regroupés en général selon trois groupes : la demande du marché des biens, les coûts des facteurs de production, les politiques d'attractivité des pays d'accueil.

En conclusion, le choix de la localisation est concrètement l'acte de choisir un lieu, pour exercer une activité, implanter un équipement, une demeure, et l'emplacement envisagé du point de vue de sa situation dans l'espace géographique pour y exercer une activité industrielle, le terme de localisation est employé seul désignant les lieux occupés à un moment donné par l'entreprise sur un territoire[37]. Ce qui résulte la décision de localisation qui désigne donc l'acte de choix, par une entreprise, d'un lieu géographique. En bref, la localisation est donc un choix multidimensionnel et stratégique.

## 2.1. Aperçu Historique

### 2.1.1. Précurseurs de la théorie de localisation

Les premiers auteurs qui s'intéressent à la répartition des activités économiques dans l'espace se sont concentrés sur l'explication de la localisation des agglomérations en fonction d'une logique de production agricole. Cette logique tend à rapprocher le paysan de sa terre et à localiser les artisans, dont le travail est induit par ces derniers dans les mêmes villages, autrement dit dans la même localisation. Ainsi, nous relevons le rôle des voies de communication qui est décisif, notamment les voies d'eau navigables qui attirent les concentrations, aussi que les lieux de production de matières premières. Donc, Il s'agit dans un

37)- De Koninck, R. (1993). Brunet, R., Ferras, R. et Théry, H. (1992) Les mots de la géographie, dictionnaire critique. Montpellier/Paris/Reclus/La Documentation Française, 470 p. (ISBN 2-11-002852 Cahiers de géographie du Québec, 37(102), 591-592.

premier temps d'expliquer les raisons qui poussent les agents à se regrouper puis de déterminer les facteurs de cette localisation.

Dans ce cadre, en 1755 Cantillon propose une décentralisation et un éparpillement de l'activité industrielle dans l'espace[38]. En effet, dans son ouvrage « Essai sur la nature du commerce en général », Cantillon[39] présente une théorie de la localisation et une analyse des relations interrégionales, qui aboutit à une véritable politique de délocalisation des industries. Il commence par l'étude de l'analyse de la répartition des populations et des activités. Ainsi, il poursuit un seul objectif : la réduction de la longueur des circuits dans l'espace.

Aussi avec, Steuart Mill[40]qui cherche à démontrer les avantages des agglomérations, même des plus grandes, et ceux de leur croissance, non seulement pour les citadins, mais également pour les habitants des campagnes. Il étudie donc à son tour la localisation des hommes et des manufactures, l'apparition, la croissance des agglomérations et leurs relations avec la campagne environnante, les voies de communication, et enfin la répartition concentrique des activités agricoles. Donc, les résultats issus de ces deux approches tentent de déterminer la localisation optimale des hommes et des activités, dont la structuration oscille entre concentration et/ou dispersion.

En termes économiques, la plupart de ces analyses préconisent la concentration. Elle présente de nombreux avantages en termes de localisation optimale, par la minimisation des coûts de transport ou la maximisation de la rente.

En outre, depuis le XIXe siècle, les activités industrielles sont apparues dans des pays comme la France, l'Allemagne, et la Grande-Bretagne. Les usines se sont installées à proximité des mines, pour réduire le temps et le coût de transport du fer et du charbon, qui leur sont nécessaires. Aujourd'hui, ces régions abandonnent peu à peu leur activité industrielle, car ces matières premières, comme le charbon et le fer, sont devenues rares. Alors, ces vieilles usines sont devenues trop polluantes. Mais, ces régions ont du mal à renaître. Ensuite, quand les mines des pays industriels sont épuisées, il devient plus facile d'importer par bateau le fer, le charbon ou le pétrole des pays où ils sont abondants. Face à cette situation, la construction des usines commence

38)- Cantillon, R. (1997). Essai sur la nature du commerce en général. INEd

39)- Perreur J. (2003). La localisation industrielle: Les approches des économistes », in CLIQUET G., et JOSSELIN J.-M., (éds), Stratégies de localisation des entreprises commerciales et industrielles, De nouvelles perspectives, De Boeck.

40 )- Perreur. (2003). Op cité.

à être non plus près des mines, mais près des ports industriels. Pour cela, le coût de transport oriente toujours la localisation des activités économiques, pour être près des ressources naturelles ou du marché.

En somme, cet aperçu historique présente les facteurs traditionnels afférents à l'attractivité de la localisation industrielle. Ils se résument aux dotations factorielles, la proximité et des outils de production des marchés, donc il s'agit des coûts, de la distance avec les intrants et les extrants, de l'importance et du poids de facteurs dans la production. Ainsi, nous pouvons avancer qu'à partir du début de la révolution industrielle, les entreprises ont choisi des facteurs de la localisation, qui se limitent très souvent à la proximité des matières premières (afin de réduire le coût de transport des matières qui leur sont nécessaires).

Par ailleurs, avec le développement industriel, les facteurs qui imposent la localisation des activités économiques, se multiplient, et par conséquent de nouvelles approches théoriques naissent.

## 2.2. Premier classement : facteurs quantitatifs et qualitatifs

### 2.2.1. Théories basées sur des facteurs quantitatifs

Les premières théories économiques sur la localisation industrielle sont basées essentiellement sur des facteurs quantitatifs. Ainsi, les chercheurs au début essayaient d'évaluer d'une manière mathématique le choix d'un site. La majorité de ces auteurs n'abordaient le sujet que par l'analyse de quelques facteurs de localisation. En effet, leurs théories présentaient une description des méthodes économiques utilisées dans l'évaluation d'un choix de localisation sans se douter que des facteurs purement qualitatifs peuvent se présenter.

#### *2.2.1.1. Von Thünen : « la théorie des cercles concentriques »*

***Présentation :***

Les théories de la localisation commençaient tout d'abord avec Von Thünen (1875)[41], considéré comme l'initiateur de l'économie spatiale d'agricole. Il a fondé sa théorie sur la localisation agricole, dans laquelle, il a considéré l'affectation agricole du sol répondant à certaines

41) - Von Thünen, J. H. (1930). Der isolierte Staat in Beziehung auf Landwirtschaft und Nationalokönomie: Neudruck nach der Ausgabe letzter Hand (2. bzw. l. aufl., 1842 bzw. 1850), eingeleitet. G. Fischer.

logiques propres à l'activité agricole et aux acteurs qui y réagissent, faisant appel à plusieurs facteurs. Pour lui, c'est la distance au centre-marché qui représente le facteur déterminant au lieu de la fertilité. Ainsi, l'agriculture est une activité qui occupe plus d'espace, et elle a une utilisation spécifique de chaque parcelle agricole, en fonction de plusieurs facteurs[42] en réalité, parmi eux, nous citons : le marché, la distance à ce marché, la nature du sol et le coût de production.

***Facteurs déterminants :***

- Le marché : le prix du produit se fixe selon la règle de l'offre et la demande, dont lequel le marché joue le rôle d'orientation des activités agricoles pour satisfaire la demande. Plus le prix est élevé et plus le produit a tendance à occuper tant d'espace que d'autres cultures.
- La distance au marché : stipule le coût de transport, il existe un seuil au-delà duquel le coût de transport dépasse le gain escompté, c'est la portée limite, sur la base du coût de transport qui est proportionnel à la distance au marché.
- La nature du sol : le sol représente un facteur de production agricole contrairement à l'industrie et aux services, où il constitue plutôt un élément de localisation. Dans un espace donné, le sol est partout le même, donc le rendement est identique.
- Le coût de production : caractérise le seuil minimum du prix final d'un produit agricole donné, dans la mesure où celui-ci ne peut être en deçà du coût de production.

***Prolongement***

Le modèle afférent à la théorie de Von Thünen est très utilisé, non seulement par les économistes agronomes, mais aussi par les spécialistes de l'économie urbaine. Il sert à expliquer les localisations intra-urbaines et analyser les zones suburbaines de transition de l'usage urbain du sol vers son exploitation agricole.

***Limites[43]***

Les limites de cette théorie résident dans ses hypothèses de départ même, qui simplifient la réalité pour pouvoir saisir l'effet de la distance sur l'affectation agricole de l'espace qui sont ;

La présence d'une zone non ouverte sur l'extérieur avec l'absence d'import-export, le développement des transports désenclave

42)- Claval, P. (1968). Economie et Géographie rurales. Revue Géogrephique de l'Est, 1-2.
43 ) Colbert, F. et Côté, R. (1990). Op cité.

actuellement les zones isolées, ce qui favorise la spécialisation à grande échelle.

En dépit, de ces limites du modèle de Thünen évoqués, il demeure toujours pionnier dans l'explication des facteurs de la localisation de certaines unités de production, cependant Thünen a souligné l'importance du coût de transport relatif à chaque culture comme élément central de la localisation industrielle.

Alors, malgré ces limites, ce modèle reste un instrument d'analyse efficace, qui permet d'expliciter l'affectation du sol agricole et de là une modélisation structurelle. En introduisant le concept de rente de localisation, Von Thünen met les bases des recherches en économie spatiale.

Le modèle repose sur l'existence d'une localisation optimale identique et une rareté relative du socle qui est différent de l'industrie. Cette théorie sera ultérieurement utilisée en marketing pour calculer la part de marché des commerces.

En conclusion, nous pouvons déduire de cette théorie que les facteurs d'attractivité à la localisation industrielle sont : le marché, le coût de production et le coût de transport.

#### *2.2.1.2. Théorie de la localisation industrielle (une optimisation simple des coûts de transport) : Weber et le triangle de localisation*

***Présentation :***

En matière d'industrie, le choix de la localisation dépend de plusieurs paramètres, dont nous relevons les principaux ; qui sont l'énergie, les matières premières et le marché. A la différence de l'activité agricole, l'industrie se caractérise par une localisation ponctuelle qui se réalise par l'établissement industriel à un point précis, qui favorise la minimisation des coûts de transport ou de transfert, quelle que soit l'échelle de sa localisation locale, régionale ou mondiale. Alors, au début du XXe siècle, dans le contexte allemand, l'industrie de base était l'acier.

Dans ce cadre, Alfred Weber élaborait la théorie classique de localisation industrielle, comme le premier modèle industriel[44], caractérisé par la simplicité, dans lequel, il essayait de systématiser les données de localisation. Selon lui, les industries cherchent à se localiser

44 )- Weber, A. (1962). Theory of the Location of Industries. University of Chicago Press.

là où elles peuvent minimiser les coûts de transport vers les marchés (des inputs et des outputs). Bref, pour lui, la meilleure localisation est celle qui minimise les coûts de production.

Cette dernière notion s'enrichit par la suite par plusieurs travaux dont nous citons ci-dessous quelques-uns (Lösch, Hoover, Smith, Pred ou Palander…).

***<u>Postulats et hypothèses</u>***

La théorie de Weber se base sur un certain nombre de postulats, dont, nous relevons :

- La localisation des matières premières permet de minimiser les coûts globaux de production et plus particulièrement ceux du transport.
- Les marchés des produits finis sont localisés à certains points donnés. Ils sont ponctuels, uniques et assurent l'écoulement des produits et ils sont caractérisés par une concurrence parfaite, et un espace homogène.
- La main-d'œuvre est localisée et de bon marché.

Sur la base de ces hypothèses, nous pouvons dire que le producteur et le consommateur cherchent toujours à maximiser leur utilité et réduire leurs coûts. Dans ce contexte, deux facteurs influencent la localisation industrielle, à savoir : le premier est régional, le coût de transport, le second est local, le coût de la main-d'œuvre. Ces derniers représentent les forces d'agglomération qui déterminent la localisation optimale.

Pour bien expliquer sa théorie, nous prenons un exemple qui illustre le facteur du coût de transport : *une usine a besoin de trois éléments au minimum : une matière première (P), une source d'énergie (€) et un marché pour vendre les produits finis (M) qui ont forcément une localisation séparée formant ainsi un triangle (PEM). La localisation optimale de l'usine se situe à l'intérieur de ce triangle, voire dans le centre de gravité. Le coût de transport (t) est le facteur central dans la détermination de la localisation. Il est une fonction du poids à transporter (p) et de la distance à parcourir (d).*

Dans ce cadre, Weber utilise le triangle pour démontrer le point minimisant les coûts.

Alors, pour les deux autres facteurs :

L'existence d'une main-d'œuvre bon marché est susceptible de déplacer l'optimum de localisation obtenu sur la base des moindres coûts de transport, dans le cas où les économies de main-d'œuvre dépassent les coûts de transport occasionnés par le déplacement. Dans ce contexte, il faut chercher le meilleur compromis entre les deux facteurs.

Pour les forces d'agglomération conduisant à un écart de l'optimum. Weber, bien que le concept d'agglomération reste confus chez lui, introduit déjà au début du XXe siècle les recherches sur les économies externes, les forces d'agglomération...

***Importance et limites de la théorie :***

Plusieurs critiques sont avancées par de nombreux chercheurs comme Hoover, Palander, Lösch ou Pred mais l'apport de la théorie reste évident et très important.

***Apport :***

Malgré la simplicité du modèle de Weber qui se limite à un nombre très réduit de facteurs et de lieux, il nous permet de déterminer la localisation optimale de l'usine et de comprendre les raisons du choix. Cet apport important n'exclut pas plusieurs critiques formulées à l'encontre de la théorie de Weber. Ainsi, il a tenté par la suite d'introduire un nouveau facteur explicatif (les économies /déséconomie d'agglomération).

***Prolongement :***

Au cours du temps, le modèle de Weber a été généralisé par la prise en considération de diverses fonctions de production, et l'examen des relations entre le point de coût minimum et celui de profit maximum...

Néanmoins l'inspiration Wébérienne contribue dans toutes les formulations de la théorie de la localisation optimale des unités de production et dans les modèles de la recherche opérationnelle auxquels elle sert de fondement.

Weber essaie par la suite, d'introduire un autre facteur explicatif : les économies/des économies d'agglomérations.

***Limites***

Après avoir présenté la théorie de Weber, nous pouvons adresser plusieurs critiques à cette théorie de la localisation industrielle, comme suit :

- D'une part, pour l'utilisation de la matière première, nous constatons en général qu'une usine utilise plusieurs matières premières et produits semi-finis d'origines diverses, alors que la théorie se base sur une simple combinaison de deux produits ou d'un simple triangle, ce qui impose un problème de variables trop limitées, et par conséquent, la théorie ne répond pas à la réalité.
- Et d'autre part, concernant le deuxième facteur qui est la main-d'œuvre, elle doit être prise en considération dans le choix optimal de

localisation. Son influence est plus élevée qu'elle est peu mobile et les salaires sont très variables.

En conclusion[45], Weber est l'un des grands auteurs de la théorie classique de la localisation industrielle. Il développe un modèle mathématique qui vise à déterminer le site optimal pour une entreprise donnée, tout en se basant sur la recherche d'un point minimisant les frais de transport, sur l'influence des coûts de la main-d'œuvre ainsi que sur la force de l'agglomération. Alors, il constitue un triangle de localisation composé de deux sources d'approvisionnement en matières premières, SI et S2 et d'un marché. Il importe de mentionner que Weber suppose des frais de transport unique dans un espace uniforme, où une unité de production peut s'implanter. Il considère aussi que les salaires ont un impact sur la localisation puisque, selon lui, les coûts de main-d'œuvre sont considérés comme des facteurs régionaux, cela veut dire qu'ils peuvent changer selon l'emplacement retenu pour l'usine. Cependant, ce modèle de Weber relève des faiblesses majeures avancées par ses successeurs, qui sont attribuables à ses hypothèses simplistes genre l'absence de réseaux routiers, d'obstacles naturels et d'écarts dans les tarifs de transport. De plus, son modèle ne considère que trois facteurs de localisation alors qu'ils sont beaucoup plus nombreux.

***Dépassement***

Les limites de la théorie de Weber sont à l'origine de nombreux travaux, dont nous citons ceux de Palander, Hoover, Lösch, Pred et bien d'autres qui ont permis d'enrichir le modèle.

### *2.2.1.3. Tord Palander : Le coût global et la compétitivité*

Tord Palander[46] prolonge les travaux de Weber, en apportant le concept de compétitivité. Il s'intéresse à la compétition des firmes et aux aires de marché qui sont en fonction du coût global (production et transport), et non seulement celui du transport, ainsi il analyse l'effet du prix sur l'aire de marché (coût variable de production et de transport), en envisageant une tarification dégressive par l'analyse de variation des prix sur l'aire d'un marché.

En effet, il détermine d'une part la limite de l'aire de marché en fonction du coût de production. D'autre part, il montre l'impact d'une baisse de prix sur le partage du marché. Il étudie les coûts de transport

45)- Weber, A. (1962). Op cité.

46)- Palander, T. (1935). Beiträge zur standortstheorie (Doctoral dissertation, Almqvist & Wiksell

en termes de coûts de mouvement et les effets des tarifs de transport, en distinguant les tarifs proportionnels et les tarifs dégressifs.

#### *2.2.1.4. E.M. Hoover et la localisation des activités économiques*

Hoover[47] (1948) est considéré comme l'un des successeurs de la théorie de Weber. Son approche théorique se base sur cinq variables qui sont :

- La nature du produit et son aptitude de supporter des coûts élevés : produits périssables, produits dangereux, conditionnement et emballage, facilité plus ou moins grande de manutention...
- La quantité : étant donné qu'avec une grande quantité, nous pouvons utiliser plusieurs techniques appropriées (trains complets, transport spécialisé...) ou une tarification adaptée au profit des grands fournisseurs et des industries grosses consommatrices.
- La distance : est caractérisée par un tarif souvent dégressif et non pas linéaire avec la distance sauf durant la première période de la révolution des transports.
- Le transport utilisé : nous essayons d'utiliser le moyen de transport permettant la minimisation du coût selon la distance parcourue. En utilisant ainsi le moyen le plus approprié, par conséquent, nous contribuons considérablement à réduire le coût de transport.

Cinq variables interviennent dans ce coût :

- La nature du produit et son aptitude de supporter des coûts élevés, la quantité, la distance,
- Le transport utilisé, et la possibilité de fret de retour qui intervient pour le choix du mode.
- La possibilité de fret de retour : qui intervient pour le choix du mode ou de l'itinéraire et contribue à réduire des coûts de transfert.

Il suppose l'influence de la demande et les facteurs personnels, tout en s'intéressant aux frais de transport. Pour lui, les coûts de transport sont indépendants de la distance, ses frais n'augmentent pas proportionnellement avec la distance. Il ne considère pas l'interdépendance des firmes, son hypothèse de concurrence parfaite

47)- Hoover, E. M., & Alaurent, J. (1955). La localisation des activités économiques. Les éditions Ouvrières.

limite le problème de localisation, en un problème de minimisation des coûts.

### 2.2.1.5. Walter Isard et sa théorie dimensionnelle

En 1956, Isard publie un volume ayant pour objectif de chercher la combinaison optimale de multiples facteurs, afin de maximiser le profit total de l'entreprise, tout en intégrant les spécificités[48] de la théorie des cercles concentriques, pour en faire une analyse telle que soumise par Weber.

La fonction générale du profit de l'entreprise suggérée par Isard considère comme variables les frais de transport, les quantités et les prix des inputs, les quantités et les prix des outputs qui prennent en considération les méthodes de production, l'offre des inputs, la demande des outputs et la dimension de la firme.

Seulement, avec de nombreux facteurs à considérer, la solution optimale est difficile à obtenir

Ainsi, il optimise tour à tour le choix des inputs, le volume des ventes et finalement les frais de transport.

### 2.2.1.6. Alain Sharlig et sa théorie des grappes

Cette théorie[49] considère les lieux comme des points, et l'ensemble des moyens de transport (les routes, les voies ferrées, et les canaux fluviaux) qui les relient comme des arcs. La valeur associée à chaque arc est donc la longueur physique de la route, de la voie ou du canal, entre les deux points que relie l'arc. Il se retrouve alors dans une carte géographique. Les points représentent bien des lieux. Les chiffres associés aux arcs expriment les coûts du transport ou encore sa durée, et sont donc détachés de la notion de longueur matérielle. Cette théorie présente plusieurs avantages, dont nous citons l'abandon de la surface de transport, la suppression de la distance euclidienne, et la représentation qui suit la réalité de plus près.

En conclusion, ces théories sont axées sur l'évaluation des coûts (souvent les coûts de transport). Elles tiennent compte des facteurs quantitatifs que ceux qualitatifs.

---

48)- Isard, W. (1965). Location and space-economy: A general theory relating to industrial location, market areas, land use, trade, and urban structure (No. 338 I8).

49)- Schärlig, A. (1969). Localisation optimale et théorie des graphes: contribution à la théorie de la localisation optimale de la firme dans une structure de concurrence (No. 19). Librairie Droz.

### 2.2.2. Théories basées sur des facteurs quantitatifs et qualitatifs

Certains dirigeants d'entreprise choisissent leurs localisations en fonction des facteurs purement subjectifs ou personnels. Autrement dit, des facteurs qualitatifs. Dans ce cadre, plusieurs auteurs proposent des approches théoriques traitant ce type de facteurs.

#### *2.2.2.1. Predohl et le principe de substitution*

Predohl propose la théorie de substitution[50]. Il essaie d'identifier jusqu'à quel point la localisation présente un problème de coût. Il regroupe les facteurs de production en trois catégories ; la terre, la main-d'œuvre et le capital. C'est entre ces derniers que les substitutions se produisent lorsqu'une entreprise se relocalise.

Ainsi, le déplacement d'une entreprise vers un nouvel emplacement implique le prix des facteurs, les frais de transport encourus ainsi que la qualité de ceux-ci. Ils doivent être considérés. De ce fait, un coût correspondant à la composition optimale des facteurs de production affère à chaque emplacement, À l'instar de Weber et Predôhl ne considèrent pas l'influence de la localisation sur les ventes de la firme.

#### *2.2.2.2. Edgar M. Hoover et sa théorie de la localisation des activités économiques*

La théorie de la localisation des activités économiques d'Edgar M. Hoover[51] (1948) appartient à la tradition Weberienne. Il introduit l'influence de la demande et des facteurs personnels. Il raffine la théorie de Weber en s'intéressant plus aux coûts de transport. Il insiste sur le fait que les coûts de transport n'augmentent pas par rapport à la distance. Hoover se penche davantage sur l'importance des forces d'agglomération en développant le concept d'industries "footloose". Toutefois, plusieurs autres auteurs critiquent ouvertement sa théorie. Son hypothèse de concurrence parfaite limite le problème de la localisation à un problème de minimisation des coûts. Hoover fait abstraction d'une grande partie du phénomène d'interdépendance. Il n'arrive pas à expliquer pourquoi une entreprise arrive à se localiser à un endroit autre que celui offrant des coûts moindres.

---

50)- Predöhl, A. (1925). Das Standortsproblem in der Wirtschaftstheorie. Weltwirtschaftliches Archiv, 294-321.
51)- Hoover, E .M . (1955). Op cité.

### *2.2.2.3. Claude Ponsard et sa théorie de localisation optimale de l'unité de production dans une structure de concurrence*

Claude Ponsard[52] (1966) se réfère à la théorie des graphes d'Alain Scharlig (1969) et les modèles itératifs pour élaborer son modèle. Il abandonne la surface de transport au profit du réseau. Son approche permet d'éviter les localisations aberrantes (dans les lacs et les montagnes), de tenir compte des obstacles du terrain qui obligent les transporteurs à des détours. Il ne considère que les localisations possibles, ce qui réduit fortement le travail de sélection. Il prend en considération en même temps des données nombreuses, et en particulier de plusieurs lieux de fourniture pour un même input ou de vente pour un même output.

Ce modèle a vraiment un caractère international. Il prend en compte principalement les interventions de l'Etat, et en particulier les impôts sous toutes leurs formes. Ce modèle n'est gouverné que par très peu d'hypothèses et fournit des solutions qui sont très peu mutilées. Les calculs ne sont plus différentiels, mais simplement arithmétiques. Il laisse alors une place aux raisons subjectives. Enfin, l'influence de l'entrepreneur sur le prix des inputs est prise en compte dans cette théorie.

- **Interprétation**

Au niveau économique, les théories sont basées sur deux sortes de facteurs ; les facteurs quantitatifs se référant aux méthodes, qui utilisent des modèles mathématiques, pour arriver à choisir la meilleure localisation. Ces approches sont souvent critiquées à cause principalement de leur rigidité, et qu'elles ne peuvent pas répondre à une application concrète. Car, elles ne prennent pas en considération des facteurs qualitatifs (par exemple, les coûts qui fluctuent selon le mode de transport). De plus les facteurs subjectifs sont rarement pris en compte.

D'où, il semble important de souligner que l'analyse d'un choix de localisation ne peut se faire, sans prendre en considération autant les facteurs qualitatifs que quantitatifs. Par ailleurs, ce premier point consiste avant tout, à faire la distinction entre les facteurs de gestion et les facteurs économiques.

Au bout du compte, dans la pratique, les théories économiques tiennent exclusivement des coûts de transport, alors que peu de ces

---

52 )- Ponsard, C. (2012). History of spatial economic theory. Springer Science & Business Media.

approches s'intéressent à l'ensemble des facteurs qui déterminent le choix d'une localisation. Par contre, nous voyons dans cette étude, que les théories de gestion se basent abondamment sur des facteurs purement économiques comme les coûts de transport, la proximité des réseaux routiers, ferroviaires et portuaires, la disponibilité en énergie (eau, électricité...), et la localisation de la main - d'œuvre...

La présentation des théories de la localisation industrielle implique en définitive que le facteur du coût de transport est déterminant dans le choix de la localisation. Aussi, les théories de gestion sont les mieux adaptées aux besoins des firmes, car leurs modèles sont plus flexibles, plus faciles à utiliser, et ils s'intègrent mieux dans le système de gestion d'une entreprise.

## 2.3. Deuxième classement : Facteurs basés sur la minimisation des coûts et la maximisation des profits

En se basant sur les théories économiques et les théories de gestion, nous déterminons un classement des facteurs d'attractivité. Ce classement se fonde sur la minimisation des coûts et la maximisation des profits.

La notion de minimisation des coûts dans le processus de choix de la localisation des entreprises industrielles fait l'objet de nombreuses recherches et études en sciences de gestion. Pour un bon nombre d'auteurs, elle apparait en réalité comme une décision de choix de la localisation optimale des entreprises industrielles.

Dans ce contexte, nous citons les travaux précurseurs de minimisation des coûts de transport qui remontent d'abord à THUNEN dans un contexte purement agricole. Il souligne le coût de transport non pas de manière générale mais relatif à chaque culture comme élément central de la localisation. Ensuite, WEBER s'inscrit dans la même lignée que Thünen, et explique que les industries cherchent à se localiser là où elles peuvent minimiser les coûts de transport vers les marchés des inputs et outputs, en tenant compte de la main-d'œuvre. Puis, PLANDER ajoute aux travaux de Weber le facteur de la compétition. Ainsi, EGARD s'attarde plutôt sur les coûts de transfert et les points de rupture de charge. Enfin, pour compléter les travaux de Weber, Losh ne considère pas seulement la minimisation des coûts mais aussi la maximisation des profits.

**Interprétation**

Les théories traditionnelles des choix de la localisation industrielle des entreprises soulignent l'amélioration quantitative des facteurs de production tels que le capital et le travail. Cela veut dire qu'elles considèrent que les choix de la localisation sont sous la seule influence des coûts de la distance (coût de transport) pour accéder à la ressource humaine employable, aux matières premières et aux consommateurs, en omettant l'influence des relations des établissements, firmes ou industries, sur les autres activités de production. Elles insistent aussi sur le rôle important de la croissance des marchés, pour assurer le perfectionnement de la productivité de l'économie ainsi que le rôle de la demande et des effets multiplicateurs de l'augmentation des investissements. En effet, la théorie de la localisation, branche commune à l'économie spatiale et géographique industrielle, est née des théories développées par Von Thünen et Weber. Ces théories apparaissent aujourd'hui obsolètes, d'où la naissance d'un nouveau cadre théorique de la localisation industrielle.

## 3. Théories la Localisation Industrielle : un nouveau cadre théorique des facteurs d'attractivité

Depuis le début des années 1980, le monde se caractérise par une mobilité accrue des capitaux et la volatilité des implantations des firmes entretenues par la mondialisation, qui conduit aujourd'hui les territoires (pays, régions, communes…) dans un univers fortement concurrentiel pour l'attraction des nouveaux investissements.

Plongés dans un environnement concurrentiel et attractif prégnant, les territoires doivent en permanence travailler pour le renouvellement de leurs avantages concurrentiels, autrement dit, améliorer leurs facteurs d'attractivité, afin de gagner durablement leurs concurrents. Surtout, au moment où la mondialisation donne un coup accélérateur aux mouvements de chercher des nouvelles localisations industrielles des entreprises, dans des espaces territoriaux plus attractifs. Dans cette optique, des nouvelles approches théoriques se présentent.

### 3.1. Approche théorique de DUNNING : la théorie éclectique ou la théorie O.L.I

Pour la première fois en 1973, Duning a essayé d'expliquer les facteurs de la localisation en facteurs coûts, facteurs marchés, et facteurs de l'environnement et de l'investissement. Cette étude est complétée par son approche électrique. Alors, en 1980, Duning[53] proposa une théorie synthétique « le paradigme électrique » permettant de rassembler les différentes théories essentielles, pour l'explication des facteurs encourageant les entreprises à choisir un tel territoire pour s'implanter au lieu d'un autre. Il s'agit de la mise en œuvre de trois facteurs primordiaux, pour réaliser un investissement à l'étranger : les avantages de possessions ' Ownerships adavanatges', les avantages de localisation ' Location advantages' et les avantages d'internationalisation 'Internalisation advantages'. Ce que nous appelons également la théorie 'OLI', et qui peut répondre également aux questions fondamentales suivantes : Qui, Où, Comment.

En fait, il souligne quatre raisons qui poussent les firmes internationales à investir à l'étranger : la recherche de ressources, la recherche de marché, la recherche d'efficience, et la recherche des nouveaux biens stratégiques.

### 3.1.1. Les avantages de possessions

L'entreprise doit détenir un avantage spécifique et décisif par rapport aux autres entreprises concurrentes à l'étranger. Cet avantage peut être sous la forme d'un processus de production, d'un produit ou des éléments que la firme possède et a intérêt à exploiter à l'étranger où les autres firmes n'ont pas accès. Nous pouvons citer par exemple : les brevets, les sources d'approvisionnement, les économies d'échelle et la capacité à réduire les coûts de transaction, la capacité de gestion, d'organisation et de marketing, le savoir-faire, la capacité à innover et à se perfectionner, les connaissances et les expériences spécifiques du capital humain. Donc, Il s'agit bien de l'exclusivité d'un actif, soit d'une stratégie de product ion propre à une firme, autrement dit, ces avantages se manifestent à travers la possession des nouvelles technologies, du savoir-faire exclusif, ou bien des expériences managériales susceptibles d'être exploitées par l'entreprise à l'échelle internationale. Donc, ces avantages permettent à la firme de se comporter et d'accorder à la firme une position de leader sur le marché, par le fait de briser la concurrence interne et surmonter les coûts d'installation et de location (rester compétitive).

---

53)- Dunning, JH (1980). Vers une théorie éclectique de la production internationale : quelques tests empiriques. Revue d'études commerciales internationales, 11 (1), 9-31.

### 3.1.2. Les avantages de localisation

C'est l'ensemble des avantages qui permet à la firme de produire directement dans plusieurs pays, plutôt que d'exporter à partir du pays d'origine. Ces avantages ne se limitent uniquement pas sur les apports en ressources naturelles, mais aussi sur plusieurs autres facteurs importants notamment économiques, sociaux et politiques, tels que la taille du marché, les infrastructures, le degré de développement, les institutions et le système politique et juridique. Autrement dit, ce sont des avantages liés à la localisation dans le pays d'accueil.

En effet, le choix d'une localisation dans le pays d'origine ou dans un pays d'accueil est dicté par les différents avantages d'offre et de demande. Donc, la firme va implanter ses filiales dans le pays qui peut offrir le climat le plus propice pour qu'elle puisse maximiser ses avantages spécifiques.

### 3.1.3. Les avantages d'internationalisation

En général, la firme doit avoir la capacité et l'intérêt à exploiter l'avantage spécifique. Dans ce cadre, un véritable gain résultant de l'internationalisation et de la délocalisation à l'étranger, grâce au contrôle interne des activités par les sociétés mères. D'ailleurs, selon la théorie de l'internationalisation, la firme a toujours intérêt à s'implanter à l'étranger au lieu d'exporter dans le cas où elle possède un avantage spécifique dans sa production, ce qui lui permet de l'exploiter directement sur le marché local. Cette approche semble supposer trois niveaux d'analyse : le niveau de la firme caractérisant l'avantage spécifique, du secteur et du produit qui concerne l'internationalisation, et du pays qui s'intéresse à la localisation et à l'avantage comparatif. Chaque avantage dépend d'une manière étroite de la spécificité du contexte et diffère selon les secteurs, les firmes, les industries, les régions et les pays, dont l'explication éclectique de Dunning, est qu'elle permet de montrer que, c'est la présence ou l'absence d'un ou plusieurs de ces avantages qui va déterminer la modalité de choix d'une nouvelle localisation de l'entreprise à l'étranger. Pour simplifier, seuls trois modes principaux d'implantation sont envisagés ; l'investissement direct (filiale « greenfield » ou prise de participation), la production ou la vente sous licence et l'exportation / l'importation.

Le croisement de ces différentes modalités d'implantation permet à Dunning d'élaborer le tableau ci-après.

**Tableau 1: Choix des modalités d'implantation selon la théorie éclectique**

| Avantages<br>Mode de pénétration des marchés étrangers | Spécifique (O) | Localisation (L) | Internalisation (I) |
|---|---|---|---|
| **Investissement direct** | Oui | Oui | Oui |
| **Production ou vente sous licence** | Oui | Non | Oui |
| **Exportation/importation** | Oui | Non | Non |

**Source : D'après John DUNNING (1993), Multinational Enterprises and the Global Economy, Reading, Mass., Addison-Wesley**[54]

A la lecture de ce tableau, nous pouvons dire que, selon Dunning, le choix d'une localisation industrielle est déterminé lorsque les trois types d'avantages sont réunis soit des facteurs d'attractivité des entreprises étrangères sont réunis. C'est ainsi que plus le pays d'accueil procure des facteurs répondant aux critères suscités, plus il attire les multinationales. Cette vision des déterminants est une vision dynamique, puisqu'elle évolue au fur et à mesure de l'évolution de l'attractivité du pays et des avantages spécifiques de la firme multinationale.

**Interprétation**

Selon Duning, la firme privilégie le choix d'une nouvelle localisation industrielle, si et seulement si, elle réunit simultanément les trois avantages O.L.I. Les avantages de propriété, comme la possession d'actifs spécifiques tangibles ou intangibles. Ces derniers permettent à la firme multinationale d'avoir une certaine supériorité sur ses concurrents locaux. Ces facteurs d'attractivité constituent le point de départ motivant toute pénétration des marchés étrangers par les firmes multinationales. Les avantages d'internationalisation rendent un choix de la localisation industrielle, à l'étranger plus profitable, que les exportations ou la vente de licence. Si ces conditions initiales sont réunies, il reste alors à la firme de trouver la localisation qui lui permet d'exploiter le plus efficacement les avantages liés à la propriété, et de concrétiser les avantages de l'internationalisation. Donc, il est certain que ces avantages présentent des facteurs d'attractivité qui déterminent le choix d'une localisation industrielle. (C'est le paradigme O.L.I).

Alors, nous pouvons avancer que le paradigme O.L.I montre que certaines multinationales cherchent des ressources naturelles ou une main-d'œuvre bon marché, ce qui est conforme à la théorie des

---

54)- Guir, R. (1984). L'investissement direct et la firme multinationale. University of Ottawa Press.

avantages comparatifs, selon laquelle chaque pays se spécialise dans l'industrie utilisant de façon intensive le facteur de production qu'il détient en plus grande quantité. En conclusion Dunning reconnait l'existence d'une motivation particulière guidant les choix de localisation des grandes entreprises à l'international : c'est la recherche d'actifs stratégiques sous la forme de connaissances techniques, de savoir-faire, de compétences managériales.

### 3.2. La théorie du cycle de vie du produit

Vernon est considéré comme un spécialiste en économie industrielle, et parmi les premiers économistes qui ont réussi à réunir le commerce international et l'investissement direct à la fois dans leurs théories. Donc, son apport théorique est de combiner les apports de l'économie internationale et de l'économie industrielle, sa théorie explique comment la localisation des firmes à l'étranger est le résultat de l'exploitation d'un avantage technologique. Alors, en 1966, l'économiste Vernon a élaboré la théorie du cycle de vie du produit pour étudier les comportements d'implantation à l'étranger des entreprises multinationales américaines.

Selon cette théorie, l'explication des déterminants de choix d'une nouvelle localisation industrielle repose sur l'évolution du cycle de vie d'un produit.

Dans ce cadre il distingue[55] quatre phases du cycle de vie d'un produit qui sont l'émergence, la croissance, la maturité et le déclin.

En effet, si nous nous référons à l'origine, nous constatons que le produit est inventé et produit par une firme (émergence) dans un pays avancé technologiquement. Pendant cette première phase, le produit est seulement commercialisé dans son pays d'origine. En second lieu, vient la phase de croissance, le produit fabriqué en masse, fait l'objet d'une forte demande. La firme commence à l'exporter vers d'autres pays. Dans ces deux premières phases, le coût de travail importe peu de fait de l'existence de l'avantage d'innovation technologique, et il n'existe pratiquement pas de concurrents. Lorsque le produit arrive à son stade de maturité, la firme perd son avantage technologique absolu. Les entreprises des pays importateurs commencent à vouloir imiter le produit. Pour essayer de maintenir sa position dominante, la firme se lance dans un processus de chercher une nouvelle localisation de sa

55)- Vernon, R. (1966). International trade and international investment in the product cycle. Quarterly journal of economics, 80(2), 190-207.

production vers les pays importateurs, autrement dit, des pays développés ayant une demande et un niveau de technologie similaires. Cela lui permet de réduire les coûts liés à l'exportation et de mieux adapter son produit à la demande.

A partir d'un certain moment, lorsque le produit est banalisé (déclin), la firme a intérêt à investir dans des pays en développement. La raison peut être double : d'un côté la production, lorsque la technologie est standardisée, et de l'autre le coût de la main-d'œuvre constitue une partie plus importante dans le coût total, par conséquent, cela exige de la firme à transférer la production vers des pays à bas salaire.

**Interprétation**

D'après la présentation de cette théorie, nous pouvons avancer que Vernon d'après sa théorie du cycle de vie du produit confirme que le choix d'une nouvelle localisation industrielle peut y avoir des différences interrégionales de dotations factorielles. Par ailleurs, il est à noter qu'aujourd'hui le cycle de vie d'un produit est considérablement écourté, avec l'accès rapide à la technologie et le progrès en matière de transport et de communication, il se peut que dès la phase de l'émergence, la firme décide de produire son produit dans un pays à bas salaire.

Quant au pays d'origine de la firme, elle ne garde que les activités de recherches et de développement et la production de certains composants sophistiqués et certains produits de haute gamme. Ce phénomène peut aussi trouver son explication dans le modèle de division verticale de production internationale.

Malgré ces apports importants, la théorie de Vernon fait l'objet de plusieurs critiques :

- Selon Ruigronk et Van Tulder (1995)[56], avancent que la théorie de Vernon ne prend pas en considération les difficultés de coordination entre la maison-mère et leur filiale, qui peuvent apparaitre, ou encore la détérioration des rapports entre les firmes et les salariés dans le pays d'origine.
- Selon Cantwell (1995)[57], montre que l'une des hypothèses principales de la théorie du cycle de vie du produit se trouve infirme par l'évolution récente. En fait, les firmes multinationales

---

56)- Ruigrok, W., & VAN TULDER, R. (1995). Rival concepts of restructuring. RUIGROK, W.; VAN TULDER, R. The logic of international restructuring. London and New York: Routledge, 36-62.

57)- Cantwell, J. (1995). The globalisation of technology: what remains of the product cycle model?. Cambridge journal of economics, 19, 155-155

implantent leurs activités de recherche et développement dans plusieurs et différents centres. Donc, ceci est en contradiction avec ce qui est affirmé dans les théories précédentes : les firmes gardent leurs activités de recherches et développement dans un centre unique et dans leurs pays d'origine seulement.

Malgré tous ces défauts et les critiques adressés par plusieurs économistes, cette théorie reste parmi les premières et principales théories combinant la théorie de l'investissement direct et celle du commerce international.

## 3.3. La Nouvelle Economie Géographique[58]

Avant de passer à la nouvelle économie géographique, il est souhaitable tout d'abord de présenter l'économie géographique d'une façon générale.

L'économie géographique a pour objectif d'apporter une réponse à la question suivante : qui (ou quoi) se localise où ? « Qui » (ou « quoi ») fait référence aux agents économiques (ou équipements) tels qu'entreprises ou ménages (ou les infrastructures publiques). « Où » fait référence à des zones géographiques variées allant de la ville au marché regroupant plusieurs pays, en passant par les collectivités territoriales et les régions. L'objectif est d'expliquer pourquoi certaines activités économiques choisissent de se localiser dans des endroits particuliers, ainsi que l'impact que ces multiples décisions sur l'organisation territoriale de l'économie.

### 3.3.1. Origines de la Nouvelle Economie Géographique

La nouvelle économie géographique résulte d'une application à l'économie régionale des nouvelles théories du commerce international. C'est un domaine qui se développe très vite, à partir du milieu des années 1990. Le point de départ est le livre de Paul Krugman Géographie Commerciale (publiée en 1991), ce livre détermine l'émergence d'une « nouvelle géographie économique », dont il explique l'apparition de ce courant de recherche. Krugman regroupe les travaux conceptuels ayant une approche de la localisation plus macro-économique que micro-économique sous l'appellation de « nouvelle géographie économique ». Ces travaux ont pour objet d'expliquer l'émergence, à l'intérieur d'un pays, de structures spatiales de type

58)- Fujita, M., & Thisse, J. F. (1997). Economie géographique, problèmes anciens et nouvelles perspectives. Annales d'Economie et de Statistique, 37-87.

centre-périphérie au moyen de modèles d'équilibre général dans lesquels la répartition géographique de l'activité des entreprises, et la répartition de la population sont considérées comme des variables endogènes. Il s'agit également, à une échelle plus petite, de mettre à jour les mécanismes conduisant les entreprises d'un même secteur à se concentrer dans une même région ou autour d'une même aire urbaine.

L'apparition de la Nouvelle Economie Géographique peut être interprétée comme le signe d'un réveil de l'intérêt des économistes, pour les questions de localisation des activités industrielles et/ou économiques. Les travaux conceptuels de ce courant se distinguent des auteurs (les théories classiques de la localisation) par leur angle d'approche. Pour les auteurs de la NEG, l'angle d'approche de la localisation est plus macro-économique que micro-économique.

Selon Duranton[59], la NEG propose de synthétiser trois approches de l'économie qui sont :

L'économie internationale : a pour objectif d'étudier l'allocation des ressources entre différents pays, mais elle prend en compte la dimension spatiale des échanges autrement dit, elle considère des échanges sans coûts de transport ;

L'économie urbaine : peut être considérée comme l'analyse du choix de localisation des consommateurs face à une offre de biens et services émanant d'entreprises immobiles ;

La microéconomie spatiale ou économie de la localisation : a pour objectif de construire une représentation des marchés dans l'espace et suppose donc, la fixité des consommateurs et la mobilité des firmes.

Donc, les travaux dits de la nouvelle économie géographique ont pour objectif d'expliquer la localisation ou la répartition spatiale des activités économiques. En particulier, ils s'intéressent aux raisons de la concentration spatiale des entreprises. Nous ne pouvons pas attribuer ce courant à un seul auteur, car il est composé de plusieurs travaux théoriques. Nous nous contentons ici de présenter certains arguments de cette théorie qui sont pertinents pour notre travail de cet ouvrage.

### 3.3.2. Nouvelle Economie Géographique

La nouvelle économie géographique propose de renouveler les déterminants des choix de la localisation des entreprises, car ses travaux peuvent contourner les limites de la théorie traditionnelle en permettant

---

59)- Duranton, G. (1995). Economie géographique, urbanisation et développement (Doctoral dissertation, Paris, EHESS).

de dépasser le cadre méthodologique des avantages comparatifs et en introduisant les effets de l'intégration économique. En effet, elle s'appuie sur des courants théoriques plus anciens et opère une synthèse entre plusieurs domaines d'analyse. Notamment, elle incorpore des éléments issus des théories traditionnelles et nouvelles du commerce international, de l'économie industrielle et de l'économie urbaine. Alors, nous pouvons distinguer trois catégories de travaux au sein de la nouvelle économie géographique[60] :

- Une première catégorie de travaux qui cherche à mettre en évidence, l'influence des économies d'agglomération sur la répartition spatiale des activités et des agents dans un cadre statique.
- Une deuxième catégorie de travaux vise à analyser le rôle des économies d'agglomération dans la dynamique (la croissance économique) des territoires.
- Une troisième catégorie de travaux s'intéresse, quant à elle, à l'influence des différentes formes de politiques de libéralisation commerciale sur la concentration spatiale des activités et sur l'intégralité des régions.

Un argument central de ce courant théorique est que, la concentration des firmes dans une même localité engendre des externalités positives, et argumente l'attractivité de cette localisation pour d'autres firmes. La création des zones franches industrielles dans le territoire peut jouer un rôle important dans ce cas. Ces externalités comprennent des externalités pécuniaires qui sont liées aux mécanismes de marchés, et des externalités de communication ou d'information et les externalités technologiques ou du savoir.

Plus spécifiquement, les externalités pécuniaires proviennent principalement des trois sources qui sont : les effets liés à la proximité d'un grand marché, les effets d'entraînement en amont et en aval entre les firmes et les effets liés à l'existence d'un bassin d'emploi.

Au total, les économies d'agglomération constituent un important facteur d'attractivité d'un territoire pour les firmes étrangères.

**Interprétation**

Si les travaux théoriques de la nouvelle économie géographique ont assez bien expliqué l'origine des économies d'agglomération et leurs impacts sur la localisation des firmes, les tests empiriques dans ce domaine restent à l'heure actuelle insuffisants. En effet, il est très

60)- Catin, M., & Ghio, S. (2000). Économies d'agglomération, concentration spatiale et croissance. Economie géographique: les théories à l'épreuve des faits, Economica, 81-110.

difficile de mesurer de façon précise les économies d'agglomération, car il n'existe pas de variable qui permet de déterminer les effets des économies d'agglomération.

En ce qui concerne les études sur la localisation des nouvelles entreprises, nous ajoutons souvent le nombre de firmes existantes comme une variable captant les effets d'agglomérations (et dans ces études, la variable expliquée est le nombre des firmes étrangères). Certaines études introduisent la part des emplois de l'industrie concernée ou la densité de l'emploi (ou la population) pour représenter les effets d'agglomération, par contre d'autres théories introduisent le montant des IDE antérieurement injecté dans l'économie étudiée.

Par ailleurs, il est intéressant de noter que la nouvelle économie géographique porte relativement peu d'attention aux causes initiales d'une concentration. Donc qu'est-ce qui fait qu'une région ou un territoire donné peut devenir un lieu de concentration ? Les travaux de ce courant théorique soulignent que les dotations factorielles jouent un rôle dans la détermination du lieu de concentration. Toutefois, la nouvelle économie géographique met en avant un fameux argument qui est ; le lieu de concentration est souvent décidé, au départ.

En d'autres termes, pour des régions ayant des dotations factorielles similaires, à un moment donné, l'une d'entre elles peut attirer plus de firmes. Ce qui va créer peu à peu des externalités positives. Puis, d'autres nouvelles firmes attirées par ces externalités viennent accroître l'avantage de cette région et ainsi de suite (voir Krugman, 1991 pour exemples concrets).

En conclusion, ce nouveau cadre théorique composé de la théorie éclectique, la théorie du cycle de vie et la nouvelle économie géographique a pour but d'expliciter les mécanismes des choix de la localisation, d'agglomération et de spécialisation spatiale. Ce choix est déterminé selon un arbitrage entre les gains issus de l'agglomération et les coûts d'accès aux marchés périphériques. En effet, l'entreprise choisit de s'implanter sur un territoire assurant des avantages de possession, des avantages de l'internationalisation et des avantages de localisation, et offrant aussi le meilleur accès à son marché domestique. Ce nouveau cadre permet d'analyser les interactions complexes entre les coûts des facteurs de production, la taille des marchés et les décisions de localisation des activités économiques, en mettant ainsi en évidence des effets cumulatifs d'agglomération.

Ainsi, dans la littérature économique la majorité des études empiriques construisent le choix des variables déterminant la localisation industrielle sur la base des tests empiriques sans se référer à l'approche théorique.

### 3.4. Etudes empiriques

Les études empiriques qui traitent des déterminants de la localisation industrielle des nouveaux investisseurs, autrement dit, les facteurs d'attractivité de ces nouveaux investisseurs sont très riches et abondants, et leurs résultats se diffèrent selon les variables de base.

- F. SCHNEIDER et B. S. FREY[61] (1985), dans leur article 'Economic and Political Determinants of Foreign Direct Investment', soulignent l'importance des facteurs économiques et politiques conjointement dans un processus attractif. Ainsi, ils élaborent un modèle avec des variables d'ordre politique et économique qui modulent pour les nouveaux investissements dans quatre-vingts pays moins avancés. Par conséquent, ils concluent que pour obtenir un modèle fiable visant à estimer les nouveaux investissements dans les pays en développement, il est obligatoire de prendre en compte à la fois des facteurs économiques et politiques des pays hôtes.
- En 1990, COLBERT et COTE[62] proposent une liste des facteurs à évaluer pour le choix d'une localisation. Il s'agit en somme de :
- Vérifier la présence ou non de services de transports en commun ;
- Connaître la législation concernant le zonage des terrains limitrophes, afin de prévoir les modifications probables dans l'environnement compétitif ;
- S'assurer de l'accessibilité du site dont la fluidité de la circulation, le stationnement, l'état du réseau routier, et la topographie du lot.
- La présence de signalisation routière à proximité, et l'environnement immédiat ;
- Choisir le site en fonction du type de produit que l'entreprise vend. Autrement dit, Est-ce qu'il s'agit d'un produit d'achat courant ou bien d'un produit d'achat réfléchi ou spécialisé ;

61)- Schneider, F., & Frey, B. S. (1985). Economic and political determinants of foreign direct investment. World development, 13(2), 161-175.
62 )- Colbert, F. et Côté, R. (1990). Op cité.

- Choisir le type de localisation, soit dans un centre-ville, un centre commercial, un site isolé ou encore une artère commerciale puisqu'il détermine également la taille de la zone commerciale ;
- Considérer les caractéristiques de la population du quartier, puisqu'elles ont une influence sur la variété des biens dont le commerce devra disposer ;
- Recueillir des données sur l'achalandage et la circulation automobile ;
- En 1994, KUMAR réalise une étude sur les firmes multinationales américaines qui montre le rôle important de la qualité des infrastructures dans la décision des investisseurs étrangers pour s'implanter dans les pays d'accueil[63].
- Dans une étude sur la Chine, A CHEN CHUNLAI (1997) met en évidence les déterminants de l'implantation des firmes multinationales[64]. Aussi, il réalise une comparaison entre les performances économiques avec celles des autres pays en développement, plus particulièrement à celles des pays asiatiques. Alors, il affirme que les avantages de la localisation des investissements étrangers jouent un rôle primordial dans le choix des pays d'accueil, dont les principaux déterminants de la localisation de ces investissements sont : la taille de marché importante, la croissance économique rapide, le revenu par tête élevé, le niveau de stock des investissements étrangers élevé et les politiques commerciales assez souples représentées par un fort degré d'ouverture. A l'opposé l'augmentation des coûts de la main-d'œuvre et l'éloignement ont un effet négatif sur les investissements étrangers.
- En 1998, DEVEREUX et GRIFFITH soulignent l'impact des taux d'imposition sur la localisation des entreprises américaines ou, plus précisément, sur le choix entre pays d'accueil dès lors qu'une décision d'implantation en Europe est prise[65].

---

63)- Kumar, N. (1994). Determinants of export orientation of foreign production by US multinationals: An inter-country analysis. Journal of International Business Studies, 25(1), 141-156.

64)- Chunlai, C. (1997). Provincial characteristics and foreign direct investment location decision within China (No. 1997-16). University of Adelaide, Chinese Economies Research Centre.

65)- Devereux, M. P., & Griffith, R. (1998). Taxes and the Location of Production: Evidence from a Panel of US Multinationals. Journal of public Economics, 68(3), 335-367

- En 1999, MAYER et MUCCHIELLI[66] montrent l'effet des allégements d'impôts sur les choix de localisation des entreprises japonaises, à travers des aides à l'investissement.

Ainsi, MUCCHIELLI affirme « qu'il existe de nombreuses typologies des facteurs de localisation. Chaque firme peut posséder sa propre grille, de la plus simple à la plus complexe…trois grandes familles de facteurs globaux ou intangibles de la localisation peuvent être retenues telles que les facteurs généraux (situation politique, économique, sociale, proximité du marché, agences de développement, facilités de crédit), les conditions du travail (la règlementation embauches/licenciements, la présence d'une main-d'œuvre qualifiée, les universités, les centres de recherche), et les critères géographiques de la localisation (l'environnement rural, urbain, banlieue, l'emplacement prestigieux, les technopôles, les parcs d'activités)…

- En 2001, L. HERNANDEZ et R. VALDES[67] réalisent une étude sur les déterminants des capitaux privés pour les pays d'Asie de l'Est et d'Amérique Latine durant la période 1970-1990. Dont, les variables étudiées peuvent être classées selon deux groupes de facteurs qui sont les "pull factors" et les "push factors".

- Les "pull factors" sont les facteurs qui attirent les investisseurs. Ils traduisent les différentes opportunités proposées par une économie réceptrice et les risques encourus par les investisseurs. Les "pull factors" sont les facteurs qui attirent les nouveaux investissements, tels que les indicateurs macroéconomiques qui sont par exemple le PIB par tête, le taux de croissance de l'économie, le degré d'ouverture de l'économie ou l'indice de risque politique. D'ailleurs les "pulls factors" peuvent être l'avantage comparatif en termes de coût de production, la stabilité politique et économique, en particulier l'absence d'hyperinflation et une bonne sécurité civile, la présence d'infrastructures (transport, télécommunication, etc.), un bon niveau éducatif, un bon climat d'affaires, un environnent sécurisant pour les investissements, un marché local en pleine croissance, l'existence d'un bon système bancaire et financier, l'existence

66)- Mayer, T., & Mucchielli, J. L. (1999). La localisation à l'étranger des entreprises multinationales. Une approche d'économie géographique hiérarchisée appliquée aux entreprises japonaises en Europe. Economie et statistique, 326(1), 159-176.

67) Hernandez, L., Mellado, P., & Valdes, R. (2001). Determinants of private capital flows in the 1970s and 1990s: is there evidence of contagion?

d'activités de substitution aux importations, les politiques incitatives.

- "Les push factors" sont les facteurs répulsifs, qui découragent les investisseurs. Ce sont des facteurs relatifs aux coûts d'opportunité et qui décrivent l'environnement macroéconomique de l'investissement.

- ADUGNA LEM et SISAY ASEFA (2001) confirment que l'incertitude économique, l'instabilité politique, la politique gouvernementale, la confiance des investisseurs, la disponibilité de la force de travail, la taille du marché domestique, le potentiel et le coût du capital et la taille du secteur exportateur sont des variables explicatives des entrées des nouveaux investisseurs dans les économies africaines[68].

- En 2001, BEN ABDALLAH, DRINE et MEDDEB[69] effectuent un test sur un échantillon de 61 pays. Ils trouvent que le niveau du taux de change de même que sa stabilité politique constituent des déterminants majeurs attirant les investissements étrangers. En effet, les premiers résultats de leurs tests les conduisent à conclure que la volatilité du taux de change affecte négativement les flux des investissements étrangers, et que ce dernier joue un rôle catalyseur de la croissance, donc du développement des pays émergents.

En conséquence, le choix du régime de change représente un déterminant dans l'attractivité vis-à-vis des nouveaux investissements, et ils concluent dans leur étude que c'est plus la stabilité du taux de change que sa nature compte pour les investisseurs.

- En 2001, BRETIN et GUIMBERT[70] décrivent la mesure empirique du niveau de la fiscalité précisément la différence entre le taux implicite ex ante, construit pour des cas types d'entreprises et de projets d'investissement, et le taux apparent ex post calculé par comparaison de l'impôt sur les sociétés payé par les entreprises et de leurs profits. Ils trouvent que la fiscalité du pays d'accueil, mais

---

68)- Lemi, A., & Asefa, S. (2003). Foreign direct investment and uncertainty: Empirical evidence from Africa. African Finance Journal, 5(1), 36-67

69)- Abdallah, M. B., Drine, I., & Meddeb, R. (2001). Interaction [d1] entre IDE, régime de change, capital humain et croissance dans les pays émergents

70)- Bretin, E., & Guimbert, S. (2001, December). Tax competition: to cure or to care?. In Conférence «Corporate and Capital Income Taxation in the European Union: the EU Commission Report on Companies' Taxation and Beyond », Faucal.

pas celle du pays d'origine, a un impact significatif sur les fluctuations bilatérales des nouveaux investissements étrangers.

- HANSON[71] propose un modèle théorique qui étudie les cas de trois firmes multinationales (d'une part GM et Ford dont le domaine est l'industrie automobile du Brésil, et d'autre part Intel qui fonctionne dans le secteur électronique de semi-conducteur de Costa Rica). Selon lui, la firme Intel exige quatre critères pour s'implanter à l'étranger qui sont ; la stabilité économique et politique du pays d'accueil, l'approvisionnement suffisant en opérateurs professionnels et techniques avec une main-d'œuvre qualifiée, des facilités pour importer les composantes et exporter les produits finis, et la minimisation du retard lors de l'obtention des licences et des permis nécessaires.

Finalement, il faut considérer tout autre élément pouvant avoir une influence positive ou négative sur le devenir d'une activité économique à localiser.

- En 2002, HUBERT et PAIN réalisent une étude comparable sur la base des stocks bilatéraux et sectoriels des nouveaux investissements étrangers. Les auteurs étudient les déterminants de la décision d'implantation des entreprises allemandes au sein de l'Union européenne pour une période de 6 ans (du 1990 au 1996). Ces déterminants sont[72] :

- Le rôle des actifs spécifiques, soit une augmentation permanente de 1 % du stock de recherche et développement (R&D) dans un secteur conduisant à long terme à une hausse du stock des nouveaux investissements allemands de 1,75 %. Les effets de taille du marché, notamment européen, ressortent également.
- Les économies d'agglomération mesurées par la part du PIB du pays d'accueil.
- L'augmentation des coûts salariaux unitaires a un effet négatif : une hausse de 1 % de ces coûts entraîne une réduction de 3,9 % du stock à long terme pour les nouveaux investissements du pays.
- Au sein des politiques publiques retenues par les auteurs, c'est l'infrastructure publique du pays (mesurée par l'investissement

---

71)- Hanson, G. H., Conférence des Nations Unies sur le commerce et le développement, & Center for international development (Cambridge, Mass). (2001). Should countries promote foreign direct investment? (Vol. 9).

72)- Pain, N., & Hubert, F. (2002). Aides à l'investissement, intégration européenne et localisation de l'investissement direct allemand. Economie prevision, (1), 151-170.

en capital fixe du gouvernement rapporté au PIB) qui a l'effet positif le plus significatif.

- M. B. NONNEMBERG et M.J.DE MENDONÇA (2002) démontrent une corrélation entre les nouveaux investissements étrangers et un ensemble d'éléments qui sont le niveau de scolarisation, le degré d'ouverture de l'économie, le risque et les variables reliées aux performances macroéconomiques (comme l'inflation), le risque et le taux moyen de croissance économique dans les pays en développement[73].
- En 2003, S. DUPUCH et C. MILAN[74] constatent que la taille des marchés, la proximité géographique et la privatisation représentent des facteurs principaux encourageant des nouveaux investissements étrangers européens à s'implanter dans les pays de l'Europe Centrale et Orientale (PECO).
- En 2003, CHRISTOPHE STORAÏ témoigne que les firmes multinationales choisissent les pays qui adoptent une politique économique favorable à l'économie de marché et l'ouverture sur l'extérieur, et ayant la disponibilité d'une main-d'œuvre qualifiée et associée à l'existence d'un tissu industriel local performant, et l'efficience des réseaux d'infrastructures informationnelles et communicationnelles. Ces éléments revêtent une importance capitale dans l'attractivité d'un territoire d'accueil[75].
- En 2003, BOUOIYOUR, utilise la méthode des moindres carrés ordinaires pour identifier les facteurs qui sont à l'origine de l'investissement étranger au Maroc sur la période qui va de 1960 à 2000. Il retient comme variables explicatives le PIB en terme réel, le coût unitaire de la main-d'œuvre approché par le salaire minimum interprofessionnel garanti (SMIG), le capital humain approché par le taux de scolarisation secondaire, le taux d'investissement, le niveau d'inflation, le ratio exportation/PIB, le ratio importation/PIB, le taux de change réel et une variable muette qui prend en

---

73)- Nonnemberg, M. B., & de Mendonça, M. J. C. (2004). The determinants of foreign direct investment in developing countries. In Anais do XXXII Encontro Nacional de Economia [Proceedings of the 32nd Brazilian Economics Meeting] (No. 061). ANPEC-AssociaÃ § Ã£ o Nacional dos Centros de PÃ³s-GraduaÃ § Ã£ o em Economia [Brazilian Association of Graduate Programs in Economics].

74)- Dupuch, S., & Milan, C. (2003). Les déterminants des Investissements Directs Européens dans les PECO. CEPN, WP, 7.

75)- Storaï, C. (2003). Attractivité territoriale et stratégies de localisation des firmes: le territoire Corse peut-il devenir un nouvel Eden?. Information, Savoirs, Décision, Médiation, (9).

considération les modifications introduites par les programmes d'ajustement structurel[76]. Il trouve donc que la taille du marché, le coût de la main-d'œuvre, le niveau de l'investissement public, l'inflation, le capital humain et l'exportation influencent positivement les investissements étrangers au Maroc.

- En 2003, COMBES, DURANTON et GOBILLON étudient la distribution spatiale de salaires dans 341 zones d'emploi françaises Cette étude montre différences de qualifications entre zones d'emploi, même à l'intérieur de chaque secteur.

Ces disparités de qualification et de productivité entre les travailleurs et les entreprises localisées au même endroit sont dues à l'écart de salaires. Il s'agit bien de l'un des déterminants des migrations humaines et de la localisation des entreprises qui explique les disparités de salaires[77].

- En 2004, LIPSEY confirme que la taille du marché du pays d'accueil (appréhendée par le PIB nominal et le revenu par tête), et son dynamisme, sont des facteurs explicatifs des choix de la localisation des filiales étrangères de firmes américaines[78].

En conclusion, cette revue de littérature permet de déterminer les facteurs d'attractivité influençant la décision des nouveaux investisseurs dans le choix de leurs localisations industrielles.

---

76)- Bouoiyour, J. (2007). The determining factors of foreign direct investment in Morocco. Savings and Development, 91-106.

77 )- Combes, J. P., Duranton, G., & Gobillon, L. (2002). Origine et ampleur des inégalités spatiales de salaire en France.

78)- Lipsey, R. E. (2001). Interpreting developed countries' foreign direct investment. In Investing Today for the World of Tomorrow (pp. 285-325). Springer, Berlin, Heidelberg.

## 3.5. Synthèse

**Tableau 2: Récapitulation des facteurs qualitatifs et quantitatifs**

| Eléments Théoriques | Facteurs d'Attractivité |
|---|---|
| **Les Théories Classiques** | Les coûts de transport.<br>La proximité.<br>Les matières premières.<br>La main-d'œuvre.<br>L'infrastructure.<br>Les dotations naturelles et factorielles.<br>Les facteurs personnels (histoire individuelle de chaque entreprise et de chaque branche).<br>Les économies d'échelle.<br>L'existence d'un milieu industriel. |
| **Le nouveau cadre théorique** | Les avantages de la localisation<br>Les avantages de la possession<br>Les avantages de l'internationalisation<br>Les avantages de la technologie.<br>Les économies d'agglomération.<br>L'agglomération des activités industrielles et de la main-d'œuvre.<br>Les coûts de production,<br>La taille des marchés.<br>Les effets cumulatifs de l'agglomération |
| **Les Etudes Empiriques** | Les avantages comparatifs.<br>Le marché potentiel.<br>L'emplacement des pays.<br>Les aspects quantitatifs et qualitatifs de la main-d'œuvre.<br>L'environnement économique du pays d'accueil. |

- **Source : élaboré par l'auteur**

En somme, l'étude du choix de la localisation des activités économiques plus particulièrement celles des industries constitue un thème très intéressant en théorie économique, donnant lieu à l'élaboration de théories explicatives générales, et faisant aussi l'objet d'arbitrage et de mesures d'avantages comparatifs comme en témoigne leur hétérogénéité. Dans cette perspective, le choix d'un lieu d'implantation pour un nouveau site de production constitue un exercice de multiples variables d'actions stratégiques, sur lequel l'entreprise peut jouer afin de réduire ses coûts. Il n'intervient cependant que dans le cadre de stratégies purement défensives visant à assurer la survie de l'entreprise. Pour cette raison, nous choisissons dans le point suivant de traiter : ***Comment l'entreprise décide un tel choix de sa localisation sur un territoire d'accueil ?***

## 4. La décision du choix d'une localisation : la mise en avant du point de vue des acteurs publics

En général, l'étude des décisions de localisation représente un thème de croisement de plusieurs champs disciplinaires (les sciences de gestion, les sciences économiques, la géographie, la sociologie...), dans ce contexte pluridisciplinaire, nous déterminons donc notre point de vue de recherche, par l'expression « décision de localisation » est tout choix, adopté par une entreprise, d'un lieu d'implantation pour un nouveau site, différent géographiquement de ses sites existants. Cette décision de localisation peut se situer, soit dans le cadre du transfert d'activité(s) depuis un ou plusieurs sites existants de l'entreprise intéressée, soit dans le cadre de la création d'une nouvelle capacité.

Donc, nous pouvons dire que toute décision d'implantation d'un nouveau site, se traduit par la rencontre entre une entreprise et un territoire nouveau spécifique pour elle. Cela veut dire qu'elle constitue la rencontre de deux volontés : d'un côté celle de l'entreprise qui souhaite trouver un lieu d'implantation susceptible d'accueillir son nouveau site et, d'un autre côté, celle du pays d'accueil ambitieux d'infléchir la logique privée de cette entreprise, afin de l'amener à implanter son nouveau site dans un lieu géographique où cette implantation peut produire le maximum de bénéfices pour le pays d'accueil. Dans cette optique, nous pouvons dire que lorsqu'une entreprise crée un nouveau site, elle procède donc à un choix conscient et bénéfique, en se basant tout d'abord sur l'offre d'attractivité présentée par le pays d'accueil, d'où la nécessité à étudier les moyens et les procédures d'attractivité utilisés par le pays hôte, pour attirer de nouveaux investisseurs. Par conséquent, les autorités territoriales recourent aux différentes techniques de promotion de leur territoire. Ces techniques peuvent être regroupées sous le concept du marketing territorial, c'est l'objet notamment du point suivant.

### 4.1. Marketing Territorial

Comme souligné précédemment, depuis le début de la révolution industrielle, les activités économiques se localisent en fonction de la disponibilité des matières premières. Par la suite, et jusqu'à la fin de la Seconde Guerre mondiale, la concentration des activités industrielles se réalise dans la périphérie des grandes métropoles. Cette concentration permet aux entreprises de se doter d'une main-d'œuvre à bas prix et de bénéficier de la proximité des approvisionnements des autres entreprises installées, ainsi que les avantages liés à l'urbanisation (habitat, services sociaux, de santé et d'éducation pour les ouvriers et leurs familles).

Ensuite, avec l'instauration de la mondialisation, nous assistons à un environnement économique caractérisé par la décentralisation des lieux de production, par la flexibilité et la mobilité des entreprises[79]. Dans cette optique, les territoires ambitionnent tous d'accueillir de nouvelles activités, mais dans un contexte international, caractérisé par la rareté des projets d'implantation, et où les critères de localisation évoluent vers plus d'exigence. Pour cela, les territoires commencent à utiliser les techniques de marketing pour attirer de nouveaux investissements. Ce que nous appelons le marketing territorial.

Le marketing territorial est une discipline encore jeune, ouvert et en cours de structuration. Elle apparut en 1975, et adoptée par les acteurs publics, dont le but de rendre leurs territoires plus attractifs. Ce concept est emprunté à la langue anglaise, et il dépend des pratiques traditionnellement utilisées par l'entreprise.

### 4.1.1. Définition

Nous constatons toujours que le marketing est un sujet d'étude qui occupe le travail des praticiens plus que des théoriciens, du coup, les auteurs et spécialistes sont nombreux et par conséquent les définitions sont nombreuses et hétérogènes. Pour cette raison, il est inutile d'en recenser. Nous passons à celles les plus adéquates à la problématique de développement économique territorial et l'attractivité des entreprises.

Aujourd'hui, le marketing territorial considère le territoire comme un produit qu'il faut promouvoir et vendre. Donc, il peut être marketé. Pour cela, il représente une méthode importante du management territorial, appliquée dans la gestion et la valorisation des territoires. Il constitue ainsi un outil de développement du territoire, à cheval entre communication, marketing et stratégie territoriale.

Dans ce contexte, plusieurs économistes, chercheurs, responsables d'agences de développement territorial expriment à travers diverses publications leur propre définition du marketing territorial. (Cette notion est vague).

---

79)- Noisette, P., & Vallérugo, F. (1996). Le marketing des villes: un défi pour le développement stratégique. Editions d'Organisation

- Selon GOLLQIN[80], « Le marketing territorial est l'effort de valorisation des territoires à des marchés concurrentiels pour influencer, en leur faveur, le comportement de leurs publics, par une offre dont la valeur perçue est durablement supérieure à celle de ses concurrents. Cette activité est généralement pilotée par des agences de développement, pour le compte d'autorités publiques ou d'acteurs privés ».

Le marketing territorial peut être appréhendé comme l'art de positionner un territoire, dans le but d'attirer les investisseurs comme le souligne HATEM FABRICE[81] en se référant aux responsables des agences de développement économique. « C'est l'art de positionner un village, une ville, une région ou une métropole sur le vaste marché mondial. Il s'agit en fait d'appliquer des concepts et des méthodes traditionnellement réservés aux secteurs marchands à un espace, dont on souhaite faire la promotion ».

- Pour NOISETTE et VALLERUGO[82], « le marketing territorial est une manière de penser et de mettre en œuvre une politique territoriale de développement dans le contexte de marché..., il doit reposer structurellement sur des partenaires (acteurs), en faisant converger les logiques publiques et privées ». De nos jours, le marketing territorial « est une démarche qui vise à élaborer, sur la base de la connaissance de l'environnement (géographique, démographique, culturel, économique, social, politique), l'offre territoriale par les dirigeants élus au sein d'une collectivité territoriale (ville, conseil général, conseil régional) en vue d'assurer son adéquation permanente à diverses cibles (touristes, résidents, associations, entreprises, investisseurs...), tout en poursuivant les missions d'intérêt général auprès de tous leurs administrés et ce, quelle que soit l'hétérogénéité des éléments d'identité qui compose le territoire dont ils ont la charge ».

- Pour TEXIER. L, VALLA et JEAN PAUL[83], le marketing territorial peut être considéré comme « un ensemble des actions collectives et individuelles, pour attirer des activités nouvelles sur un territoire, favoriser le développement des entreprises exerçant

---

80)- Gollain, V. (2008). Réussir son marketing territorial en 9 étapes. Précis de.

81)- Hatem, F. (2007). Le marketing territorial: principes, méthodes et pratiques. EMS Editions.

82)- Chamard, C., & Liquet, J. C. (2011). L'évaluation de l'image perçue des régions françaises (No. hal-02432272).

83)- Texier, L., & Valla, J. P. (1992). Le marketing territorial et ses enjeux. Revue française de gestion, (87), 45-55.

localement leurs activités et promouvoir globalement une image favorable ». Il ne s'agit pas ici d'attirer seulement des nouvelles entreprises étrangères, mais le marketing territorial concerne aussi directement les entreprises locales, dans la mesure où le territoire vise à créer la valeur ajoutée et l'emploi. Cela s'adapte dans ce que Texier l'appelle le « service après-vente territorial ».

- FABRICE HATEM s'intéresse, à la promotion et à la prospection des projets d'investissements internationalement mobiles, sans oublier les entreprises locales. Il définit le marketing territorial comme l'ensemble des outils et techniques ayant « pour but d'inciter des acteurs extérieurs à nouer des relations marchandes avec des acteurs déjà présents sur le territoire, notamment, mais pas seulement, en s'implantant sur celui-ci. »[84].
- Quant à GOLLAIN[85], le marketing territorial, peut être élaboré comme « l'effort collectif de valorisation et d'adaptation des territoires à des marchés concurrentiels, pour influencer, en leur faveur, le comportement de leurs publics par une offre différente dont la valeur perçue est durablement supérieure à celle des concurrents ». Donc, cet auteur ajoute plusieurs caractéristiques au marketing territorial comme le caractère collectif, la construction d'une offre différente, etc.

En conclusion, nous pouvons définir le marketing territorial comme étant un plan destiné à concevoir des actions pour la promotion économique d'un territoire, qui se base sur des stratégies de développement local ou territorial, et dont les objectifs finaux sont d'obtenir un renforcement de l'attractivité des territoires pour les nouveaux investissements, un développement économique soutenable, une augmentation de la qualité de vie, une protection de l'environnement. Ainsi, il consiste à appliquer les techniques du marketing au développement local et territorial.

Enfin, nous pouvons dire que les définitions se multiplient, car ce concept intéresse aussi bien les théoriciens, les marketeurs, les géographes, les urbanistes, les économistes..., que les praticiens qui sont les développeurs territoriaux, les agences de promotion territoriale...

D'après ces définitions, nous pouvons avancer que la pratique du marketing territorial représente une mission essentielle pour les

---

84)- Hatem, F. (2007). Op cité.

85)-Gollain, V. (2015). Identifier et valoriser ses avantages comparatifs territoriaux avec la méthode CERISE REVAIT®. 6e Version, avril.

responsables territoriaux dans cet environnement caractérisé par une concurrence acharnée. Cette pratique permet alors d'apporter des méthodes, outils et pratiques considérablement utiles, pour contribuer à améliorer leurs territoires. En outre, l'émergence du marketing territorial et son évolution sont expliqués par quatre facteurs essentiels qui sont : d'abord, la mondialisation et l'intensité de la concurrence, ensuite le développement des moyens de communication, puis la valorisation de l'échelle locale, et enfin la mutation rapide du marketing[86].

De ce fait, le marketing territorial représente le socle de la concurrence territoriale du monde contemporain qui influence la dimension géographique, en lui associant un rôle de la construction de l'attractivité, et de l'image de marque territoriale via les ressources territoriales.

### 4.1.2. Principes du marketing territorial

Pour réussir le marketing territorial, il faut se baser sur un certain nombre de principes.

#### *4.1.2.1. Principe 1 : Distinguer entre le marketing d'entreprise et le marketing territorial[87].*

Si le marketing territorial se base sur les fondements du marketing d'entreprise, notamment dans les domaines du marketing produit, ou des services, son application à la dimension territoriale suppose des adaptations et des arrangements parfois assez lourds. Soit d'une manière qu'une différence majeure entre l'entreprise et le territoire tenant au degré de maîtrise de l'offre[88].

En effet, une entreprise contrôle intégralement son offre de produits et services à base de son outil de production, alors que le décideur territorial ne maîtrise qu'une partie de son offre, le plus souvent une partie marginale. L'offre territoriale combine des biens tangibles (infrastructures, immobilier, ressources naturelles, etc.) et des services qui sont la résultante d'un assemblage d'actions passées, présentes et voire futures effectuées par un ensemble d'acteurs privés, publics ou associatifs. Le contrôle de la « chaîne de production territoriale » est

86)- BENKO, G. (1999). Villes et stratégies de communication et marketing urbain. Pouvoirs locaux-La documentation française, Paris, 42, 12-18.
87)- Gollain, V. (2008).Op cité.
88)- Hatem, F. (2007). Op cité.

relativement faible par l'acteur public, ce qui exige de s'organiser dans un cadre collectif pour une valorisation du territoire.

#### *4.1.2.2. Principe 2 : Identifier l'échelle géographique pertinente : la destination.*

L'échelle géographique que le marketing territorial doit s'accorder est relative au public ciblé. Le marketing territorial vend un choix de destination adaptée au client et non pas un découpage administratif.

#### *4.1.2.3. Principe 3 : Organiser et établir la démarche.*

La réussite d'une démarche de marketing territorial se base sur la constitution d'une équipe motivée et organisée. Cette dernière doit agir sur une aire géographique différente de celle de son périmètre habituel. Et la mise en place doit passer par la mobilisation tout d'abord des acteurs économiques clés.

#### *4.1.2.4. Principe 4 : Mobiliser les acteurs pour construire et agir collectivement.*

L'environnement concurrentiel des territoires se transforme sous plusieurs aspects, d'où la démarche associative entre acteurs et la fusion d'agences, permet de rester visible sur « l'échiquier international ». Dans ce contexte, les démarches individuelles de promotion et prospection deviennent de plus en plus difficiles à rentabiliser. Donc, il est nécessaire de faire évoluer des actions collectives plus tôt que des actions individuelles. Le marketing territorial n'échappe pas à ce mouvement vers la dynamique collective car, pour être pleinement efficient, il s'agit de parvenir à réussir la mobilisation des acteurs clés du territoire, pour toutes les étapes de la démarche : de la conception de la stratégie marketing jusqu'à la conduite de l'action.

#### *4.1.2.5. Principe 5 : S'appuyer sur la stratégie économique territoriale.*

La confiance est un élément crucial en marketing territorial. Elle doit se retrouver à plusieurs niveaux :

En amont, entre les acteurs porteurs de l'offre territoriale, plus globalement sur l'ensemble de la chaîne des acteurs contribuant à la promotion et l'accueil d'investisseurs.

Dans la relation entre l'investisseur potentiel et les acteurs du territoire. La confiance ne se crée pas instantanément, il faut lui laisser le temps de s'installer et de s'épanouir et l'introduction d'un climat de confiance n'est pas toujours une dynamique spontanée. Il est important que le coordinateur de la démarche de marketing mette tout en œuvre pour qu'elle s'installe au sein de l'équipe mobilisée pour construire, puis mettre en œuvre cette démarche.

#### *4.1.2.6. Principe 6 : placer la satisfaction du client au cœur de la démarche.*

La transparence est une pratique nécessaire en matière de construction d'une stratégie collective de marketing territorial.

#### *4.1.2.7. Principe 7 : s'appuyer sur la stratégie économique territoriale.*

Afin de concevoir et piloter une stratégie marketing, l'action est facile si le territoire dispose en amont d'une stratégie économique territoriale.

#### *4.1.2.8. Principe 8 : placer la satisfaction du client au cœur de la démarche.*

Le marketing territorial a pour objectif primordial de placer la compréhension et la satisfaction des attentes des clients au cœur de la démarche. Pour cela, il est exigé de chercher dans l'offre territoriale ce qui répond aux attentes du client, plutôt que de chercher à valoriser à tout prix l'offre territoriale dans son ensemble.

### 4.1.3. Démarche Marketing territorial

Toute démarche du marketing territorial doit se baser sur une méthodologie d'ensemble fiable et robuste. La figure suivante montre les étapes de ses trois phases.

**Figure 1:Etapes de la démarche du marketing territorial**[89]

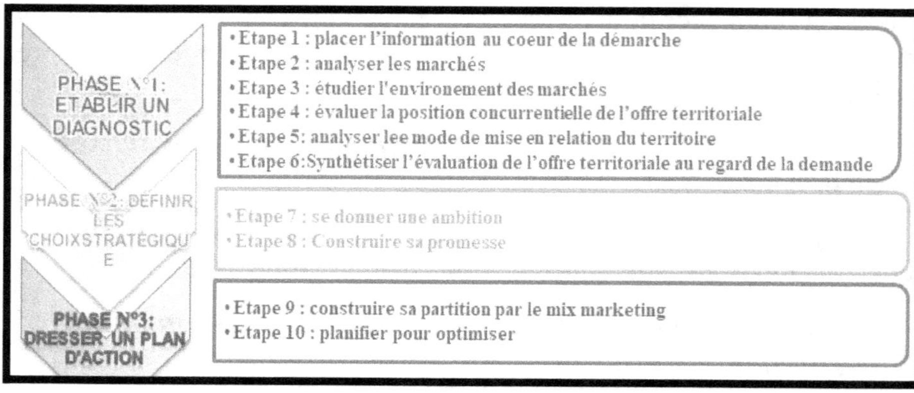


Selon Chamard[90], la démarche globale du marketing territorial se regroupe en deux grandes phases :

- La première phase, dite en amont : elle consiste à regrouper toutes les étapes qui précèdent la mise en œuvre du marketing territorial, y compris le diagnostic territorial.
- La deuxième étape, dite en aval : elle concerne toutes les actions collectives de la mise en œuvre du marketing territorial. C'est la traduction opérationnelle de la démarche en actions concrètes.

En bref, les territoires aspirent à accueillir de nouvelles activités, à recevoir de nouveaux habitants, plus de touristes et favoriser le développement des entreprises locales. Pour cette raison, le marketing territorial invite d'abord le territoire à prendre conscience de son identité, et à connaître l'environnement dans lequel il se situe, ce qui lui offre une connaissance rigoureuse des ressources présentes sur le territoire, de ses capacités spécifiques et de son potentiel particulier. Ensuite, il s'agit d'identifier et d'analyser les besoins exprimés ou latents, voire même à les créer parfois, d'une population (personnes physique ou morale). Enfin, il s'agit de mettre en œuvre une politique territoriale attractive et de concevoir une offre adaptée à la demande pour attirer de nouveaux investissements, de nouveaux touristes.

Toute cette démarche ayant pour but principal d'aider les acteurs publics à instaurer une politique territoriale fiable et de marqueter l'offre territoriale du pays d'accueil.

---

89)- Gollain, V. (2014). Réussir sa démarche de marketing territorial: méthode, techniques et bonnes pratiques. Territorial.

90)- Chamard, C. (2014). Le marketing territorial: comment développer l'attractivité et l'hospitalité des territoires?. De Boeck Superieur.

### 4.1.4. Finalité du marketing territorial[91]

L'objet du marketing territorial est de fournir aux acteurs publics notamment les institutions publiques de la promotion territoriale (agence publique) les outils d'information et d'analyse, dont elles ont besoin pour définir leurs priorités. De même déterminer la nature de leur offre et mettre en œuvre les politiques d'offres territoriales adaptées, dont le but de construire et mettre en place la meilleure image possible de leur territoire. Pour ce faire, d'un côté, les acteurs territoriaux utilisent des moyens multiples pour réaliser la mise en valeur de leur territoire. De l'autre côté, le marketing territorial oblige ces institutions à prendre en considération leur territoire, afin de l'analyser, de le comprendre et de forger ainsi des politiques et des arguments réels pour lancer une démarche de développement.

Dans cette optique, la promotion d'une offre territoriale vise à inviter les entreprises à venir s'implanter sur le territoire, en leur fournissant une information exacte répondant à leurs exigences. Cela est facilité par l'émergence de la communication. De ce fait, le marketing territorial est devenu un élément de différenciation entre les territoires. Il se base sur de grands projets d'aménagements du territoire et/ou de valorisation de l'existant ;

- Des valeurs historiques, culturelles et politiques,
- Des pôles technologiques déjà installés dans le territoire,
- Des tissus économiques du territoire,
- Une disponibilité des facteurs de production,

En définitive, le marketing territorial[92] cherche à agir directement ou indirectement sur les prises de décision des agents économiques, d'une manière favorable à l'attractivité territoriale. Il représente l'effort collectif de valorisation et d'adaptation des territoires à des marchés concurrentiels. Et ce dans le but d'influencer le comportement du public visé par une offre différente et attractive.

---

91)- Hatem, F. (2004). Le Marketing territorial: Pourquoi, comment?. Revue Interrégions,(257).

92)- Gollain, V. (2014). Op cité.

## Conclusion du chapitre

Tout au long de ce chapitre, nous avons essayé de tracer les contours, de cerner le premier élément de cet ouvrage, et d'apporter des éléments de réponse à la problématique à savoir les facteurs de l'attractivité territoriale, et leurs rapports avec le choix de la localisation industrielle.

La littérature abondante de l'attractivité territoriale montre l'existence de plusieurs optiques d'analyse, qui peuvent aider à mieux expliquer les choix de la localisation industrielle et l'attractivité des territoires. Cette dernière présente le résultat de l'interaction entre la firme, le territoire et le pays d'accueil.

En effet, nous avons tenté de prendre connaissance des principaux travaux et concepts développés sur le thème des choix de la localisation industrielle et du développement économique local. Ces études et recherches permettent de mettre en rapport les raisonnements des différents acteurs économiques avec les contextes spatiaux, économiques, et sociaux qui les entourent.

En outre, l'intérêt des économistes pour cette thématique se trouve dans plusieurs courants théoriques, permettant l'identification des facteurs explicatifs des choix de localisation des entreprises. Cette identification est essentiellement consacrée à la question de l'implantation des sites de production industrielle.

Ce premier chapitre a traité deux sections ayant pour objet principal de répondre à sa problématique. En effet, la première section présente les approches conceptuelles de l'attractivité territoriales dans le champ théorique du développement territorial, en définissant un aperçu théorique de l'attractivité territoriale, et en déterminant ses approches stratégiques.

La deuxième section a examiné le cadre théorique de l'attractivité territoriale et son rapport avec les théories de choix de la localisation industrielle (du point de vue de la firme et du rôle des acteurs publics). Cet examen présente un ensemble de théories classées selon deux grandes catégories.

La première présente les théories classiques. Elles s'intéressent d'une part aux facteurs quantitatifs. Ces dernières sont développées fondamentalement d'une part, par Thünen (la localisation agricole), Weber (le triangle de la localisation), Palander (l'apport du concept de compétitivité), Hoover (l'apport du coût de transfert), Israd (théorie dimensionnelle), et Sharling (théorie des grappes). De l'autre part, des théories portent sur les facteurs qualitatifs, développées par Prédol (identifie trois facteurs ; la terre, le capital et la main-d'œuvre), Ponsard (théorie de localisation optimale de l'unité de production dans une structure de concurrence basée sur l'intervention de l'Etat). Ces théories visent la minimisation des coûts et la maximisation des profits, en déterminant la localisation optimale que peut choisir une firme. Elles soulignent ainsi l'amélioration quantitative des facteurs de production qui sont ; le capital et le travail, autrement dit, elles considèrent que les choix de la localisation sont régis par les coûts de la distance (coût de transport) pour atteindre la main-d'œuvre, les matières premières et les clients, tout en omettant l'influence des relations des établissements, firmes ou industries, et aux autres activités de production. Elles mettent ainsi l'accent sur le rôle important de la croissance des marchés, pour garantir le perfectionnement de la productivité de l'économie, ainsi que le rôle de la demande et des effets multiplicateurs de l'augmentation des investissements.

La deuxième catégorie s'intéresse à un nouveau cadre de la localisation industrielle. Il présente trois théories principales. La première théorie nommée la théorie électrique de Dunning. Elle regroupe un ensemble d'éléments permettant d'expliquer les facteurs encourageant les entreprises à choisir un tel territoire, pour s'implanter au lieu d'un autre. Il s'agit de la mise en œuvre de trois facteurs primordiaux, pour réaliser un investissement à l'étranger, qui sont ; les avantages de possessions, les avantages de localisation, et les avantages d'internationalisation. La deuxième théorie de cycle de vie de produit développée par Vernon qui considère que l'accès rapide à la technologie et le progrès en matière de transport et de communication représentent des facteurs décisifs dans le choix de l'implantation d'une firme. Cette théorie a subi plusieurs critiques. Et la troisième synthétise trois approches économiques qui sont ; l'économie internationale, l'économie urbaine et la microéconomie spatiale, elle s'appelle la nouvelle économie géographique. Elle vise à expliquer la répartition spatiale des activités économiques (les raisons de la concentration spatiale des firmes), à travers un renouvellement des facteurs de choix de la localisation.

Cet examen indique un certain nombre de travaux empiriques présentant plusieurs déterminants du choix de l'implantation d'une firme selon les cas étudiés. En effet, ces théories et ces études empiriques font ressortir un ensemble de facteurs d'attractivité quantitatifs et qualitatifs susceptibles d'influencer le choix de la localisation des activités économiques.

En somme ces théories développent des facteurs de choix de la localisation industrielle par les firmes désirant s'implanter dans d'autres territoires, il s'agit bien d'une décision de la localisation. Cette décision est régie par deux ambitions : l'une de la firme qui cherche un lieu d'implantation plus bénéfique, et l'autre du pays d'accueil qui met tout en œuvre pour être attractif. Plus exactement, c'est le marketing territorial utilisé par le pays hôte pour acquérir cette nouvelle implantation.

Cette littérature économique nous permet d'aboutir à une synthèse des facteurs déterminants dans un processus d'attractivité. Elle représente un nouvel impératif pour l'investissement dans l'industrie, et pour accéder au marché mondial. Cette dernière se base sur une série d'avantages de localisation sous forme d'une offre territoriale revêtant une importance fondamentale, car les firmes choisissent seulement les sites bénéfiques qui leur permettent de renforcer la compétitivité. D'où la nécessité d'étudier les facteurs de la compétitivité territoriale (objet du chapitre suivant).

En définitive, la notion d'attractivité des territoires devient un concept très important face à la mondialisation. Plusieurs nations essaient d'offrir le contexte favorable pour la localisation des entreprises étrangères face à l'augmentation accrue des flux des investissements étrangers. Les politiques d'attractivité se multiplient et diffèrent d'une nation à une autre pour attirer plus d'investissements, afin de bénéficier de ses retombées positives. Ce chapitre présente un cadre de références théorique visant à faire ressortir les différentes allures de l'attractivité des territoires, tout en présentant ses approches, ses principaux facteurs et en identifiant la notion de compétitivité territoriale.

# Chapitre II : Compétitivité Territoriale, Compétitivité des Entreprises et les Théories de Localisation Industrielle

Dans un environnement mouvant et imprévisible, caractérisé par la mondialisation des marchés de la concurrence, par les modifications des techniques et des besoins, par la régression et les incertitudes de la croissance. De nouvelles normes concurrentielles s'instaurent, et la compétitivité s'impose pour chaque acteur économique comme un objectif primordial à atteindre, afin d'assurer sa stabilité.

La mondialisation de l'économie et le développement d'une concurrence internationale très vive, imposent aux entreprises d'améliorer toujours leur compétitivité sur les marchés internationaux. Leur performance individuelle ne peut cependant pas être totalement dissociée de l'environnement (territoire de leur implantation), dans lequel se déploie leur activité. Ainsi la compétitivité des firmes est liée à celle des nations.

Aujourd'hui, la concurrence s'intensifie de plus en plus, elle devient ainsi une exigence incontournable, ce qui pousse tous les acteurs économiques soit les entreprises, les pays... à être compétitifs, afin de mieux se positionner sur le marché international, dont le but de faire face aux concurrents ou tout simplement de survivre.

Dans ce contexte, la compétitivité représente le centre de débat de beaucoup de sociétés et de gouvernements, elle constitue donc le plus grand défi pour des acteurs économiques et surtout les entreprises. En effet, la notion de compétitivité prend une ampleur considérable dans la littérature économique contemporaine. Elle est évoquée, le plus souvent, pour justifier et expliquer les performances réalisées par les nations ou bien les territoires sur les marchés internationaux des biens manufacturés. Le terme « compétitivité » est souvent employé, mais confondu avec beaucoup d'autres concepts.

À cette époque de globalisation, le thème de la compétitivité territoriale acquiert une importance croissante pour les politiques du développement d'un pays en se basant sur des facteurs. D'où la question suivante : *Quels sont ces facteurs de compétitivité territoriale qui influencent la décision d'implanter une filiale dans un pays ou une région plutôt que dans tel ou telle autre ?*

Il semble important, pour répondre à cette question, d'opter pour l'étude directe de ce thème d'un point de vue théorique, tout en attachant particulièrement plus d'intérêt en premier lieu à la solidité de la notion (compétitivité territoriale), en termes de théorie économique et de gestion, et en second lieu au rôle de l'Etat dans le choix de la localisation industrielle. Tout en se limitant à deux niveaux : micro-économique et méso-économique.

Méthodiquement, le présent chapitre traitera trois sections.

- La première s'intéressera à l'aspect général théorique de la notion de compétitivité.
- La seconde sera consacrée aux trois types de la compétitivité ; la compétitivité territoriale, la compétitivité d'entreprise et la compétitivité d'industrie.
- La troisième section présentera les théories classiques et modernes des facteurs de la compétitivité au niveau de l'entreprise et au niveau du territoire. Ainsi elle s'intéressera au rôle de l'Etat dans l'amélioration continue de la compétitivité territoriale, et sa contribution dans le choix de la localisation industrielle.

# Section 1 : Généralités sur la Compétitivité : Approches Conceptuelles

La compétitivité est une notion qui évoque plusieurs interprétations divergentes et même contradictoires, selon sa définition et son analyse. La compétitivité a suscité, suscite et suscitera toujours plus d'intérêt. D'où une diversité d'approches s'impose.

Dans cette section la question qui s'impose est : *Quel cadre de définition théorique pour la compétitivité ? Quelles sont ses approches ? Et quelles sont ses fondements théoriques ?*

Cette section est organisée en trois sous-sections. L'aperçu théorique de la notion de compétitivité, ses approches, et ses fondamentaux stratégiques.

## 1. Aperçu théorique de la notion de compétitivité

### 1.1. Définition de la compétitivité

Selon l'examen de la littérature économique, la compétitivité est un concept large dont la définition est très multiple. Il est donc essentiel de présenter les définitions principales de cette notion.

### 1.1.1. Définitions

Dans la littérature, plusieurs définitions puisées sont données à la compétitivité, il s'agit bien d'une myriade de citations, dont nous choisissons de présenter les principales comme suit :

- Selon INGHAM[93], la compétitivité est la capacité de produire des biens et services qui passent la preuve de la concurrence internationale pendant que les citoyens jouissent d'un niveau de vie croissant.
- Selon SHARPLES et MILHAM[94], la compétitivité est la capacité de fournir des biens et services au temps, place et forme requise par les acheteurs étrangers à prix égal ou meilleur que celui des autres fournisseurs potentiels, tout en gagnant au moins le coût d'opportunité des ressources employées.
- Selon LANDAU[95], la compétitivité est la capacité de maintenir, dans une économie globale, un taux de croissance acceptable du niveau de vie de la population avec une distribution équitable, tout en offrant un emploi à tous ceux désirant travailler sans pour autant réduire le potentiel de croissance du niveau de vie des générations futures, et donc elle est l'objectif principal de la politique économique.
- Les économistes[96] de l'OCDE définissent la compétitivité comme « l'intensité avec laquelle un pays peut, dans le cadre d'un marché libre et organisé, produire des biens et des services capables d'affronter les marchés internationaux tout en maintenant et améliorant le niveau de vie de ses habitants sur une longue période ».
- Selon Marc INGHAM[97], au plan de l'entreprise, la compétitivité peut être vue comme la capacité d'une firme d'offrir, par rapport à ses concurrents, des produits de valeur supérieure aux coûts égaux ou de valeur égale aux coûts inférieurs et de bâtir ainsi des positions compétitives avantageuses permettant de réaliser des performances économiques supérieures sur la longue période.

---

93)- Ingham, M. (Ed.). (1995). Management stratégique et compétitivité. De Boeck Supérieur.
94)- Sharples, J., & Milham, N. (1990). Long run competitiveness of Australian agriculture. USDA. Economic Research Services, Foreign Agricultural Economics Report, 243.
95)- Landau, R. (1992). Technology, capital formation and US competitiveness. International Productivity and Competitiveness, 299-325
96)- Garelli, S. (2006). Competitiveness of Nations: the Fundamentals. World Competitiveness Yearbook. Lausanne, Switzerland: IMD World Competitiveness Centre, 607-18p.
97)- Ingham, M. (1995). Op cité.

- Donc, selon MUCCHELLI[98] la compétitivité de l'entreprise peut être définie comme étant un concept qui exprime les performances de l'entreprise à long terme, c'est-à-dire fondamentalement sa croissance.
- L'OCDE définit aussi la compétitivité comme étant « la capacité d'entreprises, d'industries, de région, de nation ou d'ensembles supranationaux de générer de façon durable, tout en étant et en restant exposés à la concurrence internationale, un revenu et un niveau d'emploi des facteurs relativement élevés »[99].
- DEBONNEUIL M. et FONTAGNE L. estiment que « la compétitivité d'une nation est sa capacité à améliorer durablement le niveau de vie de ses habitants et à leur procurer un haut niveau d'emploi et de cohésion sociale »[100].
- Selon HENRI SPITEZKI[101] : « une entreprise est compétitive lorsqu'elle est capable de se maintenir durablement et de façon volontariste sur un marché concurrentiel et évolutif, en réalisant un taux de profit au moins égal au taux requis par le financement de ces objectifs.

D'après ces définitions, nous constatons que ce concept est polysémique, pour exprimer les différentes situations souvent proches l'une de l'autre, ce qui le rend complexe.

Nous pouvons proposer la définition suivante : « la compétitivité est la capacité à fabriquer des biens et des services qui répondent aux exigences des marchés nationaux et internationaux, tout en offrant aux citoyens un niveau de vie qui tout à la fois s'élève et puisse être préservé à long terme ». Elle désigne également « la capacité d'entreprises, d'industries, de régions, de nations ou d'ensembles supranationaux de générer de façon durable un revenu et un niveau d'emploi relativement élevé, tout en étant et restant exposés à la concurrence internationale ».

Cet examen de la littérature montre tout d'abord l'absence d'une définition unique du concept, pour orienter les efforts des chercheurs. Cependant, elle varie avec « le niveau de l'analyse menée (nation, secteur, entreprise), le bien analysé (bien homogène ou différencié), et enfin l'objectif de l'analyse ».

---

98)- Mucchielli, J. L. (2002). La compétitivité: définitions, indicateurs et déterminants. Accomex, numéro spécial" La France est-elle compétitive, (44), 9-19.

99)- https://www.doc-etudiant.fr (consulté le 02/03/2018).

100)- Debonneuil, M., & Fontagné, L. (2003). Compétitivité, Conseil d'Analyse Economique (No. 40). Report.

101)- Spitezki, H. (1995). La stratégie d'entreprise: compétitivité et mobilité. Economica.

Dans cette section, nous tenterons de chercher une signification de la notion de compétitivité à travers ses divers aspects (macro, micro, et méso-économique).

## 1.2. Niveaux d'analyse de la compétitivité

La compétitivité est un concept large dont les niveaux d'analyse se diffèrent. Il est donc important de présenter à quel niveau il est étudié. Dans ce cadre, nous distinguons trois niveaux de la compétitivité qui sont :

### 1.2.1. Niveau micro-économique

En général, au niveau microéconomique, la compétitivité se réfère à la compétitivité de l'entreprise. Pour laquelle nous proposons la description de SPITEZKI[102]: « une entreprise est compétitive lorsqu'elle est capable de se maintenir durablement et de façon volontariste sur un marché concurrentiel et évolutif, en réalisant un taux de profit au moins égal au taux requis par le financement de ces objectifs ».

Donc, au niveau microéconomique, la compétitivité d'une entreprise désigne sa capacité à occuper une position forte sur un marché. Alors, l'évolution des parts du marché de cette entreprise est dès lors fondamentale pour apprécier sa compétitivité.

### 1.2.2. Niveau méso-économique

Ce niveau méso-économique concerne les institutions, services et infrastructures territoriales (locales et régionales) d'appui aux entreprises et les enchaînements inter-firmes, tant privés que publics, ainsi que les aspects écologiques, technologiques et l'emploi, par la mise en place des politiques et des stratégies spécifiques pour construire des avantages compétitifs et donner forme à des secteurs ciblés et à un environnement qui leur soit favorable. C'est par cette manière que la compétitivité se réalise au niveau méso économique.

### 1.2.3. Niveau macro-économique

La Compétitivité au niveau macroéconomique peut être définie selon l'O.C.D.E « comme étant la latitude dont dispose un pays, évoluant dans des conditions de marché libre et équitable, pour produire des

102)- Spitezki, H. (1995). Op cité.

biens et services qui satisfont aux normes internationales du marché tout en maintenant et en augmentant simultanément les revenus réels de ses habitants dans le long terme cela n'est possible qu'avec une productivité en hausse[103] ».

## 1.3. Types de la compétitivité

Deux types de compétitivité peuvent être distingués, compétitivité par coût et compétitivité par prix.

### 1.3.1. Compétitivité – coût

#### *1.3.1.1. La compétitivité par coûts*

La compétitivité par coûts peut être stimulée par une entité économique (entreprise) est considérée compétitive, si elle produit à moindres coûts et peut réaliser une économie d'échelle par rapport à ses concurrents. Dans ce cadre, l'analyse des coûts joue un rôle essentiel dans l'évolution de l'entreprise, car elle aide à déterminer ses conditions propres de production. Par conséquent, elle permet de mettre en œuvre une synthèse de sa situation par rapport à ses fournisseurs et ses clients, ainsi que sa position concurrentielle. Parmi ces coûts, nous citons[104] : les coûts fixes, les coûts variables, les coûts de production, et les coûts de distribution.

### 1.3.2. La compétitivité par prix

La compétitivité-prix représente la capacité à conquérir des parts de marchés, en proposant des produits ou des services de même qualité et moins chers que ceux des concurrents nationaux ou étrangers. Elle est fondée sur la capacité à produire des biens et des services à des prix inférieurs à ceux des concurrents avec une qualité similaire, et cela dépend du prix à l'exportation.

En se référant au type de marché, nous pouvons aussi dénombrer deux compétitivité-prix[105]:

---

103)- Garelli, S. (2006). Competitiveness of nations : the fundamentals. IMD World competitiveness yearbook, 702-713

104)- http://www.blog.saeeed.com/ (consulté le 05/03/2018).

105)- Arab, Z. E., & Abbas, N. (2014). L'impact de l'innovation sur la compétivité des entreprises (Doctoral dissertation, Université de bejaia).

#### *1.3.2.1. Compétitivité-prix à l'exportation*

Elle se mesure par le rapport entre l'indice des prix à l'exportation des principaux concurrents et l'indice des prix à l'exportation du pays.

#### *1.3.2.2. Compétitivité-prix sur le marché domestique/national*

Elle se mesure par le rapport entre l'indice des prix à l'importation d'un produit et l'indice des prix à la production d'un même produit.

### 1.3.3. La compétitivité hors prix (structurelle)

En général, la compétitivité structurelle ou compétitivité « hors prix » indique la capacité d'une entité économique à singulariser de la concurrence et ce, par d'autres moyens que le prix. La distinction recherchée s'inscrit dans le temps. Elle se réalise essentiellement par la qualité des biens et services produits, individuellement ou en ensemble, et par l'image et la réputation que le marché concoure à leur attribuer ou qui sont forgées par le marketing. La capacité de différenciation de l'entité doit être mise en rapport avec sa capacité d'innovation. Cette dernière est déterminée par l'allocation des ressources de l'entité vers l'accroissement et l'amélioration de facteurs particuliers tels que la recherche et développement et le capital humain.

En somme, nous pouvons dire que la compétitivité hors-prix ou bien la compétitivité structurelle est basée sur une concurrence autour de la qualité, la recherche et développement et le capital humain qui portent sur le renforcement de la capacité innovatrice, afin de générer de nouveaux produits. Pour cela, il faut améliorer en continu le rôle des connaissances désincarnées ou immatérielles sur des apprentissages et de la coopération et donnant lieu à un renouvellement continu des ressources.

### 1.3.4. Compétitivité technologique

La compétitivité technologique retient l'attention d'auteurs comme Schumpeter ou Marshall, à une « forme de concurrence entre les firmes et les pays qui, au lieu de s'opérer par les prix et les coûts (comme c'est le cas dans l'analyse des marchés). Elle porte sur les produits eux-mêmes. Elle se réfère à la recherche, à l'innovation, à l'accumulation du savoir technologique et à la compétence »[106].

## 1.4. Les sources de la compétitivité

En général, les principales sources de la compétitivité d'une entreprise, d'un secteur économique ou d'une économie nationale sont le prix, les coûts de production et de la logistique, la formation des produits et services, et des facteurs macro-économiques favorables[107] (la présence d'infrastructures, de fournisseurs et disponibilité de main-d'œuvre formée répondant aux besoins des entreprises).

Après avoir défini un cadre général de la notion de compétitivité, il est temps de présenter ses approches.

# 2. Approches de la compétitivité

Nous distinguons deux approches essentielles l'une traditionnelle et l'autre moderne :

## 2.1. Approche traditionnelle

Dans la littérature économique, les théories traditionnelles classiques et néo-classiques considèrent la compétitivité en termes de concurrence, et plus précisément d'avantage comparatif. Dans ce cadre, le concept de compétitivité est récent et attaché à celui de l'avantage comparatif[108]. Il s'agit, en fait, d'une analyse fondamentalement axée sur l'échange international et ses déterminants.

Alors, pour bien présenter l'approche traditionnelle de compétitivité, nous pouvons distinguer deux types de réflexions qui sont :

### 2.1.1. Une réflexion sur les coûts de production

Cette première réflexion se base sur l'approche de la réduction des coûts considérée comme un élément pertinent. Cette définition peut être illustrée par deux éléments :

---

106)- Marniesse, S., & Filipiak, E. (2003). Compétitivité et mise à niveau des entreprises: approches théoriques et déclinaisons opérationnelles. Agence française de développement.

107)- https://docplayer.fr/11483857-La-competitivite-une-approche-methodologique.html (consulté le 05/04/2018)

108)- Lafay, G. (1987). Avantage comparatif et compétitivité. Economie prospective internationale, 29, 39-52.

- Le premier élément explique la compétitivité d'un produit donné, comme l'aptitude à l'offrir sur le marché à un prix inférieur ou égal à celui des concurrents effectifs ou potentiels, mais suffisant pour rémunérer les facteurs nécessaires (travail, capital, produits primaires et semi-finis) et dégager une marge bénéficiaire supérieure ou égale à ses concurrents.
- Le deuxième élément se base sur l'aptitude des entreprises d'avoir les coûts les plus bas permettant de parvenir à l'utilisation des facteurs les plus efficaces pour des coûts de facteurs équivalents.

Ces deux définitions présentent l'inconvénient d'être restrictives. En effet, elles prennent le coût de revient comme étant le seul facteur de la compétitivité. Cet élément n'est pas le seul, il peut même ne pas être le plus important dans certains cas particuliers.

### 2.1.2. Une réflexion basée sur la part de marché

Cette deuxième réflexion repose sur l'approche de la part de marché. Dans cette optique, deux rapprochements essentiels s'imposent :

- La compétitivité des producteurs se mesure par son aptitude à avoir une part élevée de marché,
- Être compétitif, par le fait d'augmenter sa part de marché.

Ces rapprochements présentent l'avantage d'être plus larges et plus riches que ceux de la première réflexion dans la mesure où tous les facteurs qui concourent, directement ou indirectement à l'amélioration ; à la dégradation de la compétitivité d'entreprise ont un effet sur la part de marché de celle-ci. Ainsi, ce type de réflexion se limite au niveau de la mesure de la part de marché, car sa mesure est difficile, et elle est souvent considérée, à la fois, comme facteur de compétitivité et mesure de celle-ci.

### 2.1.3. Vers un dépassement de l'approche classique

L'approche traditionnelle peut être critiquée par trois perspectives :

#### *2.1.3.1. Sa perception de la compétitivité est une perception « Ex-POST » et non « EX ANTE »*

L'approche classique étudie la compétitivité en termes des observations et aboutit à privilégier des variables quantitatives censées à exprimer souvent en statistique l'état de compétitivité de l'objet observé. Elle cherche, tout simplement à mettre en relation des indicateurs de performance (commerciaux ou financiers), et certains facteurs tels que les coûts industriels, la part de marché et la qualité relative des produits.

### *2.1.3.2. Selon l'approche traditionnelle, la compétitivité est perçue d'un point de vue limité et instantané et non pas globale et durable.*

L'approche classique représente une conception limitée de la notion de compétitivité au niveau de la part de marché, cela veut dire qu'elle s'énonce et se mesure instantanément sur les marchés par les produits vendus de façon profitable et matérialise les compétences concrétisées de l'entreprise à être « meilleures » par rapport à ses concurrents effectifs. Dans le contexte de l'entreprise, sa compétitivité réside au niveau de sa part de marché par rapport à ses concurrents.

Donc, cette approche dépasse largement les concurrents effectifs sur le marché pour englober l'ensemble des forces concurrentielles dans l'industrie ou les industries d'appartenance de l'entreprise. Dans cette perspective, la compétitivité n'est pas l'apanage, tout simplement des gestionnaires, mais interroge aussi les responsables de la politique industrielle.

### *2.1.3.3. La compétitivité dispose d'une conception universelle, mais non pas contingente*

L'ensemble des observations précédentes nous amène à accueillir, les propositions qui accréditent la pensée, selon laquelle quelques facteurs simples et facilement identifiables déterminent la compétitivité. Dans ce contexte, l'entreprise compétitive est celle qui a les coûts les plus bas et qui peut réaliser la maîtrise de la variable technologique comme la clé de la compétitivité.

Ces propositions ne sont ni justes ni fausses, car elles nécessitent les conditions de validité, qui sont : l'entreprise qui offre des coûts les plus bas possède un avantage compétitif. Ainsi, quant à la maîtrise technologique, elle n'est pas en tout temps et en tout lieu une recette de compétitivité, c'est-à-dire que les facteurs clés de succès, ou plutôt les processus compétitifs ne sont pas donnés. Ils sont à déterminer selon les cas et l'état de divers paramètres. « Dire que les facteurs de compétitivité sont largement à déterminer ne signifie pas qu'on ne puisse y parvenir, mais peut-être pour ce faire avons-nous davantage créé des méthodes que les listes de facteurs »[109].

## 2.2. Approche moderne

Aujourd'hui, l'économie mondiale connaît des changements importants sur tous les niveaux. Ces changements rendent nécessaire l'évolution du cadre théorique et méthodologique de l'analyse de la compétitivité.

Dans ce sens, nous proposons de présenter l'approche moderne de la compétitivité par d'abord par son cadre d'analyse, ensuite son aspect dynamique et enfin selon une nouvelle approche :

### 2.2.1. Un cadre d'analyse : l'économie contemporaine changeante

Ce cadre d'analyse permet d'intégrer les différentes mutations, et donc de développer la capacité d'explication et d'appréhension du processus de la compétition contemporaine. Les changements en question peuvent être regroupés en trois grandes catégories :

- Tout au long du vingtième siècle, la concurrence connaît plusieurs évolutions, particulièrement, celles qui font de la concurrence pure et parfaite « une sorte d'état idéal » irréalisable, dont le caractère de plus en plus imparfait de la concurrence (protectionnisme, barrière à l'entrée...) associé à la mondialisation, croissante des marchés et des processus de production et de commercialisation, rendant la théorie traditionnelle de la concurrence peu opérationnelle.
- La technologie et l'innovation ne sont pas présentes dans les approches traditionnelles de la compétitivité, et les obstacles qui empêchent leur diffusion et leur transfert (Brevets, protection, ...) font de sorte que les entités économiques (entreprises et nations) ne sont pas placées sur le même pied d'égalité en matière de compétitivité.
- Le rôle accru de la monnaie, et surtout « le flottement accentué des monnaies depuis 1973 change profondément la nature de la compétitivité par les prix. Ce qui rend aujourd'hui, l'avantage comparatif et la compétitivité totalement dissociés.

109)- Martinet, A. (1984). Sciences de gestion et compétitivité de l'entreprise. Economica, Paris. Search in.

### 2.2.2. L'aspect dynamique de la compétitivité

Selon la définition présentée par Martinet, la compétitivité est « l'aptitude à soutenir durablement la concurrence. L'entreprise compétitive possède donc, un ensemble de capacités qui l'autorisent, selon le cas, à entrer, se maintenir ou de se développer dans un champ concurrentiel constitué par l'ensemble des forces traversant son environnement et susceptibles d'opposer à (ou entrer en lutte avec) ses objectifs, ses projets et ses opérations »[110].

Selon cette définition, nous pouvons dire que la compétitivité est l'aptitude à soutenir durablement la concurrence, ce qui montre l'évidence pour un concept dynamique et relatif.

### 2.2.3. La nouvelle approche de la compétitivité

La naissance d'une nouvelle approche de la compétitivité comprend en plus des conditions d'offre déjà mises en avant par les approches traditionnelles, les conditions relatives à la demande, et donc au marché. Ces nouvelles théories appréhendent la compétitivité, en tant que capacité de gérer la relation produit-marché (national et international). Par ailleurs, l'importance de plus en plus confirmée de la technologie de la diffusion, de l'innovation… dans les échanges internationaux fait de cette technologie, un facteur pris en compte par toute approche de la compétitivité.

Après avoir présenté un aperçu théorique et des approches de la notion de compétitivité. Nous essayons de présenter une définition des bases fondamentales de la compétitivité.

## 3. Fondamentaux générales de la compétitivité

Les fondamentaux du terme « compétitivité » sont souvent confondus avec plusieurs concepts auxquels ils sont rattachés, à tort. Une entreprise compétitive est dite performante ou rentable ou productive. Ces mots, bien que proches dans leur contenu, n'ont pas toutefois la même signification. Cependant, ces confusions, fréquentes, sont révélatrices d'un manque de compréhension des facteurs explicatifs de la réussite d'une entreprise. En effet, les économistes de l'OCDE (Organisation de coopération et de développement économique) définissent la compétitivité comme « l'intensité avec laquelle un pays

110 )- Martinet A.C. (1984). Op cité.

peut, dans le cadre d'un marché libre et organisé, produire des biens et des services capables d'affronter les marchés internationaux, tout en maintenant et améliorant le niveau de vie de ses habitants sur une longue période »[111].

Cette définition est intéressante, même si elle est de caractère macroéconomique, car elle contient certains termes qui seront le point de départ de notre compréhension de la compétitivité. Cette dernière relit trois mots essentiels : la concurrence, la relativité et l'avantage concurrentiel.

## 3.1. Bases fondamentales de la compétitivité

### 3.1.1. La concurrence

La compétitivité suppose un préalable indispensable caractérisé par :

- Une économie de marché organisée où les concurrents offrent librement leurs biens et services.
- Trois conditions essentielles à la compétitivité qui sont la concurrence, la capacité d'entreprendre et la liberté des prix.

Donc, la compétition entre les entités économiques représente une condition nécessaire à la compétitivité.

### 3.1.2. La relativité

Une entité économique n'est considérée compétitive qu'au par rapport aux autres. Autrement dit ; pour bien comprendre, il suffit de supposer une situation de monopole absolu. Dans un tel cadre une entreprise ne peut pas se rendre compte si elle est compétitive. De ce fait, on est compétitif parce qu'il existe d'autres entreprises avec lesquelles il est possible de s'étalonner. C'est en se comparant aux entreprises d'un même environnement, par la concurrence, que nous constatons l'importance relative de l'avance acquise ou du retard pris.

### 3.1.3. L'avantage concurrentiel

Une entité économique est compétitive si elle détient, à un moment donné, un ou plusieurs avantages par rapport à ses concurrents. Selon cette approche le mot « avantage » signifie que l'entité est en développement par rapport à ses concurrents en disposant à leurs égards et momentanément d'un avantage relatif.

---

111)- Garelli, S. (2006). Op cité.

En outre, ces trois fondements aux essentiels, la notion de compétitivité englobe un certain nombre de caractéristiques.

### 3.2. Caractéristiques fondamentales de la compétitivité

La compétitivité ne peut être analysée que dans le cadre d'une vision globale de l'entreprise

Une entité économique est souvent compétitive sur un ou plusieurs volets. C'est le cas par exemple d'une entreprise qui cherche la productivité, en se basant sur une organisation de ses forces de travail. Cependant, l'entreprise est un corps complexe ainsi il n'est pas facile d'être compétitive sur tous les aspects de son organisation. Dans ce cas, elle dispose d'avantages compétitifs partiels. Du coup, sur le plan de la méthodologie, l'appréciation portée sur la compétitivité d'une entreprise ne peut être que le fruit d'une démarche globale prenant en compte tous les aspects de la vie de l'entreprise.

#### 3.2.1. La compétitivité n'est pas exclusivement financière

Dans plusieurs cas, la compétitivité est confondue avec sa traduction financière, autrement dit la productivité, la rentabilité et le rendement. Ces mots deviennent assimilés à la compétitivité. Donc, il y a une confusion entre la cause et l'effet.

Alors, la rentabilité, la productivité, le rendement sont la conséquence de la compétitivité et non son origine, d'où les questions suivantes s'imposent : *pourquoi une entreprise est-elle productive ? Cela tient-il à l'assiduité de ceux qui y travaillent ? A la capacité de cette entreprise à mieux s'organiser ? A sa stratégie ? A ses subventions ? A son environnement ? ....*

En revanche, une absence de dimension financière influence la compétitivité toute entière. Si la compétitivité ne peut se restreindre à l'espace financier, une entreprise qui n'est pas rentable, ou dont la productivité est faible, ne peut pas être une entreprise compétitive car sa pérennité n'est pas assurée. La rentabilité, au sens où cette notion concerne la rétribution des apporteurs de fonds, est le concept clé par lequel nous jugeons la traduction financière de la compétitivité, est donc une condition nécessaire de la compétitivité.

#### 3.2.2. La compétitivité doit inclure une dimension sociale

Le concept de compétitivité ne peut se dissocier de la redistribution qui est faite de ses conséquences. Une entreprise est compétitive si elle est en mesure d'en redistribuer ses avantages en faveur de ceux qui en sont les contributeurs. De la même façon qu'il existe une dimension financière de la compétitivité, il existe une dimension sociale qui se mesure par une amélioration du niveau de vie. La compétitivité renvoie à la notion de performance sociale, ce qui est en accord avec la notion de développement durable.

### 3.2.3. La compétitivité exprime une potentialité

La potentialité est peut-être expliquée en se référant aux conséquences de la compétitivité et de montrer la différence entre ces concepts au niveau de signification. Nous nous basons sur une règle fondamentale qui est « la rentabilité se mesure, et la compétitivité s'apprécie ». Cette différence réside dans le fait que la compétitivité exprime une « capacité » ou « une potentialité ». Ceci explique qu'il y a un décalage entre la compétitivité et la performance financière, car la performance financière est la sanction de l'immédiat, par contre la compétitivité est l'espérance d'un certain futur. Cette distinction nous permet de comprendre pourquoi des entreprises peuvent être en apparence compétitives mais ne peuvent pas trouver de rentabilité immédiate. Il peut exister des cas où il n'y a pas de simultanéité entre la compétitivité et la rentabilité.

### 3.2.4. La compétitivité n'est donc pas réductible à la seule performance

La performance se limite à deux dimensions qui sont faire mieux, faire autrement. Il est nécessaire de distinguer ces deux dimensions :

#### *3.2.4.1. Faire mieux que les autres*

Cette dimension est de caractère plus quantitatif. Elle se base sur l'idée qu'une entité est performante, est donc compétitive : elle évolue plus vite par une production moins chère, un travail intensif, et avec un bon rapport coût/ qualité par rapport à ses concurrents. C'est la dimension la plus visible de la compétitivité.

#### *3.2.4.2. Faire autrement que les autres*

Faire autrement renvoie à l'innovation, c'est-à-dire à la capacité de l'entreprise à concevoir des services qu'elle est seule à pouvoir développer ou maîtriser. Cette dimension est de caractère plus qualitatif.

En somme, nous pouvons dire que la performance est une facette de la compétitivité.

### 3.2.5. La compétitivité est un avantage momentané, inscrit dans le temps

Un avantage n'est jamais définitivement acquis, car la concurrence est toujours là pour rendre l'avantage concurrentiel fragile. Dans une économie de liberté, la connaissance se diffuse rapidement et l'avantage concurrentiel n'est acquis que l'espace d'un moment, même s'il est relevé par une stratégie de recherche et de développement ou d'innovation qui peut maintenir l'avantage en question. Cela implique que l'analyse de la compétitivité doit reposer sur une vision à long terme. Donc, nous pouvons conclure que l'avantage concurrentiel dont dispose une entité économique, et qui est le propre de la compétitivité, est momentanée.

### 3.2.6. La compétitivité s'apprécie de plus en plus mondialement

Par ailleurs, si l'avantage est limité dans le temps, il l'est tout autant dans l'espace. Une entreprise peut être compétitive sur l'espace national. Mais s'il existe des barrières à l'entrée sur le marché intérieur, la compétitivité des entreprises nationales à l'égard des concurrents internationaux n'est pas assurée et ces entreprises peuvent se trouver dans l'incapacité d'affronter la concurrence en cas de libéralisation du commerce. La globalisation des marchés déplace le champ de la compétitivité pour la situer de l'espace national à l'espace mondial.

Comme la compétitivité est assez importante au niveau national qu'international, nous proposons dans la section suivante d'étudier la compétitivité au niveau d'entreprise, d'industrie et de territoire.

## Section 2 : Compétitivité d'Entreprise, d'Industrie et Territoriale : présentation, déterminants et indicateurs

**La nécessité de classification**

La compétitivité est un concept large dont la définition est multiple. Alors dans le cadre de notre ouvrage, il est essentiel de définir à quel niveau est étudiée la compétitivité : au niveau de la nation, d'une industrie, d'une entreprise ou d'un territoire. La notion peut également être précisée dans un contexte soit domestique, soit national, soit international. Cependant, la notion de compétitivité territoriale ou industrielle repose souvent sur des données agrégées et ne donne qu'une appréciation limitée de la réalité. La compétitivité d'une entreprise est plus précise et plus significative[112].

Dans ce cadre, nous choisissons de présenter cette section en trois points essentiels qui sont d'abord la compétitivité territoriale, la compétitivité d'entreprise, la compétitivité industrielle et la compétitivité de nation, ensuite ses déterminants, et ce dont le but de répondre à la question suivante : *Comment la compétitivité contribue-t-elle à l'attraction des investissements directs à l'étranger ?*

## 1. Compétitivité Territoriale

La notion de la compétitivité territoriale est théoriquement solide non seulement grâce au rôle que le territoire joue en fournissant aux entreprises individuelles des instruments compétitifs relevant du milieu, mais surtout grâce au rôle qu'il joue dans les processus de construction des connaissances, des codes interprétatifs, des modèles de coopération et de décision sur lesquels se fondent les parcours innovateurs des entreprises.

Dans le nouveau cadre de l'économie mondiale, la compétitivité est devenue parmi les préoccupations les plus importantes des différents pays. Pour cela, le développement des territoires est devenu parmi les principes promus par les Etats, dans le but d'être susceptibles d'accueillir et de retenir des nouveaux investisseurs étrangers. Alors, chaque pays est devenu obligé d'être le plus efficient possible, pour se mettre au niveau et être capable d'affronter la concurrence rude.

### 1.1. Définition de compétitivité territoriale

La compétitivité territoriale se caractérise tout d'abord par un sens strictement économique. Être compétitif est la capacité de supporter la concurrence du marché : un territoire devient compétitif s'il affronte la concurrence du marché, tout en assurant une durabilité économique, sociale, environnementale et culturelle fondée sur des logiques de réseau et d'articulation interterritoriale. En d'autres termes, la compétitivité territoriale porte sur les points suivants :

---

112)- Reinaud, J. (2005). Industrial competitiveness under the European Union emissions trading scheme. Oil, Gas & Energy Law, 3(1).

- L'implication des acteurs et des institutions ;
- La considération des ressources du territoire dans la recherche d'une cohérence d'ensemble ;
- L'intégration des secteurs d'activité dans une logique d'innovation ;
- La coopération avec les autres territoires et l'articulation avec les politiques régionales, nationales, supranationales et le contexte global.

Dans ce cadre, le maintien d'une compétitivité territoriale d'une manière durable exige la prise en considération de plusieurs dimensions et formes.

### 1.2. Dimensions de la compétitivité territoriale

Quatre dimensions peuvent être identifiées :

- La compétitivité économique : la capacité à produire et à retenir le maximum de la valeur ajoutée sur le territoire.
- La compétitivité sociale : la capacité à agir ensemble de façon efficace par la concertation entre les différentes institutions concernées par le développement du territoire.
- La compétitivité environnementale : la capacité des acteurs à enrichir et mettre en valeur leur environnement qui constitue une composante nécessaire du capital territorial.
- La compétitivité à l'échelle globale : dans un nouveau contexte de globalisation, les acteurs doivent assurer la durabilité de leur place par rapport aux autres territoires et au monde en général.

### 1.3. Formes de la compétitivité des territoires

Les formes suivantes se distinguent :

- <u>La compétitivité prix :</u> c'est la capacité à conquérir des parts de marchés internationaux, en proposant des produits ou des services de même qualité et moins chers que ceux des concurrents nationaux ou étrangers. Les coûts de production doivent être inférieurs à ceux des concurrents pour garder une marge suffisante.

Afin d'évaluer l'évolution de la compétitivité-prix, il faut soustraire la variation des prix à l'importation de celle des prix à l'exportation. Autrement dit, l'indice de compétitivité-prix se définit par le rapport entre l'indice de prix des exportations des territoires concurrents et l'indice de prix des exportations du territoire considéré.

- La compétitivité coût : un territoire (pays) se trouve dans une situation de concurrence par les coûts quand la diminution relative des coûts de production lui permet d'accroître ses exportations, ce qui génère un gain des parts de marché, un équilibre au niveau de la balance commerciale ou une augmentation de l'excédent.

Donc, ce type de compétitivité est lié évidemment aux coûts de production (le coût du capital et le coût de travail).

- La compétitivité structurelle : elle se concrétise par la capacité d'un territoire à se démarquer de la concurrence et ce, par d'autres moyens que le prix. La différenciation recherchée s'inscrit dans le temps. Elle s'effectue pour l'essentiel par la qualité des biens et services produits, individuellement ou en assortiment, et par l'image et la réputation que le marché concoure à leur attribuer ou qui sont forgées par le marketing. La capacité de différenciation de l'entité doit être mise en rapport avec sa capacité d'innovation. Cette dernière est déterminée par l'allocation des ressources de l'entité vers l'accroissement et l'amélioration de facteurs particuliers tels que la Recherche et Développement et le capital humain[113].

Sa mesure est difficile, est toujours sujette aux débats, car elle rassemble plusieurs variables distinctes, parmi eux, nous citons : la qualité, le service après-vente, l'image de marque …

### 1.4. Déterminants de la compétitivité territoriale

Le forum économique mondial propose un nombre de huit indicateurs composites de compétitivité des territoires qui sont ouverture ; gouvernement ; finance ; infrastructures ; technologie ; management ; travail ; institutions, totalisant 73 variables.

En réalité, le choix des investisseurs en termes de compétitivité est toujours une offre attractive et complète, qui englobe les éléments suivants :

- Une bonne infrastructure (route, réseau, communication.) ;
- Des services publics de meilleure qualité (éducation, santé…) ;
- Une bonne qualité de la main-d'œuvre (les formations et les expériences professionnelles) ;

113)- https://www.cairn.info/revue-reflets-et-perspectives-de-la-vie-economique-2006-1-page-5.html (consulté le 26/09/2020).

## 2. Compétitivité des Entreprises

### 2.1. Définition

La notion de la compétitivité est souvent utilisée par les économistes dans le cadre de l'analyse qui concerne l'entreprise, puis elle s'est transposée au plan macroéconomique, au niveau d'un secteur d'activité ou d'une nation.

Le sujet de la compétitivité représente la préoccupation principale de toute entreprise quelles que soient sa forme et sa nature d'activité. L'acuité de la concurrence et la montée de l'incertitude impliquent, pour l'entreprise, un impératif de compétitivité globale, c'est-à-dire coût et hors coût. Donc, la compétitivité de l'entreprise constitue sa capacité d'affronter grâce à son potentiel la concurrence sans subir un handicap.

Mucchelli[114] définit la compétitivité de l'entreprise comme un concept qui exprime les performances de l'entreprise à long terme, c'est à dire essentiellement sa croissance. Cette compétitivité peut être reliée alors à ses produits, ses prix, son positionnement. A court terme, la compétitivité va s'entendre comme une lutte pour les parts de marché, l'entreprise compétitive sera alors celle qui obtient de bons résultats pour un couple de variables croissance/part de marché.

La compétitivité des entreprises peut être conçue de différentes manières. Dans ce cadre, nous essayons de présenter l'ensemble des travaux théoriques.

Pour le faire, nous choisissons de nous référer au classement réalisé par Teece[115]. Ils rassemblent les travaux théoriques des grandes écoles de pensée en deux groupes ; le premier groupe traite la compétitivité d'un point de vue de l'extérieur de l'entreprise, il s'intéresse ainsi aux approches qui mettent l'accent sur l'exploitation du pouvoir de marché et d'autres qui favorisent l'efficacité. Le second groupe traite la compétitivité d'un point de vue de l'intérieur de l'entreprise, il est constitué ainsi de l'approche du management par les ressources et l'approche des capacités dynamiques.

114)- Mucchielli, J. L. (2002). La compétitivité: définitions, indicateurs et déterminants. Accomex, numéro spécial" La France est-elle compétitive, (44), 9-19.
115)- Teece, D. J., Pisano, G., & Shuen, A. (1997). Dynamic capabilities and strategic management. Strategic management journal, 18(7), 509-533.

### 2.1.1. École des forces compétitives

Selon Depeyre et Mirc, dans l'approche des forces compétitives, la compétitivité d'une entreprise dépend surtout de la structure du marché : Pour être compétitive, l'entreprise doit faire face aux cinq forces concurrentielles développées par Porter[116].

Selon lui[117], les entreprises représentent les acteurs fondamentaux de la concurrence internationale, car ce sont les entreprises qui affrontent les marchés internationaux et y acquièrent des avantages concurrentiels, soit par des coûts, soit par des produits différenciés.

Pour cette raison, les entreprises doivent toujours rester compétitives, en se basant sur leurs stratégies concurrentielles. Pour atteindre cet objectif, elles sont obligées tout d'abord d'analyser l'environnement concurrentiel avant d'anticiper les évolutions qui entravent ses avantages compétitifs et d'orienter ses choix en matière d'investissement et d'innovation.

Dans ce cadre, la matrice des cinq forces est composée des éléments suivants :

- La menace des nouveaux entrants sur le marché.
- Le pouvoir de négociation des fournisseurs.
- Le pouvoir de négociation des clients.
- La menace des produits de substitution.
- La rivalité des concurrents actuels.
- Une 6e force peut être rajoutée, c'est également **le rôle de l'Etat** : concrétisé par la politique et la législation mises en œuvre qui conditionnent, en effet la manière dont chacune des forces s'exerce sur le marché.

Ces éléments servent à :

- Analyser son marché, l'environnement concurrentiel d'une entreprise.
- Préparer sa stratégie vis-à-vis de l'intensité concurrentielle.
- Anticiper et être proactif sur son marché en identifiant les facteurs-clés de succès.
- Orienter ses choix en matière d'investissement et d'innovation.

Donc, cette école considère que la source de la compétitivité se trouve en dehors de l'entreprise. D'autres auteurs considèrent que la

116)- Depeyre, C., & Mirc, N. (2007). Dynamic Capabilites: problèmes de définition et d'opérationalisation du concept. Le Libellio d'Aegis, 3(5), 2-12

117)- Porter, M. E., & de Lavergne, P. (1986). L'avantage concurrentiel.

source de la compétitivité de l'entreprise est interne : c'est l'école des ressources.

### 2.1.2. École des ressources

Dans la théorie des ressources, l'entreprise peut se définir comme une entité sociale où l'expertise individuelle et collective est modifiée en biens et services, générant en conséquence une valeur économique par la mise en place des principes organisationnels. Dans ce sens, Kogut et Zander proposent une approche organisationnelle de l'entreprise et développent ainsi un argument selon lequel la croissance et la survie de la firme se concrétisent par ses compétences organisationnelles, c'est-à-dire la compétitivité de la firme repose sur les ressources dont elle dispose[118].

Ainsi, l'absence des capacités organisationnelles est la cause de la faible compétitivité, ce qui encourage les entreprises à améliorer leurs compétences organisationnelles et surtout au niveau logistique car la gestion logistique de l'entreprise influence son prix de vente ? Et par conséquent sa part et son positionnement sur le marché.

Dans ce cadre, Barney[119] affirme que les ressources physiques, humaines, financières et logistiques… de l'entreprise représentent une source d'avantage compétitif, mais cette approche est critiquée fortement à cause de son caractère statique[120]. En conséquence, la théorie des ressources n'est pas capable d'expliquer comment les ressources de l'entreprise génèrent un avantage concurrentiel dans un environnement dynamique. Alors, en réponse à cette problématique, le concept des capacités dynamiques apparait aujourd'hui comme un cadre théorique pertinent pour expliquer comment les entreprises génèrent un avantage compétitif[121]. Dans ce contexte dynamique, la compétitivité[122] d'une entreprise est définie comme la capacité à concevoir et à mettre en œuvre une stratégie de création de valeur qui ne peut être reproduite par les concurrents, autrement dit, c'est répondre aux besoins des clients de manière plus efficace et efficiente que les concurrents. Plus opérationnel, il s'agit bien de la faculté pour une entreprise à présenter

118)- Kogut, B., & Zander, U. (1992). Knowledge of the firm, combinative capabilities, and the replication of technology. Organization science, 3(3), 383-397.

119)- Barney, J. (1991). Firm resources and sustained competitive advantage. Journal of management, 17(1), 99-120..

120)- Priem, R. L., & Butler, J. E. (2001). Is the resource-based "view" a useful perspective for strategic management research?. Academy of management review, 26(1), 22-40.

121)- Teece, D.J., Pisano, G. et Shuen, A. (1997). Op cité.

122 )- Barney, J. (1991).Op cité.

une gamme de produits suffisamment attractive ? Pour permettre de maintenir voire d'augmenter les parts de marché de l'entreprise vis-à-vis de ses concurrents[123]. C'est également, l'adéquation de l'offre de l'entreprise par rapport aux besoins de la clientèle et sa supériorité par rapport aux concurrents et l'aptitude à développer cette offre.

En définitive, nous pouvons ressortir plusieurs éléments qui sont : tout d'abord, la notion de comparaison qui peut être montrée par « être compétitif par rapport aux autres ». C'est donc un concept intimement lié à la notion de concurrence. « Pour être compétitif », il ne suffit pas uniquement de s'améliorer ; il faut surtout être meilleur que ses concurrents, comme indiqué au rapport de la commission de la chambre des Lords sur le commerce international du 1985, « une entreprise est compétitive lorsqu'elle peut produire des produits et services de qualité supérieure à des coûts inférieurs à ses concurrents ». Ensuite, il y a la dimension temporelle. La compétitivité évolue sur le long terme ; cela veut dire que l'entreprise compétitive est celle qui est capable de maintenir ou d'améliorer ses résultats au fil des années. Enfin, il y a la notion de dynamique, pour laquelle la compétitivité n'est pas acquise de façon définitive, elle se développe, s'améliore ou se détériore au fil des années et selon l'évolution de l'environnement.

### 2.1.3. Mesure

La mesure de la compétitivité au niveau des entreprises est associée à la rentabilité, à la productivité, à la maîtrise des coûts, à la valeur ajoutée, à la part de marché, l'innovation technologique, et aux qualités des produits. La rentabilité est une notion qui fait référence à un seuil (prix ou niveau de production) en dessous duquel le producteur (micro ou macroéconomique) risque des pertes financières.

D'un point de vue comptable, la compétitivité se mesure par la comparaison des coûts et des prix de revient et éventuellement des soldes intermédiaires de gestion (chiffres d'affaires, résultat d'exploitation, excédent brut d'exploitation…) ou d'autres éléments comptables de façon à identifier l'origine des écarts de coûts.

En somme, l'entreprise compétitive est celle qui est capable d'obtenir et de maintenir dans le temps des résultats meilleurs que ses concurrents, en s'appuyant sur ses capacités. Les capacités organisationnelles constituent ainsi un élément clé dans la

---

123)- Alaoui, A. (2013). Pratiques managériales et performance à l'export des PME: la prégnance des facteurs endogènes. Humanisme et entreprise, 311(1), 21-40.

détermination de la compétitivité de l'entreprise. Dans ce sens, elle se trouve obligée d'améliorer en permanence sa compétitivité sur le marché. Sa performance individuelle ne peut toutefois être dissociée de l'environnement dans lequel se déploie son activité, d'où la compétitivité de la firme est liée à celle de la nation.

## 3. Compétitivité nationale ou de la nation (pays)

Selon Clinton (l'ancien président des Etats-Unis), « chaque nation/pays peut être considérée comme une grande firme en concurrence sur le marché mondial ». De même, « la compétitivité représente la capacité d'une nation, dans le contexte d'un marché libre et équitable, à fabriquer des biens et des services répondant aux exigences des marchés internationaux, tout en maintenant ou en augmentant le revenu réel de ses citoyens »[124].

Selon la Commission des communautés européennes[125], la définition de compétitivité nationale peut être élargie comme « la capacité à atteindre une progression soutenue des revenus réels et des conditions de vie dans les régions ou les États produisent des postes de travail pour tous les demandeurs d'emploi ».

La compétitivité d'un pays doit en fait être l'expression de son bien-être et de son évolution. Toute analyse de la compétitivité nationale doit en conséquence tenir compte des divers facteurs qui déterminent le niveau de vie de la population, à savoir la croissance, l'emploi et la répartition du revenu. Autrement dit, la compétitivité nationale s'intéresse essentiellement aux facteurs sociaux, par exemple le niveau de vie de la population.

Cependant, plusieurs économistes préfèrent éviter la notion de la compétitivité nationale, car ils considèrent que le fait de s'appuyer sur l'accroissement du niveau de vie d'une nation est principalement lié à l'augmentation de la productivité sur le marché domestique et non à une concurrence entre pays. En outre, les échanges entre pays ne constituent pas un jeu à somme nulle, l'amélioration du niveau de vie d'un pays tend aussi à améliorer les possibilités d'exportation pour les autres

124)https://lawcat.berkeley.edu/search?f1=author&as=1&sf=title&so=a&rm=&m1=p&p1=United%20States.%20Congress.%20House.%20Committee%20on%20Banking,%20Finance,%20and%20Urban%20Affairs.%20Subcommittee%20on%20Economic%20Stabilization.&ln=en (consulté en avril 2020).

125)- https://eur-lex.europa.eu/LexUriServ/LexUriServ.do?uri=COM:2002:0610:FIN:FR:PDF (consulté en avril 2020).

pays[126]. De même, Krugman[127] considère que cette conception de la compétitivité n'est pas juste, car elle ne présente que le mot poétique pour exprimer la productivité d'une nation, et a donc peu à voir avec une lutte pour les parts de marché. L'indicateur idéal de mesure de compétitivité est alors celui de l'évolution de la productivité des facteurs à long terme. Il s'en prend aux personnes qui considèrent la notion de compétitivité dans les seuls termes d'une guerre commerciale entre les pays. D'après cet auteur, les hommes politiques aiment expliquer que les racines des déséquilibres comme le chômage sont liées à un manque de compétitivité vis-à-vis des pays étrangers.

En somme, nous pouvons dire que la compétitivité nationale/pays peut être appréhendée comme un concept relatif ou absolu. Une conception relative consiste à classer la compétitivité d'une nation par rapport à d'autres, souvent par l'intermédiaire des indicateurs composites (par exemple The Global Competitiveness Index). De ces comparaisons résultent souvent des suggestions de politiques correctrices, afin de rattraper le retard sur certains points faibles.

## 4. Compétitivité d'une industrie

La compétitivité d'une industrie peut être définie comme la capacité à maintenir ou à augmenter les parts de marché de l'industrie sur le marché nationale et sur les marchés internationaux (export), ainsi que la marge des profits réalisés par les entreprises sur le territoire. Dans cette optique, les parts de marchés nationaux et leurs évolutions sont habituellement étudiées par l'intermédiaire des flux d'échanges entre pays.

Dans ce contexte, pour analyser la compétitivité d'une industrie, il est courant de faire la distinction entre deux temps ; à court terme, ceci se concrétise par les parts de marché aux profits des pays les plus compétitifs (augmentation des importations et baisse des exportations), et à long terme, cela signifie une délocalisation de l'industrie dans les localisations plus attractives.

Pratiquement d'une part, une industrie produisant souvent des biens hétérogènes avec des procédés différents et pour différents segments de marché, dont elle est caractérisée par une hétérogénéité entraînant des différences de compétitivité des entreprises au sein d'un même secteur industriel. Dans ce sens, la notion de compétitivité industrielle nécessite

126)- Debonneuil, M. et Fontagné, L. (2003). Op cité.
127)- Krugman, P. (2000). La mondialisation n'est pas coupable (1996). Paris, La Découverte

une délimitation précise de l'industrie étudiée[128]. De plus, la compétitivité d'une industrie nationale n'est pas dépendante des actions d'une entité locale, mais de multiples stratégies des entreprises composant cette industrie.

D'autre part, une compétitivité industrielle diffère de celle de l'entreprise. La première dépend de la localisation des établissements sur le territoire, alors que la deuxième peut être une multinationale qui peut se délocaliser. Par exemple, à long terme une industrie localisée en France ayant une faible marge de profit va avoir tendance à délocaliser sa production. Cela mène donc à une perte de parts de marché et donc de compétitivité pour une vision nationale de la compétitivité, il s'agit d'un ajustement pour une entreprise pouvant améliorer sa compétitivité[129].

Il est également possible pour une industrie qui présente un type précis de produits d'être en compétition avec d'autres secteurs, proposant des substituts à ce produit. Une compétitivité élevée sur le marché international ne protège pas toujours de la substitution par d'autres produits du fait d'une augmentation des prix ou d'un manque d'innovation.

## Section 3 : Facteurs de Compétitivité, Indices et Indicateurs

La compétitivité représente l'aptitude pour une entreprise, un secteur d'activité ou l'ensemble des acteurs économiques d'un pays à maintenir ou à accroître ses parts de marché par rapport à la concurrence étrangère. Pour Bertrand Bellon « la compétitivité se définit comme la capacité d'un acteur économique à déterminer, à produire, à vendre et à se développer dans le temps, en valorisant ses propres acquis ou potentialités, dans un environnement ouvert et complexe »130.

Si les terrains de l'affrontement concurrentiel sont variés, il en est de même pour les sources d'avantage concurrentiel. Ceux-ci doivent être déterminés à la fois dans la gestion des entreprises elles-mêmes et dans les caractéristiques de leur environnement. D'où la question suivante

128)- Baron, R. (1997). Economic/fiscal instruments: competitiveness issues related to carbon/energy taxation.
129)- Debonneuil, M. et Fontagné, L. (2003). Op cité.
130)- https://www.lecese.fr/sites/default/files/pdf/Avis/2011/2011_11_competitivite.pdf (consulté en mai 2020).

(objet du travail) : *Quels sont les facteurs qui régissent cette compétitivité ?*

Nous essayons d'étudier cette question sur deux niveaux complémentaires et indispensables pour l'un ou l'autre, ils sont également la compétitivité au niveau de l'entreprise (microéconomique) et la compétitivité du territoire (pays ou nation / macroéconomique).

Nous proposons tout d'abord un bref historique des théories traitant les facteurs de compétitivité, ensuite une présentation des facteurs de compétitivité que doit offrir un territoire aux entreprises nationales et internationales, puis une autre présentation des facteurs qui sont la source de la compétitivité d'une entreprise, et enfin, une synthèse des facteurs de l'offre territoriale et leurs impacts sur l'entreprise, plus particulièrement l'étrangère.

Nous limitons notre travail à deux publications scientifiques de Michel Porter, l'une publiée en 1990 « l'avantage compétitif des nations » et l'autre en 1985 « l'avantage compétitif ».

## 1. Bref historique des théories sur les facteurs de compétitivité

Selon la pensée économique classique et néoclassique, un facteur de compétitivité représente un avantage que détient une entité économique (une entreprise ou une nation).

### 1.1. L'Ecole Classique : l'avantage relatif et absolu

En général, l'école classique naît en 1776 avec la publication de l'ouvrage d'Adam Smith « la richesse des nations ». La doctrine classique est celle du libéralisme économique dont les bases sont : la liberté de l'individu, la propriété privée, l'initiative individuelle, l'entreprise privée et le gouvernement minimum.

L'économie classique rationalise l'activité de l'entreprise par le moyen d'un arsenal de « lois » décrites (principes économiques), dont le dénominateur commun est la concurrence :

- La loi des rendements décroissants ;
- La loi de l'avantage comparatif et absolu ;
- La souveraineté du consommateur ;
- L'importance de l'accumulation de capital pour la croissance économique ;

- Le mécanisme du marché pour concilier l'intérêt individuel et l'intérêt collectif.

Dans ce cadre, Adam Smith et David Ricardo mettent les bases de la théorie du commerce international. Pour ces deux auteurs, tout pays peut atteindre son niveau de revenu et de la croissance économique le plus élevé, en maintenant un commerce ouvert avec le monde, régi par les prix que les partenaires étrangers proposent en échange des produits domestiques. Le gouvernement doit favoriser les marchés nationaux concurrentiels et l'investissement dans des biens publics (l'éducation et la recherche), au lieu de mettre en place des restrictions.

L'école classique contribue à une bonne compréhension des fondements de la production et des échanges dans l'économie mondiale à travers :

- La division du travail évoquée par Adam Smith sous-tend la spécialisation des efforts d'un individu et de la production d'une nation dans la société industrielle ;
- L'avantage comparatif décrit par David Ricardo permet d'identifier les activités dans lesquelles un pays peut se spécialiser à son avantage ;
- Les avantages tirés de l'échange avec l'extérieur facilitent à une nation d'atteindre des niveaux de consommation que sa production n'aurait permis d'atteindre.

Dans ce cadre, l'école classique présente les facteurs de compétitivité sous forme du terme « avantage ». Elle distingue l'avantage absolu, l'avantage comparatif et l'avantage relatif présentant une théorie économique classique du commerce international développée par l'économiste David Ricardo dans son ouvrage "Principes de l'économie politique et de l'impôt" publié en 1817.

En effet, au début du XIXe siècle, David RICARDO[131] explique dans sa théorie de « l'avantage absolu, ou l'avantage relatif ou l'avantage comparatif » que tous les pays, trouvent un intérêt à rentrer dans le jeu du commerce international, même les moins compétitifs, en se spécialisant dans la production où ils détiennent l'avantage relatif le plus important ou le désavantage relatif le moins lourd de conséquence. Dans ce contexte Ricardo donne l'exemple des échanges de vin et de drap entre l'Angleterre et le Portugal. Avec un nombre d'heures de travail donné, le Portugal produit 20 mètres de drap et 300 litres de vin

131)- Ricardo, D. (1817). The Principles of Political Economy and Taxation, reprinted in 1996.

tandis que l'Angleterre produit 10 mètres de drap et 100 litres de vin. L'Angleterre est donc désavantagée dans les deux productions. Ricardo prouve que l'Angleterre a intérêt à se spécialiser dans la production de drap, où elle possède un avantage relatif, car avec 10 mètres de drap, elle obtient 150 litres de vin portugais (contre 100 chez elle). À l'inverse, le Portugal doit se spécialiser dans la production vinicole puisque l'échange avec l'Angleterre de 300 litres de vin portugais lui permet d'avoir 30 mètres de drap anglais au lieu de 20 mètres de drap portugais. L'Angleterre a un avantage comparatif dans la production de drap alors que le Portugal possède un avantage absolu. L'analyse de Ricardo nous montre que la spécialisation fondée sur les avantages comparatifs permet une augmentation simultanée de la production de vin et de drap. Cette démonstration démontre que le libre-échange est toujours profitable, même pour les nations les moins compétitives, c'est-à-dire que, même si elles sont moins productives que ses partenaires sur tous ses produits, elles doivent se spécialiser dans ceux où l'écart de productivité en sa défaveur est le plus faible. Donc, les échanges de vin et de drap entre l'Angleterre et le Portugal est toujours profitable pour chaque pays, car les deux peuvent en retirer un avantage absolu ou relatif.

Dehem, 1993[132], pour fonder sa théorie de l'avantage absolu, Ricardo émet trois hypothèses de base :

- La valeur du travail est égale au prix multiplié par la quantité de travail ;
- La concurrence doit être parfaite, et la productivité doit être constante.
- Il doit y avoir une immobilité des facteurs de production au niveau international ;

Nous constatons que ces hypothèses théoriques ne correspondent pas à notre réalité économique, ce qui affaiblit la portée scientifique de la théorie de Ricardo.

Trois raisons expliquent les failles de cette théorie :

D'abord, du fait de la libre circulation des capitaux (Alaoui, 2005[133]). En effet, depuis les années 1980, suite au mouvement de déréglementation financière et de développement des marchés financiers, nous constatons une augmentation importante des flux financiers à travers le monde que ce soit des investissements étrangers

132)- Roger, D. E. H. E. M. (1985). Histoire de la pensée économique: des mercantilistes à Keynes. Québec: Les Presses de l'Université de Laval: Dunond, Paris.
133)- Alaoui, A. (2006). La compétitivité internationale: Stratégies pour les entreprises françaises. La compétitivité internationale, 1-306.

ou des investissements de portefeuille. Ce phénomène contredit l'hypothèse d'immobilité des capitaux de Ricardo mais aussi l'idée que le libre-échange est toujours favorable à la croissance. L'existence des crises financières ou l'inégale répartition des flux de capitaux à travers le monde, montrent que l'extension du libre-échange n'a que des avantages (ralentissement économique et hausse des inégalités).

Ensuite, le rôle des sociétés multinationales (Ravix et Sautel[134]). Le modèle de Ricardo sollicite que les échanges se font entre pays, suivant l'exploitation d'un avantage comparatif d'un produit. Or nous estimons qu'aujourd'hui environ un tiers du commerce international est constitué d'échanges entre filiales de multinationales (Veltz, 1996). Il faut aussi préciser que la stratégie des firmes multinationales ne coïncide pas nécessairement avec la théorie des avantages comparatifs car ces firmes ne considèrent pas chaque pays dans une logique de produits mais de composants de produits (par exemple la fabrication et l'assemblage peuvent être réalisés dans deux lieux). Cette organisation de production suppose des investissements à l'étranger qui sont ignorés par la théorie de Ricardo.

Enfin, la théorie de Ricardo repose sur des échanges inter-branches. Or, aujourd'hui, ce sont les échanges intra-branches qui représentent l'essentiel des échanges entre les pays développés mais aussi entre ces derniers et certains nouveaux pays industrialisés (échanges entre filiales) (Balassa, 1966[135] ; Grubel et Lloyd, 1975[136]).

Ces limites prélevées de la théorie de Ricardo affirment des évolutions économiques récentes et illustrent le contexte dans lequel les entreprises doivent aujourd'hui s'intégrer. Ainsi, les investissements étrangers et les stratégies des multinationales influent sur l'organisation économique mondiale. Ils participent au développement des nouveaux pays industrialisés et à l'intégration des progrès techniques des pays émergents. Ce qui élargit les facteurs de compétitivité entre ces pays.

En somme, l'avantage absolu comme un terme économique réfère à la capacité d'une entité ou d'un pays à produire un bien ou un service à un coût inférieur à celui de tout autre concurrent. Pour avoir un avantage absolu dans la production d'un bien ou d'un service, l'entité ou le pays

134)- Ravix, J. T., & Sautel, O. (2007). Comportements des firmes et commerce international. Revue de l'OFCE, (1), 175-199

135)- Balassa, B. (1966). Tariff reductions and trade in manufacturers among the industrial countries. The American Economic Review, 56(3), 466-473.

136)- Grubel, H. L., & Llyod, P. PJ (1975): Intra-industry trade: The theory and measurement of international trade in differentiated products

doit produire ce bien ou service avec moins d'intrants ou dans un délai plus court qu'un autre produisant le même produit ou service.

En définitive, il semble bien que cette théorie donne lieu à des réflexions pertinentes sur les rapports concurrentiels entre les nations et les facteurs compétitifs générateurs d'un avantage absolu ou relatif. L'identification de ces facteurs se développe avec la pensée néo-classique.

## 1.2. La pensée néo-classique : l'avantage comparatif

Les théories néoclassiques présentent un ensemble de modèles qui expliquent les sources de l'avantage comparatif et de la spécialisation, c'est-à-dire les sources de différences dans les coûts d'opportunité.

En effet, la pensée néo-classique enrichit l'approche des économistes classiques en introduisant des déterminants quantitatifs (Pour la pensée classique, la répartition des avantages relatifs entre pays est essentiellement fondée sur des caractéristiques qualitatives.)

Selon Heckscher[137], Ohlin[138] et Samuelson[139], les avantages relatifs des pays sont respectivement définis par leurs dotations relatives au travail et au capital (théorème H.O.S : établit que chaque pays exporte les biens qui utilisent intensivement le facteur de production abondant dans le pays). Autrement dit, ils distinguent les pays en fonction de leurs dotations en facteurs de production et les produits en fonction des facteurs nécessaires à leur production. Leur modèle considère qu'un pays qui détient un avantage comparatif, exporte le bien dont la production requiert relativement plus de services.

Cette conclusion repose sur la logique qui veut que plus le facteur est abondant plus son coût est faible. Par exemple, les pays disposant de nombreux équipements pour faciliter les tâches des travailleurs, ont un avantage relatif dans la production de biens industriels nécessitant l'utilisation intensive du facteur capital, comme la chimie, l'automobile, l'aéronautique, etc. Inversement, les pays disposant d'une main-d'œuvre abondante bénéficient de bas salaires qui leur permettent d'être plus compétitifs dans les productions intensives en main-d'œuvre comme le textile ou l'assemblage de biens électroniques. Cette analyse peut être démontrée par le rapport concurrentiel qui s'exerce

137)- Heckscher, E. F. (1955). Mercantilism Vols 1 and 2. Allen and Unwin.

138)- Ohlin, B. (1933). Interregional and international trade Harvard University Press Cambridge Massachusetts USA, 340 p

139)- Stolper, W., & Samuelson, P. (1941). "Protection and Real Wages,'Review of Economic Studies 9.

actuellement entre les Etats-Unis ou l'Europe avec la Chine, l'Inde ou des pays émergents d'Asie (Krugman, 1996[140]; Fontagné et Lorenzi, 2005).

Ainsi, l'application de cette approche aux nations, voire aux territoires, reste complexe et nécessite une étude contextuelle. Cette complexité peut être renseignée par la tentative de vérification de la théorie ricardienne néo-classique que Wassily Leontief (1951[141]) réalise sur le commerce extérieur des États-Unis à la fin des années 1940. Cette analyse montre que les Etats-Unis sont un pays exportateur de biens intensifs en travail, et non en capital, ce qui s'oppose à la théorie néo-classique de Ricardo. Selon le même auteur, une synthèse des approches quantitatives et qualitatives des facteurs de production peut expliquer l'organisation des échanges internationaux. Cette étude montre que ces facteurs constituent une clé d'analyse des échanges entre les pays, mais elle affirme également la pluralité des formes que peuvent adopter ces facteurs et leur conjonction par la variabilité selon les types de travailleurs, de capitaux, de ressources naturelles, etc. La mise en œuvre de ces distinctions prouve la multiplicité des facteurs compétitifs et la nécessité de les analyser dans leur contexte économique et social, voir territorial (infranational) pour permettre leur compréhension.

En conclusion, la pensée économique classique et néo-classique présente deux avantages que peut avoir un pays ou un territoire : l'avantage absolu et comparatif, pour faciliter son entrée dans le commerce international et garantir sa compétitivité.

---

140)- Krugman. (2000). Op cité.

141)- Fabricant, S. (1952). The Structure of American Economy, 1919–1939: An Empirical Application of Equilibrium Analysis (2d edition, enlarged). By Wassily W. Leontief. New York: Oxford University Press, 1951. Pp. 264. $5.75. The Journal of Economic History, 12(1), 69-69.

## 1.3. Récapitulation

**Tableau 3: Récapitulation des facteurs essentiels de compétitivité selon la pensée économique classique et néo-classique**

| Paramètres de comparaison | Avantage absolu | Avantage comparatif |
|---|---|---|
| Définition | Une nation qui peut produire des biens ou des services de meilleure qualité avec moins d'intrants et à moindre coût détient un avantage absolu sur la production de ces biens ou services par rapport aux autres concurrents. | Un pays qui peut produire des biens ou des services de meilleure qualité à un coût d'opportunité inférieur à celui des autres concurrents est réputé avoir un avantage comparatif sur les autres candidats |
| Importance | Il sert de base pour tirer davantage de profits des échanges entre différentes entités ayant un avantage absolu sur différents biens et services. | Il encourage les producteurs à se spécialiser dans la production de certains produits et services. |
| Comparaison | Productivité du pays | Gain potentiel perdu dans la production. |
| Objectif de notre étude | L'avantage absolu se concrétise en facteur de compétitivité qui s'intéresse à la réduction des coûts en se basant sur une minimisation des intrants et une meilleure qualité (main-d'œuvre). | L'avantage comparatif se concrétise en facteur de compétitivité qui s'intéresse à l'optimisation des coûts logistiques (production), en se basant sur la spécialisation et la bonne qualité. |

- Source : élaboré par l'auteur

En résumé, nous pouvons avancer que les premières études sur les avantages spécifiques d'un pays remontent à « l'avantage absolu » d'Adam Smith au 18e siècle, qui reposait sur la division internationale du travail, « l'avantage comparatif » de David Ricardo au 19e siècle et la « théorie de la dotation en ressources » de Heckscher-Ohlin au début du 20e siècle. Ces trois théories définissent « l'avantage comparatif » comme la différence entre les éléments de deux pays au niveau national, à la fois les avantages de la productivité du travail et du coût du travail ainsi que les avantages résultant de la différence absolue des dotations en ressources.

Ce genre d'avantage comparatif est la raison du commerce international. Les premières théories sur les avantages propres à chaque pays sont toutes menées sur une base comparative.

## 1.4. Facteurs de compétitivité d'un territoire

### 1.4.1. Théorie de Michel Porter

Pour bien étudier les facteurs de compétitivité territoriale, nous choisissons de commencer par la théorie célèbre de Michel Porter. A travers sa pensée qui de 1979 à 2008 n'arrête pas d'évoluer en traitant de nouveaux sujets, et en apportant une nouvelle analyse à certaines problématiques phares de la compétitivité, il présente ainsi l'analyse la plus complète et la plus intégrée de la concurrence et de la compétitivité. Son cadre d'analyse se réfère à une nation/un pays et aussi à un ensemble d'entreprises directement en concurrence sur un marché. Il ne s'agit pas ici de résumer ni même de synthétiser la théorie de Porter, mais d'exposer brièvement les éléments de cette théorie qui nous permettent de progresser dans notre étude, à savoir les facteurs de la compétitivité d'un territoire pour un produit donné. Cette théorie s'articule autour de trois concepts principaux et interdépendants : les cinq forces concurrentielles, les stratégies de base au plan global et international, et enfin l'avantage concurrentiel national.

Alors, en 1990 Porter publie un livre intitulé « l'avantage compétitif des Nations »[142], dans lequel l'auteur tente de répondre à la question suivante : ***« Pourquoi certaines industries nationales réussissent pendant que d'autres échouent ?»***

Cette question se réfère à deux acteurs principaux qui sont le territoire ou la nation et l'entreprise (industrie). Donc, pour pouvoir répondre à cette question, Porter présente un losange de la compétitivité nommé aussi un modèle de diamant de l'avantage concurrentiel.

Il se concrétise en termes de l'avantage compétitif/concurrentiel pour une nation/ un territoire chez Porter. Selon lui, la prospérité nationale est créée et non héritée. Elle ne naît pas de dotation en ressources naturelles (bassin de main-d'œuvre, taux d'intérêt ou taux de change) comme affirment les théories classiques, la compétitivité d'un pays dépend de la capacité de son industrie à innover et à réaliser une montée de gamme. D'après Porter, les pays tirent parti d'une rivalité

142)- Porter, M. E., Détrie, J. P., & Miraillès, P. (1993). L'avantage concurrentiel des nations. InterEd.

intérieure forte entre les entreprises, les fournisseurs locaux agressifs et les clients locaux exigeants.

Dans ce contexte, il propose quatre catégories d'attributs qui définissent l'environnement national dans lequel les entreprises naissent et apprennent à se faire concurrence :

- Les attributs des facteurs de production, tels que la main-d'œuvre qualifiée et les infrastructures ;
- Les attributs de la demande, demande étrangère mais aussi demande nationale ;
- Les stratégies des entreprises, leur rivalité réciproque et la structure du marché ;
- Les attributs des industries connexes ou de soutien.

Chaque catégorie d'attributs affecte les facteurs essentiels de succès sur le marché international. Ainsi, Porter ajoute deux variables externes au Losange, et hors du contrôle des entreprises (voire des gouvernements) qui sont le coup du hasard et l'action du gouvernement.

- La première représente les nouvelles inventions, les nouvelles technologies, les crises du pétrole, les mutations dans les marchés financiers, les décisions des gouvernements étrangers, les grèves et les situations insurrectionnelles.
- La deuxième est un élément important, car elle nous montre le rôle par lequel le gouvernement contribue dans la compétitivité de son pays. En effet, l'action du gouvernement est mieux perçue en termes d'influence sur les quatre catégories d'attributs. Porter qualifie le rôle du gouvernement de catalyseur et de stimulant qui facilite et encourage (voire pousse) les entreprises à être plus ambitieuses et à porter leur compétitivité à des niveaux plus élevés (nationales et internationales), même si le processus peut s'avérer difficile. D'après Porter, le gouvernement, seul, ne peut créer des industries compétitives. Les entreprises ont une fonction majeure à mener. De façon intrinsèque, le gouvernement joue un rôle partiel qui ne réussit que quand il agit de concert avec les conditions favorables du Losange. En conséquence, le gouvernement présente un rôle puissant de diffusion et d'implication des forces du Losange. Donc les politiques publiques qui réussissent sont celles qui créent un environnement dans lequel les entreprises développent des avantages compétitifs.

### 1.4.2. Extensions du modèle de Porter : modèle du diamant double

Dès le début des années 1990, le modèle de Porter fait l'objet de plusieurs critiques par des chercheurs. Ces dernières concernent le traitement réservé aux gouvernements et aux entreprises multinationales.

D'abord, Rugman et D'Cruz[143] suggèrent que les entreprises construisent leur compétitivité sur les losanges domestiques et étrangers, en termes de durabilité, de rentabilité et de croissance. Ils considèrent que dans un monde de libre-échange, la définition de Porter du marché intérieur, la taille et les forces du Losange de compétitivité, doivent être modifiés. Ainsi, ils retiennent que les entreprises multinationales peuvent contribuer dans la réalité à la réalisation des performances économiques d'un pays même si elles ne considèrent pas ce dernier comme leurs pays d'origine.

Dans ce cadre, ils supposent que le losange double généralisé présente trois différences méthodologiques par rapport au losange de Porter :

- La création viable de la valeur ajoutée dans un pays est à la fois le fait des entreprises résidentes et des entreprises étrangères, à l'opposé de Porter qui n'intègre pas les activités des entreprises étrangères dans son modèle ;
- La création viable de la valeur ajoutée peut nécessiter le développement d'activités dans plusieurs pays, notamment quand sont établies la répartition entre plusieurs pays et la complémentarité des avantages compétitifs spécifiques ou liés au site de production. Par contre, Porter recommande de concentrer le maximum d'activités dans le pays qui sert de base de rayonnement sur le monde ;
- Le gouvernement est une variable importante du modèle et non un paramètre exogène comme le suggère Porter.

Donc, ce losange double peut être interprété par deux observations. En premier temps à comparer les cadres de compétitivité entre pays concurrents, et en deuxième temps, il est entouré par le losange international, qui comprend les investissements étrangers et les activités multinationales.

---

143)- Rugman, A. M., & D'cruz, J. R. (1993). The" double diamond" model of international competitiveness: The Canadian experience. MIR: Management International Review, 17-39.

Ensuite, en 1994, l'analyste Coréen Dong - Sung Cho[144] présente une critique au losange de Porter. Il suggère une nouvelle répartition des sources de la compétitivité internationale, autrement dit, il apporte deux catégories des facteurs de compétitivité qui déterminent son niveau international à une période donnée dans un pays d'accueil :

- Premières catégories : quatre facteurs physiques qui sont : les dotations de ressources, l'environnement des affaires, les activités connexes ou de soutien, et la demande intérieure.
- Deuxièmes catégories : quatre facteurs humains qui sont : les travailleurs, les ingénieurs, les hommes politiques, les agents de l'Etat, les entrepreneurs et les managers.

En outre, à ces huit facteurs, il ajoute le facteur chance et donc il propose un modèle à neuf facteurs. Pour chacun des huit premiers facteurs, quatre niveaux de développement sont distingués : moins développé, en développement, semi-développé, développé.

Par conséquent, en créant, motivant et contrôlant les facteurs physiques, ces facteurs humains sont à la base du passage du pays d'un niveau de compétitivité à un autre.

En 2000, Cho[145] propose de définir la compétitivité d'une unité d'analyse (secteur / industrie) par « la capacité de celle-ci à occuper une position supérieure sur le marché à travers des profits élevés et une croissance constante quand elle est comparée à ses concurrents. » Selon lui, le modèle à 9 facteurs fait mieux la liaison entre la compétitivité sectorielle et les facteurs macroéconomiques et s'appuie sur la définition suivante de la compétitivité d'une nation : « une nation est compétitive au plan international quand elle a plusieurs industries ayant des avantages compétitifs partageant des sources intérieures de compétitivité communes ».

En somme, nous pouvons dire que Cho regroupe les déterminants (physiques et humains) du Losange de Porter, et il ajoute de nouveaux déterminants (facteurs humains et environnement des affaires). Il répartit les conditions des facteurs de Porter en travailleurs (y compris la main-d'œuvre) et dotations en ressources (y compris les ressources naturelles).

Nous présentons au tableau suivant la différence entre le losange de porter et le modèle de huit facteurs :

---

144)- Cho, D. S. (1994). A dynamic approach to international competitiveness: The case of Korea. Asia pacific business review, 1(1), 17-36.

145)- Moon, H. C. (2000). From Adam Smith to Michael Porter: evolution of competitiveness theory (Vol. 2). World Scientific.

**Tableau 4: Losange du Porter**

| Losange de Porter | Modèle de 9 facteurs | Facteurs | |
|---|---|---|---|
| **Conditions des facteurs** | Dotation en ressources. Environnement des affaires. | Facteurs Physiques | Facteurs Internes |
| **Stratégie et entreprise : structure et rivalité** | Activités connexes et de soutien. Demande intérieure. | | |
| **Activités connexes et de soutien** | Travailleurs. Etat et administration. | Facteurs Humains | Facteurs Internes |
| **Conditions de la demande** | Entrepreneurs. | | |
| **Gouvernance / chance** | Managers et ingénieurs. | | |
| | Evènements Fortuits | Facteurs Externes | Facteurs Externes |

Enfin, Rugman est le premier qui apporte le concept « d'avantages spécifiques du pays ». Il pense que la source des dotations en ressources naturelles du pays est des ressources en main-d'œuvre et des facteurs culturels connexes, y compris les principaux facteurs de qualité de production, de quantité et de prix, mais le concept n'est pas systématiquement étudié et développé[146].

En effet l'avantage spécifique au pays dépend principalement de deux éléments :

- La dotation en ressources est constituée des ressources uniques, des facteurs économiques et institutionnels du pays d'origine. Ces derniers contribuent efficacement dans la formation de la propriété des entreprises du pays[147], c'est-à-dire, les différentes conditions du pays d'origine créent les différents avantages commerciaux nationaux, des avantages d'échelle, des avantages d'emplacement, des avantages d'organisation et d'autres avantages spécifiques.

146)- Rugman, A. M. (1981). Research and development by multinational and domestic firms in Canada. Canadian Public Policy/Analyse de Politiques, 604-616.

147)- Chai, Z. D., & Liu, H. J. (2014). An analysis of the home factors in competitive advantages of the emerging market's MNEs. Nanjing Journal of Social Sciences, 8, 24-31.

Ces derniers sont la source d'avantages pour la concurrence internationale, ce qui est essentiel pour les entreprises nationales de participer à l'investissement à l'étranger. Ainsi, selon ces avantages spécifiques de la dotation en ressources du pays d'origine, lorsque les entreprises multinationales des pays développés effectuent des investissements étrangers, elles se concentrent davantage sur les avantages spécifiques du pays d'accueil.

- Les dotations en ressources des pays d'accueil influencent principalement la motivation à investir et le choix de l'emplacement des entreprises multinationales[148], et son influence sur les choix de localisation du pays hôte varie selon les différents secteurs des entreprises. Des études montrent que la stratégie de recherche de ressources et la stratégie de recherche d'actifs ont de plus en plus d'avantages spécifiques dans le pays hôte[149]; flux d'investissement avec les dotations en ressources hôtes, taille du marché corrélée positivement ; la situation de développement économique et technologique du pays hôte et la rentabilité ont une influence importante sur la motivation.
- Les facteurs institutionnels concernent l'institution qui offre des facteurs régulateurs, normatifs et culturels-cognitifs assurant la stabilité et le sens de la vie sociale, ainsi que les activités et les ressources associées[150]. La politique gouvernementale nationale et le système de soutien des services peuvent aboutir à des avantages spécifiques au pays, c'est à dire, lorsque l'environnement économique et institutionnel du pays d'accueil est plus développé, la chance de la création de valeur est plus importante et forme une complémentarité multinationale plus forte pour les capacités existantes[151].

---

148)- Xiao, W., & Zhou, J. Z. (2014). Chinese OFDI location preferences with country-specific advantages: an empirical analysis based on firms' investment motivation and capability. Journal of Zhejiang University (Humanities and Social Sciences), 44(1), 184-196.

149 )- Rugman, A. M. (2010). Reconciling internalization theory and the eclectic paradigm. Multinational Business Review.

150)- Scott, W. R. (2013). Institutions and organizations: Ideas, interests, and identities. Sage publications.

151)- Gubbi, S. R., Aulakh, P. S., Ray, S., Sarkar, M. B., & Chittoor, R. (2010). Do international acquisitions by emerging-economy firms create shareholder value? The case of Indian firms. Journal of International Business Studies, 41(3), 397-418.

## 1.5. Facteurs de compétitivité : description moderne

L'objectif principal de ce paragraphe est de relever les facteurs de compétitivité territoriale, et de les classer selon leur dépendance aux comportements des acteurs de l'industrie (les entreprises et l'Etat). Le choix de ces facteurs s'appuie sur des analyses économiques souvent qualitatives, dont le rôle de chaque facteur n'est pas forcément démontré.

Dans ce contexte, nous proposons une classification des facteurs dans laquelle les facteurs identifiés montrent plusieurs aspects de la compétitivité territoriale et industrielle. Cependant seule une partie d'entre eux seront étudiés par la suite. Les contraintes de méthodologie, de données et de clarté ne permettent pas d'analyser la notion de compétitivité de façon exhaustive, plus précisément limitée à une industrie nationale.

Cette classification représente les principaux facteurs ayant potentiellement un impact sur la compétitivité territoriale d'une industrie donnée à un niveau national. Ces facteurs sont regroupés en cinq familles économiques : l'environnement réglementaire et structurel, la structure économique du marché, le comportement des acteurs, la demande domestique, et les facteurs de production.

Dans ce sens, nous allons montrer l'interaction entre les acteurs économiques et les facteurs industriels et territoriaux.

### 1.5.1. Description des facteurs de compétitivité territoriale industrielle

L'identification des facteurs de compétitivité territoriale d'une industrie oriente les travaux de cet ouvrage. Ils permettent de visualiser les mécaniques économiques en jeu.

Afin de détailler le contenu de cette classification, nous choisissons de décrire chaque facteur.

#### *1.5.1.1. Environnement réglementaire et structurel*

L'environnement réglementaire et structurel représente l'action du gouvernement pour le développement de son industrie, autrement dit c'est la politique industrielle qu'adopte l'Etat pour son pays. Toutefois l'intégration d'un secteur au tissu industriel et dans l'espace économique, politique et social d'un pays lui permet de développer sa compétitivité nationale et internationale sur le long terme. Cependant, les acteurs d'une industrie possèdent peu de moyens d'action sur cet environnement. L'analyse de l'environnement réglementaire et structurel d'une industrie appartenant à un territoire déterminé permet de connaître les contraintes délimitant l'action des acteurs industriels et les opportunités à investir dans un territoire donné (ce facteur relève d'une grande importance pour notre travail de cet ouvrage).

Ce facteur peut être identifié dans la réalité par les éléments suivants :

**Qualité des institutions**

Ce facteur représente le rôle des institutions de l'Etat dans l'amélioration de l'industrie au niveau de la réglementation à l'échelle nationale et internationale. Cette dernière renvoie au fruit de décisions prises par les pouvoirs publics nationaux ou par des instances internationales dont l'application est obligatoire. Ce facteur décrit l'environnement institutionnel d'une industrie dans un pays. Il s'agit bien des institutions stables qui accompagnent le fonctionnement des entreprises et améliorent des transactions dans le pays. Par exemple, le respect des contrats est assuré par un système juridique efficace. Les lois peuvent également permettre la protection de l'innovation et de la propriété (brevets et copyright), encourageant ainsi la recherche et la compétitivité.

Selon Jovanovic[152] « l'existence d'un système éducatif et universitaire de qualité, et en relation avec l'industrie favorise également le succès industriel ».

En effet, la réglementation représente un facteur déterminant de la compétitivité des entreprises et des pays. En effet, elle est indispensable pour réguler la vie des acteurs socio-économiques, des citoyens, des entreprises, dans un pays. S'agissant des entreprises, elle peut présenter pour eux l'origine de gains de parts de marché, car elle les favorise plus au moins dans un contexte de concurrence mondiale où les cadres réglementaires des États sont hétérogènes (réglementations sanitaires ou environnementales, par exemple), elle peut même stimuler l'innovation ou encore permettre le développement de certains marchés. Donc, elle impose un coût aux acteurs, d'où le rôle du régulateur consiste donc à trouver un équilibre entre le besoin de réglementation et les coûts suscités par celle-ci. Il semble que dans n'importe quel pays le point d'équilibre est difficile à trouver puisque la réglementation est présentée comme un frein à la compétitivité des

152)- Jovanovic, M. (2008). Evolutionary economic geography: Location of production and the European Union. Routledge.

entreprises par de nombreuses études économiques et rapports (par exemple, une étude commandée par la Commission européenne en 2003 montre que la charge administrative en France suscite un coût compris entre 48 et 61 milliards d'euros par an).

En conséquence, nous pouvons avancer que la réglementation pèse sur la compétitivité des entreprises et sur l'attractivité du territoire pour les entreprises étrangères.

**Subventions fiscales**

Les taxes appliquées aux entreprises sont souvent considérées comme un déterminant principal de la localisation de l'investissement des entreprises. En effet, les écarts dans le niveau de taxation des entreprises dans différents pays agissent directement sur les coûts et donc sur la compétitivité. Actuellement, nous constatons que de plus en plus de grands groupes internationaux optimisent leurs flux monétaires internes afin de réduire le montant des taxes à payer, prenons par exemple les pays occidentaux qui se livrent à une compétition sur les taxes aux entreprises, afin d'attirer les investissements, tel est le cas par exemple de l'économie irlandaise, pour sa politique d'attraction des multinationales en Europe applique un taux d'imposition très faible[153], et ce dont le but d'augmenter leurs gains en termes de coût et par conséquent l'amélioration de leur compétitivité.

**Infrastructures**

Les infrastructures représentent principalement l'aménagement du territoire qui facilite le fonctionnement du réseau d'approvisionnement et de livraison des usines, ce qui augmente la productivité et la réactivité des industries. Cela impacte par la suite les coûts logistiques de l'entreprise, et par conséquent sa compétitivité nationale et internationale.

En effet, le type, la qualité et le coût d'utilisation de ces infrastructures modifient la compétitivité d'une industrie, surtout pour des produits lourds ou dont le transport est soumis à des normes restrictives comme dans les industries automobiles. Les infrastructures ne concernent pas uniquement le transport mais aussi les systèmes de communication et d'information[154].

Donc, il semble très important pour chaque pays d'investir dans son aménagement territorial, afin d'assurer une optimisation des coûts

153) Fontagné, L. et Mayer, T. (2005). Op cité.

154)- Porter, M. (1990). Op cité.

logistiques et plus précisément celui du transport pour les entreprises locales, et pour les étrangères qui envisagent de les accueillir.

**Tissu industriel/Agglomération**

Le tissu industriel est constitué principalement d'un regroupement d'industries autour d'un secteur permettant à celui-ci de profiter des meilleurs services comme par exemple les entreprises spécialisées dans la maintenance, constructeurs de machines, recherche en partenariat... Ces entreprises sont généralement de taille intermédiaire, qui s'adapte plus facilement aux nouvelles conditions technico-économiques, ce qui permet également de stimuler l'innovation et les échanges d'informations. Donc, l'existence d'un tissu industriel important favorise la présence des fournisseurs et des clients proches, ce qui améliore efficacement la compétitivité de l'ensemble des entreprises (par la réduction des coûts logistiques), c'est pourquoi un secteur fortement regroupé possède un pouvoir de négociation avec le gouvernement, les fournisseurs et les clients.

Donc, il semble indispensable pour chaque pays de développer son tissu industriel en se basant sur l'investissement dans l'agglomération des entreprises, sachant que le phénomène d'agglomération des entreprises d'une même industrie dans des lieux géographiquement proches est souvent constaté.

Selon Fontagné et Mayer[155] « les entreprises suivent les autres entreprises », d'où les externalités positives sont souvent considérées comme la principale raison de ces regroupements[156]. Par exemple, elles se regroupent souvent ensemble et dans des espaces précis[157]. En conséquence, selon Jovanovic[158] et Porter « l'industrie est ainsi mieux intégrée dans l'économie du pays et peuvent s'adapter aux changements beaucoup plus efficacement ».

En somme, nous pouvons dire que l'agglomération des entreprises d'une même industrie est toujours bénéfique pour l'économie du territoire. Cette agglomération permet au territoire d'être plus attractif pour des nouvelles entreprises étrangères, et améliore la compétitivité des entreprises locales. Donc, le pays doit investir dans son

155)-Fontagné, L. et Mayer, T. (2005). Op cité.
156)- Head, K., Ries, J., & Swenson, D. (1995). Agglomeration benefits and location choice: Evidence from Japanese manufacturing investments in the United States. Journal of international economics, 38(3-4), 223-247.
157)- Crozet, M., Mayer, T., & Mucchielli, J. L. (2004). How do firms agglomerate? A study of FDI in France. Regional science and urban economics, 34(1), 27-54.
158)- Jovanovic, M. (2008). Op cité.

infrastructure par la création des nouvelles zones industrielles, et des zones franches facilitant l'installation des entreprises.

#### *1.5.1.2. Structure économique du marché*

Cet élément a pour but de présenter l'ensemble des déterminants qui définissent le cadre concurrentiel dans lequel évoluent les entreprises : les rivalités entre elles, la pression de potentiels nouveaux entrants qui dépend des barrières à l'entrée et le pouvoir de négociation des acteurs industriels avec les fournisseurs et les clients.

**Nombres d'acteurs et concentration du secteur**

Le niveau de concentration d'un marché peut être défini par le nombre d'acteurs, et la répartition de leurs parts de marché. Cette concentration impacte essentiellement les prix et le volume de production dans une industrie. Elle est souvent liée au pouvoir de marché des acteurs, c'est-à-dire à la possibilité d'adapter les prix par le fait de les diminuer de ceux d'un marché en concurrence parfaite. Alors, une forte concentration des acteurs réduit la concurrence dans le marché domestique, d'où les économies d'échelle sont importantes, et le taux de concentration est souvent élevé avec des acteurs dominants. Il est considéré généralement que plus la rivalité est forte sur le marché domestique, plus les entreprises nationales sont efficaces et peuvent donc se développer sur les marchés internationaux[159].

**Pouvoir de négociation**

La performance d'une industrie est peut-être influencée en amont et en aval par le pouvoir de négociation et la concentration[160], c'est-à-dire, si la concentration des fournisseurs d'un secteur industriel est élevée, cela augmente généralement le prix des biens intermédiaires, ainsi que le cas contraire une forte concentration des acheteurs favorise des prix concurrentiels.

En résumé, nous pouvons dire que la concentration et le pouvoir d'achat régit sur la compétitivité car par exemple un faible pouvoir de négociation, sous la contrainte de fournisseurs puissants, risque de perdre en compétitivité avec des prix d'achats élevés pour les facteurs de production.

---

159)- Kim, D., & Marion, B. W. (1997). Domestic market structure and performance in global markets: Theory and empirical evidence from US food manufacturing industries. Review of Industrial Organization, 12(3), 335-354

160)- Carlton, D. W., & Perloff, J. M. (1998). Economie industrielle. De Boeck Supérieur.

**Barrières à l'entrée et à la sortie**

Avant de présenter ce facteur, il est préférable d'expliquer d'abord la notion de la libre entrée, elle ne signifie pas la facilité d'entrée sur un marché, ça veut dire, pour s'implanter sur un marché il ne suffit pas de pouvoir produire le même produit que les firmes en place. Il faut créer un réseau de relations avec des clients et des fournisseurs. Ceci est plus difficile si le marché n'est plus en phase de croissance, et que les entreprises en place se livrent une concurrence sur les parts de marché relatives, il devient très difficile pour une entreprise étrangère de s'implanter.

Alors, la notion de barrière à l'entrée occupe une place fondamentale dans l'analyse des processus concurrentiels et stratégiques. Elle montre ainsi qu'il existe une relation entre le nombre de firmes sur un marché et l'intensité de la concurrence. Elle peut être définie selon des formes de désavantages auxquelles sont soumis les concurrents potentiels incapables de rivaliser efficacement avec les entreprises en place.

En effet, les barrières à l'entrée peuvent être définies comme des facteurs qui empêchent ou entravent l'entrée d'entreprise sur un marché donné. Elles peuvent résulter par exemple d'une structure de marché particulière (segment des coûts fixes irrécupérables, fidélité des consommateurs aux marques des produits existants) ou du comportement des entreprises déjà en place. Il convient de souligner que les gouvernements peuvent également être à l'origine de barrières à l'entrée (par exemple, conditions de licence et autres réglementations). Autrement dit, les barrières à l'entrée représentent tous les obstacles qui empêchent ou découragent l'entrée de nouvelles entreprises dans un secteur d'activité, même lorsque les entreprises en place réalisent des bénéfices excessifs.

Ces barrières[161] peuvent être identifiées en deux types :

- Des barrières structurelles (non délibérés) considérées souvent économiques. Elles résultent des caractéristiques fondamentales du secteur en cause comme la technologie, les coûts et la demande. En effet, il existe plusieurs points de vue sur la détermination des facteurs qui constituent des barrières structurelles effectives. Nous choisissons de présenter en ce propos quelques approches.

Dans la définition la plus large, les barrières à l'entrée sont le résultat de la différenciation des produits, des avantages absolus de coût des

161)- OCDE, P. (1993). Glossaire d'économie industrielle et de droit de la concurrence.

entreprises en place et des économies d'échelle, dont la différenciation des produits joue en faveur des entreprises déjà sur le marché, car les nouveaux entrants doivent surmonter le défi que représente la fidélisation des consommateurs à certaines marques. Les avantages absolus en termes de coûts signifient que le nouvel entrant sur le marché ne peut produire qu'à des coûts unitaires supérieurs, quel que soit le niveau de production, parfois parce qu'il utilise une technologie moins performante. Aussi que les économies d'échelle limitent le nombre des firmes pouvant produire au coût minimum sur un marché d'une taille déterminée.

Dans la définition la plus brève, il n'y a pas de barrière à l'entrée que lorsqu'un nouvel entrant doit supporter des coûts que les firmes en place ne supportent pas. Cette définition exclut les économies d'échelle comme barrière.

Il résulte de ce qui précède que le débat est toujours en cours sur le point des coûts. D'autres économistes soulignent que les coûts irrécupérables constituent d'importantes barrières à l'entrée. En effet, ces coûts doivent être supportés par les nouveaux entrants, alors que pour les firmes installées, ils appartiennent au passé. Par ailleurs, les coûts irrécupérables limitent les possibilités de sortie à bon compte du marché et imposent donc un risque supplémentaire aux entrants potentiels.

- Des barrières stratégiques considérées souvent de barrières de comportement. Elles résultent du comportement des firmes en place. Celles-ci peuvent notamment agir pour augmenter les barrières structurelles ou menacer de rétorsion les firmes postulantes qui osent entrer effectivement au marché. Cependant, ces menaces doivent être fiables et donc les entreprises déjà implantées doivent avoir intérêt à les mettre à exécution en cas d'entrée effective. Les stratégies de dissuasion auxquelles les entreprises installées ont recours font souvent intervenir certains procédés d'accaparement. Il existe notamment l'accaparement de moyens de production, qui consiste pour une firme en place à se doter de surcapacités de production, afin d'être en mesure de menacer d'une guerre des prix celles qui entrent effectivement sur le marché. Les firmes installées peuvent également créer artificiellement de nouvelles marques et de nouveaux produits pour limiter les possibilités d'imitation ; ainsi, il faut mentionner que les pouvoirs publics peuvent eux-mêmes créer des barrières à l'entrée, en mettant en place des procédures d'autorisation ou d'autres types de réglementation.

**Degré d'intégration verticale**

- Selon D. SOULIE : « l'intégration verticale se caractérise donc, par la fabrication de facteurs qui, auparavant, étaient achetés sur le marché ou par la transformation de produits qui, antérieurement, étaient vendus à l'extérieur »[162].
- Selon M. PORTER : « l'intégration verticale est la combinaison de processus de production, de commercialisation, de vente et/ou d'autres processus économiques distinctifs à l'intérieur des limites d'une seule entreprise. En tant que telle, elle représente la décision d'une firme d'utiliser des transactions internes, d'ordre administratif, plutôt que des transactions marchandes pour réaliser ses objectifs économiques »[163].
- Selon U. MAYHOFER: « une stratégie d'intégration verticale consiste à réaliser tout ou une partie des activités en amont ou en aval du processus de production, qui auparavant faisaient l'objet d'une transaction auprès des fournisseurs ou des clients »[164].

C'est-à-dire que l'intégration verticale en amont permet à l'entreprise de protéger ses sources d'approvisionnements, par exemple si les matières premières connaissent des fluctuations de prix, il est souhaitable de racheter son fournisseur, afin de profiter des prix de cession interne plus intéressants. Au niveau de l'intégration verticale en aval, l'entreprise a pour but de maîtriser ses réseaux de distributions, et fiabiliser l'image de son produit. Elle peut contribuer à la création d'une demande captive et peut représenter une barrière à l'entrée pour les entrants potentiels[165].

Dans le cadre de notre travail, le facteur de l'intégration verticale est considéré comme une réponse structurelle pour l'entreprise. D'une part une première approche de l'économie des coûts dans laquelle l'intégration verticale permet une meilleure adéquation des outils et des capacités de production. Ceci est abouti sur une meilleure coordination des flux, une meilleure régularité de la production (réduction des goulots d'étranglement et des stocks) et une adéquation technique optimale. L'intégration peut aussi générer des économies d'échelles et d'envergures permettant à l'entreprise de réduire ses coûts de

162)- Soulié, D. (1992). Analyse économique et stratégique d'entreprise. Edicef.

163)- Porter, M. E. (1980). Choix stratégique et compétition, techniques d'analyse des secteurs de la compétition dans l'industrie. Economica, Paris.

164)- Mayrhofer, U. (2007). Management stratégique. Editions Bréal.

165)- DÉTRIE, J. (1998). Strategor: politique générale de l'entreprise. Paris: Dunod, 1999. 877 p. EBERS, M; JARILLO, JC The construction, forms, and consequences of industry networks. International Studies of Management and Organization, 27(4), 3-21.

production. L'intérêt de l'intégration dépend, entre autres, de l'existence de courbes de coûts moyens décroissants, de la complémentarité éventuelle des actifs. Il est directement lié à la structure de l'industrie. D'autre part une deuxième approche de l'économie de coûts de transaction, c'est-à-dire il faut que les coûts de coordination interne (définitions des tâches des employés, évaluation et contrôle) soient inférieurs aux coûts de transaction découlant de l'utilisation des mécanismes de marché (recherche de l'information, signature des contrats, dissimulation de l'information).

Enfin, nous pouvons dire que l'intégration verticale est une réponse à un comportement opportuniste dans le sens où elle essaie toujours d'éviter ce genre de comportement et se démarquer par une internalisation avantageuse et moins coûteuse[166].

En résumé, une entreprise est considérée comme intégrée verticalement si elle contrôle plusieurs étapes de la chaîne de production ou de distribution d'un bien, sinon elle achète ou vend ces biens à d'autres acteurs. Les restrictions verticales, c'est-à-dire des liens contractuels importants entre partenaires, peuvent également jouer un rôle équivalent à celui de l'intégration verticale. La décision de s'intégrer verticalement dépend de la stratégie des entreprises. Il est généralement moins efficace pour une entreprise de produire elle-même ses facteurs de production que de s'approvisionner sur un marché efficient.

#### *1.5.1.3. Comportement des acteurs*

Le comportement des acteurs représente le champ d'action individuel des entreprises dans leur environnement économique, politique et technologique, ce qui montre que chaque entreprise peut déterminer une stratégie propre, en se positionnant différemment sur le marché, soit par l'entrée aux marchés internationaux, soit par le développement de ses capacités et sa technologie de production. Dans cette optique, une entreprise peut également être tentée de s'entendre avec la concurrence, afin de réduire la pression concurrentielle sur un marché. La variété des comportements des entreprises sur un territoire national caractérise le rôle des industriels sur la compétitivité d'un secteur, en se basant sur les facteurs suivants :

---

166)- Chevalier, J. M. (1995). L'économie industrielle des stratégies d'entreprises. Montchretien.

**Différenciation des produits**

Selon Porter « l'avantage concurrentiel procède de nombreuses activités qu'une firme accomplit pour concevoir, fabriquer, commercialiser, distribuer et soutenir son produit. Chaque activité peut contribuer à la position relative de la firme en termes de coûts et créer une base de différenciation »[167]. Autrement dit, un avantage concurrentiel d'une entreprise peut se résoudre à sa capacité d'offrir des produits différenciés par rapport aux concurrents. Elle peut prendre soit une forme horizontale constituée par la variété des produits, soit une forme verticale constituée par la variété de qualité des produits.

Dans ce contexte, selon son positionnement de gamme sur le marché, une industrie peut gagner en compétitivité, et ce par soit tenter de concurrencer le prix des produits standards, ou de différencier ses produits sur un des segments du marché et de gagner ainsi un certain pouvoir de marché. Il constitue la capacité de fixer un prix supérieur au coût marginal, porté souvent une concurrence monopolistique[168], dans laquelle la qualité et la variété des produits représentent respectivement une différenciation verticale et horizontale de la production. Cette différenciation des produits dépend de l'innovation et de la publicité (création d'une image de marque).

En somme, nous pouvons dire que cet avantage de compétitivité dépend de la capacité de l'entreprise à empêcher la concurrence d'imiter les produits.

**Internationalisation des entreprises**

En économie, les stratégies d'exportation ou d'internationalisation des entreprises d'un secteur modifient la compétitivité de l'industrie nationale. La structure des entreprises est généralement hétérogène dont certaines exportent beaucoup au niveau mondial ou dans les pays proches, d'autres se limitent au marché national. Ainsi, les entreprises sont plus ou moins exposées à la concurrence internationale et développent des comportements différents, particulièrement vis-à-vis de la délocalisation[169]. Par exemple, une multinationale étrangère sera moins affectée par la fin de ses activités dans l'un des pays où elle est présente par une seule entreprise locale. Les multinationales au niveau mondial ou régional sont souvent en concurrence avec d'autres multinationales. Leurs comportements stratégiques diffèrent alors des

167)- Porter, M. (1986). Op cité.
168)- Carlton, D. et Perloff, J. (1998). Op cité.
169)- Markusen, J. R., & Venables, A. J. (1998). Multinational firms and the new trade theory. Journal of international economics, 46(2), 183-203.

entreprises uniquement nationales. Des facteurs propres aux marchés, aux ressources, à l'optimisation de la chaîne de valeur et de stratégie (comportement vis-à-vis des concurrents) expliquent les décisions d'investissements à l'étranger[170].

D'une part, à l'intérieur d'une industrie nationale coexistent des firmes globales, des entreprises exportant principalement vers le marché régional et d'autres restant limitées au marché national. Les entreprises d'ampleur mondiale détiennent une grande influence sur la façon dont évolue le secteur industriel dans son ensemble. La présence de multinationales augmente la mobilité du capital, la circulation des informations, le nombre de produits. Elle accroît les réseaux d'échange internationaux et modifie la structure de compétition dans un secteur[171].

D'autre part, le comportement stratégique des firmes sur les marchés mondiaux ne se limite toutefois pas à choisir entre exporter ou servir les marchés étrangers en y implantant une filiale. Elles peuvent aussi exploiter la diversité des avantages comparatifs pour gagner la compétitivité... Alors qu'un investissement horizontal conduit à une simple réplication de la firme, c'est-à-dire à produire le même produit dans plusieurs pays, un investissement vertical vise à fragmenter le processus de production. La firme multinationale va scinder sa chaîne de valeur en différentes activités et localiser chaque fonction de l'entreprise dans les pays offrant les meilleures conditions de production[172].

**Capacités de production et économies d'échelle**

L'investissement dans les capacités de production pour une entreprise constitue une décision fondamentale stratégique importante. En effet, la plupart des modèles de concurrence oligopolistique sont fondés par le choix des capacités de production des acteurs comme dans les modèles de Cournot. Selon ce modèle, une entreprise optimise sa capacité de production, en anticipant la production des autres entreprises[173]. De plus, les économies d'échelle occupent une place importante dans la capacité de production des entreprises. Le choix

---

170)- Dunning, J. H. (2015). The eclectic paradigm as an envelope for economic and business theories of MNE activity. In International Business Strategy (pp. 60-84). Routledge.

171)- Jovanovic, M. (2008). Op cité.

172)- Crozet, M., & Koenig, P. (2005). État des lieux du commerce international. Le rôle des firmes multinationales dans le commerce international. Les Cahier français, 325, 13-19.

173)- Church, J. R., & Ware, R. (2000). Industrial organization: a strategic approach (pp. 367-69). Homewood, IL.: Irwin McGraw Hill.

d'une entreprise de développer des capacités de taille supérieure à la moyenne peut entraîner un gain de compétitivité-prix[174].

**Technologie de production et productivité**

La technologie de production et de la productivité représentent un facteur important de la compétitivité d'une entité économique que ce soit une entreprise ou un territoire. Ce facteur rassemble les caractéristiques d'un procédé de production, dont la productivité, la flexibilité, la qualité des produits obtenus, l'efficacité énergétique et environnementale ainsi que les coûts d'investissement déterminent la compétitivité de ce procédé industriel. Aussi que l'innovation dans les procédés, et les effets d'apprentissage par expérience (« learning effects ») améliorent également la compétitivité de l'entreprise.

Dans ce contexte, la productivité définit la capacité des acteurs industriels à maximiser la production, tout en minimisant les inputs[175], dont l'âge technique est souvent un déterminant important de la productivité d'une entreprise.

### *1.5.1.4. Demande domestique*

Ce groupe de facteurs décrit les caractéristiques de la demande dans un pays ou dans un territoire. Le niveau et la croissance du marché, ainsi que la segmentation de la demande sont des éléments importants du dynamisme des entreprises d'un secteur. Les possibilités de substitution de la part des acheteurs désignent également les performances d'un secteur industriel.

**Niveau et croissance de la demande**

En principe, une industrie nationale est toujours avantagée par une demande locale forte et en croissance. Une industrie fournit souvent au marché domestique avant de commencer à exporter ou à s'implémenter à l'étranger, afin de minimiser les coûts de transport. Ainsi, un large marché national permet d'obtenir des avantages compétitifs importants dans les industries où les économies d'échelle sont significatives, comme dans l'industrie automobile, les entreprises sont alors plus enclines à investir massivement dans des usines de grande capacité, à développer de nouvelles technologies et à améliorer la productivité[176].

---

174)- Carlton, D. et Perloff, J. (1988). Op cité.

175)- Stevenson, W. J., Hojati, M., & Cao, J. (2014). Operations management (p. 182). New York: McGraw-Hill Education

176)- Porter, M. E. (1990). The competitive advantage of nations The Free Press. New York, 564..

La croissance de la demande domestique occupe une place importante dans la création d'un avantage compétitif pour une industrie nationale, dont la croissance rapide et le soutien de la demande domestique réduit le risque lié à un investissement pour les industriels, plus précisément celui de se retrouver en sur capacité si plusieurs acteurs investissent simultanément. Cette croissance est d'autant plus essentielle dans les périodes de changements technologiques rapides. Durant ces périodes, une industrie dans un pays où la demande est mature possède plus de difficulté à réinvestir quand les coûts irrécupérables sont élevés. Cette industrie se retrouve alors avec des équipements technologiquement datés par rapport aux pays en forte croissance[177].

**Composition de la demande**

La demande domestique donne une influence déséquilibrée sur la capacité d'une entreprise à appréhender les besoins des clients, car elle est plus proche des clients locaux, géographiquement et culturellement. La composition de la demande est donc un facteur complémentaire à celui du niveau et de la croissance de celle-ci. Une industrie qui possède des liens particuliers avec ses clients domestiques est plus robuste face à la concurrence internationale. Une industrie nationale peut aussi profiter d'une segmentation avantageuse de la demande domestique. Si la demande domestique contient des segments également en croissance dans le monde, alors l'industrie peut obtenir des gains de compétitivité. Au contraire, si le segment principal composant la demande domestique est spécifique au pays, il est difficile d'exporter par la suite[178].

**Possibilité de substitution de la demande**

La possible substitution des produits d'une industrie peut fortement affecter la compétitivité d'une industrie ou au contraire l'encourager à innover. Dans cette situation, les acheteurs peuvent plus facilement modifier leurs méthodes et coutumes de consommation en cas de hausse des prix, ils possèdent un pouvoir de négociation plus élevé. Cette substitution peut être propre à un pays et peut alors augmenter la pression concurrentielle dans celui-ci[179].

Par exemple, les régulations environnementales encouragent la production de véhicules légers en Europe, ce qui peut favoriser l'utilisation de l'aluminium à la place de l'acier dans la production. Cela

177)- Porter, M. (1990). Op cité.
178)- Porter, M. (1990). Op cité.
179)- Porter, M. (1990) .Op cité.

peut alors entraîner des problèmes de sur capacité de production dans la sidérurgie, mais cela encourage aussi l'innovation dans les aciers.

### *1.5.1.5. Facteurs de production*

Les facteurs de production ne sont pas seulement constitués des ressources en matières premières mais aussi des facteurs humains, technologiques, en infrastructure et au capital. Selon le modèle de Heckscher-Ohlin, sur les dotations factorielles, les échanges internationaux se basent sur l'abondance relative aux facteurs de production dans les pays. Une nation exporte les biens dont les facteurs de production sont relativement abondants localement par rapport aux autres pays[180].

Toutefois, deux éléments importants sont à prendre en compte dans l'analyse des facteurs de production. D'abord, l'essentiel n'est pas le stock ou la réserve d'un facteur de production mais le flux disponible pour l'industrie à un instant donné. De plus, le rôle des facteurs de production sur la compétitivité n'est pas instantané. L'avantage compétitif réalisé pour une industrie dépend également de l'efficacité avec laquelle ce facteur est consommé[181].

Dans ce cadre, nous relevons trois éléments qui constituent les bases fondamentales des facteurs régissant la production au sein d'une entreprise.

**Capital**

En économie, la disponibilité et le coût des capitaux pour une industrie sont primordiaux pour les investissements, surtout quand ceux-ci sont très élevés comme dans les industries automobiles. La dotation en capital d'un pays permet des investissements moins onéreux et plus accessibles pour les entreprises industrielles. L'accès aux fonds financiers permet ainsi d'acquérir des outils de production plus efficaces[182]. Cependant, avec la globalisation des marchés financiers, le capital devient un facteur de production de plus en plus mobile entre les pays[183].

---

180)- Kawecki, A., & Guillochon, B. (2009). Économie internationale: commerce et macroéconomie: manuel et exercices corrigés.
181)- Porter, M. (1990). Op cité.
182)- Gustavsson, P., Hansson, P., & Lundberg, L. (1999). Technology, resource endowments and international competitiveness. European economic review, 43(8), 1501-1530.
183)- Markusen, J. R., & Venables, A. J. (1998). Multinational firms and the new trade theory. Journal of international economics, 46(2), 183-203

**Ressources Humaines**

Le capital humain représente un facteur primordial dans la compétitivité d'une industrie, il se concrétise en coût du travail qui représente un élément essentiel dans la structure de coût des entreprises. Ce coût de travail est caractérisé par la qualité, la formation et la disponibilité de la main-d'œuvre permettant ainsi à l'entreprise d'être plus productive et mieux organisée.

Il faut rappeler le rôle du secteur public dans la présence d'un système d'éducation et de formation efficace dans le pays qui favorise et soutient la compétitivité territoriale d'une industrie[184].

Notons aussi qu'une gestion compétitive d'une entreprise passe nécessairement par une gestion du personnel motivante, intégrant des actions de formation et de promotion, aussi la communication à l'intérieur de l'entreprise doit être fluide et rapide, afin de permettre à l'organisation de s'adapter très vite à toute modification de l'environnement.

**Matières premières et biens intermédiaires**

En économie, il est évident qu'un faible prix des matières et des biens intermédiaires dans un pays constituent un avantage compétitif pour une industrie, particulièrement celle d'automobile. La possibilité de se prémunir contre les risques de la volatilité des prix de ces entrants peut aussi être un avantage important vis-à-vis de la concurrence (Porter, 1990). Toutefois l'accès, la proximité, la disponibilité et la qualité de ces facteurs sont également essentiels, d'où l'importance d'une mise en place d'un processus logistique efficace.

### *1.5.1.6. La logistique Industrielle*

Aujourd'hui, la logistique représente un facteur clé de la compétitivité des entreprises. Les industriels et l'Etat prennent conscience de l'importance que revêt le développement de cette discipline au sein de l'entreprise et dans la pratique au quotidien. Pour cette raison, nous choisissons de nous focaliser sur la logistique en amont d'un point de vue microéconomique (l'entreprise), et aussi macroéconomique (rôle de l''Etat). Dans le contexte de cet ouvrage, l'objectif à travers ce facteur de compétitivité, est de présenter l'optimisation des coûts logistiques plus précisément celui d'achat et de transport (l'amont de la chaîne logistique). Il se base ainsi sur les travaux réalisés dans le domaine de l'optimisation de la gestion des flux

184)-Fontagné, L. et Mayer, T. (2005). Op cité.

physiques dans les chaînes logistiques. Nous pouvons donc positionner notre étude dans l'optimisation des coûts de la gestion d'achat et de transport dans une chaîne logistique.

**Définition**

Le terme « Logistique » prend l'origine dans le grec « logistikos » qui signifie « administrer ».

Nous rappelons souvent la définition d'origine militaire : « La logistique consiste à apporter ce qu'il faut, là où il faut et quand il le faut. » Il apparait en XVIIIe siècle, avec l'apparition des problèmes de soutien militaire (réapprovisionnement en armes, munitions, vivres, ...). Elle se concrétise en termes de responsabilité de l'approvisionnement des troupes, afin qu'elles gardent leurs capacités opérationnelles dans le temps. Elle est appelée ainsi « l'art de la guerre ».

Par la suite, ce terme se répond, dans le milieu industriel notamment, pour mentionner principalement la manutention et le transport des marchandises. Jusqu'aux années 70, la logistique n'occupe pas une place importante dans la gestion des entreprises, car elle est considérée comme une fonction secondaire, limitée aux tâches d'exécution dans des entrepôts et sur les quais d'expédition. Mais la logistique est ensuite située comme un lien opérationnel entre les différentes activités de l'entreprise, assurant la cohérence et la fiabilité des flux-matières, en vue de la qualité du service aux clients, tout en permettant l'optimisation des ressources et la réduction des coûts.

Au cours des années 90, la logistique s'évolue et devient une fonction globalisée voire mondialisée de gestion des flux physiques dans une vision complète de la chaîne Clients/Fournisseurs. Elle constitue véritablement une nouvelle discipline du management des entreprises. La « logistique globale » représente l'ensemble des activités internes ou externes à l'entreprise qui apportent de la valeur ajoutée aux produits et des services aux clients[185].

La logistique représente un ensemble de services nécessaires à la fabrication des produits et à leur commercialisation sur un territoire donné. Elle peut être définie comme « l'ensemble des moyens et des méthodes touchant l'organisation d'un service et aux flux de matières avant, pendant et après une production ; et comme la mise à disposition

185)- Courty, P. (2003). „Les enjeux industriels et les nouvelles problématiques scientifiques– De la logistique à la logistique globale.". Ecole d'été d'automatique. Session, 24.

des produits à l'endroit prévu, en quantité et dans les délais demandés, et au meilleur coût »[186].

En effet, le fait d'assurer la logistique d'un produit signifie prendre en charge un processus qui participe à la maîtrise des flux physiques, à la coordination des ressources et des débouchés, en cherchant à obtenir un service au coût le plus faible. Donc, le domaine de la logistique s'intéresse aux activités de la production, des approvisionnements, du stockage et de la distribution.

Ces activités sont aujourd'hui confrontées à l'intensification de la concurrence, d'où l'importance de la maîtrise de la logistique pour l'entreprise tant pour le contrôle des coûts que pour celle des niveaux de service.

Colin, Mathé, & Tixié[187] propose dans leur ouvrage, « La logistique au service de l'entreprise », la définition suivante : « La logistique est le processus stratégique par lequel l'entreprise organise et soutient son activité. A ce titre, on peut déterminer et gérer les flux matériels et informationnels afférents, tant internes qu'externes, en amont qu'en aval. »

La fonction logistique désigne ainsi la gestion des flux physiques de matières premières et de produits ainsi que celle des flux d'information, c'est-à-dire les transports, les entrepôts, l'informatique, etc.

- Il existe plusieurs types de logistiques :

- La logistique d'approvisionnement qui permet d'alimenter les stocks des entreprises et usines en matières premières, composants et sous-ensembles nécessaires à la production.
- La logistique de production consiste à rendre disponibles les matériaux et les composants nécessaires à la production au pied ses lignes.
- La logistique de distribution consiste à acheminer vers le client final ou le consommateur les produits dont il a besoin.
- La rétro-logistique consiste à reprendre des produits dont le client ne veut pas ou qu'il veut faire réparer, ou encore des produits à traiter en déchets industriels.

Il existe donc plusieurs types de logistique différente jusqu'à ce que le concept de « supply chain » se présente.

En effet, avant de présenter ce concept, nous proposer d'exposer l'indice de la performance logistique.

---

186)- https://obsmetiers.rcp-pro.fr/

187)- Tixier, D., Mathe, H., & Colin, J. (1983). La logistique au service de l'entreprise. Paris. Dunod.

**Indice de la performance logistique**

L'indice représente les perceptions, relatives à la logistique d'un pays, basées sur l'efficacité des processus de dédouanement, la qualité des infrastructures commerciales et des infrastructures de transport, la facilité de l'organisation des expéditions à des prix concurrentiels, la qualité des services d'infrastructure, la capacité de suivi et de traçabilité des consignations et le respect des délais d'acheminement. La valeur de l'indice est calculée à partir des enquêtes sur l'indice de la performance de la logistique, réalisées par la Banque Mondiale en partenariat avec des institutions universitaires et internationales ainsi que des sociétés privées et des personnes actives sur le marché de la logistique internationale. L'indice varie de 1 à 5 dont la note la plus élevée représente la meilleure performance.

**Concept de la supply chain**

Afin de mieux comprendre le concept de Chaîne Logistique CL (Supply Chain SC), nous proposons d'effectuer une revue des définitions de ce terme, utilisées dans la littérature, comme suit :

- Selon CHRISTOPHER[188], la chaîne logistique peut être définie comme étant « le réseau d'entreprises qui participent, en amont et en aval, aux différents processus et activités qui créent de la valeur sous forme de produits et de services apportés au consommateur final. En d'autres termes, une chaîne logistique est composée de plusieurs entreprises, en amont (fourniture de matières et composants) et en aval (distribution), et du client final ».
- LUMMUS[189] définit la chaîne logistique comme « le réseau d'entités par lequel le flux matériel passe. Ces entités incluent fournisseurs, transporteurs, sites d'assemblages, centres de distribution, détaillants et clients ».
- POIRIER et REITER[190] proposent une définition plus générale : « Une chaîne logistique est le système grâce auquel les entreprises amènent leurs produits et leurs services jusqu'à leurs clients ».

La gestion de chaîne logistique regroupe les approches, les processus et les fonctions indispensables ayant pour but principal la réduction des

---

188)- Christopher, M. (1992). Logistics &. Supply chain management..

189)- Lummus, R. R., Vokurka, R. J., & Alber, K. L. (1998). Strategic supply chain planning. Production and inventory management Journal, 39(3), 49.

190)- Poirier, C. C., & Reiter, S. E. (2001). La Supply Chain: Optimiser la chaîne logistique et le réseau interentreprises. Dunod.

coûts de la chaîne logistique et l'augmentation de sa flexibilité en vue d'optimiser sa performance.

Plusieurs auteurs soulignent la difficulté de définir la gestion de la chaîne logistique, dont nous présentons quelques définitions.

- VAKHARIA[191] définit la SCM comme étant « l'art et la science de créer et d'accentuer les rapports synergiques entre les partenaires d'une même chaîne logistique ayant comme objectif commun de livrer, juste à temps, les bons produits et les bons services au bon client, avec la meilleure quantité ».
- SIMCHI-LEVI[192] propose dans son ouvrage la définition suivante « Le SCM est une stratégie qui vise à la fois la réduction des frais globaux, permettant une position plus concurrentielle aux différentes parties de la chaîne logistique, et l'optimisation de la satisfaction du client final par une plus grande adaptabilité des systèmes de production et de distribution ».
- Pour ROTA-FRANZ[193], faire du SCM consiste à intégrer l'ensemble des moyens internes et externes pour répondre à la demande des clients. L'objectif est d'optimiser de manière simultanée et non plus séquentielle l'ensemble des processus logistiques.

Alors, il résulte de ce qui précède que le principal objectif de la gestion de la chaîne logistique est d'améliorer la compétitivité industrielle, tout en minimisant les coûts, assurant le niveau de service requis par le client, allouant efficacement les activités sur les acteurs de production, distribution, transport et d'information, et veillant à ce que les acteurs ne développent pas de comportements locaux antagonistes venant affecter la performance globale. En effet, pour réaliser ces objectifs, il est indispensable de prendre les bonnes décisions.

**Prise de décision en logistique : un processus hiérarchisé**

Pour n'importe quel type de chaîne logistique, la prise de décision est divisée en trois niveaux : stratégique, tactique et opérationnel, correspondant respectivement à des horizons à long, moyen et court terme.

---

191)- Vakharia, A. J. (2002). E-business and supply chain management. Decision Sciences, 33(4), 495-504.

192)- Simchi-Levi, D., Kaminsky, P., & Simchi-Levi, E. (1999). Designing and managing the supply chain: Concepts, strategies, and cases. New York: McGraw-hill.

193)- Rota-Franz, K., Thierry, C., & Bel, G. (2001). Gestion des flux dans les chaînes logistiques. Performance Industrielle et gestion des flux, 153-187.

**Niveau stratégique**

Ce niveau, aussi appelé Strategic Management[194] ou encore Strategic Planning qui regroupe toutes les décisions stratégiques[195]. Ces décisions sont des orientations et des lignes d'action sur le long terme (de 6 mois à plusieurs années), comme la recherche de nouveaux partenaires industriels, la sélection des fournisseurs et sous-traitants, les décisions d'implantation ou de délocalisation de zones d'intervention dans le cas de la logistique militaire, l'affectation d'une nouvelle zone d'approvisionnement à un centre de distribution (entrepôt), le développement d'un nouveau produit, la configuration de la chaîne logistique (son mode de fonctionnement), ainsi que les objectifs financiers à atteindre.

**Niveau tactique**

Le niveau décisionnel tactique s'intéresse aux décisions à moyen terme (quelques mois) qui doivent être exécutées pour déployer la stratégie décidée par l'entreprise. Ces décisions portent sur les problèmes liés à la gestion des ressources de l'entreprise, en particulier la planification des activités en tenant compte des ressources disponibles sur un horizon fixé.

**Niveau opérationnel**

Selon Thomas et Griffin[196] , le niveau opérationnel, ou Operational Planning représente les décisions tactiques qui génèrent un plan détaillé de production ou d'ordonnancement, applicable au niveau d'un atelier ou d'une zone logistique. Il se caractérise par une portée plus limitée dans l'espace et dans le temps (décisions sur la journée ou sur la semaine).

**Gestion de la chaîne logistique**

L'objectif primordial de la gestion de la chaîne logistique est d'améliorer le système global de production. D'où la nécessité de développer des modèles et des méthodes d'optimisation permettant de fournir une aide au choix et la décision efficace. En effet, les systèmes logistiques en général constituent des organisations sociotechniques particulièrement difficiles et présentent des problématiques de

---

194)- Croom, S., Romano, P., & Giannakis, M. (2000). Supply chain management: an analytical framework for critical literature review. European journal of purchasing & supply management, 6(1), 67-83.

195)- Thomas, D. J., & Griffin, P. M. (1996). Coordinated supply chain management. European journal of operational research, 94(1), 1-15.

196)- Thomas, D.J, et Griffin, P.M. (1996). Op cité.

modélisation et d'optimisation complexes. Les systèmes logistiques concernés sont principalement ceux qui relèvent de : l'Achat, la Production, le Transport… La question suivante : comment améliorer, sécuriser, et optimiser les flux logistiques et plus précisément celui d'achat et de transport ? Et comment les implanter en harmonie avec les spécificités de l'activité de ces systèmes logistiques ?

Notons que le présent ouvrage s'inscrit dans le cadre d'identifier les facteurs de compétitivité, en se basant sur la fonction logistique au sein de l'entreprise, et utilisant des méthodes d'optimisation.

**Logistique des transports**

Dans le domaine industriel, la logistique des transports contient généralement les systèmes de transport de biens, qui couvre les domaines fonctionnels de la logistique de distribution et d'approvisionnement. Ça nécessite globalement de mettre à la disposition du client les produits de qualité, en quantité et dans les délais promis à un coût économique et concurrentiel.

Dans ce contexte, nous nous intéresserons à la logistique d'approvisionnement comme une fonction transversale. Elle fait référence à la première phase par laquelle passent les produits dans une chaîne logistique. Concrètement, il s'agit de la phase d'acquisition des matières premières, le transport et le stockage. La clé de réussite de cette fonction réside dans le choix de bons fournisseurs permettant de diminuer les coûts de transport et de bénéficier d'un approvisionnement régulier et répondant à un rapport coût/qualité minimisé. Tout cela, en améliorant le service fourni au client et l'image de la marque, en montrant l'engagement et l'intérêt de bénéficier d'une chaîne logistique compétitive et durable. Ainsi une gestion performante de la logistique des approvisionnements favorise la réduction des coûts.

Dans ce contexte, plusieurs travaux étudient l'aspect de transport dans la logistique globale et donnent différentes définitions et caractérisations :

- Selon BAGLIN et AL[197] : « le transport est un maillon indispensable de la chaîne logistique puisqu'il assure la liaison entre les différents niveaux de la chaîne logistique (fournisseurs-usines, inter-usines, usines-entrepôts, entrepôts-clients) ».
- Selon DEVERNAY : « le transport constitue le véritable "moteur" de cette logistique : Sans une organisation de transport

197)- Baglin, G., Bruel, O., Garreau, A., Greif, M., & van Delft, C. (2001). Management Industriel et logistique. 3e édition. Gestion Economica..

fiable, réactive, flexible et économique, la logistique devrait faire appel à des moyens coûteux en surfaces, manutention, magasinage et systèmes d'information, pour satisfaire les exigences de ses consommateurs. Si certaines de ces chaînes restent internes aux établissements bénéficiant de leurs propres unités de production, beaucoup remontent vers des fournisseurs multiples et variés, à travers des prestataires, dont les plus connus sont les transporteurs »[198].

Alors, après avoir présenté l'importance du transport dans la chaîne logistique, nous passons maintenant au coût du transport. Dans cette optique, nous distinguons d'abord deux grandes catégories de coûts de transport : des coûts linéaires qui dépendent des quantités transportées et des distances, et des coûts non linéaires par rapport aux quantités achetées :

- La première catégorie[199] représente les coûts de transport linéaires[200] « les coûts de transport linéaires sont les coûts qui dépendent des quantités achetées (des coûts variables). C'est la forme standard la plus utilisée dans la littérature portant sur les problèmes de conception d'une chaîne logistique. Elle stipule que pour chaque unité supplémentaire transportée, le coût encouru augmente d'un taux fixe qui correspond au coût unitaire de transport ».
- La deuxième catégorie : les coûts de transport non linéaires[201] : « Les coûts de transport ne sont pas linéaires et reflètent des économies d'échelle que l'entreprise peut réaliser en transportant de plus grandes charges. En effet, le coût marginal diminue au fur et à mesure qu'il y a une augmentation des quantités transportées ».

Donc, l'objectif principal de ces catégories des coûts de transport est la réduction, d'où l'importance d'étudier l'optimisation des coûts logistiques.

**Optimisation des coûts logistiques**

- Bref historique

---

198)- Devernay, P. (1997). Le transport,«moteur» de la chaîne logistique. Logistique & Management, 5(1), 75-79.

199)- Arntzen, B. C., Brown, G. G., Harrison, T. P., & Trafton, L. L. (1995). Global supply chain management at Digital Equipment Corporation. Interfaces, 25(1), 69-93.

200)- Sabri, E. H., & Beamon, B. M. (2000). A multi-objective approach to simultaneous strategic and operational planning in supply chain design. Omega, 28(5), 581-598.

201)- Bouchriha, H. (2002). Faire ou faire-faire dans la conception d'une chaîne logistique: un outil d'aide à la décision (Doctoral dissertation, Institut National Polytechnique de Grenoble-INPG)

Entre 1950 et 1960, les entreprises ont mis en œuvre les principes de la production de masse. Afin de réduire les coûts unitaires de production, d'une manière à instaurer un nombre limité de produits et une faible flexibilité des procédés de fabrication[202].

Jusqu'aux années 1970, la politique industrielle se basait sur le principe de « flux poussés », caractérisée par une demande supérieure à la production. « Dans la plupart des entreprises, les responsables de chaque domaine ou service ont tenté de minimiser les coûts liés à leurs activités, sans se soucier de l'impact de leurs décisions sur les autres parties de la société »[203]. À la fin des années 1970, l'augmentation de l'offre a favorisé la concurrence entre les entreprises. Il devient donc important de prendre en compte non seulement les activités de production, mais aussi toutes les activités industrielles, c'est-à-dire l'approvisionnement, le transport, la distribution et les autres activités qui sont liées au processus de production.

En effet, l'objet de ce changement n'est pas seulement de réduire les coûts globaux, mais aussi d'améliorer la compétitivité. Cela conduit à l'émergence de la notion de « la gestion optimisée de la chaîne logistique ».

Simchi-Levi, et Kaminsky définissent la gestion d'une chaîne logistique comme « un ensemble d'approches utilisées pour intégrer les fournisseurs, les producteurs, les dépôts et les centres de distribution, pour que le produit fini soit fabriqué et distribué avec la qualité requise, dans les délais exigés, de façon à minimiser le coût total, en satisfaisant le niveau de service demandé [204] ».

Toutefois, une chaîne logistique contient les différents types de flux : les flux d'information, les flux physiques, les flux financiers. Les flux physiques décrivent les matières qui circulent entre les différents maillons de la chaîne. Ces matières peuvent être des composants, des produits semi-finis, des produits finis et des pièces de rechange.

Au cours de ces dernières décennies, nous constatons une augmentation du nombre des multinationales et une croissance des délocalisations des centres de production, d'où les gestionnaires se

---

202)- Farmer, D. (1997). Purchasing myopia—revisited. European Journal of Purchasing & Supply Management, 3(1), 1-8.

203)- Cheaitou, A. (2008). Stochastic Models for Production/Inventory Planning: Application to Short Life-Cycle Products (Doctoral dissertation, Ecole Centrale Paris).

204)- Schmitt, A. J., Snyder, L. V., & Shen, Z. J. M. (2010). Inventory systems with stochastic demand and supply: Properties and approximations. European Journal of Operational Research, 206(2), 313-328.

trouvent obligés à s'intéresser à la gestion de la chaîne logistique, et prendre en compte ses spécificités dans leurs diverses décisions.

Aujourd'hui, nous sommes face à un marché caractérisé par une concurrence accrue et les exigences des clients, d'où l'optimisation de la chaîne logistique s'impose.

L'objet de notre travail est l'optimisation des flux physiques. Le but est de minimiser le coût total engendré par les activités d'achat et de transport, en satisfaisant les demandes du client sur un horizon donné. Nous devons décider combien, quand, comment et où acheter et transporter les produits.

- Optimisation intégrée des coûts logistiques

Selon Akbalik : « les premiers travaux théoriques sur l'intégration de l'activité de transport lors de la planification de la production et du stockage datent les années 1980.Début 1990, les entreprises s'intéressent de plus en plus à cette approche. Vers les années 2000, le nombre de publications scientifiques publiées sur la coordination de plusieurs activités dans plusieurs échelons accroît très fortement »[205].

Dans ce contexte, nous choisissons d'identifier quelques travaux d'étude et de recherche et nous proposons de les classer en trois rangs. Ils sont présentés sous forme suivante :

- Des travaux de synthèse où les auteurs tentent de profiter des articles publiés traitant ce sujet,
- Des travaux présentant des études théoriques et montrant des résultats concrets,
- Des travaux traitant des problèmes industriels :

### *1.5.1.7. Travaux de synthèses*

Dans la littérature nous relevons les articles de synthèse, qui rassemblent les travaux publiés sur les approches intégrées d'optimisation des coûts dans une chaîne logistique :

- Bhatnagar, Chandra et al[206] décrivent deux grandes bases de cette approche : « une coordination au niveau général et une coordination multi-usines. Dans le niveau général, ils citent les articles qui traitent des décisions intégrées des différentes fonctions comme la localisation des installations, la planification du stockage,

205 )- Akbalik, A. (2006). Optimisation de la gestion intégrée des flux physiques dans une chaîne logistique: extensions du problème de dimensionnement de lot (Doctoral dissertation, Grenoble INPG).

206)- Bhatnagar, R., Chandra, P., & Goyal, S. K. (1993). Models for multi-plant coordination. European Journal of Operational Research, 67(2), 141-160.

de la distribution, de la production et le marketing, etc. Dans le deuxième type de coordination, l'intégration se fait au niveau des décisions prises pour la même activité, qui est constatée dans les différents échelons de l'organisation. Les usines intégrées verticalement peuvent être données comme exemple de ce type de coordination ».

- Beamon[207] propose une étude complète de la littérature sur les modèles multi-échelons de la chaîne logistique et donne une classification des travaux selon quatre axes. Cette classification est basée sur l'approche de modélisation proposée. Les quatre catégories sont : « Les modèles analytiques déterministes, les modèles analytiques stochastiques, les modèles économiques et les modèles de simulation ».
- Vidal et Goetschalckx[208] classent les articles par rapport aux hypothèses développées dans les modèles mathématiques :» Les principaux points analysés sont la nature stochastique, les caractéristiques dynamiques, les états des installations, les hypothèses sur les capacités de stockage et de moyens de transport, mono ou multi-produits, le critère de la fonction objectif, les natures des coûts (linéaire, non-linéaire, composantes fixes ou continues), le nombre d'échelons, les méthodes de résolution proposées, etc. ».

#### *1.5.1.8. Travaux proposant des études théoriques et industrielles*

Dans plusieurs travaux d'étude, la résolution d'un problème par la méthode intégrée est étudiée théoriquement. Parmi les raisons qui poussent les auteurs à se concentrer sur ces types d'études, nous constatons la difficulté de résolution du modèle mathématique associé en un temps raisonnable.

- Dans ce sens, en 2006 Akbalik[209] étudie la difficulté de l'utilisation de l'approche « optimisation intégrée » en avançant que : « Cette difficulté est due au nombre de contraintes à prendre en compte et à la configuration de la fonction objective qui devient plus dure à optimiser. Ceci nécessite des méthodes plus

---

207)- Beamon, B. M., & Chen, V. C. (2001). Performance analysis of conjoined supply chains. International journal of production research, 39(14), 3195-3218.
208)- Vidal, C. J., & Goetschalckx, M. (1997). Strategic production-distribution models: A critical review with emphasis on global supply chain models. European journal of operational research, 98(1), 1-18.
209 )- Akbalik, A., (2006). Op cité.

sophistiquées et appropriées au problème. Les différentes méthodes de résolution sont des techniques de relaxation, de décomposition, des heuristiques, etc. Sur le plan théorique c'est donc un problème très intéressant à traiter ».

- Afin de montrer le gain obtenu en adoptant une approche intégrée, nous faisons référence au travail de Chandra et Fisher[210]. Dans ce travail, les auteurs « cherchent le gain de la coordination de la production dans une usine qui fabrique un certain nombre de produits différents et de la distribution en tournées de véhicules, chez plusieurs clients. Le but est de minimiser les coûts de stockage dans l'usine et dans le dépôt, de transport et de lancement. Ils obtiennent une réduction de 3% à 20% sur le coût total avec une approche intégrée ».
- Dans un autre contexte, Park [211] étudie « une structure multi-usines, multi-détaillants, multi- produits et multi-périodes où l'objectif est de maximiser le profit total de la chaîne, en intégrant les décisions de production, de stockage et de distribution ».

Plusieurs auteurs proposent l'utilisation de l'approche intégrée pour la résolution des problèmes liés à l'aspect de transport et de stockage :

- Federgruen et Zipkin[212] étudient « le problème de routage, couplé avec les décisions de stockage. Le but est de trouver les quantités optimales de livraison et de stockage depuis un dépôt vers les clients, avec des tournées de véhicules, tout en minimisant le coût total de stockage, de rupture et de transport ».
- Burns et al[213] développent : « une méthode analytique est plus favorable pour minimiser le coût total de transport et de stockage depuis un fournisseur vers les clients. Ils comparent deux politiques de livraison : directe et avec des tournées ».

---

210)- Chandra, P., & Fisher, M. L. (1994). Coordination of production and distribution planning. European journal of operational research, 72(3), 503-517.
211)- Park*, Y. B. (2005). An integrated approach for production and distribution planning in supply chain management. International Journal of Production Research, 43(6), 1205-1224.
212)- Federgruen, A., Groenevelt, H., & Tijms, H. C. (1984). Coordinated replenishments in a multi-item inventory system with compound Poisson demands. Management Science, 30(3), 344-357.
213)- Burns, L. D., Hall, R. W., Blumenfeld, D. E., & Daganzo, C. F. (1985). Distribution strategies that minimize transportation and inventory costs. Operations research, 33(3), 469-490.

- Hill[214] explique : « la structure fournisseur client, où le fournisseur envoie un seul type de produit chez le client. Le fournisseur produit par lot, et le client consomme avec un taux fixe ». Le but est de minimiser le coût total de setup, de transfert des produits et de stockage, l'auteur trouve la structure d'une solution optimale globale.

La présentation de ces travaux conduit à instaurer au sein de chaque entreprise une stratégie de gestion des coûts, autrement dit de réduction des coûts.

Historiquement, c'est à partir des années 1970, que la gestion des coûts commence à occuper une place dans la stratégie de l'entreprise. Cette dernière a pour but principal de définir les critères, par lesquels elle bâtit son avantage concurrentiel. Selon la typologie de Porter[215] ; c'est la différenciation, la concentration et la domination par les coûts qui représentent les critères d'un avantage concurrentiel.

Cet avantage concurrentiel peut résulter d'une gestion de masse ou sur d'autres facteurs comme l'accès à une ressource rare (matière première, technologie, savoir-faire...). D'une part dans une stratégie de différenciation, l'entreprise offre un produit (service) avec une ou plusieurs caractéristiques perçues par le client comme uniques. D'autre part, dans une stratégie de concentration l'entreprise s'adresse seulement à un segment particulier, pour lequel l'avantage concurrentiel peut être fondé sur la différenciation ou sur une domination par les coûts qui correspond à la recherche d'un niveau de coûts systématiquement inférieur à celui de ses concurrents.

Porter[216] avance que le comportement des coûts dépend de la gestion de leurs facteurs structurels d'évolution. Aussi, Ames et Hlavacek[217] soulignent l'intérêt d'une utilisation stratégique de la gestion des coûts, pour déterminer un avantage concurrentiel et développer une conscience d'entreprise aux coûts et aux profits. D'autres auteurs

---

214)- Hill, R. M. (1999). The optimal production and shipment policy for the single-vendor singlebuyer integrated production-inventory problem. International Journal of Production Research, 37(11), 2463-2475.

215)- Porter, M. (1986). L'avantage concurrentiel. inter Editions. Paris (traduit de: Competitive advantage, The Free Press, New York, 1985).

216)- Porter, M. (1986). Op cité.

217 )- Ames, B. C., & Hlavacek, J. D. (1990). Vital truths about managing your costs. Harvard business review, 68(1), 140-147.

comme Riley[218] Shank et Govindarajan[219] montrent la position de l'entreprise en termes de coûts non seulement par des facteurs structurels (genre échelle, champ, expérience, technique et complexité), mais aussi par des facteurs d'exécution, liés à la manière dont les activités sont réalisées notamment la participation de la main-d'œuvre, la gestion de la qualité totale, l'utilisation des capacités de production, la configuration du produit ....

En somme, face à un environnement de plus en plus concurrentiel et un contexte économique encore fragile, la réduction des coûts représente un réel facteur de compétitivité auquel l'entreprise doit veiller au quotidien.

Après avoir décrire ces facteurs de compétitivité territoriale d'une industrie et des facteurs de compétitivité au sein de la gestion d'une entreprise, il semble important de présenter un résumé de ces facteurs en montrant son apport compétitif pour ces deux acteurs : L'entreprise et le territoire.

## 1.6. Facteurs de compétitivité territoriale d'une industrie

Nous allons procéder à la présentation des facteurs de compétitivité territoriale pour une industrie, tout en se focalisant sur le rôle de l'Etat. Pour le faire, nous proposons deux classements de facteurs dont le premier s'intéresse au prix, portant sur le fonctionnement de l'entreprise, et le deuxième concerne les facteurs hors-prix, qui relèvent du rôle de l'Etat.

### 1.6.1. Facteurs de compétitivité-prix

Il est évident que le prix représente l'un des facteurs fondamentaux de la compétitivité pour l'entreprise. En effet, afin d'obtenir un prix compétitif, l'entreprise doit prendre en considération les trois facteurs suivants :

218)- Riley, D. (1987). Competitive cost based investment strategies for industrial companies. Manufacturing Issues, 30-34.
219)- Shank, J. K., & Govindarajan, V. (1995). La gestion stratégique des coûts. Les Ed. d'organisation..

#### *1.6.1.1. Facteurs de production : Réduire ses coûts de production*

En gestion, l'entreprise est appelée à améliorer ses facteurs de production afin de réaliser une baisse des coûts de production qui passe soit par une baisse du prix des matières premières (indépendant de l'entreprise), soit par une baisse du coût de la masse salariale, soit par une augmentation de la productivité. Ainsi, l'entreprise arrive à baisser ses coûts de production, et peut réduire en conséquence son prix de vente. D'où, une amélioration de sa compétitivité sous forme d'un avantage concurrentiel financier.

Dans ce sens, une entreprise qui produit au meilleur coût (gestion de la masse salariale, capacité à lever des capitaux, recours à l'autofinancement, etc.), possède un avantage par rapport aux firmes concurrentes.

#### *1.6.1.2. Facteurs de production : Réduire ses marges commerciales*

Faute de baisser ses coûts de production, l'entreprise se trouve dans l'obligation de réduire sa marge commerciale afin de vendre ses produits moins chers. D'où, l'entreprise bénéficie d'un avantage concurrentiel commercial. Cette solution ne peut être adoptée que momentanément, car elle peut entraîner à terme une dégradation de la santé financière de l'entreprise.

Le département commercial relève d'une grande importance pour l'entreprise, car il lui permet de gagner des parts de marché, dont l'avantage commercial peut prendre différentes formes : prix bas, réseau de distribution dense, politique commerciale agressive, service après-vente de qualité, etc.

#### *1.6.1.3. Les facteurs de compétitivité-prix se résument en facteurs de production*

### 1.6.2. Facteurs de la compétitivité-hors-prix

Ces facteurs relèvent de l'entreprise et d'autres de l'Etat. Ils représentent des facteurs indirects de concurrence entre les entreprises et les pays.

#### *1.6.2.1. Différenciation des produits : la qualité*

Plusieurs entreprises cherchent à se démarquer de leurs concurrents en différenciant leur produit. Cela passe par un conditionnement différent, de la publicité, une image associée au produit, etc. Dans ce contexte, la qualité des produits est un facteur de compétitivité important. Ainsi, de nombreuses entreprises se permettent de vendre leurs produits plus chers que leurs concurrents (elles proposent une qualité supérieure). Prenons l'exemple des constructeurs automobiles allemands qui vendent leurs voitures plus chères, car elles sont réputées être de meilleure qualité.

#### *1.6.2.2. Organisation du travail et de la production*

Il faut être capable de s'adapter à la demande domestique et internationale (ex : passage du Fordisme au Toyotisme). L'organisation du travail consiste dans les différents systèmes mis en place dans les entreprises pour accroître la productivité, grâce à une utilisation plus rationnelle de l'organisation du travail et de la production qui va lui permettre d'économiser du travail et d'augmenter la productivité. En se basant sur ces deux facteurs de différenciation des produits et l'organisation du travail, l'entreprise peut obtenir un avantage concurrentiel de gestion, tout en adaptant sa structure d'organisation au secteur qu'elle appartient. Prenons l'exemple, des entreprises appartenant au secteur des nouvelles technologiques, ne possèdent pas de structure hiérarchique car elles investissent dans un environnement instable.

#### *1.6.2.3. Facteurs qui portent sur le rôle de l'Etat*

Le rôle de l'État se concrétise par l'influence sur quatre déterminants de l'avantage concurrentiel. Cette action peut être positive ou négative selon son impact sur le secteur d'activités et la nation. Dans ce contexte, cette influence peut être présentée par les éléments suivants :

**Les politiques gouvernementales et le « losange » de Porter**

L'intervention de l'État peut avoir des impacts, tant positifs que négatifs sur l'avantage concurrentiel d'une nation, ainsi elle peut agir seulement sur le cours des choses. Dans cette optique, les conditions de réussite d'une industrie doivent préexister dans le cadre d'une nation. Dans ce cadre, pour améliorer l'avantage concurrentiel national, les principes[220] préalables nécessaires par toute intervention gouvernementale sont:

- La concurrence concerne les entreprises et non les pays;
- L'avantage concurrentiel d'une nation dans une industrie n'est que relatif;
- L'avantage concurrentiel naît du dynamisme, et non de gains de coûts à court terme;
- La prospérité économique d'une nation exige une valorisation de ses industries.
- L'avantage concurrentiel d'une nation est souvent concentré géographiquement;
- Un avantage concurrentiel dans une industrie se construit au moins en une décennie;
- Ce sont les différences qui procurent un avantage aux nations, et non les similitudes;
- La plupart des catégories utilisées pour classer les industries sont dénuées de fondement;
- L'avantage concurrentiel est pénible à préserver pour les entreprises et leur personnel.

Alors, avant de mettre en œuvre une politique positive sur un facteur donné, l'Etat doit analyser ses éventuels impacts négatifs dans d'autres domaines, pouvant surgir avec l'évolution d'un secteur d'activités. La politique de l'État doit s'adapter, non pas en fonction des changements de gouvernements, mais du rythme de l'évolution de l'industrie, car un système n'est jamais totalement stable. Ainsi, nous constatons d'une part que l'État est souvent lui-même un gros client de biens et de services, ce qui est le cas avec le secteur automobile : les organismes gouvernementaux achètent des voitures destinées au fonctionnement de ces départements (voitures de service). D'autre part, L'État peut aussi orienter la stratégie et la structure des entreprises par le biais d'une réglementation des marchés, de la politique fiscale et de la législation.

**Les effets sur les facteurs**

La productivité d'un pays dépend des facteurs, autrement dit, une entreprise peut atteindre un certain niveau de compétitivité lorsqu'elle peut profiter d'un ensemble de facteurs : une main-d'œuvre spécialisée, des connaissances scientifiques, une information économique et une infrastructure.

---

220)- Porter, M. (1990). Op cité.

Selon Porter[221] « l'avantage concurrentiel d'une nation ne tient pas tant à la présence de facteurs disponibles à un moment précis qu'aux mécanismes institutionnels, propres au pays, susceptibles d'enrichir constamment ces facteurs ».

**Enseignement et formation**

Nous constatons que les industries les plus concurrentielles sont en majorité celles dont le pays engage de grands et exceptionnels efforts dans l'enseignement et la formation. Donc, l'Etat doit toujours veiller à améliorer les compétences et les connaissances de la main-d'œuvre, afin d'atteindre une productivité élevée et accroître les avantages concurrentiels sur le marché mondial.

**Science et l'infrastructure technologique**

Selon Porter[222]: « Une politique de stimulation de l'innovation commerciale devrait aller au-delà de la recherche en science et technologie et tenir compte de la concurrence, de la réglementation et autres paramètres qui influencent le losange ».

Sabel[223] montre la tendance des firmes à « reterritorialiser » leurs activités, c'est-à-dire à rechercher dans les sites où elles s'implantent des alliances et des partenariats avec les acteurs locaux, en s'efforçant de capter les savoir-faire industriels constitués. La présence de savoir-faire localisé sur certains sites constitue une forme d'externalités particulière que les entreprises cherchent à capter.

Il est évident que le rôle de l'Etat en matière d'investissements et d'incitatifs fiscaux constitue des mesures importantes, mais, il n'est pas suffisant, il faut aussi veiller à la création des rencontres et des activités de partage des connaissances entre des entreprises (particulièrement celles appartenant au même secteur), dont le but d'échanger des idées et des savoirs. Pour le faire, les moyens logistiques, l'informatique et les communications relèvent d'une grande importance. Ce qui impose à l'Etat de s'intéresser à l'amélioration continue de ses infrastructures.

Ainsi, la croissance économique d'un pays est associée directement à son développement technologique. Prenons par exemple, Le cas de l'Inde, un pays qui investit beaucoup en matière de technologie. Il dépense des millions de dollars dans des bâtiments et les

221)- Porter, M. (1990). Op cité.
222)- Porter, M. E., Takeuchi, H., & Sakakibara, M. (2000). Can Japan Compete? (pp. 2-3). London: Macmillan.
223)- Sabel, C. F. (1988). The reemergence of regional economics. Universitat Autónoma de Barcelona.

télécommunications, afin de stimuler le secteur des logiciels. Actuellement, Il regroupe sur son territoire un très grand nombre des réalisateurs de logiciels mondiaux moins chers que ceux de l'Amérique du Nord. De même, la Corée du Sud investit des sommes importantes dans l'infrastructure de télécommunications et ses habitants disposent aujourd'hui d'un accès permanent à la connexion internet.

**Stimulation d'une demande précoce ou de haute technicité**

Il est certain que l'État dispose de plusieurs moyens, pour gérer les marchés au sein de son propre territoire (la création d'organismes de financement des entreprises…). Afin de les pousser à l'achat des produits les plus avancés. Ainsi, les mesures incitatives (les abattements fiscaux), favorisent la commercialisation de nouvelles technologies ou de nouveaux services, ce qui engendre l'amélioration de la qualité de la demande intérieure et celle étrangère.

Mais cette gestion de demande doit être toujours assistée par une valorisation du produit, dans le but de le rendre attirant pour les marchés étrangers, et transférable aux consommateurs extérieurs accompagné d'efforts d'innovation.

En résumé, nous pouvons dire que le rôle joué par l'Etat favorise le positionnement international du territoire et de l'entreprise au niveau concurrentiel. Il se concrétise par des facilités, des aides et des soutiens qu'offre un territoire à ses entreprises par la qualité de ses institutions au niveau réglementaire et législatif, subventions fiscales et financières, infrastructures et tissu industriel.

En conclusion, la compétitivité est un champ très complexe, dont certains facteurs sont du ressort de l'Etat et d'autres des entreprises.

### 1.6.3. Indicateurs et indices de compétitivité

#### *1.6.3.1. Les indicateurs de compétitivité*

Aujourd'hui, il existe de nombreux indicateurs de compétitivité, dont nous choisissons de présenter le plus connu qui est le World Competitiveness Yearbook (WCY). Ce choix n'est pas dû au hasard. Il est basé sur des facteurs représentant de nombreuses variables économiques qui essaient d'appréhender la compétitivité d'un territoire dans son ensemble, en tenant compte à la fois des prix et hors-prix. En effet, le World Competitiveness Yearbook est un indicateur publié chaque année depuis 1989 par l'Institute for Managment Development. Il permet ainsi l'analyse et le classement des pays en fonction de leur capacité à créer, et à maintenir un environnement permettant aux entreprises d'être compétitives. Pour ces raisons, les territoires doivent préparer un environnement macroéconomique qui encourage la compétitivité des entreprises : cela s'effectue par des infrastructures, des institutions et des politiques efficientes.

Cet indicateur se base sur quatre facteurs de compétitivité qui sont : les performances économiques, l'efficacité du pouvoir public, l'efficacité des entreprises et la qualité des infrastructures.

#### *1.6.3.2. Les indices de compétitivité*

Le Forum Economique Mondial mesure la compétitivité nationale et établit chaque année un rapport de la compétitivité des pays, dans lequel la compétitivité est perçue d'une manière globale sous l'angle des facteurs, des politiques et des institutions déterminant le niveau de productivité d'un pays. Pour ce faire, le forum utilise plusieurs variables ayant potentiellement un impact sur la compétitivité finale. Le Forum Economique Mondial élabore trois grands indices pour mesurer la compétitivité.

**Le "Business Competitiveness Index" (FEM)**

Le Bussiness Competitiveness Index est un indice qui mesure les conditions de compétitivité d'une firme dans un territoire donné. Il se base sur des facteurs microéconomiques qui portent sur l'organisation de la firme et l'environnement des affaires. Ces facteurs expliquent les niveaux courants de la productivité et de la compétitivité. Ainsi, la bonne gestion des entreprises et des territoires est prise en considération.

Cet indice a pour objectif de mesurer deux éléments principaux qui sont le degré de perfectionnement de la stratégie, des opérations d'une entreprise et la qualité du milieu commercial dans lequel elle fonctionne·

**Le "Global Competitiveness Index" [224](FEM)**

Le Global Competitiveness Index est un indice qui mesure l'ensemble des facteurs déterminant le niveau de productivité d'une économie considérée comme le facteur le plus déterminant de la croissance à long terme. Il se base sur 12 principaux facteurs de productivité qui sont les institutions, l'infrastructure, l'aptitude à intégrer la technologie, la stabilité macroéconomique, la santé, l'éducation, les compétences, le marché des biens, le marché du travail,

---

224)- https://odc.gouvernement.lu/fr/actualites/mes-actualites/2019/wef-gcr.html. (Consulté le 20/11/2020).

le système financier, la taille du marché, le dynamisme des entreprises et l'innovation. Cet indice regroupe les facteurs de base. Ces derniers peuvent être distingués en quatre classes :

- La première classe s'intéresse à la performance économique liée à l'évaluation macroéconomique du territoire.
- La deuxième classe concerne l'efficacité du rôle de l'Etat qui s'intéresse à l'impact des politiques publiques sur la compétitivité. Il est décrit par des facteurs tels que les finances publiques, la politique fiscale, les institutions et la législation sur les entreprises et les sociétés.
- La troisième classe est relative à l'efficacité des entreprises, permettant ainsi d'interpréter dans quelle mesure les entreprises exercent leur activité de façon innovante, profitable et socialement responsable.
- La quatrième classe relève de la qualité des infrastructures qui mesure la satisfaction des entreprises en termes de ressources structurelles, technologiques, scientifiques et humaines.

**Indice de facilité du commerce international**

L'indice de facilité du commerce international mesure la qualité des politiques, des infrastructures et des services facilitant la libre circulation des marchandises à travers les frontières et leurs destinations. Il compare les performances des pays du monde sur quatre domaines principaux : l'accès au marché, l'administration aux frontières, les infrastructures de communication, le transport et le climat des affaires.

**Change Readiness Index[225]**

Le cabinet KPMG et l'organisation OxFord Economics Group élaborent un indice de préparation aux changements ou bien Change Readiness Index. Cet indice a pour but de mesurer la capacité d'un pays par rapport à son gouvernement, entreprises privées et publiques, société civile, et à anticiper, préparer, gérer et répondre aux différents facteurs de changement et ce, en tirant profit de manière proactive des opportunités qui se présentent et en atténuant les impacts négatifs potentiels qui en découlent. L'indice est structuré autour de trois piliers qui sont la capacité de l'entreprise, la capacité du gouvernement, et la capacité de la société civile.

---

225)https://www.ires.ma/images/PDFs_publications/Tableau_de_bord_stratgique_Evolution_du_positionnement_international_du_Maroc_Huitime_dition.pdf (consulté le 20/12/2020).

## Conclusion du chapitre

L'étude du deuxième chapitre qui traite le choix de la localisation industrielle et son rapport avec la compétitivité territoriale et la compétitivité de l'entreprise, nous permet de comprendre certains mécanismes économiques agissant sur les stratégies des entreprises, pour leurs choix d'implantation. Elles portent les éléments de réponse au deuxième composant de notre problématique de cet ouvrage, à savoir les facteurs de compétitivité territoriale et de compétitivité d'entreprise. Autrement dit, à quel point l'offre territoriale en termes de compétitivité contribue-t-elle au choix de la localisation industrielle des firmes ?

En effet, l'amélioration des facteurs de la compétitivité au niveau mondial est devenue un objectif primordial pour les Etats (territoires) et les firmes multinationales. La concurrence entre entreprises, nations ou Etats pousse à améliorer la compétitivité, qui représente une condition fondamentale à l'accumulation de la richesse. Bref, une entité qui n'est pas capable à concurrencer sur le marché ne peut pas assurer sa survie.

Ce chapitre se divise en trois sections. La première présente les approches conceptuelles de la compétitivité à travers son aperçu théorique global. Il définit la compétitivité comme étant un concept très large aux contours complexes avec de nombreuses interprétations. D'où, l'absence d'une définition économique unique. Elle dépend ainsi selon le niveau d'analyse, les types et les approches théoriques traditionnelles ou bien modernes. Donc, l'évaluation de la compétitivité demeure relative, d'où l'intérêt à étudier dans une deuxième section l'environnement de la compétitivité à savoir la compétitivité territoriale, la compétitivité de l'entreprise, la compétitivité d'une industrie et la compétitivité d'une nation. Cette étude relève les éléments essentiels de l'offre territoriale, en termes de compétitivité dans le choix de la localisation industrielle des firmes. Elle souligne l'intérêt d'identifier les facteurs de compétitivité territoriale, qui contribuent dans la décision de choix de la localisation industrielle des firmes. Cette détermination est présentée selon un examen de la théorie dans une troisième section. En effet, elle commence d'abord, par la pensée de l'école classique et l'école néo-classique qui se basent sur deux notions fondamentales : l'avantage absolu et l'avantage comparatif, à travers lesquels l'offre territoriale propre à chaque pays est régie par une base comparative. Ensuite, elle s'appuie sur la théorie de Porter car elle permet selon ses théories prolongées (extension, critique, ajout...), la naissance des théories modernes qui présentent un ensemble de facteurs de compétitivité territoriale déterminant le choix de l'implantation d'une firme internationale. Il s'agit bien de l'environnement institutionnel et structurel, la structure économique du marché, le comportement des acteurs, la demande domestique, les facteurs de production, et la logistique industrielle (qui fait la différence entre les pays au niveau des coûts de l'entreprise). En outre, cette section expose les principaux indicateurs et indices de la compétitivité.

Ainsi, nous pouvons avancer que la compétitivité territoriale s'inscrit dans une démarche de long terme, car elle n'est plus la simple association du concept de compétitivité à celui du territoire, comme il peut être fait aux entreprises. Elle se base sur le territoire, ses caractéristiques, ses composantes, son aménagement, son infrastructure, son développement, etc., pour cela, il peut être nommé comme une organisation d'acteurs. Le thème de la compétitivité est abordé par l'intermédiaire des pouvoirs publics agissant sur cette organisation locale, et offrant ses facteurs de succès. Il s'agit bien des acteurs économiques, mais aussi des institutions locales, ainsi que des mécanismes économiques. Dans cette optique, le rôle de la politique publique est de valoriser les potentiels industriels existants sur le territoire, et favoriser la mise en place d'acteurs économiques. D'où, l'intérêt de souligner la nécessité de la mise en place des aides à la production et à la coordination entre les agents économiques, facilitants à créer des relations de complémentarité, par le soutien à l'apprentissage local, et par la capacité à exporter des biens qui ne peuvent être entièrement consommés au sein du territoire.

Ainsi, dans le respect de ces principes, plusieurs réflexions essentielles s'imposent (il ressort de nos précédentes analyses que) :

- Les dotations de ressources primaires (positionnement géographique, proximité aux marchés internationaux...) jouent un rôle considérable dans la localisation des activités : caractères basiques du territoire comme facteurs naturels.
- La nécessité des politiques qualifiées de génériques, qui englobent tout type d'aides (aides financières directes, aides foncières, infrastructures, etc.) : l'importance des aides étatiques aux entreprises vise généralement, à mettre en place les moyens d'une économie locale, non isolée, valorisant les potentialités présentes pour les territoires.
- La mise en place des politiques qui s'intéressent aux conditions d'enchaînement entre les entreprises et les agents

économiques, ce qui entraîne des complémentarités entre les acteurs économiques, et impose ensuite des configurations pertinentes d'organisation industrielle, dont l'enjeu est la coordination des activités, qui guident les performances concurrentielles surtout au niveau des coûts entre les entreprises (l'importance des mécanismes de relations internes et externes des acteurs qui composent le territoire).

- La mise en place des politiques de développement des avantages spécifiques est capable de maintenir les choix de localisation, et rendre les entreprises compétitives.

En somme, ces quatre éléments montrent les facteurs essentiels de la compétitivité des territoires et des entreprises, en s'intéressant au rôle joué par l'Etat, basé essentiellement sur la disposition d'avantages spécifiques de localisation, et les relations entre les acteurs économiques du territoire.

En conclusion, nous pouvons avancer que l'intérêt de la compétitivité territoriale est de permettre de comprendre comment, dans une économie ouverte, les organisations locales (l'Etat) peuvent être associées à la recherche de compétitivité de ses acteurs économiques. En effet, pour être compétitives, les entreprises doivent mettre au marché des produits et des services qui par leurs coûts, leurs qualités, leurs modes de production, bref une gestion logistique efficace, sont suffisamment compétitifs pour concurrencer les produits proposés par leurs concurrents locaux et internationaux.

Dans ce sens, nous pouvons dire aussi que la compétitivité n'est pas uniquement liée aux caractéristiques de l'acteur économique, mais aussi aux spécificités du territoire où elle est implantée c'est-à-dire aux facteurs de la compétitivité territoriale qui sont les ressources et les actifs disponibles, facilement accessibles, et offerts par les pouvoirs publics au sein du territoire. Donc, il résulte de ce qui précède que les facteurs de la compétitivité territoriale ont une finalité principale : renforcer la compétitivité du territoire et des entreprises au niveau local et international ainsi qu'attirer d'autres entreprises.

# Conclusion de la première partie

Cette première partie a pour objet de construire les bases théoriques de notre ouvrage. Particulièrement, nous nous interrogeons sur les facteurs d'attractivité et de compétitivité territoriales et leurs impacts sur le choix de la localisation industrielle.

Dans cette première partie, l'examen des théories de la localisation industrielle est nécessaire. Afin de comprendre les facteurs qui agissent sur les décisions des entreprises pour leurs choix de localisation, et d'analyser les mécanismes économiques liés à l'espace et aux contextes locaux, industriels, commerciaux, etc., des firmes.

La définition de la compétitivité dans le deuxième chapitre impose d'établir les bases théoriques utiles dans le premier. En définissant d'abord les notions de territoire et d'attractivité, afin de comprendre comment les entreprises procèdent pour être compétitives et contribuer à l'attractivité. Par la suite, répondre à la question : ***De quelle manière le territoire en tant qu'organisation à travers les institutions publiques peut contribuer positivement au choix de la localisation industrielle ?***

En effet, l'attractivité et la compétitivité représentent deux concepts toujours présents dans les débats traitant le développement économique des territoires. La recherche de la compétitivité globale est une construction dans laquelle l'assise territoriale des entreprises joue un rôle important. La construction d'une compétitivité sur une base territoriale ne relève pas uniquement d'une logique liée à des facteurs de localisation caractérisés par leurs attractivités économiques, mais elle s'explique par des phénomènes de co-développement de ressources et de compétences réalisés par les différents acteurs du territoire, privés ou publics. Autrement dit, il s'agit bien d'un projet dans lequel tous ces acteurs doivent être impliqués.

Ainsi, parmi les acquis théoriques de cette première partie, nous souhaitons mettre en exergue les conclusions suivantes :

- Dans la littérature économique, l'attractivité et la compétitivité territoriales revêtent une importance cruciale. Elles représentent un critère essentiel dans le choix de la localisation industrielle.

- L'attractivité et la compétitivité territoriales représentent en une série d'avantages de localisation pour les firmes (les facteurs d'attractivité et de compétitivité).
- Les pouvoirs publics sont sensés d'améliorer les facteurs d'attractivité et de compétitivité, afin de répondre aux exigences des concurrents internationaux.

- L'Etat doit mener une politique industrielle attractive et compétitive pour les investisseurs locaux et étrangers, d'où l'importance de la mise en place d'une stratégie du marketing territorial.

Certes, les parties du modèle de recherche et/ou d'étude commencent à être clarifiées, mais un effort méthodologique est à déployer pour relier lesdites parties. C'est la raison pour laquelle, nous consacrerons une section dans le chapitre suivant pour expliquer notre choix de la méthodologie menée dans cet ouvrage qui rappelle les différents paradigmes et écoles de pensée, couramment croisés dans la littérature managériale en sciences sociales. Nous établissons une comparaison de fond entre les différentes possibilités épistémologiques pour ensuite se positionner de façon argumentée.

# DEUXIEME PARTIE : ETUDE EMPIRIQUE DU SECTEUR DE L'INDUSTRIE AUTOMOBILE AU MAROC-FACTEURS D'ATTRACTIVITE ET DE COMPETITIVITE

# Introduction à la deuxième partie

Dans la première partie, nous avons étudié, à partir d'un point de vue théorique, les modalités de croisement de l'attractivité, la compétitivité territoriale et le choix de la localisation industrielle. Il s'agissait pour nous d'abord, de comprendre les mécanismes d'interaction du territoire avec les acteurs économiques, ensuite d'établir la définition des notions de territoire, de compétitivité et d'attractivité. Enfin d'analyser leur influence mutuelle, tout en se focalisant sur le rôle majeur de l'action publique dans le développement du territoire.

Après avoir traité les fondements théoriques et conceptuels, nous aborderons la seconde partie ayant pour but de traduire de manière empirique les éléments définis, et de tester les conclusions de la partie théorique. Cela à travers sa confrontation à la réalité du terrain. En effet, à l'issue des deux premiers chapitres qui s'intéressent aux choix de la localisation industrielle, le rôle de l'acteur public et son rapport avec l'attractivité et la compétitivité territoriales, apparaît avant tout, comme une construction théorique avec des voies diverses, d'où l'intérêt de cette deuxième partie.

La partie empirique constitue le dénouement de notre travail mené par le présent ouvrage. Il s'agit d'un moment de vérité dans lequel l'efficacité de nos multiples lectures, et de nos différentes mises en application sont mises à l'épreuve. Ainsi, c'est dans cette partie que l'apport des travaux menés par cet ouvrage sont précieux dans la mesure où le chercheur met en pratique les connaissances théoriques de son domaine, pour procéder à la rencontre de la réalité dans laquelle il peut confirmer ou infirmer ses hypothèses de base. En conséquence, elle essaie d'apporter des éléments concrets de réponse sur l'identification des facteurs d'attractivité et de compétitivité du territoire marocain, à travers la collecte et l'analyse des données empiriques. Pour le faire, nous optons pour une méthode d'analyse qui se base sur des entretiens semi-dirigés auprès des responsables d'entreprises. L'objectif de cette enquête est d'observer et d'analyser les relations que les entreprises développent avec leur territoire de localisation, en se basant sur les facteurs d'attractivité et de compétitivité.

Cette deuxième partie se compose de deux chapitres.

- Le troisième chapitre est réparti en deux sections fondamentales. La première section sera consacrée à la présentation de notre posture épistémologique, ainsi que nos choix méthodologiques et techniques, en suivant, étapes par étapes, un plan prédéfini et structuré. Dans ce sens, nous traitons une investigation assez détaillée portant sur le domaine de l'épistémologie, les modes de construction des problématiques et des modèles d'étude. Ainsi, nous essayons de mobiliser ces acquis dans la cadre de notre travail pour lui associer la légitimité minimale requise en sciences sociales. Pour ce faire, un retour sur les principaux concepts et axes méthodologiques et scientifiques est abordé, partant des principes épistémologiques et des positionnements accordés dans le domaine de la recherche et de l'étude. Cette opération nous permet d'enrichir notre boite à outils pour construire et justifier notre énoncé de la problématique d'une part et notre design de cet ouvrage d'autre part.

La seconde section sera réservée essentiellement à la construction de la base empirique, en étudiant les politiques industrielles adoptées par le Maroc depuis l'indépendance jusqu'à nos jours, sans oublier un bref rappel de l'industrie avant l'indépendance. Il s'agit bien d'une étude de contextualisation, qui s'intéresse à la politique industrielle marocaine au niveau général et l'industrie automobile au niveau particulier. Dans cette optique, nous choisissons de nous concentrer sur les mesures incitatives à l'investissement que notre pays a mises à la disposition des investisseurs locaux et étrangers. Ces mesures constituent pour notre travail mené dans le cadre de cet ouvrage des facteurs d'attractivité et de compétitivité.

Ce chapitre vise à réaliser un travail producteur de la connaissance scientifique, en suivant une méthodologie reconnue dans la communauté scientifique, et en se basant sur une contextualisation de l'ouvrage et de l'étude complète et fiable dans le cadre du présent ouvrage.

- Le dernier chapitre traitera deux sections. La première représente le préalable aux investigations empiriques, notamment le développement de l'instrument de collecte des informations (questionnaire) ainsi que ses composantes et ses logiques de construction. Dans cette section nous clarifions d'abord les aspects relatifs au choix de notre échantillon ciblé, qui fait l'objet des analyses empiriques avec une justification à la lumière des normes et principes statistiques. Nous présentons ensuite l'enquête effectuée auprès de dizaines d'équipementiers (échantillon) et l'étude réalisée auprès de l'équipementier YAZAKI-Tanger. Puis, nous exposons l'analyse des données, et enfin nous proposons des commentaires à la lumière des résultats issus de l'analyse des données. Bref, il s'agit bien d'une partie nécessairement synthétique. La seconde vise à conclure à la fois cette seconde partie, ainsi que l'ensemble de notre travail de cet ouvrage, nommée « Synthèse et Perspectives ». Elle présente une discussion générale des résultats, l'apport scientifique, et les nouvelles perspectives de cet ouvrage.

Cet ultime chapitre vise, d'une part, un retour vers la littérature, pour compléter les résultats de notre analyse empirique, et montrer, d'autre part, l'intérêt dudit travail.

# Chapitre III : Cadre Méthodologique et Contextualisation de l'ouvrage

Ce chapitre introduit la deuxième partie de notre ouvrage. Il assure la délicate responsabilité de supporter et de justifier l'ensemble de notre travail, en suivant les règles de la méthodologie et les modes d'emploi de la recherche scientifique.

Pour ce faire, il semble indispensable d'abord de choisir la méthodologie la plus adéquate à ce travail, et d'étudier la phase préparatoire concrétisée par l'ensemble des travaux théoriques ou empiriques réalisés. D'où la nécessité de présenter ce chapitre en deux sections principales.

La première étudie le cadre méthodologique. Elle a pour objectif d'exposer la problématique de cet ouvrage. Elle se base sur une méthodologie, et propose des résultats ayant pour objet de comprendre, d'expliquer, d'analyser, et d'interpréter les facteurs d'attractivité et de compétitivité du secteur automobile. Une explication de ces présupposés épistémologiques permet de contrôler la démarche de recherche, d'accroître la validité de la connaissance, qui en est issue et de lui conférer un caractère immuable[226].

La deuxième s'intéresse à la contextualisation de l'ouvrage, en tant qu'une phase préliminaire du travail. Elle permet de constituer un panorama des savoirs, un état des connaissances, un état synthétique des travaux, des modèles et des avancées théoriques auparavant réalisés.

Ce chapitre vise à faciliter le développement scientifique du travail d'ouvrage.

## Section 1 : Démarche méthodologique

Cette section représente l'émanation de l'étude théorique, que nous avons menée lors des deux chapitres précédents. Selon Creswell[227], » l'approche de recherche est un ensemble cohérent qui intègre la posture philosophique, le design de la recherche et les

226)- Perret, V., & Séville, M. (2003). Fondements épistémologiques de la recherche. Méthodes de recherche en management, 2, 13-33.

227)- Creswell, J. W., & Creswell, J. D. (2017). Research design: Qualitative, quantitative, and mixed methods approaches. Sage publications.

méthodes de recherche spécifiques que le chercheur mobilise pour sa recherche ». Dans ce sens, nous proposerons, d'abord, de présenter et de justifier la méthodologie choisie pour l'analyse des facteurs d'attractivité et de compétitivité du secteur automobile. Ensuite, il sera question de présenter les différentes étapes nécessaires pour opérationnaliser chacune des variables de l'étude empirique. Enfin, nous exposerons le protocole mené par notre ouvrage, autrement dit, nous discuterons les choix concernant l'élaboration du questionnaire, la construction de l'échantillon, la conduite de l'enquête et les traitements envisageables.

En effet, opérationnellement cette section traite trois sous-sections. La première définit la problématique de l'ouvrage. Elle présente également les questionnements opérationnels et académiques à l'origine du sujet. La seconde s'intéresse aux objectifs de notre ouvrage, son positionnement scientifique et épistémologique, pour défendre la validé scientifique des résultats, et donc la reconnaissance de l'apport par la communauté scientifique. Elle fournit inéluctablement des éléments de réponse à plusieurs soucis relatifs à la recherche. Et enfin, la troisième vise à comprendre *comment les analyses et les résultats présentés dans le chapitre suivant sont élaborés ?*

Elle répond ainsi à la question de la stratégie et du design de l'ouvrage.

## 1. Définition de la problématique :

Cette sous-section a pour objectif de proposer une définition argumentée de la problématique de l'ouvrage retenue. Cette définition s'appuie sur les perspectives ouvertes par l'analyse pluridisciplinaire de la littérature. La problématique est déterminée en cohérence avec notre volonté d'inscrire cet ouvrage dans le champ des sciences de gestion.

Dans ce cadre, nous choisissons de définir la présente problématique en plusieurs étapes et traduire cette définition sous une forme plus opératoire, d'un jeu de quatre questions de recherche, et supposer en conséquence deux hypothèses pour ce travail.

### 1.1. Définition de la problématique

#### 1.1.1. Une interrogation générale

La problématique générale de l'ouvrage est déterminée à partir des principaux apports et limites des travaux empiriques et théoriques existants. De ce point de vue, les théories de la revue pluridisciplinaire de la littérature sont nombreuses.

Celle-ci permet de présenter l'offre territoriale qu'un pays présente aux nouveaux investisseurs désirant s'implanter sur son territoire, à travers des facteurs d'attractivité et de compétitivité. Autrement dit, c'est la pertinence et la fiabilité de sa politique industrielle vis-à-vis des nouveaux investisseurs étrangers (elle implique sa capacité du marketing territorial).

Dans cette optique, les mesures incitatives à l'investissement (la baisse des coûts de transport et la diminution du poids des contraintes liées à la distance géographique) permettent aux entreprises de multiples lieux d'implantation potentiellement viables.

Ce contexte invite donc à se demander ***comment une entreprise décide d'implanter un site dans une localisation précise plutôt que dans une autre ?***

Alors la question qui peut se poser : ***Qu'est-ce qui explique qu'une entreprise préfère implanter un nouveau site dans un lieu géographique plutôt que dans un autre ?***

En effet, un tel choix implique que les firmes sont en mesure de différencier l'espace géographique. Toute la difficulté consiste à mettre à jour le ou les principes de différenciation spatiale qui guident leurs décisions.

Par rapport, à notre ouvrage, la question est :

***Qu'est ce qui explique qu'une multinationale spécialisée en câblage automobile préfère implanter un nouveau site au Maroc plutôt que dans un autre pays ? Autrement dit, qu'est-ce qu'offre le Maroc à ses nouveaux investisseurs de mieux par rapport aux autres pays ?***

Dans ce sens, nous choisissons de présenter un cadre d'analyse correspondant à des formulations différentes

## 1.2. Cadre d'analyse

### 1.2.1. L'interrogation générale

En nous basant sur les données empiriques issues d'un stage d'étude, et l'analyse de la littérature, nous apprenons que notre problématique se caractérise par une rationalité économique, qui stipule :

Un premier cadre d'analyse théorique trouve son origine dans les modèles économiques traditionnels de la localisation industrielle. Dont, l'entreprise s'appuie sur l'idée selon laquelle, les caractéristiques propres à une localisation particulière sont susceptibles d'affecter de manière significative ses coûts et ses revenus. Selon ces hypothèses, l'entreprise est capable de mettre en œuvre une fonction mathématique composée de l'ensemble de ces caractéristiques, et relier directement le choix d'une localisation particulière au niveau du profit qui lui est associé. Ce dernier est ensuite utilisé comme critère unique permettant de classer par préférence l'ensemble des localisations alternatives possibles et de choisir la « localisation optimale » (traduit le profit le plus élevé et le coût le plus faible).

Ainsi, nous constatons que la majorité des travaux empiriques cherchent à approuver que la localisation industrielle soit régie par deux éléments principaux qui sont la maximisation du profit et la minimisation des coûts. Autrement dit, ce sont les critères de choix de la localisation, il s'agit des facteurs d'attractivité et de compétitivité d'une localisation industrielle. Donc, notre interrogation générale est :

Quels sont les facteurs de localisation qui expliquent qu'une entreprise préfère implanter un nouveau site dans un lieu géographique plutôt que dans un autre ? Plus précisément, quels sont les facteurs d'attractivité et de compétitivité que présente le Maroc pour les nouveaux investisseurs du câblage automobile ?

### 1.2.2. Interrogation bien déterminée

Le choix de la localisation industrielle peut se décider par la capacité de l'attractivité d'un tel territoire, d'où l'intérêt de mettre à jour les moyens les plus efficaces, pour influencer les comportements de la localisation des entreprises dans un sens qui soit favorable au bien-être collectif. De ce fait, il en découle essentiellement des prescriptions en matière de politiques publiques d'attraction des entreprises. Autrement dit, ce choix de la localisation industrielle exige au pays d'accueil de présenter une offre territoriale complète, à travers sa politique publique. C'est à ce titre que les acteurs publics mettent en œuvre certaines stratégies publiques initiées pour améliorer et performer l'attractivité de leur territoire, et soutenir en permanence sa compétitivité. D'où la question principale de cet ouvrage est :

**Le territoire marocain est-il attractif et compétitif pour le secteur de l'industrie automobile en général et de la filière du câblage en particulier ?**

Cette formulation générale de notre problématique permet d'étudier les deux facteurs influençant le choix d'une nouvelle localisation. Leur utilisation conjointe peut donner une amélioration significative de la compréhension du rôle de l'acteur public dans la prise de décision d'une firme pour un lieu d'implantation.

L'objet de cet ouvrage n'est pas uniquement de tester la pertinence de deux facteurs explicatifs, mais aussi d'explorer le rôle des acteurs publics de la manière, dont les deux facteurs réagissent sur le choix de nouvelles localisations par les entreprises.

Cet objet est clairement exprimé par l'hypothèse générale de cet ouvrage présentée ci-dessous :

## 1.3. Hypothèse centrale de l'ouvrage

Les choix de nouvelles localisations par les entreprises sont décidés selon l'offre territoriale que présentent les pays d'accueils. Cette offre territoriale est concrétisée par une politique publique constituée de deux éléments essentiels qui sont des facteurs de l'attractivité et de la compétitivité territoriales.

Ces deux facteurs influencent les décisions de localisation des nouveaux investisseurs, et permettent d'améliorer l'attractivité et la compétitivité du territoire d'accueil.

Cette hypothèse majeure génère deux sous-hypothèses qui sont :

### 1.3.1. Hypothèses de l'ouvrage

Ce sont les facteurs de compétitivité territoriale qui expliquent le choix de la localisation industrielle.

Dans cette hypothèse, nous supposons que c'est seulement le facteur de compétitivité qui explique le choix de la localisation industrielle par une entreprise, autrement dit c'est le facteur explicatif de l'offre territoriale. (le facteur d'attractivité est une variable à expliquer d'un point de vue d'analyse des données).

Cette hypothèse doit répondre aux questions suivantes :

***Comment les facteurs de compétitivité influencent le choix de la localisation industrielle ?***

***Est-ce que les facteurs de compétitivité contribuent à la pertinence de l'offre territoriale ?***

Ce sont les facteurs d'attractivité territoriale qui expliquent le choix de la localisation industrielle :

Dans cette hypothèse, nous supposons que c'est seulement le facteur d'attractivité qui explique le choix de la localisation industrielle par une entreprise, autrement dit c'est le facteur explicatif de l'offre territoriale.

(le facteur de compétitivité est une variable à expliquer d'un point de vue d'analyse des données).

Cette hypothèse doit répondre à la question suivante :

***Comment les facteurs d'attractivité influencent le choix de la localisation industrielle ?***

***Est-ce que les facteurs d'attractivité contribuent à la pertinence de l'offre territoriale ?***

La traduction opératoire de la problématique de cet ouvrage en un système de deux questions de recherche.

La problématique générale de cet ouvrage, telle qu'elle est déterminée ci-dessus, semble large pour donner lieu à une évaluation empirique. Pour ce faire, elle doit, au préalable, être traduite sous la forme d'un ensemble de questions de recherche.

Son objectif est donc d'apporter des éléments de réponse aux questions de recherche suivantes :

- Question de recherche n°1 : Quels sont les facteurs d'attractivité et de compétitivité qu'offre la politique industrielle marocaine, pour encourager les investissements étrangers appartenant au secteur de l'industrie automobile en général et à la filière du câblage en particulier ? Autrement dit, quelles sont les mesures incitatives à l'investissement que présente le Maroc pour les nouveaux investisseurs ?
- Question de recherche n°2 : Est-ce que cette offre territoriale est suffisante pour inciter les investisseurs à choisir le Maroc comme lieu de localisation ? Et répond-elle aux exigences des investisseurs ?

En définitive, la problématique soulevée de cet ouvrage porte principalement sur l'étude de la capacité attractive et compétitive du territoire marocain à travers l'offre territoriale mise à la disposition des nouveaux investisseurs de la filière du câblage automobile. L'hypothèse posée permet d'évaluer à quel point ces facteurs d'attractivité et de compétitivité territoriales répondent aux exigences de ces investisseurs. En effet, pour les approcher, il faut choisir une méthodologie appropriée. Les méthodologies menées en sciences de gestion sont nombreuses, et dont nous exposons ci-dessous les principales caractéristiques. L'objectif étant de parvenir à des choix méthodologiques qui nous paraissent s'adapter au mieux aux exigences de ces investisseurs.

## 2. Positionnement épistémologique

Selon F.Wacheux[228], « l'épistémologie est la philosophie de la pratique scientifique. Tout travail d'ordre scientifique doit se baser sur une conception et une vision des choses ».

Selon Léna Soler, « L'épistémologie vise fondamentalement à caractériser les sciences existantes, en vue de juger leur valeur et notamment de décider, si elles peuvent prétendre se rapprocher de l'idéal d'une connaissance certaine et authentiquement justifiée[229]».

Selon Thiétart[230], « l'épistémologie apporte des clarifications sur la nature de la connaissance construite ainsi que son processus de génération, ensuite sur son importance et son statut ».

Le positionnement épistémologique[231] est l'orientation générale adoptée pour trouver des réponses à la question de recherche ; autrement dit, c'est la manière avec laquelle les connaissances sont produites et justifiées. Nous parlons alors du paradigme.

Selon Guba et Lincoln[232] « un cadre qui regroupe un ensemble de croyances, valeurs, techniques partagées par une communauté scientifique à une période donnée ».

Selon David[233], « Il existe différentes classifications des paradigmes dans la littérature », en management. Selon Grenier, C. et Pauget, B. « les paradigmes partagent des traits communs ; ce qui permet de les classer en deux grandes orientations : le positivisme et le constructivisme ».

Dans notre travail de cet ouvrage, nous choisissons de déterminer le positionnement épistémologique par les éléments suivants :

### 2.1. Construction du processus d'ouvrage

Le principe universel auquel s'attachent les différents paradigmes épistémologiques est que la connaissance est reliée à la réalité.

Dans ce sens, nous suggérons de présenter en premier temps la construction du processus de travail mené par le présent ouvrage comme une démarche rationnelle de recherche, d'un caractère

---

228)- Wacheux, F. (1996). Qualitative methods and management research. Economica Edition.

229)- Soler, L. (2000). Introduction à l'épistémologie, préf.

230)- Thiétart, R. A. (2014). Méthodes de recherche en management-4ème édition. Dunod.

231)- Allard-Poesi, F., & Perret, V. (2014). Chapitre 1. Fondements épistémologiques de la recherche. In Méthodes de recherche en management (Vol. 4, pp. 14-46). Dunod.

232)- Guba, E. G., & Lincoln, Y. S. (1994). Competing paradigms in qualitative research. Handbook of qualitative research, 2(163-194), 105.

233)- David, A. (1999). Logique, épistémologie et méthodologie en sciences de gestion.

systématique et rigoureux. Ce processus doit répondre aux questions suivantes.

Selon Thietart[234], le positionnement épistémologique du chercheur doit être orienté par trois interrogations majeures :

- Quelle est la nature de la connaissance produite ? La réalité est-elle objective, extérieure au chercheur ou bien relève-t-elle d'une interprétation de celui-ci ? Est-ce un construit social ou alors une donnée indépendante ?
- Comment la connaissance scientifique est-elle engendrée ? Recherchons-nous une explication une compréhension, une construction, quel « chemin de la connaissance » empruntons-nous ?
- Quels sont la valeur et le statut de la connaissance produite ? Quels sont les critères qui permettent de valider cette nouvelle connaissance ?

Alors, la réponse à ces interrogations, nous amène à étudier le positionnement épistémologique, la démarche et le choix des méthodes. Ils doivent être cohérents à la fois avec la problématique avancée, le contexte et le déroulement de la recherche et le degré de maturité des connaissances dans le domaine étudié.

### 2.1.1. Posture constructivisme

Il existe trois paradigmes principaux[235]: le positivisme, l'interprétativisme et le constructivisme. Chaque paradigme implique une vision particulière de l'objectif de la recherche, de l'origine de la connaissance et de la nature de l'objet de la recherche.

Dans ce contexte, nous choisissons de présenter un tableau qui indique et explique les réponses aux interrogations de chaque positionnement épistémologique :

234)- Thiétart, R. A. (1998). coll (2004)'Méthodes de recherche en management.'. Dunod,
235)- Thiétart, R. A. (1998). coll (2004). Op cité.

**Tableau 5: Positions épistémologiques des paradigmes positiviste, interprétativiste et constructiviste[236]**

<table>
<tr><th>Les paradigmes<br>Les questions épistémologiques</th><th>Le positivisme</th><th>L'interprétativisme</th><th>Le constructivisme</th></tr>
<tr><td>Quel est le statut de la connaissance ?</td><td>Hypothèse réaliste<br>Il existe une essence propre à l'objet de connaissance.</td><td colspan="2">Hypothèse relativiste<br>L'essence de l'objet ne peut être atteint (constructivisme modéré ou interprétativisme) ou n'existe pas (constructivisme radical).</td></tr>
<tr><td>Quelle est la nature de la réalité ?</td><td>Indépendance du sujet et de l'objet.<br>Hypothèse déterministe<br>Le monde est fait de nécessités.</td><td colspan="2">Dépendance du sujet et de l'objet<br>Hypothèse intentionnaliste<br>Le monde est fait de possibilités</td></tr>
<tr><td>Comment la connaissance est-elle engendrée ?<br>Le chemin de la connaissance scientifique</td><td>La découverte.<br>Recherche formulée en termes de « pour quelles causes ? ... »<br>Statut privilégié de l'explication.</td><td>L'interprétation<br>Recherche formulée en termes de « pour quelles motivations des acteurs... »<br>Statut privilégié de la compréhension</td><td>La construction<br>Recherche formulée en termes de « pour quelles finalités... »<br>Statut privilégié de la construction</td></tr>
<tr><td>Quelle est la valeur de la connaissance ?<br>Les critères de validité</td><td>Vérifiabilité<br>Confirmabilité<br>Réfutabilité</td><td>Idéographie<br>Empathie (révélatrice de l'expérience vécue par les acteurs)</td><td>Adéquation<br>Enseignable</td></tr>
</table>

Nous constatons que chaque paradigme présente un positionnement différent par rapport à la nature de la réalité étudiée, au statut du chercheur et à la création de la connaissance. Ces différents paradigmes permettent aux chercheurs d'avoir une vision opérationnelle en les conduisant à produire des connaissances plus valides. En effet, chacun de ces positionnements se base sur une conception particulière quant au processus de production de la connaissance scientifique, ainsi qu'aux critères de validité de la recherche.

236)- Thiétart, R. A. (1998). coll (2004). Op cité.

D'après ce tableau, nous nous intéressons à l'approche constructiviste qui assemble les connaissances théoriques à une problématique spécifique et sa solution. C'est une approche qui se concrétise par le développement de nouvelles connaissances sous une forme d'application normative. Elle fixe sa démarche sur l'élaboration et la proposition de solutions.

Selon Thiétart[237], le paradigme constructiviste propose une hypothèse relativiste qui suppose dans sa forme la plus radicale que la réalité n'existe qu'à travers le sujet qui l'observe, c'est-à-dire que le chercheur participe activement à la construction de cette réalité. Comme indique aussi Giordano[238]: « est donc qualifiable de constructiviste, une posture dans laquelle sujet et « objet » co-construisent mutuellement un projet de recherche : l'interaction est alors mutuellement transformative ».

- Donc :

Pour les constructivistes, la réalité est issue d'un acte de création plutôt qu'un acte de formalisation d'une réalité sous-jacente et qui peut être multiple.

Les données sont le résultat d'une construction par une interaction entre le chercheur et l'objet étudié.

Ce n'est que par son expérience du monde que le chercheur accède au monde.

Pour cela, par rapport à notre problématique de cet ouvrage, la posture la plus adéquate s'avère le paradigme constructivisme. L'objectif de son intervention, est de remonter d'une part de l'analyse opérationnelle à des stratégies générales ou à des théories intermédiaires, aussi que notre étude tire sa force de l'apprentissage des situations réelles sur le terrain, par la présentation de tous les fondements et rouages de notre sujet principal du présent ouvrage (l'attractivité et la compétitivité du secteur automobile marocain, en se focalisant d'abord sur les spécificités de sa stratégie nationale et ses coûts logistiques) ,et d'autre part l'apport d'une contribution originale à la connaissance, en développant une théorie pour avoir une nouvelle théorie et sa mise en œuvre (une nouvelle vision de la stratégie et le calcul des coûts).

---

237)- Thiétart, R. A. (1998). coll (2004). Op cité.

238)- Giordano, Y. (2003). Conduire un projet de recherche: une perspective qualitative. Editions Ems.

### 2.1.2. Approche méthodologique- démarche inductive

Comme nous l'avons souligné précédemment, le choix d'une position épistémologique dépend des réponses apportées à l'ensemble des questions évoquées plus haut. Ces interrogations fondamentales étant dictées elles-mêmes par l'orientation de notre problématique générale et des questions de recherche qui la précisent. Ainsi, pour compléter ce choix de la posture épistémologique, nous avons besoin d'un raisonnement.

En sciences de gestion, nous relevons trois types de raisonnement importants qui sont :

#### *2.1.2.1. La déduction*

Elle tire une conséquence qui est mise à l'épreuve des faits. La déduction est un moyen de démonstration généralement fondée sur un syllogisme qui se caractérise par le fait que si les hypothèses formulées initialement (prémisses) sont variées, alors la conclusion doit nécessairement être vraie[239].

#### *2.1.2.2. L'induction*

Elle se concrétise par une démarche de généralisation qui tire son origine des faits pour remonter aux lois, des effets pour remonter aux causes et du particulier pour remonter au général. « Il y a induction si, en vérifiant une relation (sans rien démontrer), sur un certain nombre d'exemples concrets, le chercheur pose que la relation est vraie pour toutes les observations à venir »[240].

#### *2.1.2.3. L'abduction*

Selon Koenig[241] l'abduction peut être définie comme : « L'opération qui, n'appartenant pas à la logique, permet d'échapper à la perception chaotique que l'on a du monde réel par un essai de conjecture sur les relations qu'entretiennent effectivement les choses. L'abduction consiste à tirer de l'observation des conjectures qu'il convient ensuite de tester et de discuter ».

En définitive, l'approche inductive renvoie à un processus de recherche. Elle vise à construire une théorie, à partir de l'observation

239)- Thiétart, R. A. (1998). coll (2004). Op cité.

240)- Thiétart, R. A. (1998). coll (2004). Op cité.

241)- Koenig, G. (1994). Production de la connaissance et constitution des pratiques organisationnelles.

empirique. La théorie ainsi émergée devra être confrontée à d'autres observations, pour être questionnée et sa validité étendue.

En conclusion, l'approche inductive semble la plus convenable à notre ouvrage.

## 3. Stratégie et design d'ouvrage : choix méthodologique

### 3.1. Selon Robson : « la stratégie de recherche, ou méthodologie, traduit comment les données empiriques seront collectées et analysées[242]».

Il existe plusieurs démarches méthodologiques en sciences sociales et notamment en sciences de gestion : le test et l'exploration. A travers le test, le chercheur vise à évaluer des vérités ou des paradigmes théoriques ou méthodologiques. Le but final étant l'explication d'un phénomène à partir d'un corpus théorique bien établi. A travers l'exploration, le chercheur ambitionne à proposer des résultats théoriques nouveaux pour améliorer la théorie existante. L'objectif final est d'expliquer et de comprendre la réalité, et non pas de tester des hypothèses issues des théories existantes. Toutefois, ceci n'empêche pas de partir de la littérature existante pour répondre à notre question de cet ouvrage. Alors, il y a plusieurs méthodes d'analyse des données tant quantitatives que qualitatives. Chacune possède un objectif qui lui est propre (comparer, structurer, classer, décrire...). Le choix d'une méthode d'analyse résulte donc de la question et du résultat souhaité.

En un mot, la méthodologie répond donc à la question *« comment je cherche ? »*

Donc, ce choix est motivé par la nature de la question centrale d'ouvrage bâtie autour du « *comment* ? »

Le recours à une méthodologie de recherche quantitative ou qualitative est un choix raisonné, basé sur des critères liés à l'objet d'ouvrage, à la nature même des données, et sur des critères orientant la recherche et les résultats induits.

Dans ce sens, nous proposons d'abord l'adaptation au champ d'application, ensuite la qualité et la fiabilité des connaissances générées, et enfin la facilité de l'application de la méthode.

---

242)- Goodenough, A., & Waite, S. (2012). Real world research: a resource for users of social research methods in applied settings.

## 3.2. Méthode de recherche : la méthode qualitative

La démarche qualitative permet des descriptions riches, la formulation d'explications fécondes et la prise en compte du contexte spécifique à la situation étudiée.[243] Les méthodes qualitatives sont mieux appropriées à l'observation dynamique de phénomènes longitudinaux car, elles permettent de découvrir des problématiques nouvelles, illustrer un phénomène, suggérer des hypothèses, vérifier des hypothèses à partir de situations d'organisations ou des cas d'entreprises, et de repérer les évolutions dans le temps par une méthode longitudinale[244].

Dans ce cadre, notre matière première est essentiellement composée de ces éléments ; discours, entretiens, documents, rapports annuels, observations..., et non pas des chiffres.

Donc, nous pouvons conjuguer une méthodologie exploratoire qualitative avec un paradigme constructiviste.

Concernant la conduite de l'ouvrage, une fois cette démarche méthodologique est choisie, un certain nombre de possibilités sont offertes quant à sa mise en œuvre, ce qui rend le choix parfois difficile.

Le tableau suivant reprend les différents choix d'une méthode qualitative d'après Wacheux :

243)- Pettigrew, A. M. (1992). The character and significance of strategy process research. Strategic management journal, 13(S2), 5-16.

244) Savall, H., & Zardet, V. (2004). Recherche en sciences de gestion: Approche qualimétrique, observer l'objet complexe (No. halshs-00783087).

**Tableau 6: Principaux choix d'une méthode qualitative d'après Wacheux[245]**

| Eléments | Objectif et question de recherche | Hypothèses implicites et contrôle | Investigation et exemple |
|---|---|---|---|
| **Etude de cas** | **Exploration, compréhension, générer des hypothèses sur le pourquoi et le comment** | **Capacité du chercheur à se distancier au moment de l'analyse** | Le groupe, L'organisation, les relations inter-organisationnelles |
| **Recherche action** | **Étudier les changements provoqués** | **Capacité du chercheur à enregistrer et analyser en temps réel** | Le développement organisationnel |
| **Recherche sur terrain (expérimentale)** | Causalisme simple ou contextuel | Capacité de manipuler des variables et de reproduire L'expérience | Le comportement de l'individu et du groupe |

Compte tenu de notre problématique et des finalités que nous poursuivons, nous adaptons la méthode qualitative par une recherche sur terrain comme mode de recherche intensif exigeant une présence forte sur le terrain, parallèlement à l'assimilation de multiples propositions organisationnelles, ce qui nous permet par la suite de comprendre, d'analyser et de relever les défis du secteur automobile marocain grâce à sa nature exploratoire.

Toutefois, le secteur de l'industrie automobile marocain est aujourd'hui en plein développement. Par conséquent, la nature des données que nous cherchons est qualitative, car il s'agit d'observer les divers développements et d'explorer les pistes d'amélioration pour atteindre la performance. Comme indique F.Wacheux[246] « la collecte s'organise en fonction des possibilités du terrain et des exigences de la problématique. C'est au chercheur à organiser le recueil de sa « matière première ».

À ce niveau, il faut chercher à comprendre et décrire les fondements du secteur comme avance F.Wacheux[247] « En science de gestion, particulièrement, la plupart des recherches qualitatives s'alimentent aux « mots des acteurs » pour comprendre les pratiques organisationnelles

245)- Wacheux, F. (1996). Op cité.
246) Wacheux, F. (1996). Op cité.
247) Wacheux, F. (1996). Op cité.

et les représentations des expériences », explorer et évaluer ses performances, aller à la découverte de l'évolution, évaluer une action, un projet et une stratégie comme l'affirme F.Wacheux[248] « l'entretien et la documentation sont deux sources incontournables lorsque l'on s'intéresse aux acteurs, à l'organisation et aux comportements des acteurs dans l'organisation », comme des démarches dont la réussite reste en partie liée à la qualité de la recherche qualitative, sur lesquelles elles s'appuient. En effet, les données qualitatives permettent des descriptions et des explications riches et solidement fondées de processus ancrés dans un contexte local[249].

### 3.2.1. Intérêt de la méthode qualitative

En sciences de gestion, les recherches qualitatives cherchent à comprendre, en profondeur, le contexte des phénomènes et les mécanismes qui les sous-tendent. Ainsi, les adeptes de ces méthodologies s'intéressent à des réalités enchâssées dans des contextes spécifiques.

Dans cette optique, le choix de la méthode qualitative permet de décrire et d'appréhender un phénomène dans toute sa complexité, selon une approche dite compréhensive, et en prenant en compte un grand nombre de facteurs. Ainsi, les méthodes qualitatives offrent des garanties d'une grande validité interne et cela grâce à deux raisons qui maintiennent la recherche des données collectées. D'une part, l'observation par les méthodes qualitatives qui apporte au chercheur plus de compréhension et d'informations sur le phénomène étudié autorise une vision plus complète des différentes causes d'un phénomène, et éventuellement, de leurs interactions[250]. D'autre part, ces informations et données sont beaucoup plus ancrées dans la réalité des pratiques et permettent d'appréhender le rôle et l'impact du contexte social, dans lequel s'opère le phénomène d'étude sur sa compréhension.

En somme, compte tenu de notre problématique et des finalités que nous poursuivons, l'enquête et l'étude de cas nous semblent être les méthodes les plus appropriées pour la phase empirique de notre travail mené par cet ouvrage, du fait que cela répond beaucoup plus à l'objectif

---

248) Wacheux, F. (1996). Op cité.

249 ) Miles, M. B., & Huberman, A. M. (2003). Analyse des données qualitatives. De Boeck Supérieur.

250)- Miles, M. B., & Huberman, A. M. (2003). Op cité.

exploratoire et permet l'approfondissement de la compréhension du phénomène étudié.

### 3.2.2. Première Méthode : l'enquête

En général, les enquêtes sont utilisées pour obtenir à la fois des données quantitatives et qualitatives. Nous pouvons les classer aussi comme analytiques ou descriptives[251]. Le type analytique d'enquête est approprié pour l'investigation des aires substantives (importantes), et les enquêtes descriptives sont plus appropriées à l'identification des caractéristiques générales de l'échantillon sous investigation.

Le choix de ce type de méthode n'est pas au hasard, par contre, il nous permet de faire une collecte de données selon des entretiens, des interviews, des observations, des documents… Selon F.Wacheux[252]« Sur le terrain, la recherche est alimentée par des sources multiples : documentation et archives, interviews (éventuellement répétés) et observations directes ».

### 3.2.3. Deuxième méthode : Etude de cas

De nombreux chercheurs valorisent l'intérêt scientifique de l'approche qualitative, qui recouvre une grande diversité de pratiques de recherche et d'étude, et contribue à légitimer le recours à l'étude de cas en sciences de gestion[253]. La crédibilité de ces méthodes passe préalablement par une justification claire des choix méthodologiques du chercheur.

YIN[254] souligne que l'étude de cas peut être présentée, « comme une enquête empirique qui examine un phénomène contemporain au sein de son contexte réel, lorsque les frontières entre le phénomène et le contexte ne sont pas clairement évidentes et pour laquelle de multiples sources de données sont utilisées ».

Comme nous le proposons notre ouvrage s'inscrit essentiellement dans une logique exploratoire, alors en suivant Yin[255], l'étude de cas est la méthode adéquate, surtout dans les cas où les problématiques s'inscrivent dans des logiques d'exploration, de description ou de

---

251)- Johnson, P., & Gill, J. (2010). Research methods for managers. Research Methods for Managers, 1-288.
252)- Wacheux, F. (1996). Op cité.
253)- Rispal, M. H. (2002). La méthode des cas. De Boeck Supérieur.
254 )- Yin, R. K. (2003). Case study research design and methods third edition. Applied social research methods series, 5.
255 )- Yin, R.K., (2003). Op cité.

compréhension et lorsqu'elles sont exprimées sous forme de question de types : « comment? » ou « pourquoi? ».

La question principale de notre ouvrage est du type « comment ? », puisque nous cherchons à appréhender la façon par laquelle le territoire marocain peut attirer de nouveaux investisseurs du secteur automobile. Ce fait constitue l'une des raisons principales du choix de cette stratégie de recherche.

Selon Hlady-Rispal[256], l'objectif du chercheur, dans une démarche d'étude de cas, est de former un échantillon théorique. Le choix est fait non pas pour répondre à un besoin de représentativité statistique, mais plutôt théorique dans le sens où l'échantillon sur lequel portent les analyses et les observations n'est pas représentatif d'une population statistique, mais de l'objet de la recherche (recherche d'une généralisation analytique et non pas statistique).

En somme, il est temps maintenant de justifier nos choix méthodologiques et de présenter les aspects relatifs aux méthodes de collecte des informations.

### 3.2.4. Méthodes de collecte des données

Selon Prévost et Roy[257], « lorsque la recherche qualitative est employée pour réaliser une étude de cas, trois méthodes sont particulièrement populaires pour recueillir les données ; l'entretien, l'observation et l'analyse documentaire ».

Ce raisonnement est suivi pour la conduite de la phase de collecte de données et à sa pertinence. L'entretien semi-directif, l'observation, l'analyse documentaire et subsidiairement le questionnaire sont les outils que nous privilégions pour la collecte des données.

Nous choisissons de faire la collecte des données en deux phases qui sont :

- La première phase est exploratoire. Elle se concrétise par des rencontres.
- La seconde phase est formelle, elle se déroule en deux temps, le premier est un stage d'étude et de recherche au sein du ministère de l'Industrie, et du Commerce. Le deuxième se réalise auprès des

256)- Barbat, V., & Hlady Rispal, M. (2007). Une lecture entrepreneuriale de l'internationalisation des PMI sous-traitantes. Revue internationale PME Économie et gestion de la petite et moyenne entreprise, 20(3-4), 219-248.

257)- Prévost, P., & Roy, M. (2012). Les études de cas : un essai de synthèse. Revue Organisations & Territoires, 21(1), 67-82.

équipementiers automobiles, en utilisant un questionnaire, il s'agit bien d'une phase d'approfondissement avec des entretiens formels.

#### *3.2.4.1. Entretien semi-directif*

Selon Gavard-Perret et al[258], l'entretien est « l'une des méthodes qualitatives les plus utilisées en sciences de gestion. Il peut être vu comme une conversation avec un objectif [de recherche] ». Pour ces auteurs, les données collectées suite à un entretien sont une co-production de l'interviewé et du chercheur.

Ainsi, au cours de la phase opérationnelle de la recherche, il y a eu d'une interaction avec les acteurs des entreprises opérants dans la filière du câblage automobile, en vue de co-produire des données relatives aux objectifs de la recherche.

Ces entretiens semi-directifs individuels sous forme des questionnaires se sont déroulés avec les personnes ressources des entreprises enquêtées, pour comprendre leurs perceptions et solutions relatives au développement de l'écosystème et apporter des solutions aux freins de son développement.

Toutefois, des collectes de données complémentaires se sont faites de façon conversationnelle tout au long de la recherche, dont l'objectif est d'affiner les données anciennes par un meilleur traitement. Les entretiens sont pris à l'aide des notes manuelles. Aussi, l'analyse documentaire est un instrument principal utilisé dans la collecte de données.

#### *3.2.4.2. Analyse documentaire*

S'intéressant à l'approche constructiviste adoptée dans le cadre de cet ouvrage, l'analyse documentaire est une étape primordiale. Elle est réalisée tout au long de son processus. Pour ce faire, une première analyse documentaire est relative à nos lectures générales et ciblées sur l'objet de l'ouvrage. Elle porte sur les écrits scientifiques et professionnels afférents à la problématique. Cette revue de la littérature reste présente dans toutes les étapes de notre travail, en se précisant au fil du temps.

Ainsi, nos lectures des articles scientifiques, des ouvrages, et des revues traitant les thèmes de l'industrie représentent des occasions de nous familiariser avec l'objet d'étude. Aussi, la littérature professionnelle qui porte sur les interviews publiés dans les revues et

---

258)- Jolibert, A., & Gavard-Perret, M. L. (2012). Méthodologie de la recherche en sciences de gestion: réussir son mémoire ou sa thèse (No. halshs-00834052).

réalisés auprès des responsables des entreprises est mise à contribution pour une compréhension plus approfondie de notre sujet.

Enfin, à l'heure des technologies de l'information et de la communication (TIC), le web est d'une très grande utilité pour nous dans la domestication du sujet. Il faut noter, toutefois, que l'usage de la webographie s'est fait avec beaucoup de prudence dans la collecte de l'information, pour une recherche constructiviste, transformative. Après cette phase de collecte de données, nous procédons au traitement et à l'interprétation de celles-ci.

#### *3.2.4.3. Questionnaire*

Le questionnaire est employé subsidiairement dans la collecte des données pour synthétiser l'opinion de l'interviewé après chaque entretien semi-directif. Bâti autour des mêmes rubriques que le guide d'entretien. In fine, l'objectif est de faciliter la présentation synthétique et la compréhension des résultats de l'ouvrage.

### 3.2.5. Stratégie de traitement et interprétation des données

Le traitement consiste à extraire des données collectées du « sens », c'est-à-dire des éléments utiles et utilisables, capables de nous informer sur les facteurs influençant la décision du choix de la localisation industrielle des firmes. Les données collectées sont celles aptes à enrichir l'originalité des résultats et à confirmer ou infirmer les propositions de cet ouvrage.

Cette rigueur scientifique exige dans un premier temps un traitement adéquat et conséquent des données collectées et leurs interprétations. Toutefois, il faut souligner qu'un processus itératif est nécessaire tout au long de ce travail.

Cette stratégie de traitement et d'interprétation des données peut être présentée par les éléments suivants :

#### *3.2.5.1. Traitement des données*

Tout au long du processus de la collecte des données, nous déterminons progressivement des éléments, notons des évidences, des constances, des tendances, etc., sur la base de la structuration de nos outils de collecte. Le traitement de données est réalisé selon trois opérations qui sont l'épuration, le codage et l'analyse.

La première activité de l'épuration permet de s'assurer que les données collectées sont pertinentes, c'est-à-dire qu'elles sont bien accueillies et qu'elles se présentent dans un format exploitable, en éliminant les données qui ne permettent pas visiblement du sens, ou qui ne renseignent pas le modèle théorique de l'ouvrage, dont le but d'une meilleure contribution.

La deuxième activité est afférente à la codification, elle se réalise dans le cas de ce travail principalement d'une manière manuelle, en se basant sur les étapes suivantes :

1.-Organiser les données épurées, pour en faciliter l'analyse.

2.-Lire et relire les verbatim transcrits, les réponses des entretiens de façon attentive et minutieuse, afin de se familiariser avec le contenu et le sens.

3.-Codifier : cette codification vise à rendre les données traitables automatiquement par le logiciel STATA, elle se forme en élaborant un tableau sur un fichier Excel, en enregistrant ensuite les questions, puis en créant des items comme des variables qui représentent les réponses, tout en associant la valeur 1 pour les réponses oui et la valeur 0 pour les réponses non. En conséquence, ce tableau constitue une base de données.

Par la suite cette base de données est importée au logiciel STATA, sous forme de XLSX (extension du fichier Excel) qui comporte l'ensemble des données collectées avec une organisation facile à lire. Cette voie automatisée à l'aide de logiciel STATA, est utilisée pour mettre en relation les facteurs avec la décision du choix de la localisation industrielle. Cette approche de quantification est pour nous un moyen pour apporter plus de rigueur et d'objectivité dans le traitement de nos données qualitatives. Après ce travail minutieux de traitement de données, une analyse est faite.

### *3.2.5.2. Analyse des données*

L'analyse consiste à « faire parler les données » et à s'assurer que des tendances fortes se dégagent pour la confirmation ou l'infirmation des propositions de recherche. Pour nous, il s'agit de faire une abstraction de sens capable de renforcer la robustesse des résultats, en assurant que les éléments nouveaux qui émergent permettent le renforcement du caractère innovateur de l'approche développée.

En définitive, selon Gavard-Perret, Gotteland, Haon, et Jolibert, un « construit consiste en un ensemble cohérent de connaissances génériques relatives à l'expérience humaine du phénomène étudié, c'est-à-dire un ensemble de concepts et de relations entre ces concepts qui, une fois interprétés dans le contexte considéré, procurent de l'intelligibilité à l'expérience[259]».

Cette manière de faire a guidé cette démarche méthodologique. Elle génère des résultats qui seront interprétés.

### 3.2.5.3. Interprétation des résultats

L'interprétation des données constitue une étape qui se fait par un processus itératif entre données primaires, secondaires et les réalités du terrain qui sont confrontées en vue de co-construire une approche crédible et viable, en faisant un appel tout au long du processus d'interprétation, à l'imagination cognitive et à la construction mentale, avec l'objectif ultime d'innover. Cette phase d'interprétation représente l'occasion où le chercheur laisse aller sa créativité, son imagination et concrétise ses intuitions par rapport à son objet de recherche. Cette interprétation des résultats doit aboutir à répondre à cette question : quelles sont la fiabilité et la validité interne et externe des résultats de la recherche menée par cet ouvrage ? Et quelles sont l'intensité et la significativité du travail empirique ?

L'étude de la fiabilité et la validité des résultats empiriques d'un travail de recherche exigent l'analyse de l'intensité et la significativité des différentes variables de l'étude empirique.

En effet, l'utilisation de la méthode qualitative seulement aboutit dans la plupart des cas à une interprétation descriptive des résultats, ce qui ne permet pas de mesurer l'intensité et la significativité de l'ensemble des variables constituant le travail empirique, c'est d'ailleurs notre cas dans cet ouvrage. Pour cela, nous recourons à la méthode quantitative. Selon Alex Mucchilielli[260] « les résultats qualitatifs sont étayés après retour sur le terrain, par une quantification, nous arrivons donc à des résultats chiffrés. L'enquête est confirmée de ce point de vue ».

Dans notre travail, le recours à la méthode quantitative nécessite de convertir les données qualitatives en données quantitatives, par le fait de rendre les questions ouvertes utilisées dans la première méthode qualitative à des questions précises ayant un caractère quantitatif, tout en gardant le même échantillon statistique.

---

259)- Jolibert, A., & Gavard-Perret, M. L. (2012). Op cité.
260)- Mucchielli, A. (1991). Les méthodes qualitatives. Presses universitaires de France.

### 3.2.5.4. *L'intensité et la significativité*

Dans notre étude statistique, nous sommes amenés à étudier la liaison entre deux variables principales : l'attractivité territoriale et la compétitivité territoriale, car la notion de corrélation est donc ancrée dans l'inconscient de l'investigation. L'idée est de vérifier l'existence d'une relation entre les deux phénomènes observés, et si elle existe, d'en mesurer l'intensité. En plus, nous essayons de savoir si l'un des phénomènes influence significativement l'autre.

Dans notre cas, nous voulons savoir si l'attractivité territoriale qui influence les facteurs de la compétitivité territoriale et par conséquent le choix de la localisation industrielle au Maroc des nouveaux investisseurs automobiles, ou bien, si la compétitivité territoriale qui influence les facteurs de l'attractivité territoriale, et par conséquent le choix de la localisation industrielle au Maroc des nouveaux investisseurs automobiles.

En effet, lorsque les variables générées de la collecte des données sont qualitatives, il faut quantifier de manière différente la relation existante entre les phénomènes étudiés, en ajoutant des modalités pour chaque variable qualitative. Cette opération permet de mesurer l'intensité entre les variables et analyser leur significativité, en se basant sur les outils statistiques.

### 3.2.5.5. *Cadre éthique et déontologique de l'ouvrage*

Le cadre éthique et déontologique du présent ouvrage peut être présenté par une modélisation méthodologique simplifiée, selon les étapes suivantes :

- Partie théorique (revue de la littérature).
- Choix épistémologique : approche constructivisme.
- Choix méthodologique : méthode mixte (qualitative /quantitative), étude de cas et des entretiens auprès des entreprises.
- Collecte des données : entretiens semi-directifs, questionnaire, analyse documentaire, traitement des données, et présentation des données.
- Validité et fiabilité de la recherche.
- Résultats.
- Discussions, apports et limites.

Ces étapes représentent l'ensemble de la démarche méthodologique du travail mené par cet ouvrage. Elles montrent la modélisation méthodologique qui fait apparaitre les choix théoriques et méthodologiques, ainsi que les différentes approches et méthodes de la recherche.

### *3.2.5.6. Caractère innovant du cadre opératoire d'ouvrage*

Dans la recherche scientifique, le caractère innovant signifie soit un nouveau construit ou bien l'amélioration d'un construit déjà existant dans le sens de lui apporter un ou des éléments qui n'existent pas. Ce caractère permet de réaliser l'apport scientifique d'un travail de recherche.

Alors, avant de montrer le caractère innovant de la méthodologie, il semble très intéressant de montrer celui de notre problématique de cet ouvrage. En effet, les limites retenues des développements théoriques et des travaux empiriques sont nombreuses, dont nous relevons le manque d'un travail qui intègre l'ensemble des éléments constituants cette recherche comme variables explicatives à la capacité attractive et compétitive du territoire marocain dans le secteur automobile en général et la filière du câblage en particulier, à savoir l'attractivité et la compétitivité territoriale, le choix de la localisation industrielle, et le rôle de l'Etat dans la promotion territoriale à travers son offre aux nouveaux investisseurs.

En outre, soucieux de rester en cohérence avec les préoccupations de l'analyse des facteurs de l'attractivité et de compétitivité gérées au niveau territorial, nous choisissons de nous intéresser à l'action mercatique de notre pays à travers sa politique industrielle en générale et sa stratégie d'attractivité et de compétitivité en particulier.

Dans cette optique, le sujet de cet ouvrage nous amène à adopter une méthodologie de posture constructivisme, qui stipule de se baser sur la partie empirique plutôt que la partie théorique. C'est un travail basé sur plusieurs types d'investigation, à travers un ensemble d'activités telles que : un stage d'étude au sein de l'établissement concerné, un ensemble d'entretiens auprès des acteurs publics et privés, ce qui nous permet de déduire plusieurs éléments au niveau de terrain qu'au niveau théorique. D'où cette méthodologie des va-et-vient entre le terrain et la théorie permet d'enrichir la partie théorique par de nouvelles données issues de contexte pratique. Il s'agit bien d'un ensemble d'activités menées simultanément durant tout le processus de recherche, caractérisé par un retour indispensable à la littérature.

Comme nous disons : « la bonne méthode conduit aux bons résultats », nous pouvons avancer que grâce à cette méthodologie, nous pouvons réaliser un enrichissement de la partie théorique, ce résultat montre le caractère innovant du cadre opératoire de présent ouvrage (cet enrichissement sera montré aux chapitres suivants).

En définitive, la démarche méthodologique constructiviste présentée est flexible et interactive dans le cadre de cet ouvrage, car elle permet d'abord de trouver des méthodes applicables, et des facteurs pertinents. Ensuite, elle conduit aux résultats pertinents, et enfin, elle répond au caractère innovant de l'ouvrage. Sans ignorer les difficultés que génère cette nouvelle façon de mener la recherche pour un ouvrage inscrit dans les sciences de gestion.

Ainsi, l'objectif de ce travail est une tentative de compréhension du lien qui existe entre l'effort des autorités dans la promotion du territoire et son attractivité. En d'autres termes, il consiste à apprécier l'efficacité des politiques publiques industrielles de promotion territoriale dans le développement global du choix de la localité des nouveaux investisseurs automobiles.

En conclusion, cette section représente le garant de notre démarche scientifique à travers d'une part, la définition de la problématique afférente à cet ouvrage, et d'autre part, le raisonnement logique et les choix épistémologiques et méthodologiques assumés. Elle introduit le travail théorique et bibliographique synthétisé, et facilite le déploiement de la démarche de recherche au sein de l'organisation décrite au chapitre suivant. Elle permet ainsi d'assimiler le travail de cet ouvrage, au niveau théorique et empirique.

## Section 2 : Le secteur de l'industrie automobile au Maroc

Dans cette section, nous présentons le secteur de l'industrie automobile marocain, et sa filière du câblage (objet de notre ouvrage). Nous utilisons les différentes sources de recherche, telles que des références bibliographiques pertinentes (ouvrages référencés, ouvrages classiques, revues d'articles validées par un comité de lecture, sites web institutionnels ou universitaires, documents d'archives, rapports scientifiques, etc.), et des éléments pratiques (des rencontres, des interviews, des réunions...). Elle vise à apporter une lecture plus approfondie mais aussi critique de tout cet ensemble d'informations, et de les réorganiser ensuite de façon structurée. Au-delà de la simple lecture et annotation des différents éléments trouvés dans chaque bibliographie, nous essayons de relever des questions critiques, ou encore des réflexions personnelles à chaque source.

Cette section est organisée en trois sous-sections. La première présente un bilan des politiques industrielles automobiles au Maroc. La seconde expose le secteur de l'industrie automobile, et la dernière examine le plan d'accélération industrielle.

## 1. Présentation d'un bilan des politiques industrielles automobiles au Maroc

Selon Jean-Luc Gaffard[261] (2012), « aucun pays ne peut imaginer rester sur la trajectoire de croissance s'il perd son industrie et que le développement de l'activité industrielle, productrice

de biens matériels, est essentiel quand on sait que plus de 70% des exportations et plus de 80% des dépenses de recherche et développement sont liées à l'industrie ».

En termes de la politique économique, l'industrialisation représente le principal facteur d'insertion dans l'économie internationale, l'élément essentiel d'amélioration de la compétitivité des économies nationales et le porteur de création de la richesse et de la croissance. Pour s'intégrer dans les chaînes de valeur mondiale et mieux positionner les entreprises nationales sur le marché international, beaucoup de pays en voie de développement, à l'instar du Maroc, adoptent des politiques industrielles volontaristes et ciblées.

Cette sous-section a pour objet de présenter un bilan des politiques industrielles marocaines et d'identifier leurs limites. Mais avant de passer à cette présentation, il est souhaitable d'exposer quelques définitions de la politique industrielle :

Selon Cohen E. et Lorenzi J. H[262] : « La politique industrielle stricto sensu est une politique sectorielle, elle vise à promouvoir des secteurs qui, pour des raisons d'indépendance nationale, d'autonomie technologique, de faillite de l'initiative privée, de déclin d'activités traditionnelles, d'équilibre territorial ou politique méritent une intervention ».

Selon Thibault G[263] : « La politique industrielle est un programme d'actions coordonnées des pouvoirs publics visant à agir sur l'évolution

261)- Gaffard, J. L. (2012). Compétitivité et développement industriel: un défi européen. OFCE & SKEMA Business School, les notes, (19/3).

262)- Cohen, E., & Lorenzi, J. H. (2000). Politiques industrielles pour l'Europe. La documentation française.

263)- Thibault, G. (2008). Quelle stratégie industrielle pour la France face à la mondialisation?. Editions Technip.

de l'industrie nationale en vue d'assurer le dynamisme économique et industriel, la cohésion sociale et territoriale, l'indépendance nationale et le rayonnement international du pays. Elle comporte un volet défensif, de régulation de marché et d'accompagnement des restructurations, et un volet offensif, de stratégie et de promotion de l'industrie. Elle inclut des mesures sectorielles de soutien aux secteurs jugés stratégiques et des mesures horizontales agissant sur l'ensemble de l'environnement économique ».

Selon Piveteau A. et Rougier É[264] : « Un ensemble d'interventions publiques, sélectives ou globales, prenant en charge ou favorisant les investissements dans des activités ou domaines socialement désirables, et contribuant, de ce fait, à accélérer la transformation structurelle et le rattrapage technologique. »

Dans ce cadre, depuis l'indépendance, le Maroc est toujours à la recherche d'une politique industrielle attractive et compétitive. En effet, la politique industrielle marocaine passe par plusieurs phases qui sont :

### 1.1. La politique industrielle avant l'indépendance

Le Protectorat fut pauvre en industrie, et par conséquent, l'héritage colonial a laissé un modèle de croissance de type agro-minier où règne un secteur primaire de production caractérisé par une faible diversification du système productif, et surtout une domination du marché extérieur sur les transactions commerciales. En marge de ce modèle et à la faveur de circonstances particulières (autarcie de la guerre, besoin dans les approvisionnements...), quelques activités industrielles sont créées seulement dans la transformation des produits de pêche, de l'élevage ou du sol, et dominées par l'initiative des groupes français privés.

En somme, nous pouvons dire que de 1912 à 1956, la politique industrielle marocaine est tributaire des héritages économiques contraignants du protectorat français[265].

264)- En ligneRougier, E., & Piveteau, A. (2011). Le retour en trompe-l'œil de la politique industrielle. Revue Tiers-monde, (208), 177-192.

265)- Jaidi, L. (1992). L'industrialisation de l'économie marocaine: acquis réels et modalités d'une remise en cause. le Maroc actuel, 91-117.

## 1.2. La politique industrielle après l'indépendance

À l'indépendance, l'État cherche à organiser une « rupture dans les relations nouées avec l'ancienne métropole »[266], c'est à dire, une rupture qui s'impose dans ses échanges noués avec l'ex-métropole, mais sans parvenir, car le secteur industriel reste encore entre les mains des dirigeants français, qui n'investissent plus dans leur activité, et accélérant ainsi le déclin des petites et moyennes entreprises. En conséquence, le secteur industriel marocain est caractérisé en état tardif et très faible, d'où l'importance de trouver des solutions pour faire sortir le pays de cette situation qui se concrétise par une relation de dépendance.

Alors, à partir des années soixante, l'Etat se trouve obligé de définir des choix stratégiques, basés sur des orientations, fixant des objectifs à atteindre à moyen et long terme, dans un cadre de voie de développement industriel permettant une industrie nationale endogène et auto-entretenue. Ces stratégies peuvent être présentées comme suit :

### 1.2.1. Première politique industrielle : STRATEGIE DE SUBSTITUTION DES IMPORTATIONS

Après l'Indépendance du Maroc, les choix de la politique industrielle sont centrés sur la planification économique, dont le but d'assurer l'autonomie économique nationale, et ce par la création d'une capacité industrielle de substitution aux importations et de transformation pour l'exportation. Ce choix est basé essentiellement sur la protection du tissu productif national de la concurrence étrangère, et l'exploitation du potentiel de la consommation interne (privée et publique), par le rehaussement des niveaux d'intégration en contenu local, pour faciliter l'émergence d'une base industrielle nationale attractive et compétitive. Dans ce contexte, selon Jaidi, « La substitution aux importations vise les branches d'industries légères non saturées et la satisfaction des besoins nationaux en produits alimentaires de base et en produits stratégiques[267] », d'où l'État s'engage d'abord dans le développement d'une industrie de base, autrement dit, des industries qui fournissent des produits semi-finis destinés aux autres activités industrielles situées en aval, ensuite il participe au développement d'entreprises stratégiques, dont la rentabilité ne peut être assurée que par une situation de quasi-

266)- Jaidi, L. (1992). Op cité.
267)- Jaidi, L. (1992). Op cité.

monopole, à l'image de la raffinerie de produits pétroliers ou de l'assemblage de véhicules automobiles (la création de la SOMACA).

Alors, afin d'atteindre un développement industriel, les pouvoirs publics modifient progressivement le système des incitations industrielles et leur politique d'intervention directe de façon à agir sur l'environnement économique et le tissu industriel. Dans cette perspective, le Maroc met en place une première politique industrielle de « substitution des importations », ayant pour objectif principal une industrialisation par import-substitution axée sur les industries de base. Elle se concrétise par trois plans.

#### *1.2.1.1. Le premier Plan Quinquennal (1960-1964)*

S'appuyant sur les résultats du plan biennal 1958-1959 (Depuis l'indépendance, l'Etat commence à mettre en place les fondements de son économie par : un code d'investissement en 1958 pour encourager les investisseurs privés ...), le plan quinquennal poursuit avant tout l'effort de réaménagement de l'économie marocaine, par la mise en place de plusieurs mesures incitatives pour l'industrie du pays, parmi elles, nous citons :

- En 1959 : la mise en place d'un changement de l'appareil bancaire pour faciliter l'orientation et l'investissement de ces capitaux par la création de l'institut national d'émission, de la banque nationale pour le développement, de la Caisse d'épargne, de la Caisse de dépôts et de gestion et de la banque du commerce extérieur.
- En 1960 : la création de l'Office national des irrigations.
- En 1961 : la création de l'Office de la modernisation rurale permet au Maroc d'améliorer l'efficacité de ses interventions dans le domaine de l'agriculture.
- Enfin en 1962 : la création d'un fonds national d'investissements et la mise en place d'une réforme fiscale

#### *1.2.1.2. Le Plan triennal (1965-1967)*

Dès 1965, la politique industrielle s'oriente vers plus de prudence, mais défaillante par la suite à cause de :

- La mise en place d'une industrialisation par import-substitution portée sur les industries de base.
- Malgré les incitations offertes, le secteur privé connaît une défaillance majeure.

- Des investissements limités portant sur les filières agro-industrielles et textiles.

### *1.2.1.3. Le Plan « Développement économique et social »*

Ce plan s'appuie sur des ressources publiques croissantes générées par la hausse importante du prix des phosphates, dont le Maroc est devenu le premier exportateur mondial. Il favorise la deuxième séquence de la politique industrielle marocaine, où l'État réaffirme son rôle par une volonté et un principe d'intervention dans l'économie. La puissance publique s'implique dans les activités de la technologie avancée, à travers la production et le financement des plans sectoriels. En effet, ce plan opte pour une politique de l'import-substitution qui se base sur des mesures incitatives de protection douanière. Le gouvernement continue dans sa politique d'import substitution, mais cette fois, avec des nouvelles mesures correctives et incitatives comme :

- La valorisation des ressources naturelles (agricoles, halieutiques et minières), par la promotion des exportations.
- Selon le Dahir du 2 mars 1973, le Maroc impose la marocanisation des entreprises et la régionalisation de l'investissement industriel.
- La création de l'Office du Développent Industriel crée en partenariat avec le capital étranger des unités industrielles dans plusieurs secteurs de l'économie, afin de remédier à la défaillance Il s'agit notamment de Maroc- Chimie, de Berliet-Maroc et de la Société Marocaine de Construction Automobile (SOMACA), de la Société des Industries Mécaniques et Electriques de Fès, de la Société Nationale d'Electrolyse et de Pétrochimie et de la Cimenterie de l'Oriental.
- Grâce à ces nouvelles incitations multiples (protection douanière…), le secteur privé commence à entreprendre dans les industries légères couvrant plusieurs branches, parmi elles, nous citons ; quincaillerie, fils et câbles électriques, robinetterie, électroménager, ameublement, ciment et céramique, textile, tissage, éponge, pneumatique.

Alors, cette politique a permis de réaliser les résultats suivants :

- De 1958 à 1969 : elle dégage des résultats positifs (Banque Mondiale 1984 Royaume du Maroc).
- A la fin des années 1960, les importations fournissent moins de 10% de l'offre totale des secteurs de consommation (alimentation, habillement, ameublement). Cependant malgré le

lancement de la valorisation de produits des phosphates et de la sidérurgie (Société Nationale de Sidérurgie), il n'y a pas une augmentation du processus de production vers l'amont.

- A la fin des années 1970, le Maroc ne couvre que 10% de ses besoins en matériel d'équipement et 47% en matériel électrique et électronique.

- En conséquence, nous pouvons dire que : la période qui couvre les années entre 1956 et 1977 est caractérisée par une prédominance de la souveraineté politique et un essai de rupture, marquée par :

1.- Une ambition industrialiste des premières années de l'indépendance et ajustée dans les plans de 1965-1967 et de 1968-1972. Reléguée au troisième rang des priorités, derrière l'agriculture et le tourisme, elle est réorientée vers les industries légères de substitution aux importations, principalement l'agroalimentaire, le plastique et les articles de ménage.

L'ensemble de ces dispositions et la remise en cause du premier plan dès le début des années 1960, encouragent le développement d'une industrie de transformation à destination du marché domestique (développement qui sera cependant rapidement saturé par l'exiguïté du marché intérieur).

2.- Un essoufflement de l'industrialisation par la substitution à l'importation s'explique par les effets pervers de la protection et par la faiblesse des effets d'entraînement. L'informel et la contrebande endémique y contribuent également. D'où, le Maroc se retrouve avec un tissu industriel caractérisé, notamment, par certaines distorsions dues aux politiques protectionnistes, par la formation de monopoles, ainsi que par la faiblesse des effets d'entraînement, liée au manque d'intégration du secteur productif national.

Face aux limites de la politique de substitution à l'importation, et aux effets de déstabilisation, l'Etat pose au début des années quatre-vingt, suite à la crise d'endettement, la conquête des marchés extérieurs par la promotion des exportations et la sous-traitance internationale dans le cadre du programme d'ajustement structurel (PAS).

### 1.2.2. Deuxième politique industrielle : PROMOTION DES EXPORTATIONS ET LA SOUS-TRAITANCE INTERNATIONALE

A partir de 1978, la politique industrielle s'achève par la mise en conformité de l'économie marocaine avec les standards de qualité et de compétitivité des marchés externes. Elle prend la forme classique de programmes de privatisation, d'ouverture économique et de mise à niveau des entreprises[268]. L'analyse de leur mise en place[269] traduit moins le retrait de l'État de la régulation sociale et économique qu'une convergence, contre-intuitive mais réelle, entre les modes profonds de gouvernement au Maroc. En pratique, le pouvoir central se redéploie et se réorganise sous les formes prescrites[270], c'est-à-dire marchandes, privatisées, décentralisées et déléguées. Il s'agit de « la privatisation » ou de « la décharge » pour qualifier ces transformations de l'action publique par un système politique inchangé[271]. Dans ce contexte, le pays essaie de faire face aux insuffisances constatées, en mettant en place une « stratégie de la promotion des exportations ».

La politique de substitution des importations par la production locale permet l'émergence d'un premier noyau dur des industries légères comme l'agroalimentaire et les textiles et des industries lourdes, telles que l'industrie automobile par la création de la première unité d'assemblage des voitures de tourisme et utilitaires, la société marocaine de construction automobile (SOMACA).

En effet, au cours de la période entre 1980 et 2000, le Maroc[272] a réalisé des résultats économiques positifs et négatifs :

Les premiers se matérialisent par la signature de plusieurs conventions internationales (l'accord d'association avec l'Union Européenne en 1966, qui succède à celle de la zone de libre-échange arabe en 1981, entré en vigueur en 1988, et complété par six accords

---

268)- Najem, T.P. (2001). « Privatization and the State in Morocco. Nominal Objectives and Problematic Realities », Mediterranean Politics, vol. VI, n° 2, pp : 51-67.

269)- Cammett, M. (2007). « Business-Government Relations and Industrial Change. The Politics of Upgrading in Morocco and Tunisia », World Development, vol. XXXV, n° 11, pp : 1889-1903.

270)- Catusse, M. (2009). Ambiguous Privatization and the Emerging Social Question. The Arab State and Neo-liberal Globalization: The Restructuring of State Power in the Middle East. Ithaca Press, Reading, 185-216.

271 )- Hibou, B. (Ed.). (1999). La privatisation des États. Karthala Editions.

272)-https://www.ires.ma/fr/forum/rencontres/524-les-accords-de-libre-%C3%A9change-conclus-par-le-maroc quelles-incidences-sur-la-comp%C3%A9titivit%C3%A9-globale-du-pays.html

bilatéraux tels que la déclaration d'Agadir et GAFTA). En conséquent, le Maroc est devenu une plateforme d'exportation, caractérisée par une industrie souvent très compétitive. Aussi, il redéfinit sa politique industrielle et cherche à développer les bases d'une régulation du rapport salarial[273].

Les deuxièmes se concrétisent dans les applications limitées du choix de la promotion des exportations liées à la valorisation des ressources agricoles ou halieutiques (conserves de légumes et de poissons) ou minières (engrais phosphatés) suivies, grâce à des mesures de soutien, par des produits d'activités exportatrices de sous-traitance (textiles, cuir, composants électroniques), ce qui prouve que le Maroc ne réussit pas son modèle de croissance économique. La stratégie de protection s'avère incompatible avec les industries bâties dans le cadre de l'import-substitution, ce qui donne une impulsion aux importations, annulant les progrès réalisés par la politique de promotion des exportations, et rend encore une fois le déficit commercial chronique.

En somme, cette politique n'est pas suffisante pour réussir le décollage économique prévu, car de nouvelles anomalies de politique économique se relèvent comme la surévaluation de la monnaie nationale, le contrôle des taux d'intérêt limitant la capacité de financement des industriels, le faible soutien accordé à l'industrie au détriment des autres secteurs d'activité économique (agriculture et services) et le protectionnisme commercial excessif (restrictions et licences à l'importation et à l'exportation), d'où l'impact limité sur le processus d'industrialisation de l'économie marocaine, et sur sa compétitivité intrinsèque, pour affronter la concurrence étrangère.

Alors, face à ces résultats négatifs, le Maroc choisit de lancer des actions spécifiques envers certains secteurs tels que l'automobile, l'électronique permettant à terme des évolutions très favorables, c'est dire, il vise une approche volontariste ciblée vers des secteurs maximisant les avantages comparatifs, et à même de donner des impulsions fortes en matière de développement des secteurs concernés, avec les effets induits sur la structure du tissu industriel national et des exportations.

Donc c'est à partir de 2005, que le Maroc met en œuvre une politique industrielle fondée sur le positionnement du pays sur de nouveaux créneaux porteurs, nommés « Métiers Mondiaux du Maroc ».

273)- El Aoufi, N. (2000). L'impératif social au Maroc: de l'ajustement à la régulation. Critique économique, (3).

L'objectif est de transformer le positionnement naturel du Maroc, basé sur la proximité géographique et la disponibilité d'une main-d'œuvre bon marché, à un positionnement stratégique basé sur la logistique attractive et l'offre compétitive, dont six métiers mondiaux sont sélectionnés au départ tels que l'offshoring, l'automobile, l'aéronautique, l'électronique, les textiles, et l'agroalimentaire. D'où l'intérêt de présenter les nouvelles politiques industrielles dans les sections suivantes, en se focalisant sur le secteur automobile.

### 1.2.3. PLAN EMERGENCE I et PATE NATIONAL POUR L'EMERGENCE INDUSTRIEL

#### *1.2.3.1. PLAN EMERGENCE*

En septembre 2005, le Maroc met en place une nouvelle stratégie industrielle nommée « Plan Emergence I » qui prolonge les réformes institutionnelles et les nouveaux arrangements entre l'État et la sphère des intérêts privés, amorcés par le gouvernement de l'alternance. Cette nouvelle stratégie est menée par le ministère de l'Industrie, de Commerce, de l'Economie Verte et Numérique en collaboration avec le cabinet « Mc Kinsey & Comapny », et s'inspirant du modèle mexicain des « maquiladoras ». Elle a pour objectif principal de repositionner le tissu industriel marocain vers les métiers mondiaux, elle s'intéresse ainsi aux métiers mondiaux traditionnels et ceux orientés vers les investissements directs étrangers.

Cette stratégie se base sur une idée innovante qui stipule que le Maroc doit s'intéresser aux secteurs d'avantages comparatifs, qui sont l'offshoring, l'automobile, l'aéronautique, l'électronique, l'agroalimentaire, les produits de la mer et l'artisanat industriel, auxquels s'ajoute le textile habillement. Cette stratégie considère ces sept secteurs comme des moteurs de croissance, dits « Métiers Mondiaux du Maroc ».

Donc, nous pouvons dire que cette stratégie est ciblée et volontariste pour le développement du potentiel industriel. Elle s'appuie sur deux piliers principaux :

- Un ciblage volontariste, mais non exclusif sur les moteurs de croissance par :

• Eviter le saupoudrage dans un contexte de ressources humaines.

• Se focaliser sur les moteurs de croissance orientés vers l'export.

- Déterminer sept moteurs de croissance tels que : offshoring, aéronautique, automobile, transformation des produits de mer, électrique, agroalimentaire, textile et cuir.
- Une modernisation compétitive du tissu existant.
- Cette stratégie couvre quatre années de 2005 à 2009, elle se décline en contrats d'engagements entre l'État et les représentants des secteurs clés, et en investissements infrastructurels, avec un objectif général de création de 240 000 emplois directs en 2015, soit 440 000 emplois au total.

### *1.2.3.2. PACTE NATIONAL POUR L'EMERGENCE INDUSTRIEL*

Le Maroc met en place le « Pacte National pour l'Emergence Industrielle » dans sa seconde version du Pacte d'Emergence pour la période de 2009 au 2015. Cette nouvelle stratégie se veut plus ambitieuse, et vise la construction d'un secteur industriel fort et la création d'un cercle vertueux de croissance grâce à la mobilisation de l'Etat et des opérateurs économiques privés représentés par la Confédération Générale des Entreprises Marocaines et par le Groupement Professionnel des Banques du Maroc.

D'une part, cette stratégie permet à chaque secteur industriel de bénéficier d'un cadre fiscal et d'un système d'aide incitatif, d'un programme de formation spécifique, d'un dispositif de promotion à l'international, et du développement ou de la création de plateformes industrielles intégrées. D'autre part, cette stratégie est la première stratégie industrielle qui considère la formation comme un levier visant à garantir une disponibilité de compétences en effectif, et en qualité, de manière à assurer l'adéquation constante entre l'offre et la demande en ressources humaines et améliorer, par-là, l'attractivité des investissements et la compétitivité du tissu industriel. Cette composante de « formation » est matérialisée par une offre complète et cohérente d'un ensemble de mesures au profit des industriels et des investisseurs avec une gouvernance dédiée.

A titre d'exemple, à partir de 2011, l'Etat veille à la mise en place de plusieurs centres de formation professionnelle dédiés aux attentes de ces grands projets industriels, notamment le centre de formation Renault Tanger (inauguré en mars 2011), des Instituts spéciaux pour l'automobile à Casablanca, Rabat et Kénitra.

Dans ce cadre, le secteur automobile, qui est l'un des piliers du Plan Emergence, voit ses exportations accroître de plus de 125% durant la période 2009-2012, avec un chiffre d'affaires de 27 milliards de dirhams en 2012. Il génère ainsi 60% d'emplois supplémentaires. Dans ce contexte, une feuille de route liant l'Etat et le secteur privé est mise en œuvre. Elle vise à encourager l'intégration d'une forte valeur ajoutée locale, à travers l'attrait de nouveaux équipementiers.

Alors, si le « Pacte National pour l'Emergence Industrielle » a visé un certain nombre d'objectifs qui sont ; la réalisation de 50 milliards de dirhams supplémentaires en produit intérieur industriel, l'augmentation des exportations de 95 milliards de dirhams et la création de 220.000 emplois, dont aujourd'hui, il semble très difficile de concrétiser ces objectifs. En effet, le produit intérieur industriel s'est accru seulement de 28,4 milliards de dirhams (56,8%), et les exportations ont augmenté de 24,3 milliards de dirhams (25,5%). Ce qui prouve que les objectifs visés ne sont pas atteints, d'où la nécessité de la mise en place d'une nouvelle politique industrielle.

#### *1.2.3.3. PLAN D'ACCELERATION INDUSTRIELLE : la politique industrielle récente*

***« L'industrie locomotive de la croissance et de l'emploi »***

**Présentation**

Le Plan d'Accélération Industrielle est une nouvelle stratégie élaborée par le ministère de l'Industrie, et de Commerce, en collaboration avec le cabinet d'étude NAOS. Ce plan représente la récente politique industrielle suivie au Maroc.

**Principe**

Le Plan d'Accélération Industrielle s'inscrit dans la lignée du Plan Emergence. Elle vise à faire de l'industrie un levier majeur de croissance.

**Figure 2:Passage entre la récente stratégie industrielle et l'avant-dernière en termes d'objectifs**

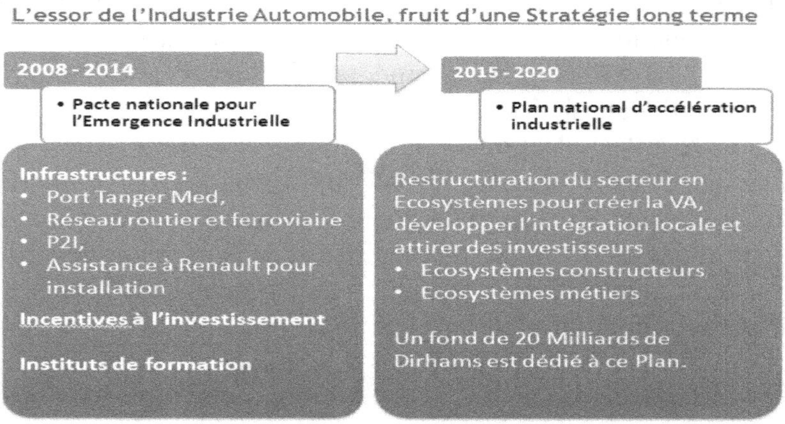


## Approche

La nouvelle stratégie industrielle introduit une nouvelle approche basée sur la mise en place d'écosystèmes industriels. Elle vise à rendre l'industrie un pourvoyeur d'emploi majeur, notamment pour les jeunes, et à l'inscrire dans un cercle vertueux de progrès.

Ces écosystèmes cherchent à réduire la division sectorielle, tout en facilitant l'établissement de partenariats stratégiques ciblés et mutuellement avantageux entre les leaders industriels et TPME (Très Petites, Petites et Moyennes Entreprises).

Pratiquement, il s'agit d'associer des groupes d'entreprises autour de « locomotives » porteuses de projets d'écosystèmes. Ces locomotives peuvent être des leaders industriels nationaux, des groupements professionnels ou encore des investisseurs étrangers. Les alliances d'entreprises qui se tissent ainsi et constituent des « communautés de destin stratégique » organisées, gagnent en performance et en réactivité, et contribuent à renforcer la compétitivité des filières dans leur intégralité.

En effet, la mise en place d'un écosystème se base sur quatre étapes essentielles qui sont : la structuration en écosystème, l'élaboration des leviers spécifiques, la signature des contrats de performance et le déploiement opérationnel[274].

Ce contrat de performance est conclu entre le porteur de projet d'écosystème et l'Etat, dont chaque partie s'engage à réaliser certaines clauses dont nous citons les plus importantes :

274) http://www.mcinet.gov.ma/ (consulté en septembre 2017).

- Pour l'entreprise : création d'emplois, de valeur ajoutée et de capacités d'exportation…
- Pour l'Etat : mobilisation de foncier, de formation des ressources ou encore d'apports de financements… ces soutiens différents selon l'activité de l'entreprise concernée.

**Gestion et gouvernance**

Afin d'assurer une bonne gouvernance de la nouvelle stratégie industrielle, un comité interministériel est créé et mis en place. Il a pour mission principale de veiller à la réalisation des projets initiés et à l'exécution des conventions conclues entre les divers partenaires impliqués.

**Objectifs**

- La nouvelle stratégie industrielle détermine six objectifs primordiaux pour le secteur industriel :
- Augmenter la capacité d'absorption des nouveaux actifs.
- Améliorer les capacités d'accueil des investisseurs.
- Développer la productivité par un appui ciblé au tissu industriel.
- Dynamiser la capacité d'exportation sur les plans quantitatif et qualitatif
- Accroître la part de l'industrie dans le PIB par 9 points (de 14% à 23%).
- Créer un demi-million d'emplois, pour moitié provenant des IDE et pour moitié du tissu industriel national rénové.

Pour le faire, la nouvelle stratégie se décline en 10 mesures clés regroupées en 3 classes qui sont :

**Des écosystèmes industriels pour une industrie davantage intégrée**

Ce chantier repose sur la mise en place d'écosystèmes industriels, ayant pour mission d'apporter une nouvelle dynamique et une nouvelle relation entre les grands groupes (les leaders industriels) et PME. Il repose sur dix mesures[275] pour accélérer la transformation industrielle : création et animation des écosystèmes, compensation industrielle, accompagnement de l'informel vers le formel, qualification des ressources, amélioration de la compétitivité des PME, soutien financier, infrastructure accessible en location, intégration du pays à

275)- http://www.invest.gov.ma/ (consulté en septembre 2017).

l'international, deal making et IDE, et amplification de la vocation africaine.

**Des outils de soutien adaptés au tissu industriel**

Le PAI prévoit une série de mesures intégrées, afin d'assurer un accompagnement adapté aux besoins des entreprises, et de leur fournir un cadre favorable au développement de leurs activités sur tous les niveaux qui sont ; un accompagnement sur le plan de financement, des aides pour la préparation du foncier industriel, et une formation adaptée aux besoins.

**Un positionnement à l'international plus marqué**

Le PAI vise à améliorer le positionnement du Maroc à l'international, en se basant sur trois éléments, qui sont : d'abord instaurer un suivi rapproché des Accords de Libre Echange (ALE) qui est en cours de négociation, ensuite promouvoir l'investissement étranger en instaurant une culture de deal-making, et enfin proposer des mesures de concrétisation de la vocation africaine du Maroc, comme une orientation donnée au plus haut niveau de l'Etat.

En définitive, nous pouvons avancer que grâce à ces politiques industrielles, il y aura certainement un impact positif sur le positionnement international du pays.

## 2. Positionnement du Maroc à l'international : indicateurs et indices

L'objectif de toute politique industrielle est d'améliorer le positionnement du pays au niveau international. Pour cela, nous choisissons après l'exposition du bilan de l'ensemble des politiques industrielles marocaines, de présenter le positionnement actuel du Maroc à l'international en nous basant sur un ensemble d'indices et d'indicateurs.

Le choix de ces indices et indicateurs répond à l'objet de cet ouvrage à savoir l'attractivité et la compétitivité territoriales. Dans cette optique, nous présentons d'abord les indices de la compétitivité et l'attractivité, ensuite les indicateurs de la gouvernance générale du pays, et enfin les indices de l'économie de savoir et l'innovation.

## 2.1. Indices et indicateurs de la compétitivité et l'attractivité[276]

### 2.1.1. Indice global de compétitivité

Le Maroc a amélioré son score de 1,5 point, passant à 60 sur 100. Mais, cela ne lui a pas valu une meilleure place dans le classement. Il reste 75e sur une base des économies considérées légèrement plus larges, soit 141 pays (contre 140 dans l'édition 2018)[277]. (Selon le dernier rapport publié par le Forum Economique Mondial « Global Competitiveness Report 2019»).

### 2.1.2. Indice Doing Business

Le Maroc a enregistré une progression de 7 places au classement Doing Business 2020, publié le 24 octobre 2019 par le groupe de la Banque mondiale, pour se hisser au 53e rang à l'échelle mondiale parmi 190 pays avec un score de 73,4 sur 100. Cette avancée marque un progrès significatif dans la réalisation de l'objectif du Maroc consistant à atteindre le top 50 en 2021[278].

### 2.1.3. Indice de meilleur pays pour les entreprises (best countries of business)

Le Maroc figure à la cinquième place sur la liste de Business Insider des meilleures destinations d'investissement en 2022. Selon Business Insider, ce placement est justifié en raison des perspectives de croissance importantes tout au long de 2022. Dans le même contexte, Statistica, la plateforme Data a également indiqué qu'avec un PIB de 124 milliards de dollars enregistré en 2021, le Maroc a été la cinquième économie d'Afrique au cours de l'année écoulée. Avec une croissance prévue du PIB de 3,2 % en 2022, la reprise économique post-COVID est en bonne voie pour le Royaume d'Afrique du Nord[279].

---

276)https://www.ires.ma/images/PDFs_publications/Tableau_de_bord_stratgique_Evolution_du_positionnement_international_du_Maroc_Huitime_dition.pdf (consulté le 20/12/2020).
277)- https://lematin.ma/journal/2019/maroc-ameliore-score-mais-classement/324273.html, (consulté le 17/05/2022).
278)- https://www.cnea.ma/fr/communiques-de-presse/doing-business-2020-le-maroc-se-hisse-au-53eme-rang-a-lechelle-mondiale (consulté le 17/05/2022).
279)-https://africabusinesscommunities.com/news/business-insider-features-morocco-as-one-of-africas-best-investment-destination-in-2022/ (consulté le 17/05/2022).

### 2.1.4. Indice de la performance logistique

Le Maroc occupe la 20e place parmi les 50 pays, selon le classement de l'Indice Emerging Markets Logistics 2022 qui vient d'être rendu public. Cette année, les pays sont classés en fonction de leur compétitivité globale sur la base de leurs atouts logistiques[280].

### 2.1.5. Les investissements directs à l'étranger par rapport au PIB

L'office des changes précise dans sa récente note sur les indicateurs mensuels des échanges extérieurs, que les recettes des IDE ont enregistré une hausse de 7,8% totalisant 6,74 milliards de DH à fin mars 2022 contre 6,25 milliards de DH à fin mars 2021. La même source ajoute que les dépenses ont baissé de 23,8%[281].

### 2.1.6. Good Country Index

Le Good Country Index (CGI) qui ne mesure que l'impact externe de chaque pays sur le monde a classé le Maroc à la 55e place sur 169 pays dans son classement 2022 juste derrière la Fédération de Russie[282].

### 2.1.7. Indice de l'attractivité des investissements étrangers (Baseline Profitability Index)

En une demi-décennie, le Maroc a su développer son environnement d'investissement, comme le révèle le "Global Opportunity Index 2022" qui classe le Maroc au 80e rang mondial en termes d'attractivité d'investissements. Le Maroc a ainsi amélioré son classement de 16 rangs par rapport à la première version du rapport publiée en 2017, où l'Institut Milken classait le Maroc 96e sur 196 pays[283].

En somme, la présentation de ces indices et indicateurs montre le degré de l'insertion du Maroc dans le nouvel ordre géopolitique et géoéconomique mondial.

---

280)- https://leseco.ma/business/indice-emerging-markets-logistics-2022-quelle-place-pour-le-maroc.html (consulté le 17/05/2022).

281)-https://www.challenge.ma/maroc-les-investissements-directs-etrangers-en-hausse-de-56-a-fin-mars-237990/ (consulté le 17/05/2022).

282)- https://fr.hespress.com/259394-gci-le-maroc-55e-mais-premier-pays-pour-la-contribution-a-la-paix.html, (consulté le 17/05/2022).

283)-https://www.lopinion.ma/Attractivite-des-investissements-etrangers-le-Maroc-classe-au-80e-rang-mondial_a27230.html, (consulté le 17/05/2022).

En définitive, la nouvelle stratégie industrielle nommée « Plan d'Accélération Industrielle » introduit une nouvelle approche basée sur la mise en place des « écosystèmes industriels ». Ils représentent des outils publics permettant aux secteurs exportateurs (comme le secteur automobile) de produire et d'assembler localement les pièces et les composants. En conséquence, la constitution de chaînes de valeur complètes.

En effet, l'État cherche à accroître significativement les volumes produits au Maroc, pour favoriser in fine de nouveaux investissements, et baisser le contenu en importations des produits exportés, tout en incitant à la coopération entre acteurs concurrents. D'où l'instauration du principe de compensation, et de transferts de technologie à l'image des règles de compensation pratiquées par les grands pays industriels émergents.

## 3. Secteur Industriel Automobile Marocain

Depuis l'indépendance, le secteur automobile marocain a enregistré une croissance remarquable. Dans ce contexte, nous proposons de traiter cette sous-section en quatre paragraphes. Le premier expose l'historique du secteur automobile marocain. Le second présente ses principaux acteurs. Le troisième analyse ses différentes mesures incitatives à l'investissement en se basant sur deux méthodes de recherche. Et enfin, un quatrième paragraphe qui présente une étude comparative entre le Royaume et ses pays concurrents.

### 3.1. Secteur de l'industrie automobile marocain : historique

Nous proposons d'exposer l'historique du secteur automobile marocain en trois phases qui rythment la chronologie du secteur. Ces trois phases peuvent être identifiées dans la figure suivante :

**Figure 3:Grandes séquences de la trajectoire du secteur automobile marocain**

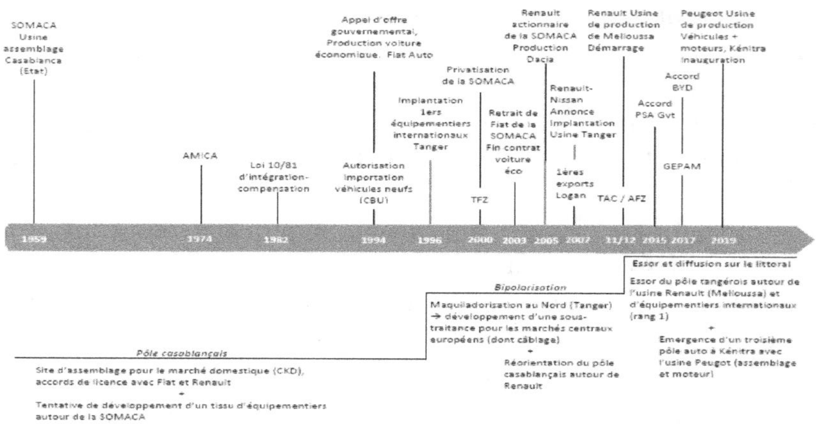


- **Source : Documentation offerte par l'AMICA.**

Cette figure montre la relation entre les investisseurs automobiles, l'Etat et la politique industrielle (En effet, nous remarquons que cette relation varie dans le temps, comme une constante qui se détache entre le rôle surdéterminant des constructeurs et de leurs stratégies d'internationalisation, de délocalisation et de sourcing sur la dynamique du secteur automobile au Maroc.

Dans cette optique, nous proposons la description relative à la figure précédente :

- La première phase du secteur automobile marocain commence à la fin des années 1950. Elle se structure par la construction du site d'assemblage de la SOMACA « Société marocaine de constructions automobiles », qui se concrétise comme produit des premières politiques industrielles volontaristes du Maroc.
- Le secteur automobile participe alors à une stratégie industrielle ambitieuse qui vise à substituer aux importations de véhicules particuliers, l'assemblage local des modèles destinés au marché local.
- L'apparition de plusieurs contraintes au marché national, dont nous relevons le faible taux de la motorisation et la grande multiplicité des marques assemblées et le surcoût « considérable » de l'assemblage local par rapport aux véhicules importés[284].

284)- Bachirat, B., Boulouadnine, L., & Lembarek, N. (2006). L'industrie automobile au Maroc: potentiels et dynamiques des relations clients-fournisseurs. Critique économique, (17).

- Pour faire face à ces contraintes, le Maroc met en place la loi 10/81 d'intégration-compensation, ayant pour but de favoriser les exportations sous condition d'intégration locale renforcée.
- La création de l'AMICA dans les années 70, atteste l'institution du secteur automobile marocain.
- L'échec du programme « véhicules économiques » lancé en 1994 par le gouvernement marocain et confié à Fiat fragilise la SOMACA et ses fournisseurs et contribue à mettre fin à la logique autocentrée du secteur incarnée par le pôle casablancais[285].
- Dès les années 1990, le Maroc adopte l'ouverture du marché national qui se concrétise par l'autorisation d'importations de voitures montées neuves (CBU) et la réduction des droits de douane, l'exportation de composants automobiles vers les marchés centraux européens va se développer.
- Dès la fin des années 1990, les équipementiers internationaux choisissent de se délocaliser une partie de leur production grâce aux faibles coûts salariaux. Dans ce contexte la « quasi-contiguïté » du Maroc et du sud de l'Europe devient un avantage compétitif significatif.

La figure suivante trace la chronologie de l'arrivée des équipementiers internationaux.

**Figure 4:Arrivée des équipementiers internationaux**

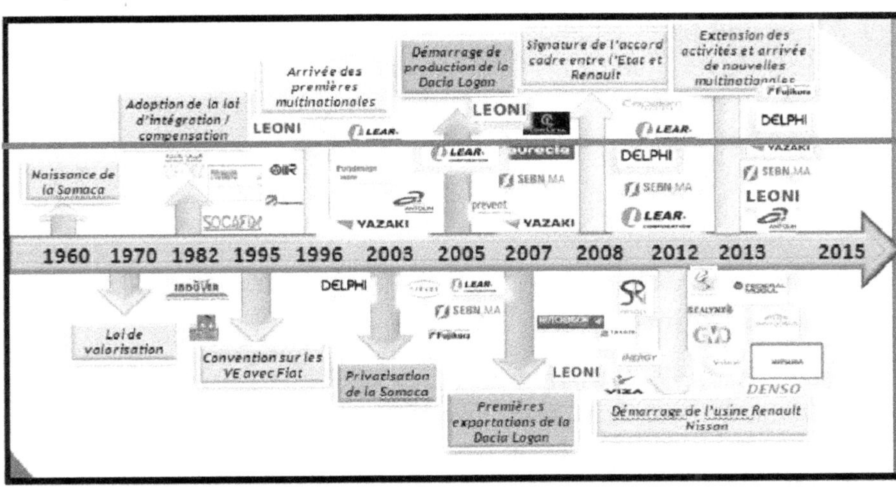


- **Source : Documentation offerte par l'AMICA.**

285)- Bachirat, B., Boulouadnine, L., & Lembarek, N. (2006). Op cité.

Cette figure montre la localisation des multinationales au Maroc. Cette localisation a commencé au début des années 2000[286], avec l'implantation d'usine d'assemblage de faisceaux à Tanger, appartenant à l'équipementier international Delphi.

En effet, cette réussite d'implantation des multinationales au Maroc n'est pas due au hasard. Elle est le résultat d'un ensemble d'acteurs.

### 3.2. Secteur de l'industrie automobile marocain : Acteurs

Les principaux acteurs du secteur automobile peuvent être identifiés comme suit :

- L'Etat est un acteur crucial pour tous les secteurs de l'économie marocaine. Ainsi, son gouvernement à travers le ministère de l'Industrie et du Commerce est fortement engagé dans le développement du secteur de l'automobile.
- Les équipementiers
- Les constructeurs
- Les concessionnaires
- Les ports : port de Casablanca et port de Tanger Med
- Les associations professionnelles : AMICA et AIVAM
- L'administration douanière
- L'administration douanière
- Les établissements de crédit
- Les particuliers
- Les assurances
- Les agences de location
- Les assurances de transport public de voyageurs
- Les revendeurs d'équipement

### 3.3. Secteur de l'industrie automobile marocain : Mesures Incitatives

Dans le cadre de cet ouvrage, il s'agit bien de déterminer les éléments de réussite de la politique industrielle marocaine au niveau national et international, en se focalisant sur le secteur automobile, autrement dit, les mesures incitatives offertes aux nouveaux

286)- Lung, Y., & Layan, J. B. (2008). Attractivité et agglomération de l'industrie automobile au Maroc et en Tunisie: une analyse comparative (No. hal-00387576).

investisseurs (c'est-à-dire les facteurs d'attractivité et de compétitivité afférents au territoire marocain).

Dans ce contexte, nous choisissons de les présenter selon deux éléments.

- Le premier présente un état récapitulatif des mesures incitatives, elles datent avant l'année 2014 offertes par le Maroc aux investisseurs du secteur automobile.
- Le deuxième expose les nouvelles mesures incitatives mises à la disposition des investisseurs du secteur automobile. Elles sont régies par les écosystèmes industriels automobiles.

### 3.3.1. Etat récapitulatif des mesures incitatives avant 2014

Avant le lancement de la récente stratégie industrielle, le Maroc présente un ensemble d'éléments composant une offre aux investisseurs du secteur automobile désirant de monter leurs projets dans notre pays. Ces mesures incitatives peuvent être présentées comme suivant :

#### *3.3.1.1. Les éléments économiques*

**La compétitivité des coûts**

Suite aux charges fiscales et aux coûts d'exportation réduits, le Maroc se positionne comme une plateforme compétitive à l'export, en offrant :

- Des charges salariales réduites dont le salaire moyen au Maroc s'élève à 3270Dh/mois.
- Des coûts à l'export compétitifs : Selon la Banque Mondiale, le Maroc présente le $12^e$ taux le plus compétitif international soit un coût de 595 $
Le coût correspond aux frais perçus pour un conteneur de 20 pieds. Tous les frais relatifs aux procédures d'exportation et d'importation des marchandises sont pris en compte. (Source: Doing Business Report).
- Des Charges fiscales réduites : Le Maroc présente le taux le plus compétitif de la région maghrébine soit 49% du total des taxes payées par les entreprises. (Source: Doing Business Report).

**Des fondamentaux macroéconomiques stables**

Le maintien des équilibres macroéconomiques est un défi majeur pour les acteurs publics. Plusieurs actions et réformes à caractère structurel sont entreprises, en vue d'inscrire le pays dans un chantier de croissance stable, fort et durable. Cependant, même si le Maroc se trouve dans un environnement international difficile, le rythme de croissance de l'économie se soutient par un taux de croissance du PIB positif, un déficit budgétaire supportable, une dette extérieure en baisse constante et une inflation contrôlée.

**Accès à un marché de plus d'un milliard de consommateurs**

Le Maroc choisit l'ouverture sur l'extérieur comme un choix stratégique, dont le but de stimuler la croissance économique du pays et attirer plus d'investissements étrangers générateurs de transferts technologiques, de savoir-faire et de création d'emplois. Il a signé de multiples accords bilatéraux et multilatéraux, qui permettent des réductions tarifaires ou recommandent des arrangements commerciaux préférentiels, mettant à la disposition des investissements un marché de 55 pays représentant un milliard de consommateurs et 60% du PIB mondial.

**Des ressources humaines qualifiées**

Au Maroc, les ressources humaines présentent une ressource vitale pour un investissement compétitif et une création de valeur ajoutée sur :

- Le niveau de formation.
- L'ouverture culturelle.
- La maîtrise des langues et des nouvelles technologies.
- L'attachement à l'esprit d'entreprise.
- La capacité d'adaptation aux changements d'activités et coûts salariaux compétitifs.

Grâce à :

Une formation professionnelle dynamique et adaptée aux besoins avec plus de 350 établissements de formation professionnelle, dont le Maroc mène une politique permettant de bénéficier de prestations adaptées aux besoins des entreprises et de disposer de profils et compétences adéquates.

Population jeune et active, dont :

- 64% de la population âgée de 34 ans.
- Une population active de 12 millions d'habitants a des grandes capacités linguistiques (au moins 3 langues).
- Un enseignement supérieur de haut niveau : l'enseignement supérieur marocain assure une formation de qualité dans des différents métiers et spécialités par ses différentes universités et grandes écoles.

**Un environnement des affaires incitatif**

En vue de promouvoir l'acte d'investir et accorder un intérêt particulier à l'amélioration du climat des affaires, la réglementation marocaine prévoit des avantages attractifs au niveau financier, fiscal et douanier accordés aux investisseurs dans le cadre des contrats d'investissement à conclure avec l'Etat, tout en offrant le fond suivant :

- Fonds HASSAN II : est une convention-cadre relative à l'appui à l'investissement industriel signé le 15 mars 2016, par le Fonds Hassan II et le ministère chargé de l'Industrie et le ministère de l'Economie et des Finances. Elle est éligible pour les investisseurs supérieurs à 10 millions de DH (900 000 euros) (hors droits d'importation et taxes), et dont un minimum de 5 millions de DH (450 000 euros) consacrés aux biens équipements. Néanmoins, les projets appartenant au secteur de l'industrie automobile, dont le montant d'investissement en biens d'équipements est supérieur à 200 millions de Dh (18 millions d'euro) (hors droit d'importation et taxes) peuvent être réalisés en une ou plusieurs phases, en tenant compte de chacune des phases en tant que projet bénéficiant de la contribution du Fonds.

- Les contributions sont plafonnées à 15% du montant total de l'investissement et à 30 millions de DH (2.7 millions d'euro), ainsi qu'un financement de 30% du coût des bâtiments professionnels à hauteur de 2 000DH/M (180 euros), et financement de 15% du coût des biens d'équipement neufs.

- N.B. : ces contributions sont exclusives de toute autre contribution de l'Etat accordée soit à l'acquisition du foncier et/ou la construction des bâtiments professionnels, soit à l'acquisition des biens d'équipements.

### *3.3.1.2. Les éléments géostratégiques*

**Des stratégies sectorielles ambitieuses**

Pour attirer les investisseurs et assurer une croissance durable et créatrice de richesse, l'Etat met en place, à travers un partenariat public-privé, une série des plans sectoriels.

Ces plans s'inscrivent dans une double logique. D'un côté, il présente la modernisation des secteurs traditionnels, à l'instar de l'agriculture, de la pêche et des mines. De l'autre côté, il expose le développement des secteurs innovants, tels que les énergies renouvelables, la logistique, l'industrie automobile, l'aéronautique et les services à forte valeur ajoutée.

Donc, le Maroc offre de véritables avantages compétitifs.

**Des infrastructures aux standards internationaux**

Aujourd'hui, le Maroc dispose des installations de niveau mondial, qui relient de façon optimale et efficace toutes les régions des pays entre elles et avec le reste du monde, grâce à un réseau routier, ferroviaire, autoroutier et aéroportuaire important et en développement continu, donc le Maroc investit jour et nuit dans le développement de ses infrastructures en se basant sur :

**Réseau autoroutier dense**

Aujourd'hui, le Maroc bénéficie de 1 700 km d'autoroutes qui sont ouvertes à la circulation, permettant de relier les principales villes marocaines de plus de 400 000 habitants.

**La première plateforme aéroportuaire de la région**

Grâce à l'accord Open-Sky signé par le Maroc en 2006, 15 aéroports internationaux relient aujourd'hui le Maroc aux principales capitales économiques et plateformes d'affaires mondiales. Il dispose tout particulièrement de l'aéroport de Casablanca (il assure un pôle aérien important entre l'Amérique, l'Europe et l'Afrique).

**Réseau portuaire stratégique**

Le réseau portuaire est composé de 9 ports ouverts au commerce international, et tout particulièrement le port Tanger Med. Il est connecté à 120 ports dans 56 pays différents. Il ambitionne de figurer le World Top10.

Le statut de Zone Franche « Tanger Free Zone », « Tanger Automotive City », « Atlantic Free Zone » : offre et assure les avantages suivants :

- Procédure douanière simplifiée, impôt sur les sociétés (IS) de 0% au cours des cinq premières années, suivies d'un plafonnement à 8.75% pendant les 20 années qui suivent, Taxe Professionnelle (ex impôt des patentes) =exonérations pendant 15 ans.
- Taxe de la Valeur Ajoutée : exonération illimitée aux titres des produits livrés et des prestations de services.
- Exonération illimitée de droits de douanes.
- Exonération Droits d'enregistrements sur les actes de constitution et d'augmentation de capital.

#### *3.3.1.3. Les éléments géopolitiques*

**Une position géographique stratégique**

Le Maroc se situe à seulement 14 km des côtes européennes et au carrefour des principales voies des échanges internationaux reliant l'Amérique, l'Afrique, l'Europe et le Moyen-Orient, alors sa position géographique représente un atout indéniable comme facteur déterminant, pour intégrer les investissements aux grands flux commerciaux internationaux, afin d'augmenter la compétitivité des entreprises, en optimisant le circuit logistique.

***La stabilité politique :*** « Au-delà de sa stabilité économique confirmée, le Maroc est un point de stabilité diplomatique et politique dans un continent en proie aux conflits » souligne l'ancienne ministre française de la Justice, Mme Rachida Dati[287].

En somme, il est très intéressant d'avancer que ces mesures incitatives visent principalement à promouvoir le développement économique, ce qui accroît l'attractivité du territoire marocain.

En effet, après l'exposition de cet état récapitulatif, il est temps maintenant de présenter les mesures incitatives apportées par la récente politique industrielle.

**Mesures Incitatives du PAI (2014-2020)**

Comme souligné auparavant, notre travail porte essentiellement sur la stratégie d'industrialisation nationale récente PAI, et en particulier le secteur automobile. D'où nous proposons d'étudier cette stratégie d'une manière approfondie, en se focalisant essentiellement sur ses éléments de réussite, autrement dit sur les mesures incitatives d'investissement. Pour ce faire, nous nous basons sur deux méthodes d'investigations, qui sont :

La première méthode présente une lecture approfondie (des articles scientifiques, la documentation disposée au sein du ministère de l'Industrie lors de réalisation du stage d'étude, des magazines…), cette méthode est présentée en premier point.

La deuxième méthode présentée dans un deuxième point porte sur deux entretiens semi-directifs tels que :

- Deux entretiens semi-directifs, l'un avec un responsable (chef de service à la division de l'industrie automobile) au sein du ministère de l'Industrie. Et l'autre avec un responsable de l'AMICA

287)- https://lematin.ma/ (consulté le 10/10/2020).

- Une troisième méthode présentée dans un troisième point. Elle s'intéresse à la réalisation d'un stage d'étude au sein du ministère de l'Industrie et du Commerce.

## 3.4. Première méthode : lecture approfondie

### 3.4.1. Présentation du Plan d'Accélération Industrielle

Tenant compte des défis à relever et des insuffisances qui freinent la pleine expansion du secteur industriel marocain, le Plan d'Accélération Industrielle vise à faire de l'industrie automobile un levier majeur de croissance.

Alors, pour accompagner au mieux la dynamique engagée dans l'industrie automobile, le Plan d'Accélération et l'approche nouvelle des écosystèmes, qu'il introduit, assoit les conditions d'un développement soutenu et pérenne des entreprises du secteur. Ils ont pour objet de réduire la fragmentation sectorielle, et de favoriser un développement intégré des filières industrielles. La nouvelle stratégie renforce l'offre de valeur développée et ancre davantage la destination Maroc dans l'industrie automobile mondiale. Les logiques d'écosystèmes favorisent une intégration plus marquée du secteur, ainsi qu'une meilleure organisation de ces derniers qui gagnent en compétitivité, en qualité et en réactivité.

A ce jour, sept écosystèmes ont été mis en place dans cette industrie :

- « Câblage automobile »,
- « Intérieur véhicule & sièges »,
- « Métal/emboutissage »,
- « Batteries automobiles »,
- « Poids lourds et carrosserie industrielle »,
- « Moteurs et transmission »,
- « Écosystème Renault »,
- « Écosystème PSA ».

Alors, pour réussir le déploiement de ces écosystèmes automobiles, les contrats de performance et ceux en cours d'élaboration fixent les engagements à la fois de l'Etat et du secteur privé, avec des propositions de valeur spécifiques à chaque écosystème, dont notamment :

- La mobilisation de 275 ha, pour répondre aux besoins des industriels en foncier.
- L'octroi de prime à l'intégration, et à l'investissement.
- La mise en place d'un Centre d'Essai, d'Etudes et de Développement, l'accompagnement spécifique pour le

développement des métiers structurants (outillage, moulage, cataphorèses, etc.).

- L'accompagnement pour l'amélioration de l'offre logistique.
- Le « Fonds de développement Industriel et de l'Investissement » représente une aide financière directe accordée aux écosystèmes, créé par la loi de finances 2015 et doté d'une enveloppe financière de 20 milliards de DH à l'horizon 2020. Il s'occupe du « Projet Locomotive » comme un projet stratégique porté par un acteur clé, qui vise l'expansion et le développement de ses activités ayant un impact significatif et structurant sur le tissu de ses fournisseurs ou ses clients et permettant d'améliorer la compétitivité globale de son écosystème et son ancrage en profondeur au Maroc.

En contrepartie de ces aides, les opérateurs s'engagent à réaliser les objectifs fixés par le PAI pour l'automobile à savoir :

- La génération d'un chiffre d'affaires à l'export additionnel de plus de 24 milliards de Dhs.
- L'augmentation du taux d'intégration locale de 20 points.

Alors, nous présentons une synthèse des interviews accordés par M. le Ministre de l'industrie et le président de l'Association Marocaine de l'Industrie Automobile, aux deux magazines « chalenge n°540/2016 » et « management et qualité n°8/2015 ».

- Le Ministre M.Moulay Hafid Elalamy: « la destination Maroc s'ancre davantage dans l'industrie automobile mondiale »:

Le Maroc se positionne aujourd'hui au premier rang des exportateurs de produits automobiles dans la région MENA, en tant que base de compétitivité, de production et d'exportation de composants et de véhicules automobiles.

Les performances enregistrées par le secteur automobile sont les résultats d'une vision claire et ciblée, qui a permis le développement d'une base automobile performante, qui séduit par ses coûts et ses atouts (les avantages offerts aux opérateurs sont nombreux).

Le Plan d'Accélération Industrielle, lancé le 2 avril 2014, sous la présidence de Sa Majesté le Roi, introduit une approche novatrice consistant à mettre en place des écosystèmes performants, qui ont pour vocation de réduire la fragmentation sectorielle et de favoriser un développement intégré des filières industrielles.

Les écosystèmes lancés permettent de réunir l'ensemble des maillons de la chaîne de valeur de l'automobile, à travers le ciblage et le développement des métiers nouveaux.

Ces « groupements d'intérêt économique » que représentent les écosystèmes, permettront ainsi de renforcer l'intégration industrielle, de démultiplier l'investissement et de monter en valeur dans les filières. Ce seront de véritables leviers de relance et d'industrialisation pour le secteur.

Pour ce qui est de la formation, l'objectif est d'assurer l'adéquation de l'offre à la demande qui s'exprime. Plus concrètement, nous menons une démarche prospective auprès des entreprises, pour recueillir leurs besoins réels en formation, et en profils nouveaux, au regard de leurs plans de développement dans le cadre des écosystèmes.

Nous entendons poursuivre cette dynamique à une cadence plus soutenue à travers le déploiement du PAI. Tout un ensemble de mesures est prévu pour atteindre ce dessein. Qu'il s'agisse de la création d'un environnement attractif pour d'autres constructeurs automobiles, de l'intégration en profondeur de la chaîne logistique ou encore du renforcement de l'expertise au niveau local, toutes les dispositions sont prises pour enraciner durablement l'activité automobile.

Aujourd'hui grâce aux efforts déployés en matière d'amélioration de l'environnement des affaires, de stabilité politique, de construction d'un tissu industriel automobile diversifié et intégré et d'une proposition de valeur attractive, le Maroc réunit toutes les conditions lui permettant d'accueillir un troisième, voire un quatrième constructeur. Nous tablons sur un chiffre d'affaires à l'export en 100 milliards de dirhams. Ce qui contribuera à l'objectif d'accroître de 7 points la part de l'industrie dans le PIB.

- Avec M. Président de l'Association Marocaines pour l'Industrie Automobile « nous envisageons d'atteindre un million de véhicules assemblés à l'horizon 2020»:

Déjà le Maroc occupe des facteurs macroéconomiques exceptionnels.

Aujourd'hui, le Plan d'Accélération Industrielle permet concrètement de donner les réponses en termes de mesures, mais de manière très orientée, spécifique, dédiée, ciblée et vraiment dans les détails des métiers de l'automobile.

Au niveau de la filière, on ne parle plus des industriels de rang 1, car cette vision est dépassée. Aujourd'hui, il faut parler d'écosystèmes de métiers, et il en a une dizaine dans l'automobile. Nous pouvons affirmer que quatre d'entre eux sont déjà murs. Nous sommes en train de travailler sur leur développement et leurs implantations.

Nous disposons d'un tissu d'équipementiers dynamiques et actifs, qui tablent sur la recherche et le développement avec force de propositions envers les constructeurs automobiles.

Nous envisageons d'avoir des équipementiers fortement intégrés ; on parle de rang2 et de rang3, mais également de certains métiers spécifiques.

Notre mission consiste à rassembler toute la filière. Longtemps chaque entreprise a travaillé seule dans son coin : les multinationales étaient isolées et le tissu des PME marocaines également. Aujourd'hui, le secteur dans sa globalité est en train d'être fédéré. Nous tentons de faire que tout le monde converge vers un objectif et des intérêts communs. Nous nous penchons également sur les nouveaux métiers, l'innovation, les consortiums et le développement des centres de formation.

Pour Renault, aujourd'hui est intégrée dans le tissu du secteur de la filière automobile au Maroc. C'est une usine qui a des résultats très bons en termes de compétitivité et de qualité et qui est amenée à ce développé.

Depuis l'arrivée de Renault à Tanger au début de 2012, les choses sont allées très vite. Notre pays est passé d'une capacité de production de 60 000 voitures par an pour à 150 00 puis 300 000 voire 400 000. Certaines entreprises marocaines n'ont pas suivi. L'AMICA travaille pour les accompagner. Nous les aidons à identifier des partenaires industriels, à nouer des accords y compris avec les entreprises étrangères. Nous pouvons aussi aider à trouver des aides à l'investissement pour les outillages, la partie ingénierie, conception, développement technique...

Aujourd'hui, il existe au Maroc ce qu'on appelle un partenariat privé public, et la réalité et que le plan d'accélération industrielle a été un vrai tournant car c'est dans ce cadre que nous avons touché les métiers et ça a apporté toutes les mesures qu'attendait la filière dans le détail du métier et du terrain…

Nous sommes en train de nous orienter vers un secteur diversifié et compétitif et avec une véritable intégration en profondeur.

### 3.5. Deuxième méthode

Pendant un entretien semi-directif avec un responsable (chef de service à la division de l'industrie automobile) au sein du ministère de l'Industrie, et du Commerce, il déclare :

La stratégie nationale d'encouragement du secteur automobile est réalisée par le cabinet de conseil « Mackinsey ».

La stratégie nationale d'encouragement du secteur automobile a vu le jour depuis la naissance de la SOMACA suite à plusieurs plans.

Pour attirer les investisseurs à s'implanter au Maroc, le ministère impose une feuille de route selon un plan d'action (donnée confidentielle).

Les facteurs permettant d'améliorer la stratégie nationale d'encouragement du secteur automobile sont les mesures incitatives que l'Etat propose pour les investisseurs à savoir les plateformes logistiques...

La stratégie nationale d'encouragement du secteur automobile contribue au classement du pays à l'échelle nationale par les résultats d'augmentation du PIB.

Les responsables qui déterminent cette stratégie sont les acteurs du secteur automobile.

Pour valoriser plus la stratégie, nous proposons :

- Améliorer le pack industriel.
- Enrichir les subventions de l'Etat offertes aux investisseurs.
- Améliorer la stratégie marketing du secteur au niveau international.
- Contribuer à l'optimisation des coûts.

Les composants de la stratégie nationale d'encouragement du secteur automobile :

### 3.5.1. Plan de développement de l'industrie automobile

Le PAI représente un nouvel élan pour l'industrialisation du pays. Il a pour objectif final de faire du Maroc une destination incontournable pour les acteurs internationaux.

Pour réussir l'accélération de notre industrialisation, le PAI conduit un développement axé sur les écosystèmes dont :

- Une mise en place de 4 catégories d'écosystèmes conçus autour de deux familles ; les constructeurs et les équipementiers. Cette réorganisation permet d'avoir des écosystèmes équilibrés, stables et performants.

Pour accélérer l'insertion du Maroc dans l'économie mondiale, il a mis en place des infrastructures répondant aux standards internationaux : Aéroports, Tramways, Autoroutes, Réseau ferroviaire, et ports. D'où une connectivité favorisée avec l'Europe, le Moyen-Orient et l'Afrique.

- Une amélioration d'un environnement des affaires favorable à l'investissement pour un Maroc de développement volontariste combinant une internationalisation et des stratégies sectorielles.

### 3.5.2. Incitations à l'investissement

Fonds HASSAN II subventionne les équipementiers automobiles par une contribution de 15% du montant total de l'investissement à hauteur de 30 millions de DH.

- Le Directeur Général du bureau permanent de l'AMICA, annonce :

L'AMICA a accompagné depuis sa création, le développement du secteur automobile et sa structure a suivi les mutations de ce dernier pour représenter actuellement deux branches distinctes :

- La branche industrie regroupe les acteurs de l'industrie automobile, dont le constructeur, ses prestataires, et les équipementiers rang 1ou rang n+1.
- La branche Distribution : regroupe l'ensemble des importateurs distributeurs de pièces de rechange automobiles.

Notre mission est la suivante : ''*Mettre à profit les moyens et les ressources nécessaires pour le développement de la filière automobile au Maroc*''.

Pour toutes informations concernant l'AMICA ; consultez son site : www.amica.ma

L'AMICA contribue à la formation dans le secteur de l'industrie automobile par l'organisation et la surveillance de trois centres qui sont IFMIA, CETIEV et CGEM.

L'AMICA encourage les investisseurs du secteur de l'industrie automobile au Maroc par un programme promotionnel à l'international, ses différentes activités et conventions et les rencontres d'affaires et BE TO BE (Foires, Salons…).

Nous comptons valoriser la stratégie nationale, d'encouragement du secteur automobile par d'abord l'accomplissement de notre mission, ensuite la surveillance continue de la qualité de formation et enfin la présentation de notre secteur à l'échelle mondial par l'organisation des événements internationales (salons…).

Pour mieux étudier ce que l'AMICA apporte à la nouvelle stratégie PAI de préférence que vous consultez notre site web, car il présente la chronologie et les détails sur chaque travail.

Pour répondre à la problématique, nous avons effectué un stage d'étude au sein du ministère de l'Industrie, de Commerce, au cours du mois d'avril 2017, dont voici ses grandes lignes.

## 3.6. Troisième méthode : Stage d'étude

### 3.6.1. Objectif

Evaluer la stratégie nationale de l'industrie automobile, en se focalisant sur les mesures incitatives à l'investissement au territoire marocain, autrement dit, les facteurs d'attractivité et de compétitivité.

### 3.6.2. Démarche

#### *3.6.2.1. Méthode*

Vu l'environnement du travail au sein de la Division de l'Industrie Automobile, nous trouvons la méthode la plus adéquate pour collecter plus d'information est de :

- Mener un guide d'entretien, adressé à l'équipe de la division.
- Mener des discussions avec l'équipe de la division.
- Assister aux réunions organisées par l'équipe de la division.

En somme, il s'agit bien d'une méthode qualitative et exploratoire.

#### *3.6.2.2. Matériels*

Les documents, les archives…
Les cahiers d'enregistrements, les rapports…

### 3.6.3. Résultat

Le résultat de notre stage se limite à l'étude de « l'écosystème Câblage Automobile ». Cela est dû aux restrictions de la division de l'industrie automobile, secret professionnel, disponibilité des données et l'accès aux informations.

#### *3.6.3.1. Présentation*

Le câblage automobile représente un élément essentiel pour l'industrie automobile. D'où la construction de son écosystème exige le développement et l'intégration en profondeur de l'activité autour des acteurs majeurs présents, par le développement des métiers prioritaires permettant l'essor de la filière, et par l'attraction de nouveaux investisseurs dans la filière.

### *3.6.3.2. Démarche*

L'équipe du travail sur l'écosystème câblage au sein de la division suit la démarche suivante :

La gestion de l'écosystème est réalisée par l'ensemble des intervenants publics et privés de la filière automobile, selon une vision partagée et concertée.

Cette gestion est régie sous forme d'un contrat de performance adaptée pour l'écosystème, et un autre contrat de performance transverse pour l'ensemble du secteur automobile, comportant la mise en place d'une structure d'animation automobile, et ce, afin de piloter la mise en œuvre du programme et les mesures d'accompagnement liées aux freins transverses du secteur, et améliorer la compétitivité logistique automobile genre foncier, compétences, financement et réglementaire.

Cette gestion doit assurer l'alignement des besoins d'écosystèmes et de leurs objectifs du P.A.I.

### *3.6.3.3. Objectif du contrat de performance*

Le contrat de performance a pour objet de définir les mesures incitatives et transverses pour le développement de l'écosystème. Dans ce cadre, il détermine les engagements de deux acteurs publics principaux qui sont : l'Etat et l'AMICA.

**Mesures transverses incitatives de l'Etat**

A)- Offre de foncier locatif à des prix attractifs : avec un soutien financier adapté (la contribution du Fond Hassan II pour le Développement Economique et Social, ses modalités sont définies et formalisées suite à une convention entre le ministère et le Fond Hassan II).

B)- Formation : avec l'appui de plusieurs organismes de formation qui sont les universités, les instituts spécialisés et les établissements professionnels, le Maroc dispose d'un certain nombre de profil.

C)- Développement de l'intégration locale de la filière par des primes d'incitation à l'investissement (des primes à l'intégration locale, et un appui aux métiers pionniers pouvant atteindre 30% du montant de l'investissement).

D- Appui à l'investissement dans la filière : mettre en place un programme d'accompagnement des TPME, la mise en place d'un guichet unique au service de l'investisseur et mise en œuvre en partenariat avec les banques des mécanismes de financement adaptés favorisant le développement de l'écosystème.

**Mesures transverses incitatives de l'AMICA**

Généralement, l'AMICA s'engage de réaliser les objectifs suivants :

- Améliorer le chiffre d'affaires destiné à l'export à travers l'accompagnement des différents investisseurs (TPME) en matière d'installation et de production.
- Agir activement pour développer la valeur ajoutée créée par le secteur sur le territoire marocain cela veut dire l'amélioration du taux d'intégration local de 35% à 60%.
- Veiller à l'adéquation des ressources disponibles avec les besoins du marché (IFMIA : l'Institut de Formation aux Métiers de l'Industrie Automobile, CETIEV : Centre Technique Des Equipements Pour Véhicules et CEED : Centre d'Essai, d'Etudes et de Développement).

**Gouvernance de contrat**

Pour suivre les dispositifs du présent contrat, un comité de suivi créé et composé de représentants du MICIEN, AMDI, Maroc Export et ANPME.

En conclusion, le Royaume fournit d'innombrables efforts au secteur automobile pour qu'il soit aussi solide et compétitif. Et ce, par la mise en place de plusieurs mesures incitatives à l'investissement (une position géographique stratégique, une main-d'œuvre qualifiée et des écosystèmes industriels robustes) soient des facteurs d'attractivité et de compétitivité, d'où le pays est devenu aujourd'hui un véritable pilier africain de l'industrie automobile.

Par la suite, nous allons mener une étude comparative entre le Maroc et ses concurrents. Elle aura pour objectif :

- Examiner des mesures incitatives des autres pays,
- Rapprocher entre notre pays et ses concurrents.
- Déduire le positionnement attractif et compétitif du Maroc au niveau international.

## 3.7. Secteur de l'industrie automobile marocain : étude comparative

Cette étude comparative sert comme un puissant outil permettant de relever les ressemblances et les différences entre le Maroc et les autres pays au niveau des mesures incitatives à l'investissement dans le secteur automobile en général, et la filière du câblage en particulier.

En effet, dans les sciences sociales généralement, l'étude comparative consiste à analyser et à synthétiser les points communs, les différences et les tendances entre deux ou plusieurs cas partageant un intérêt ou un objectif commun.

Dans ce cadre, nous proposons de mener notre étude comparative au niveau de quatre pays de différent classement économique, développement industriel, et appartenance au continent. Nous commençons d'abord par la Tunisie en tant que pays qui partage plusieurs critères géographique et économiques avec le Maroc.

Ensuite, nous présentons la France en tant qu'un pays important de l'Union européenne ayant des relations économiques très fortes avec le Maroc.

Puis l'Inde en tant que le seul pays asiatique avec lequel le Royaume réalise un excédent commercial, (en raison du volume de ses exportations d'acide phosphorique et d'engrais) : actuellement, ce pays représente 20% des exportations du Groupe OCP).

Enfin, la Thaïlande entretient d'importantes relations économiques avec le Maroc. En ce sens, le président de la chambre des représentants marocain, déclare : « Nos deux pays se distinguent par des positions stratégiques sur deux continents. Avec une coopération effective et multiforme, le Maroc sera la porte d'entrée de l'Afrique pour la Thaïlande qui offrira, en retour, un accès sur le continent asiatique »[288].

---

288)- https://industries.ma/la-thailande-appelle-le-maroc-a-etre-sa-porte-dentree-de-lafrique/ (consulté le 29/09/2020).

### 3.7.1. La TUNISIE

La Tunisie présente plusieurs évolutions et développements au niveau de son secteur automobile comme le cas pour le Maroc, d'où nous choisissons de présenter une étude comparative entre les deux pays, en se basant sur les éléments suivants :

- Un bref aperçu sur la situation économique et industrielle des deux pays.
- Une présentation de la stratégie automobile en général et du câblage en particulier, en se focalisant sur les mesures incitatives à l'investissement offertes, par la Tunisie aux investisseurs étrangers du secteur automobile.
- Un essai de comparaison entre le Maroc et la Tunisie, au niveau des facteurs d'attractivité et de compétitivité territoriales.

#### *3.7.1.1. Situation économique et industrielle du Maroc et de la Tunisie*

Ce paragraphe a pour objectif de décrire les points communs entre le Maroc et la Tunisie au niveau de l'évolution économique et industrielle, tels que :

A partir des années 2000, le Maroc et la Tunisie connaissent une transformation structurelle de leurs économies basée sur la réallocation des ressources à des activités nouvelles et plus productives, autrement dit, les performances des économies de ces deux pays sont dues aux secteurs économiques transformateurs de ressources naturelles, soit légère mais il s'agit bien d'une réelle transformation structurelle, basée sur la progression de la productivité du travail.

Depuis 2000, le Maroc et la Tunisie renforcent leurs relations avec plusieurs pays partenaires, et principalement ceux de l'Union européenne qui représente aujourd'hui leur premier partenaire industriel et leur premier client, en se basant sur la libéralisation progressive régie par leurs échanges commerciaux, et des accords de libre-échange.

Le Maroc et la Tunisie mettent en œuvre plusieurs réformes au niveau des politiques macro-économiques, des politiques sectorielles et des programmes nationaux de mise à niveau industriel, ce qui leur favorisent de créer un environnement incitatif à l'implantation de filiales de grands donneurs d'ordre internationaux dans ces pays.

Dans ce cadre, nous présentons dans le paragraphe suivant la stratégie nationale industrielle en Tunisie, en se focalisant sur les mesures incitatives à l'investissement dans le secteur du câblage automobile.

### *3.7.1.2. La stratégie industrielle en Tunisie*

Aujourd'hui, la Tunisie opte une stratégie nommée « Pacte pour la Compétitivité de l'Industrie Automobile ». Elle vise à doter cette activité des moyens permettant d'atteindre un niveau de compétitivité à même d'impacter positivement l'ensemble de l'économie tunisienne. Autrement dit, Ce pacte vise à booster le secteur de l'industrie automobile, en faisant passer les exportations de 7,5 milliards de dinars, en 2019, à 13,5 milliards de dinars d'ici 2025, et de faire progresser la valeur ajoutée à 48% et de créer 3000 emplois supplémentaires d'ici 2025.

D'où, l'industrie automobile tunisienne mise sur l'avenir avec la négociation d'un Pacte de Partenariat Public / Privé, pour la compétitivité de l'industrie des composants automobile en Tunisie à l'horizon de 2025.

Ce pacte est composé de cinq principaux axes qui sont ; l'infrastructure, la logistique, le cadre législatif, la recherche et le développement, l'emploi, la formation et la promotion de l'image de la Tunisie à l'étranger.

Ces cinq axes ont pour objectif d'améliorer la compétitivité de la Tunisie, et ainsi d'attirer des nouveaux investisseurs. Ils représentent les piliers d'une industrie économiquement pérenne, et sont ceux qui permettent d'améliorer la compétitivité de la Tunisie, en tant que producteur de composants automobiles.

En effet, afin de compléter la présentation de la stratégie industrielle en Tunisie, nous exposons un entretien[289] réalisé par un journaliste au webmanagercenter le 22 février 2021, avec le directeur général des industries manufacturières au ministère de l'Industrie et des PME – Tunisie, comme suit :

- WMC: Quel serait l'apport du Pacte pour la compétitivité de l'industrie automobile en Tunisie sur le développement du secteur sur les 10 ans à venir ?

289 )- https://www.webmanagercenter.com (consulté le 20/10/2020).

- Le Directeur répond : l'idée du Pacte est d'assurer le développement du secteur et sa stabilité. Il cadre les relations entre partenaires sociaux (Etat et secteur privé).

Ses objectifs sont ambitieux : ce pacte prévoit la réalisation d'environ 30 usines réparties entre secteur public et privé et d'avoir des investissements d'une valeur équivalente à 22% du PIB du secteur contre 12% actuellement, de dépasser un panel d'exportation d'environ 13,5 milliards de dinars à l'horizon de 2025, contre près de 7,5 milliards de dinars aujourd'hui.

A travers ce pacte, nous ambitionnons également de faire de la Tunisie un site attractif pour l'assemblage, dont une unité d'assemblage électrique avec un investissement d'environ 300 millions d'euros, et dont l'apport technologique est considérable.

Le tissu industriel des composants automobile est important : 280 entreprises, marquées par la présence de grandes entreprises internationales de renommés. Ce qui nous manque, ce sont de nouveaux équipementiers automobiles de 1er rang tels Continental, Bosch ou Denso qui pourraient chacun investir 100 millions d'euros. Le Pacte prévoit également des centres de compétences.

- - WMC : Combien de postes d'emplois pourraient être créés?
- Le Directeur répond : 35.000 emplois additionnels à créer entre 2019 et 2025 pour atteindre les 120.000 emplois en 2025 contre près de 85.000 en 2019. Le taux d'intégration nationale sera de 48% en 2025 avec une diversification de la chaîne des valeurs et un taux d'encadrement de 19% en 2025 contre 12% en 2019.
- WMC : Que proposez-vous de nouveau aux investisseurs potentiels d'ores et déjà réticents lorsqu'ils voient tous les blocages administratifs et les difficultés logistiques ?
- Le Directeur répond : C'est une situation générale à laquelle nous allons essayer de remédier ensemble, Etat, partenaires sociaux et secteur privé. Le Pacte comprend 30 engagements répartis sur 5 axes entre le secteur privé et le secteur public.

Vous savez qu'il y a beaucoup de problèmes, en termes d'infrastructures et de logistique. L'exemple le plus édifiant est celui du port de Radès qui ne répond pas au minimum des standards internationaux.

Pour avoir des constructeurs de renommée internationale, il faut améliorer les infrastructures, alléger les lois par le législatif ou par l'administration, il faut que la formation occupe une place de choix dans nos plans stratégiques et bien entendu, il faut promouvoir le site Tunisie, en tant que hub pour composants automobiles.

- WMC : Avez-vous prévu de nouveaux centres de formation pour atteindre vos objectifs et disposer de mains-d'œuvre qualifiées ? Y a-t-il des lignes de financements pour ces centres ?
- Le Directeur répond : il y a deux centres d'excellence pour la formation des effectifs destinés à l'industrie automobile. Nous comptons augmenter nos capacités de formation et de recyclage.

### *3.7.1.3. Stratégie industrielle automobile en Tunisie*[290]

Comme déclaré à l'entretien, le pacte industriel porte sur cinq axes stratégiques industriels couvrant l'ensemble des secteurs industriels tunisiens y compris la filière du câblage automobile, permettant des incitations et des avantages à l'investissement.

Dans ce contexte, nous nous intéressons à présenter les éléments portant sur les incitations d'attractivité et de compétitivité prévues par chaque axe, tels que :

La Tunisie bénéficie d'une proximité géographique déterminante avec les pays européens et elle signe des accords de libre-échange avec les marchés d'Afrique Subsaharienne, du Moyen-Orient et Union Européenne.

**Un cadre législatif**

Il s'agit d'un nouveau cadre juridique basé sur trois nouvelles lois qui cadre les avantages attractifs et compétitifs.

**Des incitations financières et fiscales**

- La prime de l'augmentation de la valeur ajoutée et de la compétitivité : au titre de la réalisation des opérations d'investissement direct, par un pourcentage de 15 % du coût de l'investissement approuvé avec un plafond d'un (1) million de dinars, et au titre de la performance économique en domaine par 50% du coût des investissements approuvé, plafonnée à cinq cents (500) mille dinars.
- La prime de développement régional : varie selon le groupe des zones de développement régionaux et la capacité d'employabilité, ainsi que des avantages fiscaux tels que :

- Déduction de 100% de l'assiette de l'impôt sur le revenu des personnes physiques ou de l'impôt sur les sociétés, les revenus ou

290 )- https://www.tia.gov.tn/ (consulté le 20/12/2020).

les bénéfices provenant des investissements directs réalisés dans les zones de développement régional comme suit :

Pendant les cinq premières années à partir de la date d'entrée en activité effective pour le premier groupe des zones de développement régional,

pendant les dix premières années à partir de la date d'entrée en activité effective pour le deuxième groupe des zones de développement régional,

- Déduction de l'assiette de l'impôt sur le revenu, des deux tiers des revenus provenant des investissements directs réalisés dans les zones de développement régional ainsi que les bénéfices exceptionnels après l'écoulement de la période d'exonération totale, et application du taux réduit d'impôt sur les sociétés de 10% sur les bénéfices provenant des investissements directs réalisés dans les zones de développement régional après l'écoulement de la période d'exonération totale.

**Le projet d'intérêt national : l'Etat tunisien offre les incitations suivantes**

- Une déduction des bénéfices de l'assiette de l'impôt sur les sociétés dans la limite de dix ans ;
- Une prime ne dépassant pas le tiers du coût de l'investissement, compte tenu des dépenses de L'infrastructure interne, avec un plafond de trente (30) millions de dinars ;
- La participation de l'état à la prise en charge des dépenses des travaux d'infrastructure.
- Encouragement de l'Exportation et des Secteurs Innovants , sous forme d'incitations financières :

- Une prime de l'augmentation de la valeur ajoutée et de la compétitivité, soit 15% du coût d'investissement approuvé, avec un plafond d'un (1) million de dinars.
- Une prime de développement de la capacité d'employabilité au titre de la prise en charge par l'Etat de la contribution patronale au régime légal de la sécurité sociale au titre des salaires versés aux employés de nationalité tunisienne recrutés pour la première fois et d'une manière permanente pour les trois premières années à partir de la date d'entrée en activité effective.

- Une participation au capital pour les entreprises créées dont le volume de l'investissement ne dépasse pas (15) millions de dinars et ce, comme suit :

- Un taux de 60% du capital : pour les projets dont le coût est inférieur ou égal à deux (2) millions de dinars
- Un taux de 30% du capital : pour les projets dont le coût dépasse deux (2) millions de dinars et inferieur à quinze (15) millions de dinars.

En outre, nous présentons dans les deux figures suivantes[291] les mesures incitatives à l'investissement dans le secteur automobile y compris la filière du câblage au niveau des taux et plafond des primes, déterminées par la nouvelle loi tunisienne d'investissement visant à promouvoir les investissements, le développement régional et les innovations.

**Figure 5:Taux et plafond des primes accordées aux investisseurs**

| Type de prime | Taux de prime / Incitations Fiscales | Plafond de prime |
|---|---|---|
| **Développement Régional** (Sauf liste négative) | Zone 1 : 15%/coût d'investissement<br>Zone 2 : 30%/ coût d'investissement | Zone 1: 1,5 MDT<br>Zone 2: 3 MDT |
| | Zone 1: Déduction totale à 100% de l'assiette imposable pendant 5 ans et soumission à 10% après<br>Prise en charge de la contribution patronale = 5 ans<br>Zone 2: Déduction totale à 100% de l'assiette imposable pendant 10 ans et soumission à 10% après<br>Prise en charge de la contribution patronale = 10 ans | |
| | Déduction de l'assiette de l'impôt sur les sociétés, les revenus ou les bénéfices réinvestis dans la souscription au capital initial ou à son augmentation | |
| **Secteurs prioritaires** | 15% /coût d'investissement | 1 MDT |
| | Prise en charge de la contribution patronale = 3 ans | |
| **Filières économiques** | 15% /coût d'investissement | 1 MDT |
| **Subvention d'infrastructure (DR)** | Zone 1: 65%<br>Zone 2: 85% | 10% /coût projet<br>plafond 1MD |

291 )- https://www.tia.gov.tn/ (consulté le 20/12/2020).

**Figure 6:Cartographie des primes et incitations des projets à intérêt national (PIN)** [292]

PROJETS À INTÉRÊT NATIONAL PIN

| Critères d'éligibilité | Processus d'obtention des primes et incitations | Primes et incitations |
|---|---|---|
| Coût d'investissement supérieur à 50 MDT ou Création de minimum 500 emplois sur 3 ans → | Etude des projets au niveau de l'Instance Tunisienne de l'Investissement → | Prime d'investissement dans la limite du 1/3 du coût d'investissement plafonné à 30 MDT<br>Exonération de l'impôt sur une période pouvant atteindre 10 ans<br>Prise en charge par l'Etat des travaux d'infrastructure<br>Prise en charge par l'Etat de la contribution patronale jusqu'à 10 ans<br>Octroi de terre domaniale non agricole dans le cadre d'un contrat de location à longue durée, ou au dinar symbolique |
| Répondre à l'un des 4 objectifs de la loi d'investissement | Soumission au Conseil supérieur de l'investissement pour approbation des avantages | |

A côté des efforts déployés par le gouvernement tunisien, il y a la « Tunisia Automotive Association », une association tunisienne à but non lucratif regroupant les acteurs de l'industrie automobile présents en Tunisie. Elle a pour vocation de :

- Favoriser les échanges, la collaboration et la synergie entre les entreprises du secteur de l'industrie automobile en Tunisie.
- Accompagner les autorités tunisiennes dans la création d'un environnement favorable pour le développement du secteur automobile en Tunisie
- Promouvoir le tissu industriel automobile tunisien au niveau mondial.
- Attirer les investisseurs internationaux opérant sur le secteur afin de renforcer l'intégration locale.

La qualité de formation professionnelle, la compétence et la facilité d'accès aux talents par :

- Plus de 7500 ingénieurs diplômés annuellement (dont 7000 entrent au marché du travail chaque année couvrant l'ensemble ses spécialités recherchées par les acteurs du secteur).
- 47 Ecoles et établissements (publics et privés), proposant des formations d'ingénieurs.

292 )- https://www.tia.gov.tn/ (consulté le 20/12/2020).

- 25 Instituts supérieurs des études technologiques assurant la formation de cadres moyens et de techniciens supérieurs qualifiés et répondant aux besoins des entreprises.
- Plus de 60 centres publics de formation professionnelle, couvrant la totalité du territoire tunisien.
- Présence des technopoles et cyber-parc.

**Un plan du développement foncier**

La Tunisie compte plus de 150 zones industrielles couvrant plus de 10 mille hectares. Le prix moyen du mètre carré dans les zones en cours de commercialisation est en moyenne de 40 dt/m² soit environ 12 €/m²[293].

La Tunisie met en place un programme d'aménagement des zones industrielles 2016-2020 visant à aménager plus que 65 zones industrielles, pour une superficie totale supérieure à 2000 ha à un coût estimé à plus de 650 millions de Dinars, répartis en 51 zones de développement régional sur une superficie de 1 508 ha, et 18 zones industrielles sur une superficie de 746 ha dans le reste du pays.

... Ainsi qu'un programme de rénovation de 60 zones industrielles pour une superficie totale supérieure à 1 576 ha à un coût estimé à plus de 150 millions de Dinars, répartis en 20 zones de développement régional sur une superficie de 400 ha, et 40 zones industrielles sur une superficie de 1176 ha dans le reste du pays.

Ces mesures incitatives de différents types représentent des facteurs d'attractivité et de compétitivité que la Tunisie met à la disposition des nouveaux investisseurs étrangers.

### *3.7.1.4. Le secteur de l'industrie du câblage automobile en Tunisie*

La filière du câblage automobile constitue l'un des piliers de l'industrie automobile tunisienne, en termes d'emploi et de contribution aux exportations. Elle est considérée comme l'une des branches prioritaires et bénéficie de plusieurs avantages dans le cadre de la nouvelle loi d'investissement.

**Les mesures incitatives à l'investissement**

La nouvelle loi d'investissement n°71-2016, permet à la branche industrielle du câblage automobile de bénéficier des avantages suivants :

---

293 )- https://www.tia.gov.tn/ (consulté le 20/12/2020).

- Une prime de développement de la capacité d'employabilité au titre de la prise en charge par l'Etat de la contribution patronale au régime légal de la sécurité sociale au titre des salaires versés aux employés de nationalité tunisienne recrutés pour la première fois et d'une manière permanente pour les trois premières années à partir de la date d'entrée en activité effective.

Pour les projets d'intérêt national dont le coût d'investissement supérieur ou égal à 50 millions de dinars ou créent au moins 500 postes d'emploi durant une période de trois ans à compter de la date d'entrée en activité effective ; ils bénéficient :

- Une déduction des bénéfices de l'assiette de l'impôt sur les sociétés dans la limite de dix ans
- Une prime d'investissement dans la limite du tiers du coût d'investissement y compris les dépenses des travaux infrastructures intra-muros,
- La participation de l'état à la prise en charge des dépenses des travaux d'infrastructures.

Ces mesures incitatives présentent des facteurs d'attraction et de compétitivité, qui attirent les investisseurs étrangers.

**Situation de la branche du câblage en Tunisie**

La situation de cette branche est caractérisée par :

- La branche des fils, câbles et faisceaux de câbles est classée en tête des secteurs exportateurs. La valeur des exportations a progressé en passant de 1850 MTND à 3348 MTND, dont la part dans les exportations totales de la branche est de 74%.

Plusieurs grands équipementiers mondiaux sont installés en Tunisie, spécialisés en production des Fils, câbles et faisceaux de câbles… A ce titre, nous relevons la présence des groupes suivants : Johnson Control (Etats-Unis), Lear Corporation (Etats-Unis), Leoni (Allemagne),Yura Corporation (Corée du Sud), Kromberg & Schubert (Allemagne), et Draxelmaier (Allemagne)…

La position de la Tunisie dans le secteur du câblage et des faisceaux de câbles est compétitive à l'échelle mondiale. Et les domaines connexes comme les commutateurs et connecteurs sont bien développés.

- N.B. nous constatons qu'il existe un facteur déterminant dans l'attractivité des nouveaux investisseurs : la stabilité politique et macroéconomique.

Dans ce sens, nous constatons qu'après la révolution du jasmin, la Tunisie connaît un changement radical au niveau de sa stabilité politique et macroéconomique, ce qui représente certes une contrainte majeure pour la croissance de l'attractivité et la compétitivité du pays.

En définitive, la Tunisie gagne à investir dans l'attraction des constructeurs, des équipementiers et des autres fournisseurs du secteur automobile. Certes, la proximité géographique de la Tunisie, les coûts et le niveau d'instruction de la population active sont des atouts pour le site industriel tunisien, cependant, la Tunisie doit améliorer son avantage concurrentiel clé par :

- La formation de main–d'œuvre qualifiée, en particulier d'ingénieurs en équipement automobile ou en électronique.
- La mise en place d'une zone franche pour le secteur de l'équipement automobile, à proximité du nouveau port en eau profonde, ayant des procédures douanières spéciales permettant de réduire des délais d'expédition vers l'Europe.
- La réduction de l'impact politico-économique de la révolution du jasmin de 2011.

En définitive pour répondre à l'objectif de cette partie, nous proposons de la finaliser par la comparaison entre le Maroc et la Tunisie au niveau des facteurs d'attractivité et de compétitivité relative au secteur du câblage automobile.

### *3.7.1.5. Comparaison entre le Maroc et la Tunisie*

Cette comparaison porte d'abord sur un tableau présentant les mesures incitatives à l'investissement de chaque pays. Ensuite, un état descriptif du secteur de l'industrie automobile tunisien, en termes de facteurs d'attractivité et de compétitivité territoriales, et enfin, nous tirons un bilan.

#### Tableau comparatif

**Tableau 7:Tableau comparatif entre le Maroc et la Tunisie au niveau des facteurs d'attractivité et de compétitivité**

| Facteurs d'attractivité et de compétitivité | Pays | |
|---|---|---|
| | **Maroc** | **Tunisie** |
| **Mesures incitatives financières et fiscales.** | Des primes, des dégrèvements et des réductions accordées aux nouveaux investisseurs. | |
| **Mesures incitatives au niveau de la formation, centre de formation** | la qualité de formation et la spécialisation des centres de formation. | |
| | Plusieurs centres de formations<br>Diversité de formations | Des formations spécifiques qui répondent à certaines spécialisées. |

| | | |
|---|---|---|
| **Mesures incitatives au niveau des zones franches** | Plusieurs zones franches et industrielles dédiées à l'automobile | Peu de zones franches ou industriels et d'autres en cours de construction. |
| **Mesures incitatives concernant la disponibilité et la compétence de la main-d'œuvre.** | La disponibilité et le coût de la formation | |
| | Mains-d'œuvre spécialisées et qualifiées | Main-d'œuvre plus spécialisée et répond aux nouveaux critères. |
| **Mesures incitatives au niveau de proximité géographique** | Une certaine ressemblance par rapport à l'Europe | |
| | Plus de proximité géographique à l'Europe et le continent africain vu la disposition de deux côtes l'atlantique et la méditerranée. | Une seule côte méditerranéenne |
| **Mesures incitatives au niveau de stabilité politique et économique** | Une stabilité économique et politique | Tunisie connaît encore des crises politiques et l'économie n'est pas encore stable. |

**Etat récapitulatif : Evolution du secteur industriel**

Nous constatons que le processus d'industrialisation progresse relativement de la même vitesse au Maroc comme la Tunisie. Cette évolution est caractérisée par une profonde mutation de la nature de production, en ce qui concerne les secteurs portant sur les nouveaux métiers mondiaux, qui sont également le secteur automobile. Autrement dit, ce processus d'industrialisation est concrétisé pour les deux pays, par de nouvelles politiques industrielles automobiles mises en œuvre pour accélérer la transformation industrielle.

Ces politiques sont basées sur :

- Un environnement favorable à l'investissement en général.
- Une mise en place des incitations spécifiques destinées à encourager l'investissement dans le secteur automobile.
- Un renforcement de la chaîne de valeur automobile

D'une part, au cours de ces dernières années, l'industrie automobile marocaine renforce son positionnement dans la chaîne de valeur mondiale de l'automobile, comme attestent les performances remarquables enregistrées. En effet, aujourd'hui, le Maroc est devenu le deuxième producteur de véhicules en Afrique après l'Afrique du Sud. Ainsi, les exportations de cette industrie se sont raffermies en devenant le premier poste des ventes extérieures, dépassant ainsi les activités phosphatières. De même, l'emploi qualifié généré par le secteur a augmenté de 17% par an durant la même période[294].

D'autre part, la Tunisie essaie de développer des avantages comparatifs importants dans l'industrie des composants automobile grâce à la disponibilité des ressources humaines qualifiées, une infrastructure de formation et des coûts compétitifs des facteurs de production. Cela favorise la montée dans la chaîne des valeurs, assurer le passage de l'assemblage à des activités à plus grande valeur ajoutée et de développer un réseau important de fournisseurs et partenaires. Le montage des véhicules en Tunisie n'a pas eu un grand essor. Cette activité est restée marginale au vu des quantités annuelles produites (5000 véhicules par an). La protection tarifaire et douanière du marché tunisien des véhicules utilitaires et des autobus et autocars a néanmoins favorisé la création d'ensembliers et permis le transfert des technologies de la part des constructeurs vers ces ensembliers.

**Maîtrise des coûts d'entrée et des risques futurs**

Nous constatons que pour le Maroc et la Tunisie, l'implantation des chaînes de valeur dans l'automobile représente le fruit d'une politique industrielle qui vise à optimiser les avantages relatifs, à en modifier le profil par un apprentissage technologique. C'est aussi le résultat d'une négociation où les pays concernés ne sont pas de simples parties prenantes passives. Ils font valoir leurs atouts et leurs forces d'attractivité.

Il s'agit bien d'une Offre Maroc et d'une Offre Tunisie très pragmatiques autour de multiples volets principaux: l'offre d'une plateforme foncière aménagée aux standards internationaux au sein de plateformes industrielles dédiées bénéficiant du statut de zone franche (un partenariat financier avec l'Etat afin de couvrir les charges d'implantation allant jusqu'à hauteur de 10% du montant total de l'investissement ; un accompagnement des banques locales dédié aux PME du secteur ; des infrastructures logistiques dans des sites en plein développement ; des incitations fiscales ; la disponibilité d'une main-d'œuvre qualifiée et formée pour les besoins des projets; des réformes de la législation qui participent à la maîtrise des coûts et des délais de livraison).

294 ) https://www.tia.gov.tn/ (consulté le 20/12/2020).

### *3.7.1.6. Les ressemblances*[295]

La Tunisie semble partager la même évolution. Elle met en place un écosystème et un réseau important des fournisseurs et des partenaires dans le secteur des composants automobiles (branche du câblage). La clusterisation est le levier de croissance choisi par la Tunisie, pour ancrer l'innovation et la valeur ajoutée dans les stratégies de développement de ce secteur. Elle consiste à mettre en œuvre des pôles de compétitivité dédiés aux secteurs phares. Ces pôles sont programmés pour être à proximité des pôles industriels et des infrastructures nationales d'enseignement supérieur, de formation et de recherche. Pour accélérer la matérialisation du potentiel de développement de ce secteur industriel, la Tunisie met en place, dans le cadre de sa nouvelle politique industrielle, une série de mesures dont certaines sont communes à tous les secteurs (mesures transversales), alors que d'autres sont plutôt spécifiques pour chaque secteur. Cette politique est suivie et évaluée périodiquement pour l'adapter aux changements.

La réorganisation des structures publiques actuelles liées au secteur automobile par filière, il s'agit bien de l'installation d'une structure permanente dédiée à l'actuel Dialogue Public Privé, soit 15 professionnels industriels publics et privés de haut niveau, sous la supervision directe du Chef du Gouvernement. Cette structure est chargée de la mise en œuvre et du suivi de la nouvelle politique industrielle, elle a pour objectif d'apporter rapidement des solutions « just in time » aux problèmes que peuvent rencontrer les entreprises et les investisseurs, d'identifier et de mettre en place les réformes et les appuis nécessaires à la compétitivité des filières d'une façon continue.

En somme, nous pouvons dire que le Maroc et la Tunisie partagent la même approche industrielle en termes des mesures incitatives à l'investissement étranger, en effet, le Maroc comme la Tunisie se spécialisent sur l'aval de la chaîne de valeur au niveau de la construction et l'assemblage. Ils répondent également à l'exigence de grande proximité entre l'ensemble des acteurs, imposés par la recherche d'amélioration de la performance de la « supply chaîne ». L'ancrage des grands industriels automobiles (les équipementiers), implantés dans ces deux pays est un atout pour le tissu de sous-traitance, notamment dans un contexte d'optimisation de la « supply chain ». La diversité des PME locales permet d'offrir des compétences et savoir-faire

295 ) https://www.tia.gov.tn/ (consulté le 20/12/2020).

complémentaires (mécanique, travail des métaux, plasturgie, électronique...).

En effet, tant qu'il existe des ressemblances, il y a certainement des différences.

### *3.7.1.7. Les différences*[296]

Le secteur de l'industrie automobile en Tunisie se caractérise par l'existence des centres de recherche et développement en extension des activités de production, de services logistiques émergents et d'activités de design logiciel des cartes électroniques. D'où plusieurs enseignes de premier plan sont implantées en Tunisie, et font attirer dans ce pays leurs réseaux de sous-traitants, ce qui améliore l'intégration du secteur. Toutefois, la Tunisie ne compte pas de producteur automobile sur son sol.

La Tunisie cherche à appuyer le secteur automobile, en réalisant de nouveaux investissements par le renforcement du climat d'innovation dans ce domaine, tout en mettant en œuvre :

- Développement des partenariats avec les entreprises étrangères et surtout les équipementiers ;
- Elargissement de la gamme des produits et l'intégration de produits de plus en plus complets ;
- Mise en œuvre de matériaux innovants, ainsi que l'utilisation de sources d'énergie moins polluantes permettent de réelles possibilités de différentiation technologique.
- Disponibilité en Tunisie d'un potentiel de ressources humaines compétitives rend possible l'implantation de sociétés innovantes complémentaires aux activités existantes.

L'enjeu réside encore en l'intégration locale automobile par une meilleure couverture en local de l'industrie des composants, majoritairement importés à ce jour. Le renforcement de la visibilité de la Tunisie sur ces créneaux passe par le ciblage d'opérateurs mondiaux de premier plan et l'amélioration de l'intégration verticale du secteur.

Enfin, la stratégie de développement du secteur repose sur une plus grande adaptation de la formation aux besoins des branches émergentes (maintenance, design, test et validation logicielles des composants, mécanique de précision, mécatronique). La formation gagne à être adaptée également aux besoins des régions intérieures du pays.

---

296)- https://www.tia.gov.tn/ (consulté le 20/12/2020).

En somme, nous pouvons avancer que les deux pays connaissent des progrès différenciés avec un potentiel remarquable.

En conclusion, nous pouvons déduire que les deux pays se caractérisent par une grande ressemblance au niveau des mesures incitatives à l'investissement dans le secteur automobile, autrement dit, il s'agit bien des facteurs d'attractivité et de compétitivité presque pareils, sauf qu'un seul facteur très important, c'est également la stabilité politique et économique, élément qui pèse énormément pour les nouveaux investisseurs dans leurs choix d'implantation.

### 3.7.2. Union Européenne : la FRANCE

Aujourd'hui, la France représente le premier partenaire économique majeur du Maroc.

En effet, pour bien mener notre étude comparative, nous choisissons de présenter d'abord la stratégie de l'industrie automobile française, ensuite, ses mesures incitatives à l'investissement, et enfin, une comparaison entre le Maroc et la France au niveau du secteur industriel automobile, en termes des facteurs d'attractivité et de compétitivité territoriales.

#### *3.7.2.1. Présentation de l'industrie automobile française*[297]

Le secteur de l'industrie automobile français représente un actif stratégique pour l'économie de la France. Il est constitué des constructeurs automobiles implantés sur le territoire, des équipementiers et des fournisseurs du premier rang, ainsi que de nombreux sous-traitants appartenant à des secteurs très divers (mécanique, plasturgie, emboutissage, fonderie, électronique, etc.).

D'une part, elle est formée d'un volet en amont qui englobe les constructeurs de véhicules poids lourds, bus et autocars, ainsi que les carrossiers. Ce volet de la filière comprend près de 4000 entreprises industrielles et emploie 400000 salariés en France. Il produit un chiffre d'affaires de 155 milliards d'euros et un volume d'exportation de 49 milliards d'euros. D'autre part, un volet en aval de la filière qui rassemble les entreprises de service qui représentent un écosystème d'ETI, de PME et de TPE particulièrement dense.

En effet, ce secteur s'organise de cinq principaux pôles métiers : la distribution (véhicules et carburants), la maintenance automobile, les

297)- https://www.conseil-national-industrie.gouv.fr/ (consulté le 18/09/2021).

services aux automobilistes, l'éducation à la route et le recyclage. Il représente ainsi 139 000 entreprises, et plus de 400 000 salariés.

Enfin, il s'agit de l'industrie qui dépose le plus de brevets (elle investit plus de 6 milliards d'euros par an en recherche et développement). Elle compte plusieurs acteurs, notamment les pôles de compétitivité et les grands organismes de la recherche publique (IFP EN, IFSTTAR, CEA, Universités).

Pour toutes ces raisons, l'industrie automobile est considérée comme un poids lourd dans le secteur industriel français.

#### *3.7.2.2. Stratégie automobile en France*

Mesures incitatives publiques

Depuis la crise de 2008, nous constatons plusieurs politiques publiques à l'échelle européenne, et particulièrement en France qui succèdent, pour soutenir la filière de l'industrie automobile, en se basant sur les initiatives suivantes :

- 2008 : Charte nationale de soutien et d'accompagnement du secteur automobile.
- Mars 2009 : Etats généraux de l'automobile et mesures de soutien de la filière.
- Juin 2009 : PFA a pour objectif principal d'assurer sa gouvernance et son rôle de coordination de tous les acteurs, pour poursuivre son action dans les domaines de la recherche, les métiers et compétences, l'excellence industrielle, les stratégies et les mutations.
- 2010 : Comité stratégique de la filière automobile installé en octobre 2010
- Juillet 2012 : Plan de soutien du Gouvernement à la filière automobile.
- Juillet 2012 : Contrat filière automobile (dans le cadre de la continuité du plan de soutien à l'automobile lancé par le gouvernement pour garantir l'avenir de cette filière en France).
- Novembre 2012 : Plan d'action pour l'industrie automobile de l'UE en 2020[298], la première réalisation de la nouvelle politique industrielle européenne.
- Mai 2018 : Contrat stratégique de filière automobile[299], signé entre l'État et le Comité stratégique de filière (CSF automobile). Le

298 )- https://ec.europa.eu/commission (consulté le 18/09/2021).

299)-https://www.conseil-national-industrie.gouv.fr/actualites/feuille-de-route-pour-l-industrie-automobile (Consulté le 18/09/2021).

CSF sera chargé du suivi de la mise en œuvre des mesures retenues par le Gouvernement.

### *3.7.2.3. Plan d'action pour l'industrie automobile de l'Union européenne en 2020*

Les éléments fondamentaux

Ce plan d'action a pour objectif principal de renforcer l'industrie automobile des pays de l'Union européenne. Il se base sur deux éléments fondamentaux :

- La vision de la compétitivité et de la durabilité de l'industrie.
- Les recommandations que contient le rapport final du groupe « CARS21», qui peuvent être présentées comme suit :

La mise en œuvre des recommandations qui assurent le déploiement d'une infrastructure alternative pour permettre la pénétration sur le marché de véhicules alimentés par ces carburants alternatifs, soit l'électricité, l'hydrogène, le méthane, les biocarburants…

L'instauration de la culture des véhicules électriques comme un choix valable pour le consommateur européen. Dans ce sens, le groupe reconnait que le chargement des véhicules électriques doit se faire soit au domicile ou au travail.

La mise en place de cette recommandation nécessite :

Une infrastructure de rechargement publiquement accessible.

Une normalisation au niveau européen par des options législatives, pour assurer l'interopérabilité dans toute l'UE.

Une instauration des modalités techniques partout dans l'UE, pour assurer des solutions pratiques et satisfaisantes à « l'infrastructure ».

La Production des véhicules propres et économes en énergies grâce à un soutien européen pour la recherche. Ainsi qu'une initiative spécifique majeure concernant les technologies de pointe (incluant, entre autres, l'électrification des moteurs à combustion, les véhicules hybrides et électriques, les piles à hydrogène et les systèmes électriques et électroniques) doit être envisagée, parallèlement au soutien continu d'European Investment Bank au secteur automobile ainsi qu'à l'infrastructure et aux services.

Afin d'atteindre les objectifs ambitieux dans les politiques concernées, le groupe CARS21 souhaite qu'une véritable approche intégrée soit entièrement mise en œuvre à la réglementation pour la réduction des émissions de CO2, sans cependant impacter la compétitivité de l'industrie automobile. Les mesures doivent répondre aux principes de rentabilité et de réglementation plus efficace/intelligente, en tenant compte également du coût des nouveaux véhicules.

Un nouveau cycle d'essais de conduite et une nouvelle procédure d'essai pour mesurer la consommation de carburant et les émissions sont développés pour mieux représenter les conditions de conduite réelles et s'attaquer au défi du climat et de la qualité de l'air.

La sécurité routière est encore améliorée, par des actions supplémentaires portant sur les véhicules, l'infrastructure et le comportement des conducteurs. Il convient, pour cette politique, de trouver le bon dosage de mesures réglementaires et d'autres mesures. Parmi les priorités figurent les motocycles, les technologies de sécurité des nouveaux véhicules (électriques) et les technologies ayant une influence sur le comportement des conducteurs et le respect des règles de circulation (limiteurs de vitesse, systèmes ITS, conduite écologique).

La politique commerciale de l'Union européenne vise à tenir pleinement compte de l'importance de maintenir une base de production automobile forte et compétitive, en utilisant tant l'outil multilatéral que l'outil bilatéral. Les deux doivent s'attaquer aux problèmes essentiels de l'élimination des barrières tarifaires et non tarifaires. Des accords de libre-échange doivent viser à démanteler entièrement les tarifs et à éliminer les barrières non tarifaires. Les impacts globaux de chaque négociation commerciale doivent être évalués.

L'UE promouvra dans les prochaines années la réforme de l'accord de 1958 de la commission économique des Nations unies pour l'Europe, en vue de le rendre plus attractif pour les marchés de pays tiers. Dans le cadre de cette réforme, l'introduction d'un système international de réception par type de véhicules complets doit être promue par tous les acteurs concernés.

La coopération réglementaire multilatérale dans le cadre de la CEE-ONU est complétée par une coopération réglementaire bilatérale, en particulier avec les pays émergents, mais également, par exemple, avec les États-Unis – dans le cadre du Conseil économique transatlantique, et avec le Japon.

Afin d'accomplir la transformation de l'industrie automobile et de mettre résolument le secteur sur la voie de la compétitivité et de la croissance durable. Des actions sont envisagées dans les trois domaines suivants :

- Promotion de la croissance économique en fournissant un financement européen pour la recherche et les investissements en termes de technologie et outils de production.

- Gestion des coûts et de la structure des activités en appliquant de façon stricte les principes de réglementation intelligente
- Soutien de l'internationalisation de l'industrie automobile de l'UE, par l'amélioration de l'accès au marché par des négociations commerciales, et la collaboration avec les partenaires internationaux sur la convergence réglementaire et procédurale.
- Nécessité d'anticiper le changement holistique, tout en respectant tous les facteurs influençant la compétitivité et la perspective à long terme des sociétés, et en accordant toute l'attention voulue aux compétences et à la disponibilité des ressources humaines.

En bref, la commission s'intéresse à des actions qui portent sur les questions relatives aux émissions, au financement de la recherche, à l'électro-mobilité, à la sécurité routière, aux nouvelles compétences, à la réglementation intelligente, aux négociations commerciales et l'harmonisation internationale.

**Les piliers du plan[300]**

Le plan d'action se base sur quatre piliers, contenant chacun des actions concrètes proposées par la Commission, et qui doivent être mises en place pour cette dernière, les États membres et les autorités régionales au cours des prochaines années, ces quatre piliers peuvent être présentés comme suit :

<u>Premier pilier : Investir dans les technologies avancées et financer l'innovation,</u>

Dans le cadre de ce pilier, la Commission propose :

- D'élaborer une proposition sur l'initiative européenne relative aux véhicules verts permettant une identification et des informations claires sur le financement de la recherche et de l'innovation à la disposition de l'industrie des transports, en fixant comme priorité thématique claire l'efficacité énergétique et les systèmes de propulsion de substitution ;
- De poursuivre sa coopération avec la Banque européenne d'investissement, afin de veiller à la disponibilité du financement en faveur des projets de recherche et d'innovation dans le secteur automobile, et de soutenir la BEI dans ses efforts visant à faciliter l'accès des PME et des entreprises à moyenne capitalisation au

300)- https://www.europarl.europa.eu/doceo/document/A-7-2013-0391_FR.html (consulté le 18/9/2021).

financement. La Commission et la BEI examineront également la possibilité de financer des projets liés à l'électro-mobilité;

- De soutenir activement le développement et la mise en œuvre d'un nouveau cycle d'essais de conduite et une nouvelle procédure d'essai pour mesurer la consommation de carburant et les émissions des voitures et des camionnettes de manière à ce que les conditions de conduite réelles soient mieux représentées;
- De définir des mesures complémentaires de contrôle des émissions polluantes des véhicules en circulation, sur la base d'une analyse approfondie, avec pour objectif d'atteindre, à terme, une réduction réelle des émissions polluantes et donc de contribuer à améliorer la qualité de l'air;
- De poursuivre les actions en matière de sécurité routière, notamment celles portant sur les véhicules, les infrastructures et le comportement des conducteurs. Parmi les priorités figurent les motocycles, les technologies de sécurité des nouveaux véhicules (électriques) et les technologies ayant une influence sur le comportement des conducteurs et le respect des règles de circulation (dispositifs intelligents de gestion de la vitesse, systèmes de rappel de port de la ceinture de sécurité, ITS, conduite écologique);
- De continuer à promouvoir le déploiement de systèmes de transport intelligents, notamment les systèmes coopératifs, en particulier, le système embarqué d'appel d'urgence « e-call » à l'échelle de l'UE;
- De mettre en place une stratégie sur les carburants de substitution étayant la nécessité de disposer d'une gamme de carburants de substitution, notamment l'électricité, l'hydrogène, les biocarburants durables, le gaz naturel et le GPL, et d'arrêter une proposition législative sur les infrastructures d'alimentation en carburants de substitution, concernant le déploiement d'une infrastructure de ravitaillement/rechargement minimale et la définition de normes communes pour certains carburants, y compris pour les véhicules électriques;
- De promouvoir le dialogue avec les parties prenantes sur un système facultatif d'étiquetage des carburants;
- De suivre la mise en œuvre des plans d'action nationaux en matière d'énergies renouvelables, en particulier les taux effectifs de mélange de biocarburants utilisés dans les différents États membres et la compatibilité des carburants avec les technologies destinées aux véhicules;

- De s'assurer, par une mesure législative, que des solutions pratiques et satisfaisantes pour le volet infrastructures de l'interface de recharge des véhicules électriques sont mises en œuvre dans l'ensemble de l'UE.

Afin de renforcer la compétitivité de l'industrie automobile européenne et préserver son avance technologique. Il semble important d'accroître les ressources affectées à la recherche et de promouvoir les règles et les normes qui permettront de stimuler l'innovation.

Deuxième pilier : Un marché intérieur plus fort et une réglementation intelligente

Dans le cadre de ce pilier, la Commission propose (argumentation):

- De mettre en place un dialogue entre les parties prenantes, en les encourageant à travailler à l'élaboration de principes communs sur des accords verticaux relatifs à la distribution des véhicules neufs;
- D'établir des lignes directrices pour les incitations financières en faveur des véhicules propres et économes en énergie établies par les États membres afin d'optimiser leur efficacité environnementale et de limiter la fragmentation du marché;
- D'effectuer une évaluation globale et approfondie (« bilan de qualité ») du cadre d'homologation des véhicules et, sur cette base, adopter une proposition visant à le renforcer afin d'y inclure des dispositions relatives à la surveillance du marché pour éviter la concurrence déloyale.
- D'effectuer un examen de l'incidence sur la compétitivité des grandes initiatives futures, y compris celles ayant un impact important sur le secteur de l'automobile;
- D'examiner la possibilité et la valeur ajoutée d'une analyse économique proportionnée pour certains actes d'exécution, sur la base de la législation existante en matière de véhicules, comme les propositions sur la révision des exigences relatives aux émissions par évaporation pour les véhicules Euro 6 et les mesures visant à contrer la manipulation des véhicules à moteur de catégorie L (véhicules à moteur de deux et trois roues et quadricycles à moteur).

Pour attirer l'investissement et maintenir une forte base automobile, l'Union européenne a besoin d'un cadre stable et prévisible capable de promouvoir l'innovation sans imposer de charge inutile.

Troisième pilier : Les marchés mondiaux et l'harmonisation internationale des réglementations sur les véhicules

Le secteur automobile connaît une tendance similaire. Alors que la demande sur les marchés matures reste stable, la demande sur le marché mondial enregistre une progression constante. Dans ce contexte, la commission propose pour ce pilier les éléments suivants :

- De tenir pleinement compte de l'importance de maintenir une base manufacturière automobile forte et compétitive en Europe dans le cadre de la mise en œuvre de sa politique commerciale, en utilisant à la fois les outils multilatéraux et les outils bilatéraux (accords de libre-échange);
- D'évaluer, d'une manière approfondie et exhaustive, les incidences de chaque accord commercial ainsi que leur incidence cumulée sur la compétitivité de l'industrie automobile;
- De compléter la coopération multilatérale en matière de réglementation dans le cadre de la CEE-ONU au moyen de la coopération bilatérale en matière de réglementation, notamment avec les principaux nouveaux acteurs, mais aussi, par exemple, avec les États-Unis (dans le cadre du Conseil économique transatlantique) et avec le Japon;
- De promouvoir et de soutenir activement une plus grande harmonisation internationale des réglementations concernant les véhicules en réformant l'accord de 1958 de la CEE-ONU, en vue de rendre l'adoption et l'application de la réglementation internationale plus attrayantes pour les marchés tiers;
- De contribuer à l'élaboration, dans le cadre de la CEE-ONU, d'une première proposition d'homologation internationale de véhicules complets (IWVTA) qui permettrait la reconnaissance réciproque de l'ensemble du véhicule, et non plus l'approbation de composants ou systèmes distincts, conformément aux divers règlements de la CEE-ONU, comme c'est le cas actuellement. L'IWVTA présenterait l'avantage, pour les fabricants, de pouvoir recourir à une procédure d'homologation à guichet unique pour leurs véhicules à moteur;
- D'orienter les travaux des deux groupes de travail informels sur la sécurité et la performance environnementale des véhicules électriques, en vue de l'adoption d'un règlement technique mondial sur la sécurité des véhicules électriques en 2014 et d'une approche commune en ce qui concerne la politique en matière de performance environnementale des véhicules électriques.

Dont le but de soutenir l'exportation automobile européenne et saisir les opportunités offertes par les nouveaux marchés en expansion, il est important de promouvoir l'industrie automobile européenne, d'accéder effectivement au marché et d'harmoniser les normes et les règles techniques.

Quatrième pilier : Anticiper l'adaptation et atténuer les incidences sociales des ajustements industriels

Au titre de ce pilier, étant donné la situation économique précaire d'un marché européen à la baisse, la surcapacité structurelle et les annonces de fermeture d'usines, la Commission propose:

- De réunir les ministres de l'Industrie, les représentants de l'industrie et des syndicats afin de se mettre d'accord sur des actions coordonnées pour régler le problème des surcapacités, assurer les investissements nécessaires et veiller à ce que les mesures de soutien à la production et à la demande nationales soient conformes aux règles du marché intérieur et du commerce international;
- De soutenir la création d'un conseil européen sur les compétences dans le secteur automobile, qui réunira les organisations nationales existantes menant des travaux de recherche sur les compétences et l'emploi dans le secteur automobile. Ce conseil sur les compétences encouragera l'apprentissage en équipe sur la base de l'échange d'informations et de bonnes pratiques et fournira une plateforme pour le dialogue;
- D'encourager l'utilisation du FSE pour la reconversion des travailleurs et l'actualisation de leurs compétences dans le cadre des nouvelles perspectives financières des Fonds structurels;
- De relancer la task-force interservices pour examiner et suivre les principaux cas de fermeture d'usines automobiles ou les importantes réductions d'effectifs. Cette task-force a été active (sur une base ad hoc) et très efficace dans des dossiers antérieurs concernant l'industrie automobile;
- D'identifier les bonnes pratiques et de promouvoir une approche anticipative dans la restructuration, en consultation avec les représentants des régions où le secteur automobile est très présent, les autorités responsables de l'emploi et les parties prenantes du secteur; de manière à rationaliser l'utilisation des fonds pertinents de l'UE; dans les cas de fermeture d'usines et de réductions importantes des effectifs, d'inviter les États membres à envisager le recours au Fonds européen d'ajustement la mondialisation.
- D'encourager les États membres à recourir à des mécanismes de flexibilité du travail pour venir en aide aux fournisseurs qui

pourraient avoir besoin d'un délai supplémentaire pour trouver de nouveaux clients à la suite d'une fermeture ou d'une réduction des activités d'une usine automobile.

Dans ce contexte, nous présentons les principales mesures incitatives à l'investissement dans la filière industrielle automobile telles que :

Un financement bancaire d'un milliard d'euros, pour soutenir l'activité de crédit des filiales bancaires des constructeurs.

Prime à la caisse : pour soutenir le marché et encourager les propriétaires d'un véhicule ancien et polluant à le remplacer par une nouvelle voiture plus « verte », le gouvernement a porté la prime à la casse à 1 000 euros pour la reprise d'un véhicule de plus de dix ans et l'achat d'un véhicule neuf émettant moins de 160 g de $CO^2$ / km.

Recherche-développement : pour assurer le développement des capacités d'innovation de la filière, l'Etat a réformé le crédit impôt recherche (porté à 2,7 milliards annuel) dont la branche automobile est l'un des premiers bénéficiaires.

Au sein de l'ADEME, un fonds « démonstrateur » doté de 400 M€, viendra également soutenir l'innovation automobile dans le cadre d'une thématique « mobilité terrestre ». Enfin, des prêts bonifiés seront octroyés pour le financement de projets collaboratifs en faveur du véhicule décartonné.

Nous passons maintenant à la présentation de la dernière initiative industrielle.

Contrat stratégique de filière automobile

Ce contrat s'appuie également sur l'ensemble des travaux menés dans le cadre de la préparation de la loi d'orientation des mobilités et la stratégie, pour le développement des véhicules autonomes. Ce contrat met les priorités suivantes:

Le développement des véhicules électriques et hybrides par la mise en place d'une trajectoire pluriannuelle jusqu'à la fin de 2022 du bonus sur les véhicules à zéro émission.

Le déploiement des bornes électriques à travers de mesures adaptées, pour développer un réseau dense et de qualité en France, dont 90% des recharges se font à domicile et au travail. En complément, près de 25.000 bornes sont accessibles au public au début 2019, ce chiffre sera porté à 100000 en 2023.

Le développement des véhicules autonomes et connectés par le déploiement sur des territoires, des services de transport autonomes, dont le but est de rendre la France le pays le plus en pointe en Europe en matière d'accueil du véhicule autonome.

En résumé, ce contrat a pour objectif de préparer l'automobile de demain en France.

N.B. d'après nos lectures, nous trouvons que la France adopte une politique de développement du secteur industriel automobile d'une façon globale, autrement dit, elle fixe des incitations à l'investissement sur toutes les filières automobiles. Pour cette raison, nous ne présentons pas particulièrement les incitations à l'investissement du câblage automobile.

### *3.7.2.4. Comparaison entre la France et le Maroc au niveau du secteur automobile*

La comparaison entre le Maroc et la France exige d'abord de se rappeler des relations économiques et industrielles entre les deux pays. En effet, actuellement la France maintient son rang du premier investisseur étranger au Maroc, avec 35,1% du stock total des investissements directs étrangers depuis 2017, ce qui est concrétisé par l'implantation de deux constructeurs PSA, Renault, et leurs sous-traitants (équipementiers). Dans ce sens, le positionnement de l'offre française au Maroc peut être décrit comme suit :

Il existe deux principaux constructeurs automobiles français, locomotives de nombreux équipementiers, qui sont :

- Renault : basé à Tanger avec une production de 400 000 véhicules par an.
- PSA : basé à Kénitra avec une production de 200 000 véhicules à terme.

Et, plusieurs équipementiers français investissent au Maroc, parmi eux, nous citons :

- Nexans : Equipementier (câblage), Valeo : Eclairage/électronique, Faureca : Intérieur des véhicules, Sealynx : Etanchéité automobile, Groupe GMD : GMD Metal (Emboutissage), Eurostyle Systems (pièces plastiques), Sealynx (joints d'étanchéité), Plastic Omnium : Pare-chocs, Steep Plastique : Composants plastiques, et Novares : solutions plastiques et composants complexe
- Ainsi que de nombreuses PME françaises : ER Ingénierie, Cis Optimaxe, Pack Up...

Ces implantations montrent que le territoire marocain représente aujourd'hui un site de production français qualifié de plateforme industrielle automobile. Cela est dû à la réussite de la politique marocaine d'attirer plusieurs constructeurs (Renault, PSA) et leurs sous-traitants.

Ainsi, par rapport à la stratégie industrielle menée par les deux pays, nous constatons une différence claire entre l'approche industrielle marocaine et française au niveau du secteur automobile. Ces différences sont dues essentiellement aux objectifs déterminés et la vision stratégique appropriée par chacun des pays.

En effet, d'une part la France adopte deux outils stratégiques dont le premier est le plan d'action industriel automobile basé sur quatre piliers principaux qui sont l'investissement dans les technologies avancées et le financement de l'innovation, le renforcement d'un marché intérieur et la mise en place d'une réglementation intelligente, l'harmonisation internationale des réglementations sur les véhicules par rapport aux marchés mondiaux, et, l'anticipation à adopter et atténuer les incidences sociales des ajustements industriels. Et le deuxième se concrétise en un nouveau contrat stratégique de filière automobile ayant pour objectif principal de préparer la mise en place et le développement de l'automobile du futur (électrique et hybride). D'autre part, le Maroc cherche à gagner son attractivité et sa compétitivité vis-à-vis des nouveaux investisseurs étrangers, dont le but de réussir l'amélioration du taux d'intégration local. Cependant, il n'a pas encore instauré une politique claire pour l'automobile de demain que ce soit hybride, électrique et à carburant naturel.

Enfin, nous pouvons avancer que malgré la différence de la vision stratégique et les objectifs fixés par chaque pays au niveau du secteur automobile, la relation entre ces pays peut être qualifiée d'une relation de complémentarité.

Ainsi le Maroc permet aux équipementiers de bénéficier d'une plateforme compétitive pour approvisionner les marchés internationaux en général et le français en particulier.

Ce qui favorise le positionnement industriel important du Maroc.

### 3.7.3. L'INDE

A partir des années 1940, l'industrie automobile indienne commence à se développer. Et en 1991, plusieurs réformes économiques marquent l'économie indienne par des opérations de joint-venture, et d'autres formes de collaboration avec des constructeurs mondiaux, notamment japonais[5]. En effet, depuis 2000, l'économie indienne met en place l'augmentation des exportations en première des priorités pour l'industrie.

Selon le rapport annuel du 2019-2020 de la fondation indienne du capital de marque[301], l'Inde est devenue un important exportateur, par son volume de fabrication soit 25 millions de véhicules, dont 3,5 millions sont exportés, autrement dit une part de 4,3% des exportations du pays. D'où, aujourd'hui, l'industrie automobile indienne occupe la 7e position au niveau des constructeurs de véhicules utilitaires et la 4e en importance dans le monde. Cette position permet d'assurer environ 19 millions d'emplois et contribue à hauteur de 7% du PIB et 40% en recherches et développement.

### *3.7.3.1. La stratégie industrielle automobile en Inde*

Aujourd'hui l'inde adopte une stratégie industrielle qui s'intéresse à identifier le secteur automobile comme un avantage concurrentiel et un moteur qui peut pousser la production à une forte et rapide croissance.

Cette dernière est basée sur deux éléments :

La capacité de l'industrie à innover et à atteindre les normes mondiales en matière d'efficacité opérationnelle, par :

- Encourager l'industrie à continuer d'innover et à atteindre les normes mondiales d'efficacité opérationnelle, en fournissant un environnement favorable dans lequel les politiques gouvernementales favorisent la concurrence et la croissance nationales et stimulent l'innovation.
- Promouvoir la coopération internationale dans les domaines émergents des technologies automobiles, en particulier la mobilité électrique.
- Lutter contre les lacunes qui entravent le potentiel de croissance du secteur automobile sur tous les segments de la chaîne de valeur, tout en :

S'attaquant aux déficiences des infrastructures (routes et autoroutes, ports, électricité, etc.), à la disponibilité insuffisante de main-d'œuvre qualifiée et aux réformes en cours de la législation du travail, qui sont parmi les facteurs clés qui entravent le potentiel de l'industrie indienne à développer la chaîne de valeur.

*Le volet du câblage automobile dans la stratégie industrielle : facteurs d'attractivité et de compétitivité*

En effet, le volet de la stratégie industrielle qui porte sur les composants automobiles, plus particulièrement, celui du câblage

301)- https://www.ibef.org (consulté le 29/09/2021).

automobile met en place plusieurs types d'incitations à l'investissement, telles que :

**Recherche et développement**

Le domaine de la recherche et développement peut être considéré comme le premier domaine qui caractérise aujourd'hui l'Inde. En effet, au niveau du secteur automobile, le gouvernement indien finance entièrement le projet[302] « NATRiP ».

Ce projet représente la plus grande et l'une des initiatives les plus importantes dans le secteur automobile à ce jour. Le projet a pour objectif de créer des compétences mondiales de base dans le secteur automobile en Inde, tout en facilitant l'intégration transparente de l'industrie automobile indienne, grâce à la mise en place d'installations de pointe et d'infrastructures d'essais, d'homologation, de recherche et de développement.

Dans le cadre de ce projet, quatre nouveaux centres mis en place, qui sont :

- Centre international de technologie automobile à Manesar (Haryana) dans le nord de l'Inde.
- Global Automotive Research Center à Oragadam près de Chennai (Tamil Nadu) dans le sud de l'Inde.
- National Automotive Test Tracks à Pithampur près d'Indore (Madhya Pradesh) dans le centre de l'Inde.
- Institut national d'inspection, de maintenance et de formation automobiles (NIAIMT) à Silchar (Assam) dans le nord-est de l'Inde.
- En outre, les deux installations existantes Automotive Research Association of India et Vehicle Research & Development Establishment (VRDE - Ahmednagar) sont mises à niveau avec de nouvelles technologies.

Ce projet unique dans le cadre duquel le gouvernement indien et l'industrie automobile indienne se sont réunis pour créer des installations d'essai et de la recherche et développement de pointe, de sorte que des compétences de base en technologie automobile en Inde puissent être créées pour faciliter une intégration harmonieuse de l'industrie automobile indienne avec le monde. Initialement, ce projet vise la mise en place de centres de la recherche et développement, pour permettre à l'industrie d'être à la hauteur des standards mondiaux.

302)- https://www.natrip.in/ (consulté le 29/09/2021).

**Au niveau de la main-d'œuvre**

La stratégie industrielle automobile exige une main-d'œuvre bien qualifiée, en se basant sur :

- Renforcer l'offre d'une main-d'œuvre des différents établissements de formation et d'enseignement correspondant aux besoins en compétences de l'industrie.
- Accroître l'interaction entre ces instituts et l'industrie, pour minimiser l'écart entre les compétences requises et la disponibilité, ainsi d'élaborer les programmes de ces instituts en consultation avec l'industrie.
- Étendre un soutien à l'Automotive Skill Development Council, pour la mise en œuvre de programmes de développement des compétences, afin d'augmenter la disponibilité des ressources humaines, en possédant les compétences et les compétences requises.
- Simplifier et rationaliser les lois du travail, pour permettre à l'industrie de répondre à ses exigences et d'améliorer la productivité.

**Au niveau des normes et réglementations, en matière de sécurité et d'environnement**

Le 12e plan quinquennal met en place une feuille de route à long terme sur les émissions et la disponibilité du carburant basée sur la politique de carburant automobile, il comporte les critères suivants :

- Disponibilité et utilisation de divers carburants automobiles, y compris l'hydrogène et les biocarburants.
- Utilisation de différents carburants dans le secteur des transports, pour répondre aux priorités nationales de contrôle des émissions, de sécurité énergétique ainsi que la consommation de carburant.
- Il s'agit de carburants gazeux destinés à être utilisés par le secteur des transports sur l'ensemble du territoire pays, comme :
- GNV : c'est le gaz naturel pour véhicule destiné pour les longues distances.
- GPL : c'est le gaz de pétrole liquéfié destiné à alimenter en énergie des véhicules équipés pour ce carburant. etc.
- Promouvoir ou non le diesel, carburant subventionné, pour les applications de transport de personnes.

**Au niveau de la production**

La stratégie vise l'approfondissement des compétences dans la production de voitures économes en carburant et de véhicules électriques, y compris le segment hybride, tout en prenant l'initiative sur la mobilité électrique, en avant et en promouvant la recherche et le développement, pour encourager la production et l'utilisation de véhicules électriques.

**Au niveau des facilités fiscales**

La mise en place d'un régime de la taxe sur les produits et services, pour rationaliser la structure fiscale et éliminer l'effet en cascade de la multiplicité des taxes.

**Au niveau de commercialisation**

La stratégie vise à construire la marque « Made in India », pour l'automobile indienne et les composants automobiles sur le marché mondial, par le fait de promouvoir la présentation et la commercialisation des capacités du secteur automobile du pays à travers la participation à des salons automobiles internationaux, des roadshows, des rencontres acheteur-vendeur, des rencontres d'investisseurs, des publications et la diffusion d'informations pour les investisseurs et les acheteurs.

Dans cette optique, les associations professionnelles, SIAM[303] et ACMA, jouent un rôle clé par leur contribution à la participation aux salons automobiles internationaux, leur organisation des rencontres acheteurs-vendeurs, des expositions privées pour de grands clients, etc.

**Au niveau des subventions d'investissement**

La stratégie vise à investir dans le secteur automobile, tout en mettant en place un investissement supplémentaire, pour atteindre les objectifs envisagés. Ainsi, la mise en place des plans et des programmes spécifiques, y compris des prescriptions fiscales et autres, permettent certainement à l'industrie d'atteindre son potentiel de croissance.

**Interventions programmatiques sous forme d'une mission nationale pour la mobilité électrique**

Cette mission est réalisée par le ministère de l'industrie lourde en collaboration avec l'Industrie à travers une étude avec M/s Booz & Company comme partenaire de connaissances. L'objectif de l'étude est d'élaborer un plan de mission et une feuille de route, pour promouvoir l'adoption d'une gamme de solutions de mobilité électrique pour l'Inde, qui peuvent améliorer la sécurité nationale du carburant, fournir un

303)- https://www.siam.in/ (consulté le 29/09/2021).

transport abordable et respectueux de l'environnement, et permettre à l'industrie automobile indienne de réaliser une fabrication mondiale.

Dans ce cadre, le « National Automotive Board », a pour objectif d'aider à orienter, coordonner et mettre en synergie tous les efforts du gouvernement dans d'importantes initiatives en cours et nouvelles pour le secteur automobile, notamment dans le domaine de la mobilité électrique, des systèmes de transport intelligents, des essais automobiles, de la recherche et développement collaborative et de la mise en œuvre des recommandations du plan de mission automobile.

- La mise en place d'un système de gradation et de développement technologique pour l'industrie des composants automobiles :

Il s'agit d'un nouveau régime intitulé "Technology Up gradation & Development Scheme". il a pour objectif d'aider les entreprises de composants automobiles à accéder à des financements avec des taux d'intérêt réduits pour leur modernisation, mise à niveau et acquisition de technologie, les promouvant ainsi à devenir plus compétitifs. Dans ce sens, il existe un fonds de développement technologique des composants automobiles.

Amélioration des processus et de la productivité des entreprises de production de composants automobiles :

Les PME sont appelées à améliorer leurs capacités en matière de produits et de processus par le biais de coentreprises, de collaborations et de rapprochements techniques. Les connaissances, la spécialisation, l'innovation et le réseautage déterminent le succès des PME dans cet environnement concurrentiel à l'échelle mondiale.

**Barrières non tarifaires automobiles**

Les exportations de véhicules de l'Inde se heurtent à plusieurs barrières non tarifaires. Ceux-ci peuvent être liés à l'évaluation et aux pratiques en douane, aux quotas d'importation et aux licences, aux taxes automobiles discriminatoires, aux restrictions d'investissement, aux obstacles aux services, aux obstacles techniques au commerce, etc. Dans ce cadre, plusieurs programmes relevant de la politique de commerce extérieur de l'Inde, encouragent directement ou indirectement les exportateurs de véhicules, sous forme de :

Régimes d'exemption/de remise de droits, dont lequel le gouvernement central notifie les taux de ristourne pour divers produits soit sur une base générale (taux de tous les secteurs) soit pour les exportateurs individuels (taux de marque), selon le cas.

Ces régimes couvrent plusieurs lignes tarifaires et marchés automobiles. Cependant, l'industrie automobile nécessite l'élargissement de la portée de ces régimes, afin de couvrir davantage de marchés et de produits. En outre, la demande vise d'augmenter le taux de remboursement de ces régimes.

Dans ce cadre, l'inde met en place deux programmes qui sont :

Programme de marché ciblé (FMS) : s'intéresse à la couverture de plusieurs pays pour inclure d'autres destinations d'exportation telles que le Bangladesh, le Chili, la Colombie, Israël, l'Indonésie, les Philippines et le Sri Lanka.

Programme de produits ciblés (FPS) : se concentre sur la couverture des véhicules électriques et certaines pièces de deux-roues pour inclure d'autres lignes tarifaires automobiles. L'incitation accordée dans le cadre du Focus Product Scheme est équivalente à l'incitation accordée dans le cadre du Focus Market Scheme (c'est-à-dire 3 % de FOB).

Alors, pour la mise en œuvre de cette mesure incitative, l'Inde impose de :

- Réduire la documentation pour le dépôt des demandes de taux de marque et de ristourne de droits.
- Réduire le taux des droits de douane à 1%.
- Réduire les exigences en matière de documentation lors de l'exportation vers les pays voisins.
- Offrir des incitations à l'exportation plus élevées pour les composants à valeur ajoutée tels que la fabrication de moteurs dans le pays, pour permettre à l'entreprise d'installer une usine en Inde et de commencer à exporter dans le monde entier.
- Initier un nouveau programme tel que la création d'un consortium d'entreprises du cluster pour s'appuyer sur le développement des exportations. Les associations professionnelles devraient être encouragées à assumer ce rôle.

Ainsi, l'impôt minimum alternatif peut être supprimé pour les recettes d'exportation, ce qui est disponible dans de nombreux autres pays en développement « Export Focus ».

**Résumé des mesures incitatives**

D'après nos lectures sur la stratégie industrielle automobile en Inde en général et le secteur du câblage automobile en particulier, nous pouvons présenter un bref résumé sur les mesures incitatives à l'investissement en Inde, autrement dit les facteurs d'attractivité et de compétitivité du territoire indien, en quatre points soient :

- Le soutien politique est crucial pour le développement du secteur. Ceci inclut les politiques libérales pendant le milieu des années 1990, favorisant des allégements fiscaux et des réformes de la réglementation en matière de fonds propres et de cours de change. Aussi, la réduction des droits de douane imposés sur les exportations et le changement dans les politiques bancaires contribuent certainement à l'expansion et à la croissance du secteur. Sans oublier, la suppression des barrières relative au capital investissement.
- La politique publique s'intéresse toujours à l'encouragement de la recherche et développement, et la technologie.
- L'action publique indienne[304] touche à l'élargissement du marché via la conclusion et la négociation de nombreux accords de libre-échange et accords préférentiels. Actuellement, le pays est en négociation pour la conclusion de 18 accords (Association of East-Asian Nations-India Regional Trade and Investment Area; Afghanistan-India Preferential Trade Agreement; Bay of Bengal Initiative for Multi-Sectoral Technical and Economic Cooperation Free Trade Area; Chile-India Preferential Trade Agreement; China-India Regional Trading Arrangement; Egypt-India Free Trade Agreement; European Free Trade Area India Economic Partnership Agreement; European Union-India Trade and Investment Agreement; Gulf Cooperation Council India Free Trade Agreement; India-Indonesia Comprehensive Economic Cooperation Arrangement; India-Japan (Comprehensive) Economic Partnership Agreement; India-Malaysia Comprehensive Economic Cooperation Agreement; India-Mauritius Comprehensive Economic Cooperation and Partnership Agreement; India-Mercado del Sur Preferential Trade Agreement; India-MERCOSUR-SACU Trilateral Free Trade Agreement; India-Russia Comprehensive Economic Cooperation Agreement; India-South Korea Comprehensive Economic Partnership Agreement; India-Southern African Customs Union Comprehensive Free Trade Agreement.).

### *3.7.3.2. Comparaison entre le Maroc et l'Inde au niveau du secteur automobile*

Avant d'entamer cette comparaison, il est préférable de se rappeler que les relations entre le Maroc et l'Inde remontent au XIVe siècle

304 )- https://www.indiantradeportal.in/ (consulté le 05/10/2021).

quand Ibn Battouta avait effectué un voyage en Inde. Ses écrits sur la société indienne médiévale constituent une source importante d'informations historiques.

En effet, lors de cette dernière décennie, les hauts dirigeants des deux pays portent un intérêt au développement des relations bilatérales, comme en témoigne, en particulier, la visite de Sa Majesté Le Roi Mohammed VI, en octobre 2015, en marge de la participation du Royaume au sommet Inde-Afrique, qui permet des perspectives de coopération prometteuse, pouvant s'étendre au continent africain, et offrant la possibilité pour les entreprises marocaines et indiennes, désireuses de mutualiser leurs efforts et leurs moyens de créer des joint-ventures profitables aux parties concernées.

Ainsi, au-delà de la nécessité d'exploiter de manière optimale leur potentiel commercial, les deux pays ont intérêt à renforcer leur coopération économique, à travers la réalisation d'investissements conjoints dans des secteurs nouveaux et porteurs, tels que l'industrie automobile et aéronautique, l'agroalimentaire, l'industrie pharmaceutique, les énergies renouvelables, les technologies digitales... Mais l'éloignement géographique représente une importante menace pour le développement de leurs champs de coopération économique et industrielle.

Pour toutes ces raisons, nous relevons dans la comparaison entre les deux pays au niveau du secteur automobile d'après les présentations ci-dessus les différences suivantes en termes de mesures incitatives à l'investissement, telles que :

**Financement des crédits**

Comme nous savons, le financement fait partie intégrante de l'activité véhicules ; si bien pour les véhicules commerciaux que pour les véhicules de tourisme. Nous remarquons qu'en Inde les producteurs trouvent des difficultés à obtenir un financement à long terme pour une période de 3 à 5 ans au-delà de la durée habituelle qui peut aller jusqu'à un an, conformément aux dispositions existantes., au contraire à leurs concurrents dans d'autres pays, notamment le Maroc.

En conséquence, plusieurs constructeurs automobiles indiens tentent de cibler des pays d'Afrique, du Moyen-Orient et d'Amérique latine, à cause de l'absence de sources adéquates de financement à long terme.

**Couverture limitée des automobiles dans les régimes existants**

En inde, les régimes existants ne couvrent que quelques lignes tarifaires automobiles et quelques pays ciblés contrairement au Maroc, sachant que ce critère pèse beaucoup sur l'exportation et la compétitivité de cette industrie.

**Tarifs élevés dans les pays de destination des exportations**

Les constructeurs de véhicules en Inde explorent de nouveaux marchés et, dans certains pays, ils sont confrontés à des contraintes/structures de charges élevées qui peuvent ne pas être applicables à leurs concurrents, notamment le Maroc.

En outre, nous constatons que la stratégie industrielle automobile en Inde cherche à renforcer la nouvelle technologie, la recherche et le développement. Elle se focalise plus particulièrement sur les types du carburant. D'où, l'inde investit fortement dans les nouveaux carburants qui répondent aux normes environnementales. Chose que le Maroc n'a pas encore instaurée d'une manière officielle.

En conclusion, compte tenu de l'expérience de l'Inde dans le secteur automobile, le Maroc doit investir dans sa relation bilatérale avec ce pays, tout en le rendant un partenaire privilégié.

### 3.7.4. Le quatrième pays : la THAÏLANDE

Aujourd'hui, la Thaïlande occupe une position importante dans la production automobile mondiale, car ce pays présente (selon le rapport de l'organisation internationale des constructeurs automobiles, 2017)[305] :

- Le premier constructeur automobile en Asie du Sud-Est.
- Le sixième producteur de véhicules commerciaux dans le monde.
- Le deuxième producteur de ramassage d'une tonne dans le monde.
- Le douzième producteur automobile dans le monde.

La Thaïlande augmente sa production à 3.500.000 unités de véhicules à moteur. Elle exporte 1.188.515 automobiles, ce qui rapporte plus de 18 milliards de dollars au pays. Autrement dit, la valeur des exportations évolue à un rythme plus rapide que celui de l'exportation. La Thaïlande est classée au 2e rang des plus gros exportateurs d'automobiles en Asie. La principale destination d'exportation comprend l'Australie, les Philippines, l'Indonésie, le Japon et la Malaisie[306].

---

305)- https://www.oica.net (consulté le 05/10/2021).

306)-https://www.oecd.org/mena/competitiveness/Compact-for-Economic-Governance-Morocco-EN.pdf (consulté le 05/10/2021).

Pour cela, aujourd'hui la Thaïlande présente un « hub automobile d'Asie ».

En effet, afin de mener une étude comparative entre le Maroc et la Thaïlande, nous proposons de commencer d'abord par une présentation du secteur de l'industrie automobile thaïlandais, ensuite, un examen des mesures incitatives à l'investissement qu'offre la Thaïlande, et enfin, un essai de comparaison entre les deux pays.

### *3.7.4.1. Présentation du secteur de l'industrie automobile en Thaïlande*[307]

L'industrie automobile thaïlandaise connaît un développement depuis 50 ans. Elle est devenue la plus grande plaque tournante de l'automobile en Asie du Sud-Est, elle est passée d'assembleur de composants automobiles à un centre de production et d'exportation de premier plan.

Aujourd'hui, cette industrie progresse en continu et s'efforce d'ajuster sa politique industrielle automobile en respectant l'environnement.

En effet, la situation des firmes automobiles en Thaïlande peut être décrite en donnant l'exemple de deux constructeurs Toyota et Nissan qui implantent leur première usine de production en 1962, aussi que la plupart des constructeurs automobiles japonais et de nombreuses grandes entreprises automobiles américaines, européennes et chinoises disposent de leurs usines de production en Thaïlande, dont les assembleurs automobiles attirent plus de 710 fabricants de pièces automobiles, et 1700 entreprises de soutien dans le pays. Ces fournisseurs de pièces automobiles sont les plus importants, car ils aident à façonner la structure de l'industrie avec sa chaîne d'approvisionnement complète jusqu'à nos jours.

L'industrie thaïlandaise des pièces automobiles constitue un facteur de soutien important contribuant à la croissance rapide de l'industrie automobile thaïlandaise.

Plus de 60% des plus grands fournisseurs de pièces détachées dans le monde ont leur centre de production en Thaïlande. Les constructeurs locaux fournissent également 80% à 90 % des pièces utilisées dans la production de véhicules automobiles dans le pays[308].

---

307)-https://www.adb.org/sites/default/files/publication/411926/ewp-519-thailand-automotive-manufacturingc-corridor.pdf (consulté le 05/10/2021).

308)-https://www.boi.go.th/upload/content/BOI-brochure%202015-automotive-20150325_70298.pdf (consulté le 05/10/2021).

En somme, cette réussite n'est plus au hasard, elle est due à un ensemble de mesures incitatives à l'investissement permettant aux investisseurs de choisir la Thaïlande pour s'implanter. Dans le paragraphe suivant, nous essayons de présenter un examen global de ces incitations à l'investissement.

#### *3.7.4.2. Mesures incitatives à l'investissement : facteurs d'attractivité et de compétitivité*

La Thaïlande s'attend à être une base mondiale de la production automobile verte avec une mise en œuvre de technologies de pointe. Un demi-siècle de profession fait de la Thaïlande la meilleure destination d'investissement, et aussi pour la prochaine génération automobile du monde. Tout en se basant sur les facteurs d'attractivité et de compétitivité suivants :

**Avantage géographique**[309]

La Thaïlande est idéalement située au centre de la péninsule d'Indochine, et reliée à 2 milliards de personnes en Asie du Sud-Est, et en Chine par terre et par mer avec une bonne infrastructure. La troisième phase d'expansion du port en eau profonde de Laem Chabang permet également de fournir une capacité d'exportation pouvant atteindre 3 millions de voitures, l'un des ports maritimes les plus actifs au monde.

Bref, la situation géographique du pays, au cœur de l'Asie, où les nouveaux marchés émergents ont de grands potentiels économiques.

**Corridor économique de l'Est : CEE**

L'initiative du corridor économique de l'Est s'intéresse à faire répondre l'industrie automobile à la prochaine génération en Thaïlande, en particulier dans l'industrie des véhicules électriques (EV). Dans ce cadre, Il dispose d'un centre national d'essais et de pneus automobiles, il est le premier et le seul centre d'essais automobiles d'Asie du Sud-Est qui est prêt pour la fabrication de voitures et de pneus depuis 2018. Il offre également des tests automobiles et de pneus qui répondent aux normes internationales. Cela contribue à renforcer la position de la Thaïlande, en tant que plaque tournante mondiale de la fabrication automobile.

---

309)- https://www.adb.org/sites/default/files/project-documents/53239/53239-001-rrp-en.pdf (consulté le 05/10/2021).

L'objectif du corridor économique de l'Est est d'élargir la chaîne de valeur de l'industrie automobile, en mettant particulièrement l'accent sur la conception d'intégration de surface et le prototypage.

**Main-d'œuvre qualifiée abondante**

La Thaïlande se caractérise par une main-d'œuvre qualifiée. Il compte plus de 700.000 employés dans l'industrie automobile depuis 2016, couvrant tous les processus de production de l'industrie automobile thaïlandaise. La Thaïlande dispose de 29 universités et autres instituts qui proposent des programmes d'ingénierie automobile et mécanique, il est prévu dans les années prochaines que 61% de tous les effectifs de l'industrie automobile thaïlandaise sont des employés hautement qualifiés avec un diplôme professionnel élevé ou supérieur, 27% avec un baccalauréat en ingénierie, et 5 % avec une maîtrise ou plus. De nombreux assembleurs automobiles en Thaïlande, à savoir Isuzu, Toyota et Honda, ont leurs propres programmes de formation des employés qui leur permettent d'améliorer leur compétitivité et leur efficacité. En termes de coût, selon de nombreux observateurs, la faiblesse des coûts salariaux des pays d'Asie constitue une incitation décisive à se localiser dans cette région.

En bref, La main-d'œuvre est peu chère, qualifiée et surtout diversifiée.

**La flexibilité du travail**

La Thaïlande offre également une certaine flexibilité du travail que l'on ne trouve pas en Europe. La durée du travail est de 8h par jour en Thaïlande et de 48h par semaine. De plus le minimum de repos est fixé à une journée, en général le dimanche. Cette législation sociale très flexible permet aux entreprises de disposer d'une main-d'œuvre beaucoup plus disponible et malléable.

**Recherche et développement**

La plupart des assembleurs automobiles dans le monde ont établi leurs centres de R&D et de formation en Thaïlande desservant l'Asie du Sud-Est et l'Asie-Pacifique. Cela souligne que la Thaïlande monte la chaîne de valeur vers une production automobile à plus grande valeur ajoutée.

**Incitations à la production des véhicules électriques**[310]

Actuellement dans le monde, il existe quatre types de véhicules électriques qui sont développés. Les deux premières technologies à développer sont les véhicules électriques hybrides et les véhicules électriques hybrides rechargeables avec deux systèmes respectifs : électricité-essence et électricité-diesel. Les derniers modèles de voitures électriques disponibles sont les véhicules électriques à batterie, alimentés uniquement par l'électricité, et les véhicules électriques à pile à combustible.

En Thaïlande, l'assemblage des véhicules électriques et hybrides existe selon la chronologie suivante :

Depuis 2009, la Toyota Camry, la Nissan X-Trail et la Honda Accord font un assemblage local des voitures électrique hybrides.

En 2013 Mercedes-Benz assemble ses moteurs hybrides Blue-TEC avant de passer à la plateforme véhicules électriques hybrides rechargeables. Elle produit actuellement quatre modèles de voitures électriques.

A partir de 2016, BMW a commencé l'assemblage des véhicules électriques hybrides.

D'ici 2036, la Thaïlande vise à augmenter le nombre de voitures électriques à 1,2 million et à obtenir 690 bornes de recharge à travers le pays. En se basant sur un programme annoncé pour l'encouragement des investissements de ce type de production.

De plus, le gouvernement a aussi annoncé des changements au taux de la taxe d'accise pour encourager les véhicules électriques. La taxe d'accise sur les véhicules électriques est maintenant de 2%, en baisse de 10%. Les taux d'imposition pour les hybrides et les véhicules hybrides rechargeables ont été réduits, en fonction de leurs niveaux d'émission.

En somme, la Thaïlande vise la production des voitures de nouvelle génération, en mettant en place des mesures incitatives et attractives.

**Incitations à la production des véhicules à gaz naturel**[311]

Le gouvernement thaïlandais met en place une initiative qui s'intéresse au véhicule à gaz naturel. Elle soutient le transport économe en carburant, elle comprend ainsi l'introduction de plus de 10 000 taxis au gaz naturel, une subvention au gaz naturel, une réduction des droits

310)- https://www.thailande-fr.com/ (consulté le 05/10/2021).
311)- https://www.thailande-fr.com/ (consulté le 05/10/2021).

d'importation sur les réservoirs GNV de 17 à 10% et une réduction des droits d'importation sur les pièces et composants du système.

**Excellent soutien du gouvernement**

L'industrie automobile est considérée comme la pierre angulaire de l'économie thaïlandaise, avec le soutien de nombreuses organisations dont l'Institut Automobile Thaïlandais (TAI), l'Association de l'industrie automobile thaïlandaise (TAIA), et l'association de véhicule électrique en Thaïlande (EVAT). Le plan directeur du gouvernement pour l'industrie automobile fixe les objectifs pour que la Thaïlande soit une base mondiale de production automobile verte avec de solides chaînes d'approvisionnement nationales qui créent une valeur plus élevée pour le pays.

**Des organisations de soutien solides**

La Thaïlande dispose des principaux organismes de soutien suivants :

L'Institut Automobile Thaïlandais :

Il s'agit bien d'un institut d'apprentissage et de développement de la technologie et de la mobilité intelligente, respectueuse de l'environnement et socialement bénéfique, cet institut assure les missions suivantes :

- Être un centre de connaissances et d'expertise pour le développement de l'industrie automobile.
- Soutenir le fonctionnement des organisations dans le développement de normes de test, d'inspection et d'innovation
- Développer les ressources humaines dans l'automobile, les pièces automobiles et l'industrie connexe
- Pour étendre la recherche et le développement et améliorer les compétences de l'entrepreneur pour plus de productivité.
- Collaborer avec des organisations thaïlandaises et internationales pour le développement de l'industrie automobile.

Le ministère de l'Industrie : a pour mission principale d'assurer la réglementation du secteur automobile, par :

- Administrer et gérer les politiques.
- Promouvoir et soutenir l'industrie et l'investissement ainsi que l'entrepreneur.

Le gouvernement soutient la production de voitures respectueuses de l'environnement en offrant diverses incitations aux fabricants telles qu'une exonération de l'impôt sur le revenu pour une période fixe, des incitations fiscales portant sur les droits d'accise mais également d'autres incitations fiscales. À l'instar des éco-voitures, le gouvernement s'intéresse aussi aux véhicules électriques (« electric vehicles » ou « EV »). Afin de promouvoir la production d'EV, le Conseil d'investissement de la Thaïlande renonce aux droits d'importation sur les véhicules à batterie et fournit des mécanismes d'incitation à la production de véhicules à batterie électrique (« battery electric vehicules » ou « BEV »).

L'Association de l'industrie automobile thaïlandaise : est la principale organisation qui est acceptée d'assurer un rôle dans la promotion du développement de l'industrie automobile, et des pièces détachées automobiles. Elle représente un moyen de communication entre les membres et les organisations liées à l'automobile, tant au niveau national qu'international, elle agit en tant que centre des opérateurs de l'industrie automobile thaïlandais, en assurant les missions suivantes:

- Promouvoir l'image de l'association et de l'industrie automobile et des pièces détachées, pour qu'ils soient acceptés par son pays et au niveau international.
- Jouer un rôle important dans la promotion du développement de l'industrie automobile et des pièces détachées y compris les réseaux de soutien industriel, tels que les centres de recherche, les centres d'essais, les établissements d'enseignement, l'infrastructure et le personnel, etc., pour accroître la compétitivité, et la valeur ajoutée de l'industrie, afin d'être une base durable pour l'industrie automobile et des pièces détachées du monde.
- Participer aux présentations politiques.
- Prévoir de travailler avec le gouvernement, et agences associées y compris la réduction des obstacles dans les opérations industrielles.
- Coordonner à la fois des informations et des nouvelles avec tous les secteurs concernés, tant au pays qu'à l'étranger
- Construire la coopération entre les membres pour participer à l'association.
- Aider à faire avancer la mission de l'association.

**L'association de véhicule électrique en Thaïlande**

Le gouvernement thaïlandais s'intéresse à la technologie des véhicules électriques, par le lancement d'une politique de promotion des véhicules électriques en Thaïlande. Ce soutien encourage un secteur universitaire et privé en Thaïlande à discuter et à créer l'Association des véhicules électriques de Thaïlande.

Cette association vise principalement à promettre l'utilisation des véhicules électriques en Thaïlande, par la prise en charge de la fabrication industrielle et de la recherche et du développement sur les technologies qui portent sur les véhicules électriques. Ce qui permet par conséquent de renforcer et augmenter la compétitivité des entrepreneurs thaïlandais de véhicules électriques sur le marché mondial.

Cette association vise à répondre aux objectifs suivants :

- Promouvoir et annoncer une utilisation appropriée et sûre des véhicules électriques auprès du public.
- Soutenir et consulter la réglementation, la normalisation et les solutions opérationnelles qui conduisent au déploiement, à la fabrication et à la recherche de développement pour le véhicule électrique en Thaïlande.
- Soutenir l'échange de connaissances et la collaboration technologique innovante sur les véhicules électriques et toutes les technologies connexes.

Bref, la politique gouvernementale est globalement en faveur de l'investissement et encourage le libre-échange, ainsi il existe de nombreuses agences gouvernementales venant en aide aux investisseurs, étrangers comme nationaux.

En plus de ces avantages dédiés à l'industrie automobile, le gouvernement thaïlandais met en place un ensemble d'avantages, en faveur des investisseurs étrangers, il s'agit bien de :

La Thaïlande représente la deuxième économie de l'Association des Nations de l'Asie du Sud-Est, elle est un pays à revenu intermédiaire supérieur, qui applique des politiques favorables aux investissements. Dans ce contexte, le Board of Investment de Thailande[312] (BOI) accorde des incitations fiscales et non fiscales aux projets d'investissement admissibles en Thaïlande, accessibles aux investisseurs thaïlandais et étrangers. Ces incitations sont organisées par les éléments suivants :

- Selon la mise en place des politiques de promotion des investissements :

Afin de réaliser cette vision, le Board of Investment détermine des politiques de promotion des investissements comme suit :

1. Promouvoir les investissements qui contribuent à renforcer la compétitivité nationale en encourageant la R&D, l'innovation, la

312)- https://www.boi.go.th/index.php?page=add_investment. (Consulté le 25/10/2021).

création de valeur dans les secteurs agricole, industriel et des services, les PME, la concurrence loyale et la croissance inclusive

2. Promouvoir des activités respectueuses de l'environnement, économiser l'énergie ou utiliser des énergies alternatives pour favoriser une croissance équilibrée et durable

3. Promouvoir les clusters pour créer une concentration des investissements en fonction du potentiel régional et renforcer les chaînes de valeur

4. Promouvoir les investissements dans les provinces frontalières du sud de la Thaïlande pour aider à développer l'économie locale, ce qui soutiendra les efforts visant à renforcer la sécurité dans la région

5. Promouvoir des zones spéciales de développement économique, en particulier dans les zones frontalières, tant à l'intérieur qu'à l'extérieur des zones industrielles, pour créer une connectivité économique avec les pays voisins et préparer l'entrée dans la Communauté économique de l'ASEAN (AEC)

6. Promouvoir les investissements thaïlandais à l'étranger pour améliorer la compétitivité des entreprises thaïlandaises et le rôle de la Thaïlande dans l'économie mondiale.

Aussi que :

- Les mesures d'amélioration de l'efficacité de la production : porte sur la promotion des investissements pour améliorer l'efficacité de la conservation de l'énergie, l'utilisation d'énergies alternatives ou l'atténuation de l'impact sur l'environnement, la mise à niveau et le remplacement des machines, la recherche et le développement ou la conception technique, et la mise à niveau de la chaîne de production pour obtenir une certification internationale de durabilité.
- La mise en place d'une politique de la promotion des investissements industriels dans les provinces frontalières du sud de la Thaïlande.
- La mise en place d'une politique de la promotion des investissements pour l'investissement dans les zones économiques spéciales.
- La mesure de promotion des investissements dans le corridor économique oriental.
- La mesure de promotion des investissements pour l'économie de base
- La mesure de stimulation des investissements

- La mesure de promotion des investissements visant à encourager les entreprises à être cotées à la Bourse de Thaïlande ou au Marché des investissements alternatifs.

En résumant, nous pouvons citer les mesures incitatives que le gouvernement thaïlandais met en place, en :

- Des incitations fiscales qui comprennent une exonération de l'impôt sur le revenu des sociétés, des incitations en matière de droits d'importation de machines et de matières premières, ainsi que d'autres incitations non fiscales (la propriété foncière pour les entreprises étrangères, retrait ou remise d'argent à l'étranger en devises étrangères, et privilèges de visa et de permis de travail pour les expatriés).
- Des incitations sont accordées aux investisseurs en recherche et développement dans les domaines de la technologie et de l'innovation, de la formation aux technologies avancées, de la stratégie Industry 4.0, de régions spécifiques telles que les 20 provinces ayant le plus faible revenu par habitant, du développement de zones industrielles (pour les projets qualifiés basés dans des zones industrielles), des parcs scientifiques et technologiques, des zones du corridor économique oriental et de quatre provinces situées à la frontière sud et des quatre districts de Songkhla.

Nous choisissons aussi de citer les points faibles[313] tels que :

- Un manque d'infrastructures et d'innovation, une incertitude politique, et un endettement des ménages élevé en Thaïlande.
- Une forte connivence entre les milieux économiques et politiques et des conflits d'intérêts.

### *3.7.4.3. Comparaison entre le Maroc et la Thaïlande au niveau du secteur automobile*

La comparaison entre le Maroc et la Thaïlande au niveau du secteur industriel automobile en général et les incitations à l'investissement en particulier permet de relever des différences phares. Parmi elles, nous relevons la vision stratégique des deux pays. D'une part, la vision stratégique thaïlandaise stipule un plan d'action qui s'intéresse essentiellement à la promotion du véhicule prochaine génération, autrement dit, le véhicule hybride, véhicule électrique, véhicule à gaz naturel… D'autre part, le Maroc n'a pas encore instauré cette nouvelle génération des véhicules d'une manière officielle.

---

313)- https://export.agence-adocc.com/fr/fiches-pays/thailande (consulté le 25/10/2021).

En conclusion, compte tenu de l'expérience de la Thaïlande dans le secteur automobile, le Maroc doit investir dans sa relation bilatérale avec ce pays, tout en le rendant un partenaire privilégié.

### 3.7.5. Comparaison générale

En conclusion de cette étude comparative, nous pouvons avancer que :

Comparé avec les pays de son continent (Tunisie), le Maroc vient en première position en termes qu'il représente aujourd'hui le premier hub de construction africain. Cela est dû certainement à sa politique industrielle particulièrement remarquable par des mesures incitatives exceptionnelles, Et aussi, ses réalisations en termes d'exportation et de création d'emplois.

Comparé avec les pays développés de l'Europe (France), nous constatons que ce pays à titre d'exemple est ambitieux par la construction et la commercialisation des voitures électriques, autrement dit, il a déjà une stratégie et une feuille de route bien déterminée à ce propos. Alors que pour le Maroc même s'il devient aujourd'hui une plateforme de production et d'exportation d'équipements et de véhicules automobiles, confortée par les implantations de groupes étrangers de nom tels que RENAULT, DELPHI, YAZAKI, SEWS, SAINT-GOBAIN et plus récemment PSA Peugeot Citroën, il ne détient pas encore une vision claire pour ce nouveau type de production.

Comparé avec les pays émergents de l'Asie (Thaïlande et Inde) nous constatons que les deux pays s'intéressent de plus de la production de la voiture électrique, et la voiture à gaz naturel.

# Conclusion du chapitre

Ce chapitre relève d'une grande importance pour notre ouvrage, car il nous permet de choisir et d'expliquer la méthodologie à suivre présentée dans une première section, et de construire une base de données et de connaissances solide, pour entamer l'analyse et l'interprétation du travail de cet ouvrage, traitées dans une deuxième section.

La première section s'intéresse au cadre méthodologique et opératoire qui conduit le travail de cet ouvrage. Elle définit la problématique et précise le paradigme épistémologique. Le point de départ se base sur une méthode hypothético-inductive, par laquelle, la recherche sur le terrain permet la formulation des hypothèses, dont nous pouvons dire que les variables extraites de la littérature représentent l'aide à la réflexion, et à la structuration de la première grille d'entretien.

Concrètement, d'abord les caractéristiques de notre travail effectué dans le cadre de cet ouvrage telles que : l'identification des facteurs d'attractivité et de compétitivité du secteur industriel automobile justifient clairement l'inscription épistémologique et la nature qualitative du dispositif utilisé. Ainsi, l'ambition d'étudier l'importance de chaque facteur dans la décision du choix de la localisation industrielle, et l'apprentissage qui en découle, nous amène à considérer ce phénomène comme un objet qui ne peut être observé directement, mais à travers l'analyse des interprétations et des perceptions, que réalisent les acteurs des faits et des événements explicatifs de ce processus.

Ensuite, nous présentons la stratégie retenue d'accès au réel, et étant donnée la visée exploratoire de notre travail, nous choisissons une approche qualitative mobilisant deux études empiriques : l'une porte sur une étude de cas et l'autre s'intéresse à des entretiens réalisés auprès d'une dizaine d'entreprises spécialisées dans le câblage automobile au Maroc. En ce qui concerne la logique qui oriente la mise en œuvre du travail de l'ouvrage, nous choisissons une modélisation méthodologique depuis le cadre théorique jusqu'à la validation des résultats, tout en passant par des entretiens semi-directifs, des questionnaires ; l'analyse documentaire, l'analyse des données et l'observation non participante dans un objectif de contextualiser le phénomène étudié. De plus, les techniques d'analyse des données se réfèrent à l'analyse thématique, menée pendant et après la production des données, afin de donner du sens aux informations recueillies. Quant à la restitution du cas, elle est fortement orientée par la nature contextualiste du dispositif d'ouvrage. Aussi que, le choix de l'approche qualitative demeure insuffisant pour obtenir des résultats plus fiables, d'où le recours à l'approche quantitative, tout en gardant le même échantillon statistique, et les mêmes instruments, car la recherche sur le contenu dans notre cas, vise à montrer et à expliquer les liens d'impact existants entre les variables qui composent l'objet de l'ouvrage.

Enfin, nous pouvons dire que cette section clarifie le positionnement méthodologique et épistémologique de la recherche. Il facilite le déploiement de la démarche de recherche au sein de l'organisation décrite dans la section suivante.

La deuxième section présente l'étude de contextualisation du présent ouvrage. D'abord, elle expose un rappel de l'ensemble des politiques industrielles, sous forme d'un bilan desdites politiques adoptées par le Maroc depuis l'indépendance, et caractérisé par un mode d'organisation économique original, combinant une substitution des importations et une promotion des exportations soutenue par une sous-traitance internationale, une libéralisation économique progressive, une ouverture à l'investissement direct étranger (IDE) et le développement des industries exportatrices dans le cadre des nouvelles stratégies d'émergence industrielle nommées le Pacte d'Emergence, le Pacte National pour l'Emergence Industrielle à partir de 2005, et en dernier temps le Plan d'Accélération Industriel, basé sur la nouvelle approche de l'écosystème, en montrant la présence de l'action publique encore large, et fort interventionnisme. Ensuite, nous présentons l'évolution du secteur de l'industrie automobile marocain, par un rappel de son historique, une description de ses principaux acteurs, une focalisation sur les mesures incitatives à l'investissement pour les nouveaux investisseurs étrangers en général, et celles de la filière du câblage en particulier.

Puis, pour répondre à l'objectif de constituer une base des connaissances solide, il nous semble important de se baser sur des interviews d'un ensemble des acteurs publics responsables sur la réussite du Plan d'Accélération Industrielle. Et enfin, nous menons une étude comparative entre le Maroc et ses pays concurrents. Cette étude est caractérisée par une exhaustivité de choix des pays basée sur la différenciation du développement industriel automobile. Cette étude nous informe sur la compétence industrielle de chaque pays concurrent et du Maroc. Ainsi, l'étude aboutit à : Le Maroc doit investir au niveau de la voiture électrique, dont il dispose de plusieurs atouts, et privilégier sa politique d'investissement par rapport à la voiture à gaz naturel. Cette étude comparative a pour objectif principal de nous informer sur le niveau de développement du secteur dans les pays concurrents, afin de déduire la position de notre pays

En définitive, cette contextualisation représente un état récapitulatif des connaissances, soit-disant une base d'un dossier scientifique pour notre ouvrage, favorisant le recours au chapitre suivant qui s'intéresse à l'analyse et l'interprétation des résultats.

# Chapitre IV : Présentation, Analyse et Interprétation des résultats

Le troisième chapitre a permis d'exposer les principaux choix méthodologiques retenus pour conduire du présent travail d'ouvrage et d'appréhender les facteurs d'attractivité et de compétitivité du secteur automobile dans un contexte particulier, en l'occurrence le Maroc.

L'objectif du présent chapitre est de présenter et d'interpréter les résultats de ce travail d'ouvrage, à travers l'analyse des différentes hypothèses de notre problématique. En effet, pour mieux valider son construit scientifique, nous proposons de le traiter en deux sections.

La première s'articule autour de deux axes essentiels : d'une part une présentation descriptive des données et des résultats bruts. En effet, nous exposerons les principaux résultats de l'enquête et l'étude de cas opérant dans la filière du câblage automobile. Il ressort de notre étude de contextualisation que ce secteur se prête beaucoup plus à une analyse plus fine de la question des mesures incitatives à l'investissement au Maroc. D'autre part, nous visons plus particulièrement, à travers les entreprises enquêtées à analyser les différents facteurs d'attractivité et de compétitivité, à étudier leur significativité, ainsi que de mesurer l'intensité entre ces derniers. En rappel, cette présentation et interprétation se basent sur une approche méthodologique mixte à dominance qualitative. L'approche quantitative est utilisée pour présenter une photographie instantanée et empirique des résultats, qui du reste sont le reflet des données qualitatives.

La deuxième a pour ambition d'un côté de compléter les premiers éléments de réponse, relatifs à notre question centrale de cet ouvrage, à savoir l'identification et la détermination des facteurs d'attractivité et de compétitivité territoriales comme des clés principaux de la décision du choix de la localisation, et de l'autre côté de contribuer plus largement à l'amélioration de la stratégie nationale de l'industrie automobile au Maroc, en se focalisant sur l'action publique. Cette section présente une synthèse globale et des perspectives du travail de cet ouvrage, dans lesquelles nous discuterons les enseignements tirés au regard de la littérature.

Notre ouvrage est couronné par une conclusion brossant les principales portées, limites et perspectives de ses travaux.

## Section 1 : Présentation et interprétation

Cette section s'intéresse à la présentation et l'interprétation de l'étude empirique. Elle est composée de deux travaux. Le premier analyse une enquête, et le deuxième examine une étude de cas. L'enquête menée est constituée de neuf équipementiers spécialisés en câblage automobile. Ils ont été choisis selon un nombre précis de critères.

En effet, elle est structurée selon trois sous-sections.

La première s'intéresse à la présentation et l'interprétation descriptive de l'enquête réalisée, en utilisant des questionnaires ouverts (à caractère descriptif).

La deuxième analyse l'étude empirique, (l'analyse des données), en utilisant des questionnaires semi-directifs.

La troisième est réservée à la présentation d'une étude de cas réalisée au sein d'une multinationale « YAZAKI MOROCCO S.A-TANGER ». Cette étude de cas est considérée comme un complément justificatif de notre travail d'ouvrage.

### 1. Présentation et Interprétation descriptive des données de la recherche « Facteurs d'Attractivité et de Compétitivité »

La présentation des données du travail mené dans le cadre de cet ouvrage vise à restituer les éléments de réponse obtenus lors de la collecte des données par les différents instruments de collecte. Elle permet de présenter une tendance synoptique des différents facteurs d'attractivité et de compétitivité territoriales, grâce à l'ingénierie méthodologique.

En effet, le premier travail empirique se concrétise par une enquête lancée sur le terrain, elle est peut-être jugée la mieux adaptée pour trouver des réponses aux questions de recherche. Elle permet aussi de constituer une analyse fiable des résultats.

Dans cette optique, il nous apparait judicieux de faire une présentation sommaire du travail. Cette dernière est traitée selon deux éléments principaux. Le premier expose la méthodologie de l'enquête et le second expose la présentation descriptive des résultats.

## 1.1. Méthodologie d'enquête

La structure de la méthodologie de l'enquête se présente en deux dimensions.

La première traite la sélection des entreprises. Elle est réalisée selon des critères prédéfinis pour l'analyse qui sont :

Notre choix porte sur la catégorie des « équipementiers », elle représente la catégorie la plus dominante dans la filière du câblage automobile, et par conséquent elle constitue son moteur de croissance.

Les équipementiers automobiles implantés au Maroc se caractérisent par :

- La responsabilité technique et commerciale des composants essentiels des véhicules automobiles.
- Les seuls fournisseurs qui peuvent répondre aux exigences des constructeurs, en termes de coûts et de délais.
- Ils couvrent entre 60% et 70% du coût global de fabrication des véhicules. Ils ont en charge l'intégration des technologies en lien avec la transition numérique et la transition écologique concernant les composants principaux des véhicules automobiles.
- En termes d'innovation, les grands équipementiers consacrent entre 5% à 6% de leurs chiffres d'affaires en recherche et développement. Cette part dédiée ne cesse de croitre au vu des divers enjeux qui influent sur la filière automobile (à titre d'exemple, en 2016, Valeo[314] réserve 10% de son chiffre d'affaires à la recherche et développement, soit 1,6 milliards d'euros).
- Les compétences des équipementiers dépassent celles des constructeurs automobiles dans de nombreux domaines technologiques, ce qui leur confère une position très intéressante dans la chaîne de valeur de la mobilité. Nous assistons ainsi à un glissement qui permet à ces derniers de devenir des interlocuteurs directs des fournisseurs des services de mobilité.

La deuxième présente les conditions de la réalisation de l'enquête. Elles suivent trois étapes. La première détermine l'échantillon, la deuxième établit le questionnaire ouvert et la dernière présente le dépôt et la récupération des questionnaires (remplis par les entreprises).

En outre, il est vrai que la mission d'enquêter pour un travail d'étude n'est pas facile, suite aux nombreuses difficultés rencontrées auprès des entreprises. Le déroulement de cette enquête fait apparaitre plusieurs contraintes.

314)- www.valeo.com (consulté le 20/05/2019).

Dans ce contexte, nous souhaitons d'abord réaliser une vingtaine d'entretiens. Ce seuil nous semble convenable pour la fiabilité des données recueillies et la lisibilité des tendances que peut faire apparaitre la base de données. Cependant, nous ne pouvons pas atteindre ce niveau de réponses positives de la part des sociétés sollicitées. Cela est dû principalement à la confidentialité des entreprises et au manque de leur collaboration, la non-prise au sérieux du questionnaire par certaines, l'absence d'esprit de contribution à la réalisation d'un travail de recherche, et le manque du moindre d'effort pour répondre à des questions qui leur apparaissent inutiles.

Malgré toutes ces lacunes, nous avons pu récupérer 10 des 15 questionnaires déposés. Nous sommes aussi obligés d'abandonner quelques questionnaires, faute de temps. L'attitude de l'entreprise vis-à-vis de l'enquête en général est caractérisée par des refus catégoriques de répondre aux questionnaires, et des fois pour la non pertinence des informations communiquées. (L'entreprise n'est pas habituée aux enquêtes, et se méfie beaucoup des enquêteurs qui viennent fouiller dans ses secrets).

## 1.2. Présentation descriptive des résultats

Cette présentation est composée de deux points essentiels. Le premier présente l'enquête et le deuxième propose l'interprétation des résultats.

En effet, elle étudie les entreprises à travers le cadre conceptuel prédéfini. Son organisation se présente comme suit :

Dans un premier temps, nous traitons succinctement le contenu du questionnaire et le dépouillement des données.

Dans un deuxième temps, nous présentons les résultats de l'enquête d'une manière descriptive.

### 1.2.1. Présentation de l'enquête

#### *1.2.1.1. Le questionnaire*

Rappelons que l'enquête par questionnaire est une méthode de recherche d'information basée sur un ensemble de questions et de témoignages, permettant de mieux connaître une situation et l'analyser.

Alors, afin d'avoir des réponses à nos questions, l'élaboration d'un questionnaire s'impose comme un moyen indispensable.

Notre questionnaire est divisé en quatre volets :

- Le premier volet s'intéresse aux généralités de l'entreprise. (adresse, statut juridique, société mère, capital, date de création, nombre de sites de production au Maroc).
- Le deuxième volet est relatif au fonctionnement de l'entreprise. Il renferme les variables relatives à la logistique de l'entreprise. Ces variables sont au nombre de quatre qui sont : l'achat des matières premières, des équipements, et des pièces de rechange, la valeur de l'achat en importation et en exportations ainsi que les pays fournisseurs des matières premières et ceux destinataires des produits.
- Le troisième volet présente l'objectif de cette enquête. Il s'agit bien d'identifier les facteurs d'attractivité et de compétitivité territoriale, et de voir quel degré d'importance leurs donnent ces entreprises. Et d'introduire d'autre part la variable relative à l'implantation au Maroc. (il s'agit bien du travail d'ouvrage, il se concrétise par des questions ouvertes).
- Le quatrième volet sera consacré à l'écoute des propositions et des avis des dirigeants sur la compétitivité et l'attractivité du territoire marocain. (nous pourrons noter que cette partie du questionnaire permet une grande compréhension des attentes des entreprises de l'écosystème du câblage).

Ainsi, pour chaque volet, nous présentons une introduction décrivant son intérêt par rapport à notre travail, les variables qui la constituent, et enfin une interprétation résumant les résultats obtenus.

#### *1.2.1.2. Le dépouillement des données*

Après avoir présenté l'enquête de terrain, et dépouillé les questionnaires, nous procédons enfin à l'analyse des données collectées. Ces données sont traitées par l'utilisation du logiciel STATA (un logiciel statistique généraliste. Il se caractérise par la simplicité et la polyvalence. Il permet de manipuler facilement des bases de données et de mener une grande variété d'analyses).

#### *1.2.1.3. Présentation des résultats*

A ce niveau, nous essayons de clarifier, de déterminer et d'identifier les facteurs principaux d'attractivité et de compétitivité du territoire marocain dans le secteur automobile. La plupart des variables utilisées dans l'échantillon sont de caractère quantitatif et qualitatif, où le qualitatif règne. De plus, le nombre important des variables qui existe dans la présente étude rend nécessaire d'utiliser un logiciel complet de statistiques, permettant un traitement aisé et rapide des données, soit STATA.

Dans ce sens, après avoir présenté l'enquête de terrain, et récupérer les questionnaires, nous choisissons de présenter et d'interpréter les résultats issus de l'enquête, en commençant d'abord par des variables quantitatives. Ensuite, en étudiant des variables qualitatives.

Selon Jean-Claude Usinier[315] : « De nombreux matériaux sont qualitatifs, mais peuvent s'avérer d'excellents indicateurs de certaines situations ou variables ».

### 1.2.2. Variables quantitatives : Identification et caractéristiques des entreprises

#### *1.2.2.1. Présentation de l'échantillon*

Pratiquement, la présentation de notre échantillon se concrétise par l'identification de chaque entreprise enquêtée. Cette identification est représentée au tableau suivant:

**Tableau 8:Identification des entreprises enquêtées**

| Raison sociale | Adresse | Statut juridique | Date de création | Société mère | Capital social | Nombre de site de production |
|---|---|---|---|---|---|---|
| **SE BORDNETZE MOROCCO SARL** | Zone franche de Tanger | S.A.R.L | 2001 | SEBN GMBH | 51 600 000 | 2 |
| **FUJIKURA AUTOMOTIVE MOROCCO** | Kenitra Maroc | S.A | 2011 | FUJIKURA AUTOMOTIVE EUROPE | 25 990 000 | 2 |
| **LEAR AUTOMOTIVE MOROCCO SA** | Zone franche de Tanger | S.A | 2003 | LEAR CORPORATION | 25000000 | 3 |
| **LEONI WIRING SYSTEMS BOUSKOURA** | Zone industriel Bouskoura | S.A | 1989 | LEONI WIRING SYSTEMS ALLEMAND | 36 625 800 | 3 |

315)- Jean-Claude, U., Mark, E. S., & Richard, T. (1993). Introduction à la recherche en gestion. Paris: Economica.

| | | | | | | |
|---|---|---|---|---|---|---|
| **DELPHI MAROC** | 1. Tanger<br>2. T.F.Z<br>3. Kenitra | S.A | 1. 1999<br>2. 2007<br>3. 2012 | DELPHI PRODUCT AND SERVICE SOLUTIONS BRESIL | 95 530 000 | 3 |
| **YAZAKI KENITRA SA** | Kenitra | S.A | 2010 | YAZAKI CORPORATION (JAPON) | 89 327 000 | 1 |
| **LEONI WIRING SYSTEMS AIN SEBAA** | Ain Sebaa Casablanca | S.A | 1978 | LEONI WIRING SYSTEMS FRANCE | 30 000 000 | 2 |
| **SEWS CABIND MAROC** | Harrouda Mohammedia | S.A | 2001 | SEWS CABIND SPA (ITALIE) | 350 000 000 | 3 |

Nous constatons que la structure de cet échantillon est représentative des investissements internationaux. Les entreprises interrogées sont de diverses origines géographiques, mais en grande partie issues d'Europe, et offrent un reflet pertinent du tissu industriel marocain en câblage, car elles détiennent au moins un site de production au Maroc, ce qui confirme efficacement son attractivité.

### *1.2.2.2. Grandeurs économiques*

Notre ouvrage s'intéresse à la compétitivité de territoire, celle-ci se focalise notamment sur la capacité du territoire à aider à la création d'entreprise, faciliter leur développement, voire attirer des acteurs économiques extérieurs (délocalisation, création d'une seconde filiale ...). En effet, l'évolution du chiffre d'affaires, la croissance des effectifs salariés, et l'investissement forment des indicateurs économiques fiables pour les entreprises enquêtées, ils montrent ainsi :

- Le dynamisme de chaque entreprise,
- Le dynamisme des acteurs économiques présents sur le territoire.

Donc, le territoire marocain contribue efficacement à la dynamique de ces acteurs, ce qui impacte positivement la compétitivité.

Pratiquement, nous choisissons dans notre questionnaire de se baser sur trois grandeurs économiques. Ils permettent d'apprécier la compétitivité des entreprises. Les tableaux suivants portent sur l'ensemble des entreprises enquêtées, ils montrent ainsi la variation de leurs moyennes (moyenne arithmétique, dispersion statistique, valeur minimale et maximale).

**Chiffre d'affaires**

**Tableau 9:Traitement de « Chiffre d'Affaires »**

| Variable | Obs | Mean | Std. Dev | Min | Max |
|---|---|---|---|---|---|
| **Chiffre d'affaires~2015** | 8 | 9.82e+08 | 7.58e+08 | 1.559.909 | 2.59e+09 |
| **Chiffre d'affaires~2016** | 8 | 2.32e+10 | 6.19e+10 | 1.452.837 | 1.76e+11 |
| **Chiffre d'affaires~2017** | 8 | 8.14e+10 | 2.26e+11 | 1.513.837 | 6.42e+11 |

Nous constatons que :

- Trois moyennes arithmétiques de la valeur du chiffre d'affaires sont en croissance positive entre les années consultées.
- La dispersion statistique de la valeur du chiffre d'affaires de notre échantillon est en croissance d'une année à l'autre.
- La valeur minimale du chiffre d'affaires est en variation entre une diminution de 2015 à 2016 et une augmentation de 2016 à 2017.
- La valeur maximale du chiffre d'affaires est en croissance d'une année à l'autre.

**Investissement**

**Tableau 10:Traitement de « Investissement »**

| Variable | Obs | Mean | Std. Dev | Min | Max |
|---|---|---|---|---|---|
| **Investi~2015** | 8 | 1.47e+09 | 3.95e+09 | 152.605 | 1.13e+10 |
| **Investi ~2016** | 8 | 1.16e+10 | 3.26e+10 | 218.614 | 9.22e+10 |
| **Investi ~2017** | 8 | 1.70e+10 | 4.77e+10 | 90.736 | 1.35e+11 |

Nous remarquons :

- Une croissance positive de trois moyennes arithmétiques de la valeur d'investissement d'une année à l'autre.
- La dispersion statistique de la valeur d'investissement est en croissance d'une année à l'autre.
- La valeur minimale de l'investissement est en décroissance d'une année à l'autre.
- La valeur maximale de l'investissement est en croissance d'une année à l'autre.

**Effectif**

**Tableau 11:Traitement de « Effectif »**

| Variable | Obs | Mean | Std. Dev | Min | Max |
|---|---|---|---|---|---|
| **Effectif~2015** | 8 | 3.464 | 1.978,975 | 800 | 6.727 |
| **Effectif~2016** | 8 | 3.637,875 | 1.420,292 | 1.400 | 5.989 |
| **Effectif~2017** | 8 | 3.831,375 | 1.783,372 | 2.000 | 7.393 |

Nous distinguons :

- Trois moyennes arithmétiques du nombre d'effectifs selon chaque année, dont nous constatons une croissance positive entre les années consultées.
- La dispersion statistique du nombre d'effectifs est en variation entre une diminution de 2015 à 2016 et une augmentation entre 2016 à 2017.
- La valeur minimale du nombre d'effectifs est en croissance d'une année à l'autre.
- La valeur maximale du nombre d'effectifs est en variation entre une diminution de 2015 à 2016 et une augmentation de 2016 à 2017.

**La logistique**

En outre, il est important de présenter les caractéristiques logistiques des entreprises enquêtées. Il s'agit d'un côté d'étudier la part des achats de la matière première, des pièces de rechange et d'équipement de l'étranger. Et de l'autre côté, d'examiner leurs valeurs d'importation et d'exportation.

<u>Montant des achats des matières premières en 2015</u>

**Tableau 12:Traitement de « Montant des Achats en 2015 »**

| Variables | Obs | Mean | Std.Dev | Min | Max |
|---|---|---|---|---|---|
| **Montant des achats de matières premières** | 8 | 6.72e+07 | 5.57e+07 | 2.08e+07 | 1.89e+08 |

De ce tableau, nous relevons :

- Un montant de 67.200.000 dhs représente la moyenne arithmétique du montant des achats de la matière première de notre échantillon, ce montant est une mesure statistique standard pour le centre des données.
- Un montant de 55.700.000 dhs représente la dispersion statistique de l'ensemble des montants des achats de matières premières des entreprises.

- Un montant de 20.800.000dhs est la valeur minimale du montant des achats des matières premières de l'échantillon.
- Un montant de 189.000.000dhs est la valeur maximale du montant des achats des matières premières de l'échantillon.

Part des achats des matières premières de l'étranger en 2015

**Tableau 13 : Traitement de « Part des Achats des MP de l'Etranger en 2015 »**

| Variable | Obs | Mean | Interv | Interv |
|---|---|---|---|---|
| **Arithmetic** | 8 | .76125 | .648603 | .873897 |
| **Geommetric** | 8 | .7515882 | .653189 | .8648107 |
| **Harmonic** | 8 | .7427529 | .656233 | .8555517 |

Ce tableau est important pour l'analyse empirique, il démontre la part des achats étrangers des matières premières de l'échantillon, dont nous relevons trois types de moyenne. Les données collectées sont exprimées en pourcentage, d'où la moyenne la plus significative est la géométrique, soit :

- Une moyenne de 0.7515882 des achats de matières premières importées de l'étranger.
- Un intervalle de confiance qui varie entre 0.653189 et 0.8648107 pour le montant des achats de matières premières importées de l'étranger

Montant des achats des pièces de rechange en 2015

**Tableau 14:Traitement de « Montant des Achats des pièces de rechange »**

| Variables | Obs | Mean | Std.Dev | Min | Max |
|---|---|---|---|---|---|
| **Achats des Pièces de Rechange** | 7 | 571.675,6 | 562.716,2 | 125.067 | 1.750.000 |

De ce tableau, nous distinguons :

- Un montant de 571.675,6 dhs représente la moyenne arithmétique de l'échantillon, il est une mesure statistique standard pour le centre des données.
- Un montant de 562.716,2 dhs représente la dispersion statistique de l'ensemble des montants des achats de pièces de rechange des entreprises.
- Un montant de 125.076dhs est la valeur minimale du montant des achats de pièces de rechange de l'échantillon.
- Un montant de 1.750.000dhs est la valeur maximale du montant des achats de pièces de rechange de l'échantillon.

Part des achats des pièces de rechange de l'étranger en 2015

**Tableau 15:Traitement de « Part des achats des pièces de rechange »**

| Variable | Obs | Mean | Interv | Interv |
|---|---|---|---|---|

| | | | | |
|---|---|---|---|---|
| **Arithmetic** | 7 | .6242857 | .3794281 | .8691433 |
| **Geommetric** | 7 | .5570179 | .3301103 | .9398948 |
| **Harmonic** | 7 | .4778862 | .2981642 | 1.203022 |

Ce tableau est intéressant, car il illustre la part des achats de l'étranger des pièces de rechange de l'échantillon, dont nous relevons trois types de moyenne. La plus significative est la géométrique, soit :

- Une moyenne de 0.5570179 des achats des pièces de rechange importées de l'étranger.
- Un intervalle de confiance qui varie entre 0.3301103 et 0.938948 pour le montant des achats des pièces de rechange importées de l'étranger.

Part des achats d'équipement en 2015

**Tableau 16:Traitement de « Part des achats d'équipement »**

| Variables | Obs | Mean | Std.Dev | Min | Max |
|---|---|---|---|---|---|
| **Achats des Pièces de Rechange** | 7 | 3.709.357 | 5.126.593 | 285.000 | 1.40e+07 |

De ce tableau, nous relevons :

- Un montant de 3.709.357dhs représente la moyenne arithmétique de notre échantillon, ce montant est une mesure statistique standard pour le centre des données.
- Un montant de 5.126.593 dhs représente la dispersion statistique de l'ensemble des montants des achats d'équipement des entreprises.
- Un montant de 2285.000 dhs est la valeur minimale du montant des achats d'équipement de l'échantillon.
- Un montant de 1.400.000dhs est la valeur maximale du montant des achats d'équipement de l'échantillon

Part des achats d'équipement de l'étranger en 2015

**Tableau 17:Traitement de « Part des achats d'équipement »**

| Variable | Obs | Mean | Interv | Interv |
|---|---|---|---|---|
| **Arithmetic** | 7 | .6242857 | .3763042 | .8722673 |
| **Geommetric** | 7 | .559888 | .336754 | .9298765 |
| **Harmonic** | 7 | .4840983 | .3022434 | 1.2153622 |

Ce tableau montre la part des achats étrangers des pièces de rechange de notre échantillon, dont nous relevons trois types de moyenne. Dont, la moyenne la plus significative est la géométrique, soit :

- Une moyenne de 0.559888 des achats d'équipement importés de l'étranger.

- Un intervalle de confiance qui varie entre 0.336754 et 0.9298765 pour le montant des achats d'équipement importés de l'étranger.

Valeur de l'importation de secteur auto en 2015 par (€)

**Tableau 18:Traitement de « Valeur de l'importation automobile en 2015 »**

| Variables | Obs | Mean | Std.Dev | Min | Max |
|---|---|---|---|---|---|
| **Importation** | 8 | 2.01e+07 | 3.29e+07 | 88.000 | 8.90e+07 |

De ce tableau, nous relevons :

- Un montant de 20.100.000€ représente la moyenne arithmétique du de notre échantillon, ce montant est une mesure statistique standard pour le centre des données.
- Un montant de 32.900.000€ représente la dispersion statistique de la valeur de l'importation des entreprises.
- Un montant de 88.000€ est la valeur minimale de la valeur de l'importation des entreprises.
- Un montant de 8.900.000€ est la valeur maximale de la valeur de l'importation des entreprises.

Valeur de l'exportation de secteur auto en 2015 par (€)

| Variables | Obs | Mean | Std.Dev | Min | Max |
|---|---|---|---|---|---|
| **Importation** | 8 | 3.33e+07 | 5.27e+07 | 155.000 | 1.24e+08 |

**Tableau 19:Traitement de « Valeur de l'exportation automobile en 2015 »**

De ce tableau, nous distinguons :

- Un montant de 33.300.000€ représente la moyenne arithmétique de la valeur de l'exportation de notre échantillon, ce montant est une mesure statistique standard pour le centre des données.
- Un montant de 52.700.000€ représente la dispersion statistique de la valeur de l'exportation des entreprises.
- Un montant de 155.000€ est la valeur minimale de la valeur de l'exportation des entreprises.
- Un montant de 124.000.000€ est la valeur maximale de la valeur de l'exportation des entreprises.

-

Marché final de vente du véhicule

**Tableau 20 : Traitement de « Marché final de vente des véhicules »**

| Variable | Frq | Pourcentage % | Cumul |
|---|---|---|---|
| **Europe** | 3 | 37.5 | 37.5 |
| **Europe et Afrique** | 1 | 12.5 | 50 |
| **Monde** | 3 | 37.5 | 87.5 |
| **Plusieurs pays** | 1 | 12.5 | 100 |

Ce tableau montre la répartition géographique du marché final de vente des véhicules.

En somme, la valeur de l'exportation dépasse celle de l'importation, dont 50% des ventes sont réalisées principalement en Europe et en Afrique, et le reste est destiné aux autres pays du monde. Ce qui peut être expliqué par :

- Le produit marocain répond aux exigences internationales, autrement dit, il est devenu plus compétitif.
- La possibilité de l'augmentation du chiffre d'affaires et la prospection des autres marchés, pour une amélioration de la compétitivité de l'entreprise au niveau interne et externe.

### 1.2.3. Les variables qualitatives : Facteurs d'Attractivité et de Compétitivité

Enfin, pour mieux décrire cette enquête, nous choisissons par le biais de questions ouvertes, de donner la parole aux entreprises pour s'exprimer à propos du choix de localisation au Maroc.

Nous commençons d'abord par les critères de choix de localisation des équipementiers de l'échantillon. Ensuite, nous essayons de déterminer les leviers contribuant à la réussite de la compétitivité de l'écosystème « Câblage ». Enfin, nous clôturons par les propositions permettant d'améliorer l'écosystème « câblage ».

#### *1.2.3.1. Les critères de choix de la localisation des équipementiers au Maroc*

En effet, afin de clarifier les principales questions de l'enquête, nous essayons d'analyser à priori les résultats des réponses des entreprises enquêtées.

Selon les réponses de ces firmes enquêtées, nous pouvons classer par ordre d'importance les principaux facteurs qui ont incité ces entreprises à s'implanter au Maroc :

- Le positionnement géographique du pays (proximité de l'Europe)
- Le Système fiscal
- L'accès au foncier
- Les subventions pour l'investissement
- La situation géopolitique du Maroc
- La main-d'œuvre (coût, disponibilité et compétences)
- Des avantages douaniers
- Des procédures administratives

Afin d'avoir des résultats plus significatifs, nous procédons à une saisie des réponses dans l'Excel, puis nous créons des items par une codification de 1 et 0 (1 signifie une réponse favorable et 0 signifie une réponse défavorable), comme montré au tableau suivant :

**Tableau 21: Traitement des variables explicatives « facteurs d'attractivité »**

| Variables Explicatives | Caractéristiques | | | |
|---|---|---|---|---|
| **Position géographique** | Variable | Fréquence | Pourcentage % | Cumul |
| | 0 | 2 | 25 | 25 |
| | 1 | 6 | 75 | 100 |
| **Facilités Fiscales** | Variable | Fréquence | Pourcentage % | Cumul |
| | 0 | 3 | 37.50 | 37.50 |
| | 1 | 5 | 62.50 | 100 |
| **Avantages douaniers** | Variable | Fréquence | Pourcentage % | Cumul |
| | 0 | 7 | 87.50 | 87.50 |
| | 1 | 1 | 12.50 | 100 |
| **Situation Géopolitiques** | Variable | Fréquence | Pourcentage % | Cumul |
| | 0 | 6 | 75 | 75 |
| | 1 | 2 | 25 | 100 |
| **La main-d'œuvre (disponibilité, coût et compétences)** | Variable | Fréquence | Pourcentage % | Cumul |
| | 0 | 6 | 75 | 75 |
| | 1 | 2 | 25 | 100 |
| **Accès au Foncier** | Variable | Fréquence | Pourcentage % | Cumul |
| | 0 | 4 | 50 | 50 |
| | 1 | 4 | 50 | 100 |
| **Procédures Administratives** | Variable | Fréquence | Pourcentage % | Cumul |
| | 0 | 7 | 87.50 | 87.50 |
| | 1 | 1 | 12.50 | 100 |

- Selon ces résultats, nous constatons que :

Le facteur de la position géographique, autrement dit la proximité aux différents marchés internationaux et particulièrement l'européen, vient au premier rang par un pourcentage de 75 %. Les entreprises enquêtées confirment qu'il s'agit de la proximité tant aux territoires qu'aux firmes. Ceci peut être justifié aussi par la valeur importante de l'importation (les sources des intrants) et d'exportation (plus grand nombre de clients) des produits de production entre les entreprises et les pays européens. Il s'agit bien de la question de la localisation des entreprises.

Donc, nous pouvons conclure que ce constat de l'importance du facteur de la position géographique est à prendre avec beaucoup d'intérêt grâce à la dominance du nombre des entreprises enquêtées installées au Maroc. Ce qui confirme sa capacité d'attraction et sa contribution dans leurs compétitivités (le choix d'une localisation rationnelle favorise la réduction des coûts, qui représente un avantage compétitif).

Les déterminants d'attractivité et de compétitivité qui portent sur les facilités fiscales et l'accès au foncier viennent en deuxième et troisième positions avec un pourcentage respectivement de 62.50 %, et 50%. Ceci est justifié par leurs capacités de réduction des coûts et par conséquent, ils contribuent efficacement à la compétitivité des entreprises.

Les déterminants de l'offre et la disponibilité de la main-d'œuvre et la situation géopolitique viennent en quatrième position par le même pourcentage de 25%. Même s'il ne s'agit pas d'une valeur importante, ceci constitue un point intéressant pour qualifier la compétitivité du pays d'accueil doté de cette main-d'œuvre, ce qui encourage les investisseurs étrangers à s'implanter au Maroc. Ainsi que la situation géopolitique représente un élément très important dans l'attraction des firmes multinationales. Les déterminants des avantages douaniers et des procédures administratives viennent en dernière position par un même pourcentage de 12.50%. Ceci montre que ces facteurs ne sont pas importants dans cet échantillon.

Selon les enquêteurs, le Maroc est considéré comme un territoire attractif et compétitif pour les multinationales spécialisées en câblage automobile.

En somme, le Maroc se démarque par son cadre politique stable et par une proximité géographique. Les facilités fiscales, l'accès au foncier, la disponibilité de la main-d'œuvre constituent les principaux facteurs d'attraction des capitaux étrangers.

### *1.2.3.2. Les leviers de la compétitivité pour réussir l'écosystème du câblage automobile au Maroc*

Ainsi, pour répondre à la question des facteurs de compétitivité territoriale, nous essayons d'analyser à priori les résultats des réponses des entreprises enquêtées.

Selon les réponses de ces firmes, nous présentons au tableau suivant les principaux facteurs de compétitivité qui ont incité ces entreprises à s'implanter au Maroc :

Tableau 22:Traitement des variables explicatives « facteurs de compétitivité »

| Variables Explicatives | Caractéristiques | | | |
|---|---|---|---|---|
| **La main-d'œuvre (disponibilité, coût et compétences)** | Variable | Fréquence | Pourcentage % | Cumul |
| | 0 | 3 | 37,50 | 37,50 |
| | 1 | 5 | 62,50 | 100 |
| **Le Taux d'Intégration Locale** | Variable | Fréquence | Pourcentage % | Cumul |
| | 0 | 0 | 0,00 | 00,00 |
| | 1 | 8 | 100 | 100 |
| **Le système fiscal et foncier** | Variable | Fréquence | Pourcentage % | Cumul |
| | 0 | 6 | 75 | 75 |
| | 1 | 2 | 25 | 100 |
| **L'encouragement des fournisseurs** | Variable | Fréquence | Pourcentage % | Cumul |
| | 0 | 1 | 12,50 | 12,50 |
| | 1 | 7 | 87,50 | 100 |
| **L'aide te l'encouragement des entreprises** | Variable | Fréquence | Pourcentage % | Cumul |
| | 0 | 4 | 50 | 50 |
| | 1 | 4 | 50 | 100 |
| **La stabilité politique et la proximité des marchés** | Variable | Fréquence | Pourcentage % | Cumul |
| | 0 | 6 | 62,50 | 62,50 |
| | 1 | 2 | 37,50 | 100 |
| **Réduction des coûts logistiques** | Variable | Fréquence | Pourcentage % | Cumul |
| | 0 | 5 | 62,50 | 62,50 |
| | 1 | 3 | 37,50 | 100 |
| **Le cours de change, le système de formation, les coûts de production et le modèle de Tanger Free Zone (TFZ)** | Variable | Fréquence | Pourcentage % | Cumul |
| | 0 | 7 | 87.50 | 87.50 |
| | 1 | 1 | 12.50 | 100 |

- Selon ces résultats, nous pouvons constater que :

62,5% des entreprises enquêtées considèrent que l'encouragement des fournisseurs, la disponibilité de la main-d'œuvre constituent des leviers de compétitivité importants.

50% des entreprises enquêtées considèrent que l'aide et l'accompagnement offerts aux entreprises du secteur automobile représente un atout considérable.

37,50% des entreprises enquêtées considèrent que la stabilité politique et la proximité aux marchés forment des attraits de compétitivité.

25% des entreprises enquêtées considèrent que le système fiscal est un critère de compétitivité.

En somme, ces résultats montrent que l'encouragement des fournisseurs pour se localiser au Maroc représente le levier de compétitivité le plus significatif. Ainsi, cette question permet d'évaluer la contribution du facteur de compétitivité dans la réussite de l'écosystème câblage automobile. À cet effet, nous constatons que le taux d'intégration locale est le facteur principal (cité par l'ensemble des entreprises).

#### *1.2.3.3. Les attentes des équipementiers envers l'écosystème « câblage automobile »*

Dans ce cadre, les entreprises enquêtées proposent des améliorations au niveau de chaque élément. Voici leurs explications :

**Taux d'intégration**

Implémenter de nouveaux fournisseurs au Maroc, et spécialement dans les Zones Franches.

Encourager des fournisseurs locaux, afin de ne pas dépendre à 100% de l'étranger.

Attirer les équipementiers de rang 2 et 3, ce qui permet une meilleure compétitivité.

Augmenter le taux d'intégration de matière première locale, permettant un gain assez important de temps et une réduction du coût de transport et de stockage.

Localiser plus de fournisseurs de composants au Maroc.

Développer des fournisseurs locaux pour équipements et pièces de rechange.

Pérenniser l'activité suite à la forte intégration.

**Coûts Logistiques**

Encourager les fournisseurs marocains à réduire les coûts afin de réaliser une amélioration au niveau de la valeur ajoutée dégagée.

Mettre en place une stratégie logistique pour aider les industriels et les soutenir.

Optimiser les coûts de production suite à la relocalisation de l'ensemble d'activités et donc le pouvoir de générer des gains en termes de coûts et de temps.

**Services logistiques (système douanier)**

Faciliter les procédures douanières, tout en assurant un service douanier de 24/7/365 dans la TFZ et en particulier dans le port de Tanger Med.

**Main-d'œuvre**

Garantir une main-d'œuvre spécialisée dans le câblage automobile.

Créer et soutenir le maximum de postes d'emplois,
Développer l'expertise et la maîtrise du métier.
Contribuer à la qualification et à la compétence de la main-d'œuvre

**Subventions du système foncier**

Avoir des lots de terrains disponibles destinés à l'installation des usines soit gratuitement, ou en location longue durée.

Mettre à la disposition des investisseurs du foncier en location prêt à l'exploitation avec des surfaces modulables en fonction de leur activité.

**Système Fiscal**

Revoir la question de la TVA sur tous les achats pour les exportateurs (achats en suspension de la TVA).

**Procédures Administratives**

Simplifier les procédures administratives (vis-à-vis des fournisseurs étrangers et de l'administration).

Améliorer les délais de règlements des dossiers de subventions.

Soutenir les sociétés en cas de difficultés (les revendications syndicales).

Pérennisation de l'activité suite à la forte intégration.

**Zones Franches**

Dans la stratégie des zones franches, il faut intégrer une approche compétitive pour l'énergie et le foncier

Connections des zones franches aux zones de concentration de population

Falloir Intégrer une approche compétitive dans la stratégie des zones franches.

- Nous présentons au tableau suivant le traitement de ces données :

Sachant que ces entreprises investissent en écosystème câblage automobile. Cette variable est expliquée par plusieurs éléments, qui sont :

**Tableau 23:Traitement des variables explicatives « Attentes des entreprises »**

| Variable explicative | Variable | Fréquence | Pourcentage % | Cumul |
|---|---|---|---|---|
| **la disponibilité des fournisseurs des matières premières** | 0 | 0 | 0 | 0 |
| | 1 | 8 | 100 | 100 |
| **Les facilités fiscales** | Variable | Frq | Pourcentage % | Cumul |
| | 0 | 3 | 37,5 | 37,5 |

| | | | | | |
|---|---|---|---|---|---|
| | | 1 | 5 | 62,5 | 100 |
| **Le soutien des entreprises en difficultés** | | Variable | Frq | Pourcentage % | Cumul |
| | | 0 | 7 | 82,5 | 82,5 |
| | | 1 | 1 | 12,5 | 100 |
| **L'aide au développement d'expertise et la maîtrise du métier** | | Variable | Frq | Pourcentage % | Cumul |
| | | 0 | 7 | 87,5 | 87,5 |
| | | 1 | 1 | 12,5 | 100 |
| **Les facilités des procédures administratives** | | Variable | Frq | Pourcentage % | Cumul |
| | | 0 | 7 | 87,5 | 37,5 |
| | | 1 | 1 | 12,5 | 100 |
| **Les matières premières /pièces/équipements prioritaires à localiser au Maroc** | Câble | Variable | Frq | Pourcentage % | Cumul |
| | | 0 | 1 | 12,5 | 12,5 |
| | | 1 | 7 | 82,5 | 100 |
| | Composantes de connecting | Variable | Frq | Pourcentage % | Cumul |
| | | 0 | 0 | 0 | 0 |
| | | 1 | 8 | 100 | 100 |
| | Composantes plastiques | Variable | Frq | Pourcentage % | Cumul |
| | | 0 | 2 | 25 | 25 |
| | | 1 | 6 | 75 | 100 |
| | Pièces de rechange | Variable | Frq | Pourcentage % | Cumul |
| | | 0 | 5 | 62,5 | 62,5 |
| | | 1 | 3 | 12,5 | 100 |
| | Machines électroniques | Variable | Frq | Pourcentage % | Cumul |
| | | 0 | 7 | 87,5 | 87,5 |
| | | 1 | 1 | 12,5 | 100 |

Ce tableau dégage les attentes prioritaires :

- La disponibilité des fournisseurs qui livrent des matières premières.
- Les câbles représentent un composant essentiel (D'après leurs réponses, il s'agit bien des composantes de connecting).
- Les facilités fiscales.
- Le soutien aux entreprises qui connaissent des difficultés, l'aide au développement de l'expertise et la maîtrise du métier, ainsi que les facilités des procédures administratives.

En somme, les résultats montrent que la localisation des fournisseurs représente l'attente la plus citée, ce qui prouve l'importance du taux d'intégration local.

### *1.2.3.4. Les contraintes au développement de l'écosystème câblage automobile*

Cette question permet de relever les recommandations du terrain pour améliorer la stratégie industrielle nationale portant sur la filière du câblage automobile.

Dans cette optique, avant de présenter le tableau récapitulatif du traitement de ces données, il semble important de présenter les lacunes de développement citées par les entreprises.

**Absence des fournisseurs locaux**

L'absence de fournisseurs locaux des pièces de rechange.

Les délais de livraison des fournisseurs étrangers sont longs.

L'absence de support technique local pour quelques fournisseurs.

L'absence des fournisseurs des matières premières, des équipements et des pièces de rechanges (qui peuvent également être concernées par une nouvelle localisation, ce qui permet de baisser le niveau de stocks et de réduire les délais de réception en cas de besoin urgent).

**Qualifications et Compétences de la main-d'œuvre**

Qualification et compétence de la main-d'œuvre.

Coûts salariaux (coût excessif des ingénieurs et techniciens).

Compétitivité de la main-d'œuvre directe.

Ressources Humaines : compétences en matière spécifiques (Logistiques, Mécanique, …).

Faiblesse productivité de la main-d'œuvre.

Insuffisance de la culture industrielle.

**Logistique**

Le flux physique actuel dans le nouveau port Tanger –Med n'est pas adéquat pour les opérations transit import /export, il en résulte de nombreux retards spécialement le lundi pour les imports.

Les horaires de traversée des bateaux ne sont pas respectés et peuvent accuser des retards allant jusqu'à trois heures.

- Les trois contraintes susmentionnées ont un impact direct sur le délai de livraison.

Le tarif de traversée du détroit Gibraltar est plus du double par mètre que celui du canal de la Manche.

- Les coûts logistiques.

Le taux d'intégration des fournisseurs locaux de matière première entrant dans la fabrication du faisceau est faible : 30%, obligeant l'entreprise à faire face à diverses contraintes d'ordre logistique, notamment liées à l'éloignement géographique, pour s'approvisionner principalement en Europe.

Logistique : coûts de traversée vers l'Espagne, temps imprévus de traversée liés aux différents aléas, et coût d'énergie.

**Subventions financières**

LA TVA sur les achats locaux, la TVA sur les investissements et le non-remboursement du crédit TVA.

Les procédures administratives du fond Hassan II sont compliquées.

Le coût fiscal (marocain) est important.

**Foncier**

Les prix du foncier (locatif ou pour appropriation) sont absolument non compétitifs

Le coût du terrain foncier est considérable.

L'accompagnement de l'Etat dans l'assistance des investisseurs pour trouver des terrains adéquats pour la construction ou pour la location est jugé faible.

**Réglementation**

L'absence de la flexibilité de l'emploi et du code de travail actuel

Le système de déclaration en ligne de la douane n'est pas parfaitement opérationnel, causant des retards impactant les approvisionnements et les livraisons.

**Tableau 24:Traitement des variables explicatives « contraintes de développement »**

| **Variable explicative** | Variable | Frq | Pourcentage % | Cumul |
|---|---|---|---|---|
| **Absence des fournisseurs locaux** | 0 | 0 | 0 | 0 |
| | 1 | 8 | 100 | 100 |
| **TVA sur les achats locaux** | Variable | Frq | Pourcentage % | Cumul |
| | 0 | 5 | 62,5 | 62,5 |
| | 1 | 3 | 37,5 | 100 |
| **Productivité de main-d'œuvre** | Variable | Frq | Pourcentage % | Cumul |
| | 0 | 6 | 75 | 75 |
| | 1 | 2 | 25 | 100 |
| **Coûts de l'énergie** | Variable | Frq | Pourcentage % | Cumul |

| | | | | |
|---|---|---|---|---|
| | 0 | 7 | 87,5 | 87,5 |
| | 1 | 1 | 12,5 | 100 |
| **Délai de livraison des fournisseurs étrangers** | Variable | Frq | Pourcentage % | Cumul |
| | 0 | 3 | 37,5 | 37,5 |
| | 1 | 5 | 62,5 | 100 |

- Nous constatons que :

L'ensemble des entreprises considèrent que la localisation des fournisseurs représente une contrainte au développement de l'écosystème.

62,5% des entreprises enquêtées jugent que le délai de livraison des fournisseurs étrangers représente des entraves au développement de l'écosystème.

37,5% des entreprises voient que la TVA sur les achats locaux constitue un frein au développement de l'écosystème.

25% des entreprises estiment que la productivité de la main-d'œuvre forme un obstacle au développement de l'écosystème.

## 2. Interprétation descriptive : Etat récapitulatif

A ce stade, nous procédons à une interprétation descriptive détaillée sous forme d'un état récapitulatif général :

Nous nous intéressons dans cet ouvrage particulièrement aux facteurs déterminant le choix de la localisation industrielle au Maroc, dont notre objectif est double ; d'une part, connaître les raisons ayant influencé les entreprises déjà implantées au Maroc à choisir cette localisation. D'autre part, identifier les facteurs et les acteurs intervenant positivement ou non lors de cette décision afin de répondre à la finalité principale : le choix du territoire marocain, en termes d'attractivité et de compétitivité de l'industrie automobile.

Pour ce faire, nous demandons à chaque entreprise de décrire les modalités de la localisation de sa société au Maroc, en indiquant les facteurs ayant déterminé son choix de la localisation, puis en déduisant les acteurs clés intervenus.

### 2.1. Facteurs déterminants le choix de localisation

Pour une interprétation descriptive minutieuse, nous choisissons de commencer d'abord par les tableaux obtenus à partir des statistiques descriptives appliquées au logiciel STATA, permettant de réaliser une reconstitution empirique des résultats de la recherche à travers les deux principales dimensions ciblées, à savoir les facteurs d'attractivité et de compétitivité territoriales.

Concernant les variables quantitatives, il fait ressortir les valeurs minimales et maximales, les moyennes et les dispersions. Ainsi, pour répondre à l'exactitude scientifique, nous faisons usage de moyennes arithmétiques et géométriques.

Dans ce sens, nous nous intéressons à la part de l'ensemble des achats de l'étranger (indicateur montrant la dépendance des entreprises de l'étranger).

Alors, les résultats obtenus sont :

- Une moyenne de 75,15% de la part des achats de matières premières (une forte dépendance de l'étranger).
- Une moyenne de 55,70% de la part de l'achat des pièces de rechange (une dépendance moyenne de l'étranger).
- Une moyenne de 55,95% de la part des achats d'équipement (une dépendance moyenne de l'étranger).

Cependant, nous constatons que cette description statistique vise simplement à donner une photographie qui reste toujours incomplète des dimensions analysées, d'où l'intérêt à renforcer nos analyses et interprétations par des variables qualitatives.

Dans cette optique, nous proposons de présenter les facteurs d'attractivité et de compétitivité (suite au travail empirique), par classification d'ordre d'importance :

### 2.1.1. Premièrement, les critères de choix de la localisation au Maroc

La position géographique du Maroc, autrement dit la proximité du pays aux marchés internationaux est un avantage compétitif.

Les facilités fiscales qu'offrent le Maroc, notamment les exonérations de la TVA à l'importation et les droits d'importation pendant une durée d'au moins 36 mois est un atout important.

La disponibilité et les facilités d'accès au foncier (275 ha de fonciers locatifs), représentent un avantage compétitif.

La disponibilité de la main-d'œuvre et la situation géopolitique du Maroc représentent deux facteurs ayant le même intérêt, dont le premier se distingue par la disposition et la qualité des ressources humaines à travers la mise en place de quatre Instituts de Formation aux Métiers de l'Industrie Automobile (IFMIA). Et le deuxième se caractérise par un

Etat ouvert (son dynamisme économique, son volontarisme diplomatique, et sa culture aux influences multiples).

Le Maroc présente de multiples facettes (avantages compétitifs), dont nous citons :

- Il est un acteur important de la scène internationale.
- Il est enraciné en Afrique, et ouvert sur le continent européen et le monde arabo-musulman.

Les facilités des procédures administratives (un atout compétitif):

- La mise en œuvre d'un dispositif d'accompagnement intégré et novateur, qui contient plusieurs soutiens, permettant l'exonération des droits d'enregistrement et de timbres pour un certain nombre et type d'activités
- La mise en place d'un guichet unique au service de l'investisseur.

### 2.1.2. Deuxièmement, les leviers de compétitivité qui contribuent à la réussite de « l'écosystème câblage automobile »

L'encouragement des fournisseurs des matières premières pour se localiser au Maroc, tout en répondant à leurs attentes à travers une politique industrielle fiable et efficace.

La disponibilité d'une main-d'œuvre qualifiée.

L'aide et l'accompagnement des entreprises.

La stabilité politique, la proximité aux marchés et le système fiscal (même ordre d'importance).

### 2.1.3. Troisièmement, les attentes

La localisation des fournisseurs au Maroc.

Le système fiscal plus fiable.

Le soutien des entreprises en difficulté, l'aide au développement de l'expertise et la facilité des procédures administratives (même ordre d'importance).

### 2.1.4. Quatrièmement, les matières et les produits prioritaires à localiser au Maroc

Les composantes de connecting, autrement dit, les matières et les produits que fabriquent et commercialisent les fournisseurs du rang 2 (les batteries).

Les câbles.

Les composantes en plastique.
Les pièces de rechange.
Les machines électroniques

#### 2.1.5. Cinquièmement, les contraintes de développement de « l'écosystème câblage automobile »

L'absence des fournisseurs du rang 2 et 3 au Maroc.
Le délai de livraison des fournisseurs étrangers.
Le coût de la TVA sur les achats locaux.
Le coût d'énergie.
La localisation des fournisseurs représente le principal facteur d'attractivité et de compétitivité (selon le travail empirique réalisé).

Donc, le facteur primordial et le plus significatif en termes d'attractivité et de compétitivité dans l'industrie automobile marocaine est le *TAUX D'INTEGRATION LOCAL* (comme nommé dans la stratégie nationale).

Cette stratégie nationale d'industrialisation automobile est un travail raisonné d'un ensemble d'acteurs.

### 2.2. Acteurs clés agissant sur le choix de la localisation

Aujourd'hui, l'industrie automobile réalise des résultats très positifs au niveau national et international, grâce aux choix stratégiques de l'Etat présentés par le ministère de l'Industrie, et du Commerce, et l'Association Marocaine pour l'Industrie et la Construction Automobile.

En guise de conclusion, nous pouvons citer d'abord les principaux facteurs avantageux qui incitent les entreprises à investir au Maroc :

- L'offre d'une main-d'œuvre qualifiée.
- Le coût de la main-d'œuvre.
- Les formalités administratives
- La législation et le système juridique
- Les avantages fiscaux
- L'existence de relations des affaires
- Les coûts de transport
- La stabilité politique
- La stabilité macroéconomique
- La proximité géographique du marché européen
- La source de matière première
- La bonne infrastructure

- La taille du marché
- La facilité d'accès au foncier
- Les subventions aux investissements.

Ensuite, les résultats montrent que l'absence des fournisseurs au Maroc constitue la contrainte principale du développement de l'écosystème câblage. (Comme il a été cité par l'ensemble des entreprises). Autrement dit, c'est « l'amélioration du taux d'intégration local » qui représente le seul levier de la compétitivité du tissu économique industriel automobile marocain. Pour cela, nous proposons de mener une étude de cas au sein d'un équipementier automobile. L'objectif est d'améliorer sa compétitivité, en se basant sur le facteur de la localisation des matières premières. Cette étude de cas peut être considérée comme un complément de travail empirique. (troisième section).

Cependant, nous constatons que ce travail empirique purement descriptif dresse un profil de la situation d'une manière minutieuse et détaillée, alors qu'il ne permet pas de relever les relations entre les deux facteurs (attractivité et compétitivité). D'où, le recours à une analyse des données plus scientifique et explicative permettant de mesurer la relation et l'intensité entre les variables dans la section suivante.

## Section 2 : Analyse et interprétation scientifique

Cette section est consacrée à l'analyse des données et l'interprétation scientifique approfondie de notre travail d'ouvrage, permettant d'avoir des résultats plus significatifs et facilitant leurs lectures par la détermination de différentes relations et liaisons existantes entre les variables principales de notre étude empirique, à savoir l'attractivité et la compétitivité territoriales.

Alors, conformément à l'esprit de l'approche qualitative choisie, cet ouvrage vise, au-delà des résultats statistiques, une évaluation des facteurs d'attractivité et de compétitivité du câblage automobile marocain. La situation de notre étude empirique impose le recours à un outil statistique permettant l'exactitude et la richesse des données avec une grande précision et la réduction du nombre des variables et surtout la conversion des variables du caractère qualitatif au caractère quantitatif. Cette présente étude impose l'utilisation d'un logiciel de statistique, permettant un traitement aisé et rapide des données, dont le but de réduire le nombre des facteurs, pour évaluer la relation, l'intensité et la significativité entre les variables.

Pour cela, nous proposons de refaire notre enquête, en employant des questionnaires semi-directifs adressés aux mêmes entreprises, en utilisant STATA et en se basant sur la statistique multidimensionnelle. (Cette dernière représente l'ensemble des méthodes de la statistique descriptive (ou exploratoire) permettant de traiter simultanément un nombre quelconque de variables, il s'agit de l'étude de plusieurs variables). Ces méthodes sont purement descriptives, c'est-à-dire qu'elles ne supposent, à priori, aucun modèle sous-jacent, de type probabiliste.

Les méthodes les plus classiques de la statistique descriptive multidimensionnelle sont des méthodes factorielles. Elles consistent à rechercher des facteurs en un nombre restreint et résumant l'information que contiennent les données.

En effet, ce travail empirique comporte un nombre important de variables qualitatives assurées pour apprécier l'attractivité et la compétitivité territoriale du Maroc au niveau du secteur automobile en général et la filière du câblage en particulier.

Vu que la taille de l'échantillon est assez réduite, nous utilisons la méthode ACM (décrite au paragraphe suivant).

Dans ce cadre, nous choisissons de présenter cette importante sous-section en trois volets principaux :

- Premier volet : Présentation de l'enquête.
- Deuxième volet : Présentation de l'analyse des données et des résultats.
- Troisième volet : Interprétation statistique des résultats

## 1. Présentation de l'enquête

### 1.1. Présentation du questionnaire

Pour réduire le nombre des variables recueillies dans la première enquête, il est nécessaire de convertir les questionnaires de type ouverts au type semi-directifs, en ajoutant des modalités de choix à chaque question, autrement dit, une variable qualitative est une question; ses modalités sont les différentes réponses possibles, telles que ;

- Très important
- Important
- Pas important.

Au terme de chaque questionnaire, et dans le but de donner un aperçu visuel à la tendance des différentes variables ou facteurs, un questionnaire conçu avec une échelle Likert de 1 à 3 afin de recueillir les estimations de degré de relation de ces facteurs. Le prototype du questionnaire se présente comme suit :

**Tableau 25:Modèle de questionnaire semi-directif**

| Numéro | Items | Trois échelles de Likert | | |
|---|---|---|---|---|
| | | **Très important** | **Important** | **Pas important** |
| 02 | Exemple : **subventions à l'investissement** | | | |

- Source : élaboré par l'auteur.

Ces différents outils permettent d'arriver aux résultats empiriques présentés aux points suivants.

## 2. Présentation de l'analyse des données et des résultats

Ce volet de l'analyse s'intéresse à la présentation de la méthode statistique « Analyse Factorielle des Correspondances Multiples ». Il est présenté comme suit :

- Présentation de la méthode statistique.
- Présentation des résultats et de l'interprétation.

## 2.1. La présentation de la méthode

Dans ce présent travail, nous essayons de clarifier et de déterminer les facteurs essentiels à l'attractivité et à la compétitivité du Maroc. Pour ce faire, nous choisissons ACM comme une méthode Factorielle de Statistique Descriptive Multidimensionnelle, la plus utilisée dans les analyses des données, dont ses principaux domaines d'applications sont le traitement des questionnaires et l'exploitation des enquêtes. Le recours à cette méthode peut être expliqué par la présence du caractère qualitatif de la plupart des variables utilisées dans l'échantillon. De plus, dans la pratique, en particulier dans le domaine du traitement d'enquête (ou de questionnaires), il est rare que nous nous limitons à deux variables (deux questions), d'où le problème de traitement statistique qui s'impose à ce type de données est l'analyse de la liaison et la relation qui peut exister entre un certain nombre de variables qualitatives, afin de mesurer l'intensité et la significativité desdites variables. C'est notamment le cas de notre étude empirique.

Du point de vue pratique, cette méthode vise à résumer l'information des deux variables qualitatives de plusieurs modalités sous un nombre petit de variables, ce qui constitue un axe factoriel. Autrement dit, elle cherche à étudier la liaison de dépendance qui peut exister entre deux variables qualitatives et envisager la nature de cette liaison, si elle existe. Dans ce sens, nous choisissons un nombre limité d'axes pour simplifier le calcul et l'interprétation tout en minimisant la perte d'information. Ces axes (dimensions) sont déterminés en fonction des pourcentages cumulés des inerties expliquées (les axes à retenir sont ceux qui ont le plus important cumul des inerties, la somme des inerties constitue une mesure de la fiabilité de la qualité explicative de l'analyse des variables).

## 2.2. Présentation des résultats

Nous procédons à la présentation des résultats en trois étapes que nous considérons fondamentales selon l'analyse des correspondances multiples, en utilisant les résultats générés.

### 2.2.1. LES FACTEURS D'ATTRACTIVITE

#### *2.2.1.1. Construction de l'indice de l'attractivité*

Etude de la cohérence interne des items de l'attractivité :

Pour évaluer l'importance et la direction de la relation entre les variables (items) du facteur de l'attractivité deux à deux, nous utilisons la matrice de corrélation. Une valeur de corrélation positive (corrélation de Pearson) élevée indique que les items mesurent la même information ou caractéristique. Si les items ne sont pas fortement corrélés, ils peuvent mesurer des caractéristiques différentes ou ne pas être clairement définis. Autrement dit, les items dont les valeurs de corrélation sont supérieures à 0,7 sont souvent considérés comme étant fortement corrélés.

- Le résultat généré par STATA est :

**Figure 7:Matrice de corrélation des items (questions) du facteur de l'attractivité**[316]

Interitem correlations (reverse applied) (obs=8 in all pairs)

| | Iteml_2 | Iteml_3 | Iteml_4 | Iteml_5 | Iteml_6 | Iteml_7 |
|---|---|---|---|---|---|---|
| Iteml_2 | 1.0000 | | | | | |
| Iteml_3 | -0.1140 | 1.0000 | | | | |
| Iteml_4 | -0.1816 | 0.7242 | 1.0000 | | | |
| Iteml_5 | 0.7143 | 0.3419 | 0.4237 | 1.0000 | | |
| Iteml_6 | 0.6547 | 0.5222 | 0.2774 | 0.6547 | 1.0000 | |
| Iteml_7 | -0.2182 | 0.5222 | 0.2774 | -0.2182 | 0.3333 | 1.0000 |

- Lecture du premier résultat :

La valeur de la corrélation entre l'item1_4 et l'item1_3 est de 0.7242. Donc, nous pouvons supposer que ces items mesurent la même caractéristique. Cependant, celle de la corrélation entre l'item1_3 et l'item1_2 est de -0.1140.

En général, les coefficients sont significativement différents de zéro. Donc, nous pouvons supposer que les items mesurent les mêmes caractéristiques.

Ensuite, nous avons besoin de confirmer que les items représentent une cohérence en termes d'information, pour le faire nous faisons recours au calcul du coefficient alpha de Cronbach.

**Figure 8:Résultats de calcul du coefficient Alpha de Cronbach des items de l'attractivité**[317]

Test scale = mean(standardized items)

| Item | Obs | Sign | item-test correlation | item-rest correlation | average interitem correlation | alpha |
|---|---|---|---|---|---|---|
| Iteml_2 | 8 | + | 0.4723 | 0.2398 | 0.3859 | 0.7585 |
| Iteml_3 | 8 | - | 0.7629 | 0.6181 | 0.2717 | 0.6510 |
| Iteml_4 | 8 | - | 0.6418 | 0.4508 | 0.3193 | 0.7011 |
| Iteml_5 | 8 | + | 0.7425 | 0.5887 | 0.2798 | 0.6601 |
| Iteml_6 | 8 | + | 0.8764 | 0.7906 | 0.2272 | 0.5951 |
| Iteml_7 | 8 | + | 0.4319 | 0.1929 | 0.4017 | 0.7705 |
| Test scale | | | | | 0.3143 | 0.7333 |

- Lecture du deuxième résultat :

316)- Résultat généré par STATA.

317)- Résultat généré par STATA.

Nous constatons que les valeurs du coefficient Alpha de cronbuch de ces items sont presque tous de valeur supérieure à 0.6. Donc, les items sont cohérents deux à deux. Et alpha de tous les items deux à deux est aussi supérieur à 0.7 soit d'une valeur de 0.7333.

Donc, nous pouvons dire que les items afférents aux facteurs de l'attractivité contiennent une grande information commune entre eux.

Alors, au lieu de travailler avec l'ensemble des items, nous pouvons travailler avec les premiers axes factoriels construits avec une analyse des correspondances multiples sur ces items.

### *2.2.1.2. L'application de l'analyse des correspondances multiples sur les items de l'attractivité*

Choix du nombre de dimensions

Afin de déterminer et choisir le nombre de dimensions, nous nous référons au résultat généré par STATA :

Le nombre total de dimensions est égal au nombre total des valeurs propres non nulles du tableau de Burt des items des facteurs de l'attractivité. Pour notre cas, il s'agit bien de quatre dimensions.

Le choix du nombre de dimensions principales est basé sur le taux d'inertie, qui quantifie la part d'information extraite par chaque dimension.

**Figure 9:Part de l'inertie de chaque axe factoriel construit par l'ACM**[318]

```
Multiple/Joint correspondence analysis          Number of obs    =        8
                                                Total inertia    = .3714947
    Method: Burt/adjusted inertias              Number of axes   =        2
```

| Dimension | principal inertia | percent | cumul percent |
|---|---|---|---|
| dim 1 | .2075901 | 55.88 | 55.88 |
| dim 2 | .0595409 | 16.03 | 71.91 |
| dim 3 | .0176393 | 4.75 | 76.66 |
| dim 4 | .001155 | 0.31 | 76.97 |
| Total | .3714947 | 100.00 | |

- Lecture du troisième résultat :

Nous constatons que :

La première dimension contribue par un pourcentage de 55.88% à l'inertie totale, soit une contribution de 0.2076 de l'inertie totale de valeur 0.3715 ;

318 )- Résultat généré par STATA.

La deuxième dimension contribue par un pourcentage de 16.03% à l'inertie totale, soit une contribution de 0.0595;

Alors que les deux dimensions restantes ne contribuent que par 5 %, soit une contribution respectivement de 0.017 et 0.001 à l'inertie totale de valeur 0.3715.

Donc, les deux premières dimensions contribuent par un pourcentage de 71,91 % de l'inertie totale. D'où, il semble logique de négliger les deux dernières dimensions et retenir les deux premières.

Ainsi, nous pouvons nous limiter à la première dimension, (car elle présente une grande part de l'inertie des items de départ).

En somme, nous pouvons avancer que la première dimension réunit presque l'information des 6 items de l'attractivité.

Enfin, STATA affiche une représentation graphique résumant et présentant l'inertie sous forme de valeur propre des dimensions et les axes factoriels comme suit :

**Figure 10:Représentation graphique correspondant l'inertie de chaque dimension**[319]

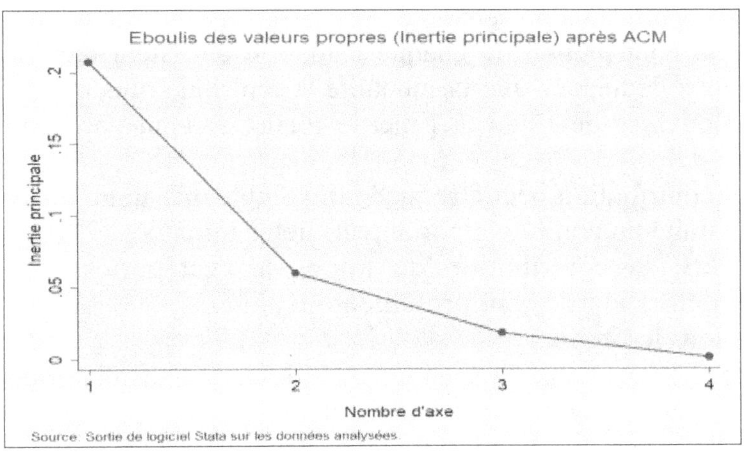


Interprétation :

- L'application de l'analyse des correspondances multiples génère le résultat du traitement de six items (les tableaux) qui montre :

Les coordonnées de chaque catégorie de l'item.

La contribution de chaque catégorie de l'item dans l'inertie totale.

Le coefficient de corrélation carrée de chaque modalité d'item, en termes de valeur propre.

La contribution de la modalité de l'item à l'inertie

319 )- Résultat généré par STATA.

- Premier item : soutien financier

Le premier item afférent au « Soutien financier », est défini par trois modalités : très important, important et pas important.

- Le résultat du traitement se présente comme suit :

**Figure 11:Qualité d'ajustement de l'ACM**[320]

Statistics for column categories in standard normalization

| Categories | overall | | | dimension_1 | | | dimension_2 | | |
|---|---|---|---|---|---|---|---|---|---|
| | mass | quality | %inert | coord | sqcorr | contrib | coord | sqcorr | contrib |
| Item1_2 | | | | | | | | | |
| 0 | 0.021 | 0.791 | 0.146 | 2.880 | 0.662 | 0.173 | 2.374 | 0.129 | 0.117 |
| 1 | 0.083 | 0.684 | 0.053 | -0.825 | 0.596 | 0.057 | 0.590 | 0.088 | 0.029 |
| 2 | 0.063 | 0.574 | 0.045 | 0.140 | 0.015 | 0.001 | -1.579 | 0.559 | 0.156 |

- Commentaire :

Les coordonnées de deux catégories 0 et 2 dans les premières dimensions sont positives, et respectivement de valeurs 2,880 et 0,140. Toutefois, la première modalité est de coordonnée négative à valeur de -0,825. (les autres coordonnées des autres modalités des différents items de départs sont présentées en annexe).

Pour la contribution de chaque catégorie de l'item dans l'inertie totale, nous déduisons que la modalité 0 contribue plus que les deux autres modalités de l'item à l'inertie totale, soit un pourcentage de 0,146%.

Cette contribution peut être jugée très faible, car notre analyse des données traite un nombre important des items initiaux.

- N.B. la contribution de toutes les catégories des items initiaux dans l'inertie sont présentées en annexe.

Pour tous les items :

Nous retenons deux dimensions ou bien deux axes factoriels, pour résumer toute l'information des treize items de départ.

Pour comprendre la signification des différents axes : il faut déterminer les modalités qui contribuent par un pourcentage important à chaque axe.

Pour ce faire, nous analysons les différentes valeurs de corrélation entre les modalités des items de départ et l'axe factoriel.

Alors pour ce premier item, le coefficient de corrélation carré de la modalité 0 de l'item au niveau du premier axe factoriel (dimension1) est égal à 0.662, c'est-à-dire qu'une part de 66.2% de l'information présentée dans le premier axe est celle de la modalité 0. Ainsi que la

320 )- Résultat généré par STATA.

signification du premier axe peut s'écrire en fonction de la signification de modalité 0.

## 2.2.2. FACTEURS DE COMPETITIVITE

### *2.2.2.1. Construction d'indice de compétitivité*

Etude de la cohérence interne des items de compétitivité :

Pour évaluer l'importance et la direction de la relation entre les variables (items) du facteur de la compétitive deux à deux, il faut se baser sur la matrice de corrélation. Une valeur de corrélation positive (corrélation de Pearson) élevée indique que les items mesurent la même information ou caractéristique. Si les items ne sont pas fortement corrélés, ils peuvent mesurer des caractéristiques différentes ou ne pas être clairement définis. Autrement dit, les items dont les valeurs de corrélation sont supérieures à 0,7 sont souvent considérés comme étant fortement corrélées.

- Le résultat généré est :

**Figure 12:Matrice de corrélation des items (questions) de compétitivité**[321]

Interitem correlations (reverse applied) (obs=8 in all pairs)

| | Item2_1 | Item2_2 | item2_3 | Item2_4 | Item2_5 | Item2_6 | Item2_7 | Item2_8 | Item2_9 | Item2_10 |
|---|---|---|---|---|---|---|---|---|---|---|
| Item2_1 | 1.0000 | | | | | | | | | |
| Item2_2 | -0.4472 | 1.0000 | | | | | | | | |
| item2_3 | 0.4211 | -0.0377 | 1.0000 | | | | | | | |
| Item2_4 | -0.2182 | 0.4880 | -0.6064 | 1.0000 | | | | | | |
| Item2_5 | 0.6547 | -0.2928 | 0.2757 | -0.1429 | 1.0000 | | | | | |
| Item2_6 | 0.2182 | 0.2928 | 0.6064 | 0.1429 | 0.1429 | 1.0000 | | | | |
| Item2_7 | -0.2182 | 0.4880 | 0.2757 | -0.1429 | -0.1429 | 0.1429 | 1.0000 | | | |
| Item2_8 | -0.3333 | 0.7454 | 0.4211 | -0.2182 | -0.2182 | 0.2182 | 0.6547 | 1.0000 | | |
| Item2_9 | 0.4082 | 0.1826 | 0.5157 | 0.2673 | 0.2673 | 0.8018 | -0.2673 | 0.0000 | 1.0000 | |
| Item2_10 | 0.4472 | 0.6000 | 0.3390 | 0.2928 | 0.2928 | 0.4880 | 0.2928 | 0.4472 | 0.5477 | 1.0000 |

- Lecture du premier résultat :

La valeur de la corrélation entre l'item2_6 et l'item2_9 est de 0,8018. Donc, nous pouvons supposer que ces items mesurent la même information. Cependant, celle de la corrélation entre l'item2_8 et l'item2_9 est de 0,000, alors les items 2_8 et 2_9 ne sont pas corrélées (informations différentes).

En général, les coefficients sont significativement différents de zéro. Donc, nous pouvons avancer que les items représentent une information commune très importante.

Ensuite, nous avons besoin de confirmer que les items représentent une cohérence en termes d'information, pour le faire nous faisons recours au calcul du coefficient alpha de Cronbach.

321 )- Résultat généré par STATA.

**Figure 13:Résultats du coefficient Alpha de Cronbach des items de compétitivité**[322]

Test scale = mean(standardized items)

| Item | Obs | Sign | item-test correlation | item-rest correlation | average interitem correlation | alpha |
|---|---|---|---|---|---|---|
| Item2_1 | 8 | - | 0.3640 | 0.1853 | 0.2267 | 0.7251 |
| Item2_2 | 8 | - | 0.5687 | 0.4196 | 0.1965 | 0.6876 |
| item2_3 | 8 | + | 0.6047 | 0.4633 | 0.1912 | 0.6802 |
| Item2_4 | 8 | - | 0.1624 | -0.0263 | 0.2564 | 0.7563 |
| Item2_5 | 8 | - | 0.3459 | 0.1656 | 0.2293 | 0.7281 |
| Item2_6 | 8 | + | 0.7636 | 0.6652 | 0.1677 | 0.6446 |
| Item2_7 | 8 | - | 0.3923 | 0.2165 | 0.2225 | 0.7203 |
| Item2_8 | 8 | - | 0.5117 | 0.3523 | 0.2049 | 0.6987 |
| Item2_9 | 8 | + | 0.7013 | 0.5841 | 0.1769 | 0.6592 |
| Item2_10 | 8 | + | 0.8942 | 0.8445 | 0.1485 | 0.6108 |
| Test scale | | | | | 0.2021 | 0.7169 |

- Lecture du deuxième résultat :

Nous constatons que les valeurs du coefficient Alpha de cronbuch afférentes aux items sont toutes de valeur supérieure à 0.6. Donc, les items sont cohérents deux à deux, et la valeur d'alpha de tous les items deux à deux est aussi supérieure à 0.7 soit d'une valeur de 0,71690. Donc, nous pouvons dire que les items afférents aux facteurs de compétitivité contiennent une grande information commune entre eux.

Alors, au lieu de travailler avec l'ensemble des items, nous nous limitons aux premiers axes factoriels construits avec une analyse des correspondances multiples sur ces items.

### *2.2.2.2. L'application de l'analyse des correspondances multiple sur les items de la compétitivité*

Choix du nombre de dimensions :

Afin de déterminer et choisir le nombre de dimensions, nous nous référons au résultat généré :

Le nombre total de dimensions est égal au nombre total des valeurs propres non nulles du tableau de Burt des items des facteurs de compétitivité. Pour notre cas, il s'agit bien de quatre dimensions.

Le choix du nombre de dimensions principales est basé sur le taux d'inertie, qui quantifie la part d'information extraite par chaque dimension.

322 )- Résultat généré par STATA.

**Figure 14:Part de l'inertie de chaque axe factoriel construit par l'ACM**[323]

```
Multiple/Joint correspondence analysis          Number of obs    =         8
                                                Total inertia    =  .2008163
    Method: Burt/adjusted inertias              Number of axes   =         2
```

| Dimension | principal inertia | percent | cumul percent |
|---|---|---|---|
| dim 1 | .080919 | 40.30 | 40.30 |
| dim 2 | .0448512 | 22.33 | 62.63 |
| dim 3 | .0211947 | 10.55 | 73.18 |
| dim 4 | .0045984 | 2.29 | 75.47 |
| Total | .2008163 | 100.00 | |

- Lecture du troisième résultat :

Nous constatons que :

La première dimension contribue par un pourcentage de 40,30% à l'inertie totale, soit une contribution de 0.0809 de l'inertie totale de valeur 0.2008 ;

La deuxième dimension contribue par un pourcentage de 22,33% à l'inertie totale, soit une contribution de 0,4488 de l'inertie totale de valeur 0.2008 ;

Alors que les deux dimensions restantes ne contribuent que par 12,84 %, soit une contribution respectivement de 0.2119 et 0.0045 à l'inertie totale de valeur 0.2008.

Donc, les deux premières dimensions contribuent par un pourcentage de 62,63 % de l'inertie totale. D'où, il semble logique de négliger les deux dernières dimensions et retenir les deux premières.

Ainsi, nous pouvons aussi travailler seulement avec la première dimension, car il présente une grande part de l'inertie des items de départ.

En somme, nous pouvons avancer que la première dimension réunit presque l'information de l'ensemble des items des facteurs de compétitivité.

Enfin, STATA affiche une représentation graphique résumant et présentant l'inertie sous forme de valeur propre des dimensions et des axes factoriels comme suit :

323 )- Résultat généré par STATA.

**Figure 15:Représentation graphique correspond l'inertie de chaque dimension**[324]

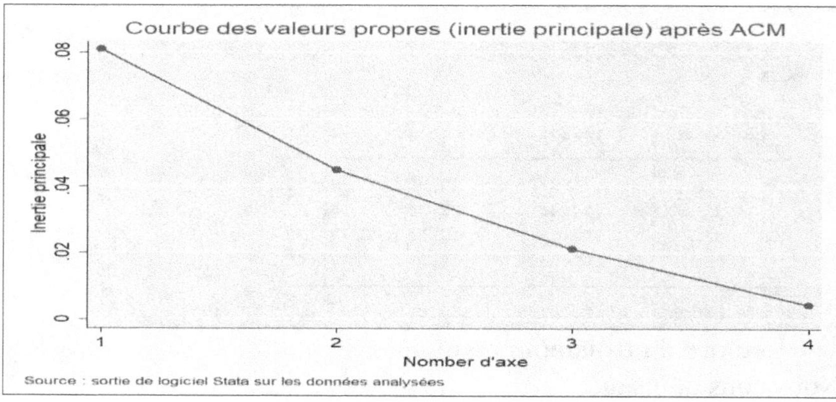


<u>Interprétation :</u>

- L'application de l'analyse des correspondances multiples génère le résultat du traitement de six items, selon un tableau qui montre :

Les coordonnées de chaque catégorie de l'item.

La contribution de chaque catégorie de l'item dans l'inertie totale.

Le coefficient de corrélation carrée de chaque modalité d'item, en termes de valeur propre.

La contribution de la modalité de l'item à l'inertie

- Premier item : Taux d'intégration de la matière première

Pour le premier item afférent à « Taux d'intégration de la matière première », est défini par trois modalités : très important, important et pas important.

- Le résultat du traitement se présente comme suit :

**Figure 16:Qualité d'ajustement de l'ACM**[325]

Statistics for column categories in standard normalization

| | overall | | | dimension_1 | | | dimension_2 | | |
|---|---|---|---|---|---|---|---|---|---|
| Categories | mass | quality | %inert | coord | sqcorr | contrib | coord | sqcorr | contrib |
| Item2_1 | | | | | | | | | |
| 0 | 0.025 | 0.757 | 0.062 | 0.451 | 0.033 | 0.005 | 2.823 | 0.723 | 0.199 |
| 2 | 0.075 | 0.757 | 0.021 | -0.150 | 0.033 | 0.002 | -0.941 | 0.723 | 0.066 |

- Commentaire :

324 )- Résultat généré par STATA.

325 )- Résultat généré par STATA.

Les coordonnées de la catégorie 0 dans les deux dimensions sont positives, et respectivement de valeurs 0,451 et 2,823. Toutefois, la première modalité est de coordonnée négative à valeur de -0,825. (les autres coordonnées des autres modalités des différents items de départs sont présentées en annexe).

Pour la contribution de chaque catégorie de l'item dans l'inertie totale, nous déduisons que la modalité 0 contribue plus les deux autres modalités de l'item à l'inertie total, soit un pourcentage de 0,662%.

Cette contribution peut être jugée importante, car notre analyse des données traite un nombre faible des items initiaux. (le détail sur la contribution de toutes les catégories des items initiaux dans l'inertie est présentée en annexe).

- Pour tous les items :

Nous retenons deux dimensions ou bien deux axes factoriels, pour résumer toute l'information des treize items de départ.

Pour comprendre la signification des différents axes : il faut déterminer les modalités qui contribuent par un pourcentage important à chaque axe.

Pour ce faire, nous analysons les différentes valeurs de corrélation entre les modalités des items de départ et l'axe factoriel.

Alors pour ce premier item, le coefficient de corrélation carré de la modalité 0 de l'item au niveau du premier axe factoriel (dimension1) est égal à 0.033, c'est-à-dire qu'une part de 3,3% de l'information présentée dans le premier axe est celle de la modalité 0 et du même pourcentage pour la modalité 2.

Ainsi que la signification du premier axe peut s'écrire en fonction de la signification de modalité 0 ou modalité 2.

*Après avoir présenté les résultats de l'analyse des données générés du logiciel STATA, il est temps maintenant d'étudier l'intensité et la significativité entre les deux variables de notre étude empirique. Cette étude a pour objectif principal de déduire la significativité du travail empirique réalisé et définir la relation entre ses variables principales à savoir les facteurs d'attractivité et les facteurs de compétitivité territoriale.*

## 2.3. Interprétation statistique des résultats

Cette interprétation a pour objectif de clarifier la mesure de l'intensité et la significativité entre les variables principales de la présente étude empirique, soit les facteurs d'attractivité et de compétitivité. Pour le faire, nous utilisons la régression linéaire multiple.

La régression linéaire multiple représente un modèle linéaire dans lequel une fonction mathématique (droite) relie une variable à expliquer (Y) à plusieurs variables explicatives (X), cette méthode permet de vérifier la qualité de la relation entre la variable à expliquer et les variables explicatives. Le modèle est testé par le test student.

L'analyse par la régression linéaire multiple est l'une des solutions qui existent pour observer les liens entre une variable qualitative dépendante et n variables qualitatives indépendantes.

En effet, cette analyse de la régression linéaire multiple vise à vérifier les hypothèses de cet ouvrage. Pour le faire, nous proposons dans les paragraphes suivants son application (en utilisant STATA).

Ainsi, il semble très important de faire un rappel des hypothèses principales :

- La première hypothèse tente de vérifier si le facteur de compétitivité est le seul qui explique le choix de la localisation industrielle par une entreprise, autrement dit c'est le facteur explicatif de l'offre territoriale.
- La seconde hypothèse essaie de vérifier si le facteur d'attractivité est le seul qui explique le choix de la localisation industrielle par une entreprise, autrement dit c'est le facteur explicatif de l'offre territoriale.

### 2.3.1. Application

#### *2.3.1.1. Première hypothèse*

Voici le résultat affiché par STATA :

<u>Mesure de l'intensité</u>

**Figure 17:Significativité de l'étude empirique selon AMC**[326]

```
      Source |       SS       df       MS
-------------+------------------------------           F(  2,     5) =    0.47
       Model |  1.26832255     2  .634161277           Prob > F      =  0.6495
    Residual |  6.73167793     5  1.34633559           R-squared     =  0.6885
-------------+------------------------------           Adj R-squared =  0.6780
       Total |  8.00000048     7  1.14285721           Root MSE      =  1.1603

------------------------------------------------------------------------------
          p1 |      Coef.   Std. Err.      t    P>|t|     [95% Conf. Interval]
-------------+----------------------------------------------------------------
          q1 |  -.1323138    .410211    -0.32   0.048    -1.186854   -.9222263
          q2 |  -.3755441    .280034    -0.92   0.002    -1.430084    -.678996
       _cons |   3.28e-09    .160134     0.00   1.000     -1.05454     1.05454
------------------------------------------------------------------------------
```

En appliquant la méthode de l'analyse des correspondances multiples, sur l'ensemble des questions posées sur les facteurs de compétitivité, et ceux mesurant les facteurs de l'attractivité, deux indices sont construits.

p1 représente l'indice d'attractivité.

q1 et q2 représentent l'indice de compétitivité.

- Nous constatons :

Un seuil de significativité de 0.048<0.05.

L'équation qui présente l'étude peut s'écrire sous la formule suivante :

$$"\mathbf{y} = \boldsymbol{\beta}\mathbf{0} + \boldsymbol{\beta}\mathbf{X1} + \boldsymbol{\beta}\mathbf{X2} + \cdots \ldots \ldots . + \boldsymbol{\varepsilon}"$$

Y : la variable à expliquer soit l'attractivité.

X : les variables explicatives soit la compétitivité.

β: le coefficient

ε : la variance résiduelle (erreur).

- Commentaire

Toutes les variables explicatives (facteurs de compétitivité) sont significatives, car les p-values de l'ensemble desdites variables sont inférieurs à 0.05.

Cette significativité statistique confirme la fiabilité des résultats obtenus.

*Cette significativité prouve que les facteurs de compétitivité expliquent significativement l'attractivité.*

La relation entre les variables est significative.

- En définitive ;

Nous pouvons avancer qu'il y a un effet significatif des facteurs de compétitivité (des variables explicatives) sur l'attractivité (une variable à expliquer).

326)- Résultat généré par STATA.

D'où, nous pouvons écrire notre étude empirique sous la formule suivante :

$$\text{"}\textbf{Attractivité} = \textbf{f (compétitivité)}\text{"}$$

C'est-à-dire que : l'attractivité peut s'expliquer en fonction des facteurs de compétitivité

### *2.3.1.2. Deuxième hypothèse :*

Le résultat affiché par STATA est :

<u>Mesure de l'intensité</u>

**Figure 18:Significativité de l'Etude empirique selon AMC**[327]

```
      Source |       SS       df       MS                    Number of obs
-------------+------------------------------              F(  2,      5) =    0.08
       Model |  .247203479     2  .123601739              Prob > F       =  0.9245
    Residual |  7.75279661     5  1.55055932              R-squared      =  0.6309
-------------+------------------------------              Adj R-squared  =  0.6267
       Total |  8.00000009     7  1.14285716              Root MSE       =  1.2452

------------------------------------------------------------------------------
          q1 |      Coef.   Std. Err.      t    P>|t|     [95% Conf. Interval]
-------------+----------------------------------------------------------------
          p1 |  -.1323138   .4402498    -0.30   0.036    -1.264012   -.9993844
          p2 |   .1157303   .4402498     0.26   0.003    -1.015968   -1.247429
       _cons |  -1.11e-08   .4402498    -0.00   0.820    -1.131698    1.131698
------------------------------------------------------------------------------
```

En appliquant la méthode de l'analyse des correspondances multiples, sur l'ensemble des questions posées sur les facteurs d'attractivité, et ceux mesurant les facteurs de la compétitivité, deux indices sont construits.

q1 représente l'indice de compétitivité.

p1 et p2 représentent l'indice d'attractivité.

- Nous constatons :

Un seuil de significativité de 0.036.

L'équation qui présente l'étude peut s'écrire sous cette formule telle que :

$$\text{"}\mathbf{y = \beta 0 + \beta X1 + \beta X2} + \cdots \ldots \ldots + \boldsymbol{\varepsilon}\text{"}$$

Y : la variable à expliquer soit la compétitivité.

X : les variables explicatives soit l'attractivité.

β: le coefficient

ε : la variance résiduelle (erreur).

- Commentaire

Toutes les variables explicatives (facteurs d'attractivité) sont significatives, car les p-values de l'ensemble des dites variables sont inférieurs à 0.05.

---

327)- Résultat généré par STATA.

Cette significativité statistique confirme la fiabilité des résultats obtenus.

*Cette significativité prouve que les facteurs d'attractivité expliquent significativement la compétitivité.*

La relation entre les variables est significative.

- En définitive ;

Nous pouvons avancer qu'il y a un effet significatif des facteurs d'attractivité (des variables explicatives) sur la compétitivité (une variable à expliquer).

D'où, nous pouvons écrire notre étude empirique sous la formule suivante :

**"Compétitivité = f (Attractivité)"**

C'est-à-dire que : la compétitivité peut s'expliquer en fonction des facteurs d'attractivité.

Nous constatons que les deux variables soient l'attractivité et la compétitivité sont significatives, d'une valeur respective de 0.046 et 0.036.

Donc, nous constatons que l'analyse des données confirme les deux hypothèses, dont :

- La première hypothèse confirme que le territoire marocain est attractif pour les nouveaux investisseurs, grâce aux facteurs de compétitivité. Ainsi que la deuxième hypothèse confirme que le territoire marocain est compétitif grâce aux facteurs d'attractivité.
- En effet, la première hypothèse confirme plus de significativité que la deuxième (selon le seuil de significativité soit : 0.046>0.036), donc nous pouvons avancer que grâce aux facteurs de compétitivité, le territoire marocain présente une attractivité pour les nouveaux investisseurs du câblage automobile.

Aussi, nous remarquons qu'il existe une cohérence significative des stratégies et des actions, visant à améliorer l'attractivité du territoire marocain. Cette cohérence permet de favoriser une bonne lecture des objectifs, qui doivent revenir aux acteurs publics à qui incombe ce rôle.

Ainsi, l'ambition de cette analyse des données ne réside pas seulement dans l'étude de la relation, la cohérence et la mesure de l'intensité entre les facteurs de l'attractivité et de la compétitivité, mais plutôt dans la mesure de leur effet significatif sur le choix de la localisation industrielle des entreprises.

En récapitulant, nous choisissons de résumer les résultats sous forme des propositions portant sur des axes d'améliorations issues des freins actuels.

Tableau 26:Axes d'amélioration et les freins de développement

| Eléments | Freins actuels | Axes d'amélioration |
|---|---|---|
| **Système fiscal** | Complexité du système de remboursement de la TVA hors zone franche. | Intégrer des dispositifs fiscaux permettant une meilleure fluidité des opérations.<br>Revoir la question de la TVA sur les achats pour les exportateurs. |
| **Foncier** | Rareté et cherté du foncier locatif.<br>Prix du foncier non compétitifs. | Mettre à la disposition des investisseurs du foncier sur mesure avec plus d'option (Location de longue durée ; Leasing ; Achat). |
| **Logistique** | Fréquence élevée de pannes du système de déclaration douanier.<br>Tarif élevé de la traversée.<br>Horaires de traversée des bateaux non respectés. | Garantir une rapidité des procédures douanières.<br><br>Révision à la baisse des taxes portuaires. |
| **Fournisseur** | Besoin de plus de fournisseurs de MP.<br>Absence de fournisseurs locaux de pièces de rechanges. | Localiser les fournisseurs de MP, PDR et équipements. |
| **Procédure Administrative** | Complexité du système de déboursement de la subvention du Fonds Hassan II. | Amélioration de la procédure de déboursement de la subvention. |
| **Main-d'œuvre** | Besoin en ressources humaines qualifiées (Middle management)<br>Coûts salariaux élevés. | Elaboration d'un cahier de charges en termes de volume et qualification, à soumettre aux opérateurs de formation. |
| **Energie** | Capacité énergétique installée à l'TFZ est insuffisante, ce qui génère des coupures récurrentes d'électricité | Une offre est en cours d'étude pour accompagner les entreprises à améliorer leur efficacité énergétique par MarocPME (cadre |

| | | |
|---|---|---|
| | Coût d'électricité élevé. | contractuel Etat-Agence pour l'appui à l'entreprenariat et à la compétitivité de l'entreprise). |
| **Laboratoire** | Manque de laboratoire de test et validation produits. | Mettre en place un laboratoire de test et validation produits. |

- Source : élaboré par l'auteur.

En somme de ce travail empirique, il semble que le concept d'attractivité territoriale nécessite une valorisation au niveau théorique. Ses domaines d'études peuvent véritablement apporter la valeur qui manque aujourd'hui, à savoir une base théorique sur laquelle les différents piliers du gouvernement peuvent s'appuyer.

Cela contribue à l'application des politiques publiques de marketing territorial à des fins d'amélioration de l'attractivité. En dernière analyse, au niveau opérationnel, la réponse à la problématique de cet ouvrage représente une source d'éclairage sur la portée des efforts gouvernementaux qui se chiffrent à plusieurs milliards dépensés.

# Section 3 : Présentation et analyse descriptive des données de l'étude « Analyse des facteurs d'attractivité et de compétitivité à travers une étude de cas » (suite)

## 1. Présentation descriptive du deuxième travail empirique

### 1.1. Présentation

Dans le cadre de ce deuxième travail empirique portant sur le facteur de compétitivité du secteur industriel automobile au Maroc, nous choisissons de mener une étude sur l'amélioration de la compétitivité et de l'attractivité auprès de l'équipementier YAZAKI-MOROCCO S.A, et ce à travers un stage d'étude, en utilisant un questionnaire (il s'agit notamment d'un complément de travail).

## 1.2. Motivation de choix de cette entreprise

Afin d'asseoir une véritable industrie automobile de rang mondial, le Maroc œuvre à renforcer le taux d'intégration de la construction automobile, pour atteindre un taux de 100%. Pour le faire, il améliore les conditions de la localisation des équipementiers et des constructeurs.

En effet, le contexte économique est caractérisé par des exigences de la clientèle et une concurrence très acharnée entre les entreprises du secteur automobile. Ces dernières sont menées à intégrer des composants électroniques et électriques plus sécurisés. Donc, l'activité de construction et de conception des câbles électroniques est devenue principale grâce à la multiplication des activités de câblages. En conséquence, les équipementiers sont aussi importants que les constructeurs.

Le choix de « YAZAKI MOROCCO S.A » n'est pas au hasard : Car cette multinationale est un pionnier en matière d'équipement automobile au Maroc. De même, elle occupe une place importante au niveau de la production du câblage automobile à l'échelle internationale.

## 1.3. Objectifs visés par l'Etude

### 1.3.1. Objectif principal

L'objectif central de cette étude est d'apporter une méthode permettant d'améliorer la compétitivité de l'entreprise en interne et en externe, en se basant sur la localisation des entreprises au Maroc.

### 1.3.2. Objectifs spécifiques

- L'optimisation des coûts logistiques à savoir le coût d'achat et le coût de transport.
- La mesure de l'impact de cette optimisation sur l'entreprise YAZAKI-MOROCCO.

### 1.3.3. Méthode

Afin de réaliser les objectifs de cette étude, nous choisissons d'utiliser la démarche DMAIC (Définir, Mesurer, Analyser, Innover (au sens Améliorer) et Contrôler).

Cette méthode consiste à réduire le nombre de variables, car c'est de cette variabilité que peuvent provenir toutes les contraintes. Une fois les causes identifiées et les solutions mises en œuvre, le mécanisme de contrôle permet de poursuivre le processus d'amélioration continue mis en place.

#### *1.3.3.1. Etape n°1 : « Définir »*

Elle consiste à :

**Formulation de la question**

Afin de déterminer les données suffisantes pour les dimensions de l'étude, et d'identifier ses aspects essentiels, nous utilisons la méthode Q.Q.Q.Q.C.P.

- Quoi : Il s'agit d'un projet d'optimisation du coût d'achat des matières premières.
- Pourquoi : Ce travail est proposé pour diminuer le coût d'achat des matières premières, ce qui diminue par la suite les coûts logistiques de l'entreprise et par conséquent d'améliorer sa compétitivité.
- Qui : Tous les services du département logistique et spécialement celui d'achat sont concernés par ce projet, car, il impacte les indicateurs du département.
- Où : Service des achats directs « Matières Premières »
- Quand : Ce coût apparait à chaque commande passée.
- Comment : Le phénomène se produit par chaque coût constituant le coût d'achat à savoir par exemple : le coût d'importation.

**Définir les gains attendus**

Un projet six–sigma vise toujours l'amélioration continue et l'élimination de tout type de coût plus (perte) possible d'être rencontré :

Donc, les apports attendus de ce travail d'ouvrage sont :

- La diminution du coût d'achat des matières premières et par conséquent la diminution du coût d'importation des achats directs, autrement dit, la réduction du coût logistique.
- L'enrichissement de la liste des fournisseurs, selon le choix de la localisation la plus fiable.

#### *1.3.3.2. Etape n°2 : « Mesurer » et « Analyser »*

Normalement, dans une démarche DMAIC, la deuxième étape est « Mesurer », ensuite elle est suivie par la troisième « Analyser ». Cependant dans notre étude, nous procédons à la collecte des données et à leurs analyses de manière simultanée. Ainsi nous tirons des conclusions sur leurs utilités dans la mesure de la formule de calcul du coût d'achat direct et sa variabilité. Car l'analyse d'une telle donnée « X » peut conduire à la nécessité réelle d'une autre donnée « Y », et donc une nouvelle collecte de données est indispensable lors de l'étape « Analyser ». Pour le faire, il nous semble obligatoire de rassembler ces deux étapes « Mesurer » et « Analyser ».

Cette étape permet de :

- Décrire en détail le coût d'achat des matières premières chez YMO en se basant sur sa formule de calcul, ses composantes et ses caractéristiques.
- Mesurer les données objectives permettant de comprendre la formule de calcul du coût d'achat des MP.
- Identifier les éléments (composants du coût) que nous pouvons optimiser, les éléments stables, ainsi que les pistes d'amélioration potentielles.

**Description du coût d'achat chez YMO**

Le coût d'achat comporte :

- Le prix d'achat hors taxes récupérables.
- Les frais autres que le prix d'achat / frais accessoires.
- Les frais accessoires d'achat : Frais payés à des tiers concernant les matières et la marchandise avant l'arrivée dans l'entreprise, comme le transport et les commissions. Ces frais peuvent être calculés avec le coût d'achat ou séparément.
- Les frais accessoires d'approvisionnement : Des charges indirectes qui concernent la mise en stock des marchandises des matières et des fournitures.

**Coût d'achat = Prix + Frais**

Nous pouvons identifier exactement chaque composante de la formule du coût d'achat direct, en utilisant une fiche des questions.

**La formule de calcul de coût d'achat chez YMO**

La compréhension de la formule de calcul du coût d'achat direct nécessite d'abord de la décortiquer, ensuite, définir les éléments constituant la formule en relevant ses principales caractéristiques, et enfin, déterminer les éléments à améliorer.

La formule de calcul du coût d'achat des matières premières chez Yazaki est la suivante :

**(Total espace de stockage*250*0,111*Km/1000) + (0,031/ (total d'espace de stockage*250))**

**L'explication des éléments de la formule de coût d'achat des matières premières**

- Total d'espace de stockage des conteneurs en importation mesuré en mètre cube chargé.
- 250 : c'est le poids par un mètre cube chargé mesuré en kg.
- 0.11: c'est la valeur monétaire de paiement pour chaque mètre cube chargé coté en Euro.
- km : c'est la distance entre le pays de fournisseur et yazaki Morroco (client).
- 0.031 : c'est la cotation payée pour le passage maritime appelé le costfery.

**Choix et détermination des axes à améliorer**

Suite aux réponses des responsables logistiques, nous pouvons identifier les éléments à améliorer (variables), et les éléments fixes (constants) :

- Total d'espace de stockage est calculé par le nombre de boites fois l'espace unitaire en conteneur est invariable (il est donné selon le cas).
- Poids en mètre cube est un élément invariable (il est limité par les diamètres du conteneur).
- Prix est fixé au contrat.
- Cotation payée pour le passage maritime est déjà fixée an contrat.
- Distance entre le fournisseur et l'entreprise YMO est un élément qui peut être amélioré le choix des fournisseurs qui sont plus proche de l'entreprise (proximité), afin de réduire la distance et le coût d'achat.

**Description de l'état actuel des fournisseurs chez YMO**

La société mère YAZAKI CORPORATION installée en Allemagne exige à YAZAKI Morroco S.A une liste des fournisseurs de matières premières.

Ces fournisseurs peuvent être classés en trois groupes selon leurs pays d'implantation qui sont le Japon, l'Europe et le Brésil.

Chaque classement possède sa formule de calcul du coût d'achat ainsi que, les composantes de chaque coût, qui feront l'objet de notre analyse.

**Description de l'état actuel des matières premières chez YMO**

Notre travail porte sur deux types de matière première (les grommets et les protecteurs). Ce choix est justifié par :

- Elles sont plus volumineuses et coûteuses : Ce qui prend plus d'espace de stockage en conteneur lors de l'importation, ce qui donne une petite quantité en cartonné entre 30 et 45 unités. (par contre, les clips sont importés en grande quantité par cartonné plus de 500 unités).
- Nous ne choisissons pas les autres types de matières premières comme les clips, les connecteurs, car, elles sont moins coûteuses, et de petites tailles, ce qui permet d'avoir plusieurs articles en une seule cartonné).

Le tableau suivant présente la situation actuelle des fournisseurs de YMO et leurs coûts d'achat selon leur lieu d'implantation :

**Tableau 27:Classements des fournisseurs**

| Classement | Lieu | Formule de calcul du coût d'achat |
|---|---|---|
| Fournisseur n°1 | Europe | Total espace de stockage*250*0,111*1822/1000) + (0,031/ (total d'espace de stockage *250)) |
| Fournisseur n°2 | Brésil | 4711* nombre de mois |
| Fournisseur n°3 | Japon | 2835*nombre de mois |

Maintenant, nous présentons les principales caractéristiques de chaque fournisseur (objet d'amélioration) :

**Le coût d'achat de chaque fournisseur en détails**

**Tableau 28:Coût d'achat de chaque fournisseur de l'entreprise YAZAKI**

| Fournisseurs | Country | km | Coût de stockage estimé |
|---|---|---|---|
| A. RAYMOND FRANCE | Europe/france | 1822 | 7 953,19 € |
| A. RAYMOND GMBH & CO. KG | Europe/france | 2234 | 484,16 € |
| MTA SLOVACCHIA | Europe/Slovakia | 3220 | 60 004,67 € |
| CATELSA CACERES, S.A. | Europe/Spain | 529 | 7 851,81 € |
| FIBRAX | Europe/England | 2767 | 34237,4 € |
| ELASTOMER SOLUTIONS SLOVAKIA S.R.O | Europe/Slovakia | 3229 | 14506,96€ |
| YAZAKI SALTANO DE PORTUGAL PE LDA | Europe /Portugal | 1000 | 1471,68€ |
| VALEO AUTO-ELECTRIC HUNGARY LLC | Europe/Hungary | 3001 | 13774,84€ |
| A.RAYMONDCZECH REPUBLIC | Europe/CzechRepublic | 3081 | 10179,19€ |
| TRW CARR – FRANCE | Europe/france | 2365 | 171,3€ |
| FAHRZEUGELEKTRIK PIRNA GMBH & CO.KG | Europe /Germany | 2952 | 20656,84€ |
| YAZAKIBELGIUM | Europe/Belgium | 2437 | 431,77€ |
| TEKNOKAUCUKSANAYII A.S. | Europe/Turckey | 4597 | 1770,7€ |
| DF ELASTOMERSOLUTIONS,LDA.PORTUGAL | Europe/Portugal | 1027 | 1450,97€ |
| MORITZ PRODUCTION GMBH | Europe/Germany | 2716 | 1765,44€ |
| YABI | American/ Brezil | | 56532.00€ |
| MTA AUTO ELECTRIC SYSTEMS | Europe/Italie | 2181 | 8995,15€ |
| RONERA RUBBER S.A. | Europe/Italie | 2181 | 3142,95€ |
| FIBRAX SANOK SO.ZOO. | Europe/Poland | 3501 | 2987,87€ |

| | | | |
|---|---|---|---|
| DELPHI FRANCE | Europe/France | 19 48 | 3098,53€ |
| RICARDO PREHN S.A. | Europe/Spain | 11 59 | 198,48€ |
| ACAPLAST | Europe/Italy | 19 22 | 513,56€ |
| PLASTIC ELECTROMECHANIC COMPANY S.A | Africa/Tunisia | 20 87 | 25717,89€ |
| ORVEN | Europe/Turckey | 47 06 | 236,57€ |
| COOPER STANDARD FRANCE SAS | Europe/france | 19 06 | 522,74€ |
| WOCO INDUSTRIETECHNIKGMBH | Europe/Allemagne | 25 76 | 3153,39€ |
| EMHART TEKNOLOGIES EUROPE | Europe/Royaume-uni | 25 73 | 1282,13€ |
| PLASTIQUE FORME INTERNATIONAL (LOGNE) | Europe/France | 20 26 | 3431,76€ |
| SOMA SA | Argentine | | 9874.60€ |
| SEWS-COMP.EUR. B.V.HUNG.BRANCH OFF. | Japon | 30 76 | 2294,89€ |
| YGP PTE. LTD. | Singuapoure | | 7000.00€ |

- La représentation graphique pour chaque classement de fournisseurs :

<u>Le coût de stockage en importation pour les fournisseurs implantés en Europe</u>

**Figure 19:Coût de stockage des matières premières en conteneur**

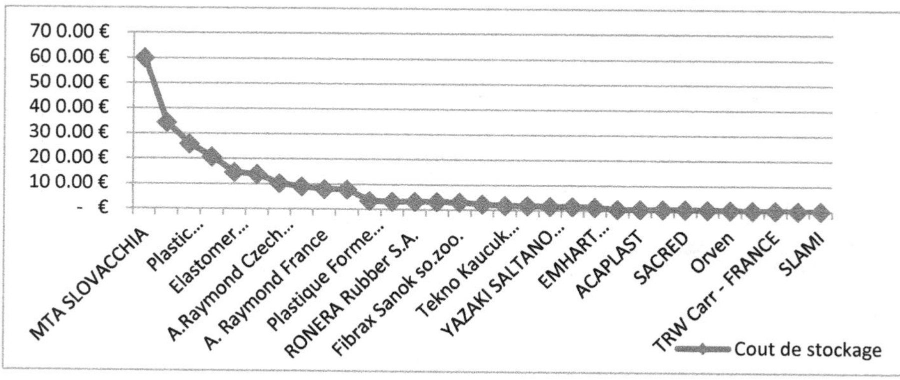


Le graphique présente le coût de stockage des matières premières en conteneur pendant l'importation, pour chaque fournisseur installé en Europe, dont, nous avons besoin de diminuer en optimisant le coût d'achat par la suite.

Le coût de stockage en importation pour les fournisseurs implantés au Brésil

Pour ce fournisseur, nous n'avons pas intérêt à optimiser son coût d'achat, car, il en existe déjà qu'un seul.

Le coût de stockage en importation des fournisseurs installés en Japon

**Figure 20:Coût de stockage en conteneur du fournisseur Yazaki Corporation**

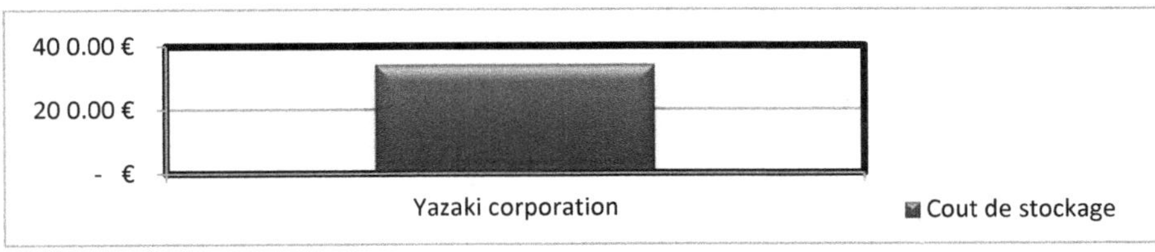


Le graphique présente le coût de stockage des matières premières en conteneur pendant l'importation d'un fournisseur installé au Japon. Pour ce dernier, nous ne pouvons pas changer son coût d'achat. (YMO est une multinationale japonaise).

- A cette étape, nous pouvons conclure que :

Optimiser le coût d'achat des matières premières chez YMO, par :

- S'intéresser juste aux fournisseurs installés en Europe (ils sont nombreux).
- Investir dans la proximité des fournisseurs par la réduction de la distance entre le fournisseur et la société YMO. Ce qui représente pour notre étude l'amélioration souhaitée en axe des achats directs, et la localisation des fournisseurs.

### *1.3.3.3. Etape n°3 : « Innover/Améliorer »*

Dans cette étape, nous essayons de traiter le point d'amélioration concernant l'investissement dans la localisation des fournisseurs, que nous venons de détecter lors de l'analyse et de trouver des solutions adéquates, voir son impact sur le coût d'achat à nouveau, et enfin, calculer les gains attendus par ces changements et planifier leur mise en place.

**Solution proposée : faire une recherche sur des sociétés produisant la même matière première, et installées au Maroc**

Présentation de la solution

Afin de s'investir en localisation des fournisseurs par la réduction de la distance entre eux et YMO, (garantir plus de proximité), nous choisissons de faire une recherche sur des sociétés implantées au

Maroc, et, qui produisent la même matière première, pour réduire le coût de transport en importation en termes de km, et, par la suite diminuer le coût d'achat direct.

Résultat de la solution :

- Les sociétés installées à la zone franche de Tanger :

**Tableau 29: Résultat de recherche des sociétés installées à Tanger**

| Société | Activité | Adresse | Télé/Faxe |
|---|---|---|---|
| **GMD (Groupe Mécanique Découpage)** | Fabrication des composants en plastiques pour l'industrie automobile | lot 108 – Gueznaya 90 000 TFZ | 05 39 39 71 10 |
| **ELASTOMER SOLUTIONS MAROC SARL** | Fabrication et distribution des composants en caoutchouc pour l'industrie automobile | TFZ, bâtiment Marvest, lot 798390100 Tanger | 05 39 39 27 35 |
| **Polydesign systems s.a.r.l** | Fabrication d'accessoires internes pour le secteur automobile | Tanger Free Zone, ilot 18B, 90000 Tanger | 05 39 39 94 00 |
| **SINTEX** | Fabrication des composantes en plastiques et des produits de niche de textile. | | 05 39 39 65 00 |
| **SIGIT** | Fabrication de pièces profilées en caoutchouc, éléments flexibles basse pression et profilés et thermoplastiques | Lots 79 C - 1 / 79 C - 10, Bloc 2, Bloc 3, Zone Franche D'exportation, - Tanger-Médina (AR) | 05 39 93 40 11 |
| **Schelmmer** | fabrication de gaine annelée et accessoires automobiles. | Tanger Free Zone - TFZ, ilot 27, lot 2 - 90000 Tanger zone franche | 0539 39 4300 |

- Les sociétés installées à la zone franche de Kenitra :

**Tableau 30:Résultat du benchmark des sociétés installées à Kenitra**

| Société | Activité | Adresse | Télé/Faxe |
|---|---|---|---|
| **Plastic Electromechanic Company (PEC)** | la conception et la fabrication des composantes en plastiques. | Atlantic Zone Franche Kenitra | 05 39 39 50 18 |

- Les sociétés installées à la zone franche de Casablanca :

**Tableau 31:Résultat du benchmark des sociétés installées à Casablanca**

| Société | Activité | Adresse | Télé/Faxe |
|---|---|---|---|
| **Sacred Maroc. S.A** | Fabrication d'articles en caoutchouc destinés aux secteurs automobiles et autres | Zone ind.MoulayRachid, lot. 108bis - 20450 Casablanca | 05 22 72 66 84 |

- Les sociétés installées à Errachidia:

**Tableau 32:Résultat du benchmark des sociétés installées à Errachidia**

| Société | Activité | Adresse | Télé/Faxe |
|---|---|---|---|
| **GECAM** | Fabrication des pièces techniques en caoutchouc | Zone industrielle Tassila 3, lot35, | 05 22 72 66 84 |

Cette recherche permet d'obtenir neuf sociétés, dont nous choisissons celles qui répondent aux conditions exigées à savoir : rapport coût, qualité, délai de livraison, mode de paiement.

### *1.3.3.4. Etape n°4 : « Maîtriser/Contrôler » : la mise en œuvre du travail*

Pour mieux gérer le choix fiable du fournisseur, il serait préférable de diviser en deux phases l'étape contrôler (afférente à la démarche DMAIC) qui sont :

- Maîtriser : permet de lutter contre les contraintes influençant la fiabilité du choix de fournisseur.
- Contrôler : facilite la définition des indicateurs servant à mesurer la performance d'optimisation du coût d'achat (la pertinence des changements d'amélioration mis en œuvre), et de déduire l'optimisation du coût d'achat par le choix de nouveau fournisseur.

**Première phase : « Maitriser »**

Cette phase de « Maitriser » ou que nous pouvons l'appeler aussi « mettre sous contrôle » a pour but de lutter contre tout type de dysfonctionnement ou de contrainte, cela veut dire, nous avons l'obligation d'encadrer et de suivre la mise en place du travail sans qu'il soit touché par n'importe quel risque. D'où sa maîtrise est :

- N.B : le fait de changer un fournisseur qui livre non seulement à YMO, mais, pour plusieurs sites de YAZAKI, va influencer le coût d'achat des autres sites, car, ce dernier mène ses négociations de prix de vente à base de plusieurs livraisons.

Pour cette raison, nous choisissons les références des matières premières que YMO commande toute seule sans qu'elles soient communes avec les autres sites ce qui favorise notre changement de fournisseur installé à l'étranger par un autre installé au Maroc.

Ces références de matières premières sont présentées au tableau suivant :

**Tableau 33:Type et références des matières premières**

| Type de matières premières | Partnumber/ N° de référence |
|---|---|
| **Grommet** | 7075165330 |
| **Grommet** | X41535E001 |
| **Grommet** | X41535E002 |
| **Grommet** | X41535E003 |
| **Protecteur** | 7176046230 |
| **Protecteur** | 7176046330 |
| **Protecteur** | X31484E091 |
| **Protecteur** | X31484E092 |

Ce travail de changement de fournisseur va porter juste sur les projets prochains et pour les références exactes des matières premières, afin que nous puissions dégager plusieurs points à savoir :

- L'acceptabilité des clients et de la société mère YAZAKI CORPORATION
- L'évitement de tout type de perturbation des projets existants (projet en phase de démarrage, projet en phase de déclin…).

Alors, d'après les discussions menées entre YMO et la société mère YAZAKI, le choix se porte sur le fournisseur « SIGIT » une multinationale d'un équipementier italien spécialisé dans la fabrication des pièces profilées en caoutchouc, et qui vient de s'installer à la zone franche de Tanger. (Maintenant, nous passerons à l'avant-dernière étape à savoir « Contrôler »).

**Deuxième phase : « Contrôler »**

Cette phase a pour but de définir les indicateurs permettant de mesurer la performance d'optimisation du coût d'achat, et, donc la pertinence des changements d'amélioration mis en œuvre.

Afin de mettre en œuvre le changement, il faut l'adapter à la politique de l'entreprise (pour qu'il soit accepté).

De ce fait, il faut montrer l'optimisation du coût d'achat par le choix du nouveau fournisseur par rapport à l'ancien. (Comparer entre l'ancien et le nouveau coût d'achat).

<u>L'ancien coût d'achat (anciens fournisseurs) :</u>

Une charge afférente au coût de transport en importation mesuré par le kilométrage et le coût maritime (Cost ferry), à cause de son implantation à l'étranger.

<u>Avec le nouveau coût d'achat (nouveau fournisseur) :</u> localisée à la zone franche Tanger, l'entreprise n'utilise que des taxis pour importer ses commandes. Par conséquent, le coût de transport sera calculé selon le nombre de palettes.

- Pour une à trois palettes : un montant de 200 dh.
- Pour trois à huit palettes : un montant de 250 dh.
- Pour huit à quinze palettes : un montant de 300 dh.

Alors, afin de montrer l'optimisation du coût d'achat, nous illustrons les deux situations dans le tableau suivant.

**Tableau 34:Comparaison entre les deux fournisseurs**

| **Fournisseur** | **Formule du coût d'achat** | **Elément optimisé** |
| --- | --- | --- |
| **Avec l'ancien fournisseur** | ((Total espace de stockage * 250 0,111 * KM / 1000) + (0,031 / (total d'espace de stockage * 250)) | Le coût maritime (cost ferry)<br>- La distance en kilométrage.<br>- 0.111 € sur chaque 250kg. |
| **Avec le nouveau fournisseur** | Paiement par nombre de palettes:<br>De 1-3 palettes: 200 DH.<br>De 3-8 palettes: 250 DH.<br>De 8-15 palettes:300DH. | |

## *1.3.3.5. Etape n°5 : « Valider »*

**Description de l'état actuel**

Dans cette étape, nous choisissons de mettre en place notre travail par le changement de deux fournisseurs européens qui sont A.RAYMOND.FRANCE et ELASTOMER SOLUTION SLOVAKIAS.R.O par deux fournisseurs installés à la zone franche de Tanger qui sont SCHLEMMER et SIJIT, en traitant quatre références de deux types de matières premières.

Les tableaux suivants représentent les coûts d'achat de chaque cas sur la base des données suivantes :

- L'importation de ces références de matières premières, l'entreprise utilise des palettes de type européen (de diamètre 120cm/80cm).

Après notre visite dans la zone de réception, nous relevons que chaque palette contient 15 boites de ces références.

**Tableau 35:Comparaison entre les deux coûts**

| Fournisseurs | Matières premières | Références | Nombre de boites par an | Nombre de palettes par an | Coût annuel |
|---|---|---|---|---|---|
| **Elastomer Solutions Slovakia S.R.O** | Grommets | 7035013330 | 765 | 51 | 13353.70€ |
| | | 7035039330 | 337 | 23 | |
| | | 7035292430 | 259 | 18 | |
| | | 7173076130 | 737 | 50 | |
| **A.Raymond France** | Protecteurs | 71242990 | 703 | 47 | 5886,71€ |
| | | 71243830 | 6 | 1 | |
| | | 71247627 | 12 | 1 | |
| | | 7254042830 | 172 | 12 | |

**Tableau 36:Comparaison entre les deux coûts**

| Fournisseurs | Matières premières | Références | Nombre de boites par an | Nombre de palettes par an | Coût unitaire de palette | Coût annuel |
|---|---|---|---|---|---|---|
| **SIJIT** | Grommets | X41535E001 | 765 | 51 | 102€ | 284€ |
| | | X41535E002 | 337 | 23 | 46€ | |
| | | X41535E003 | 259 | 18 | 36€ | |
| | | 7075165330 | 737 | 50 | 100€ | |
| **Schlemmer TFZ** | Protecteurs | 71242990 | 703 | 47 | 94€ | 164€ |
| | | 71243830 | 6 | 1 | 20€ | |
| | | 71247627 | 12 | 1 | 20€ | |
| | | 7254042830 | 172 | 12 | 30€ | |

Tableau 37:Comparaison entre l'ancien et le nouveau coût d'achat des grommets

| Fournisseur | Matières premières | Coût d'achat | Ecart | Interprétation |
|---|---|---|---|---|
| **Elastomer Solution Slovakia s.r.o** | Grommets | 13353.70€ | 13069.70€ | En changeant de fournisseur, le coût d'achat des grommets est optimisé, ce qui va impacter positivement la valeur ajoutée de l'entreprise. |
| **Sijit** | | 284€ | | |

Tableau 38:Comparaison entre l'ancien et le nouveau coût d'achat des protecteurs

| Fournisseur | Matières premières | Coût d'achat | Ecart | Interprétation |
|---|---|---|---|---|
| **A.Raymond France** | Protecteurs | 1471.68€ | 1303,68€ | En changeant de fournisseur, le coût d'achat des protecteurs a diminué de 800%, ce qui va augmenter la valeur ajoutée de l'entreprise. |
| **Shlemmer** | | 164€ | | |

Tableau 39:Coût d'achat optimisé

| Elément | Grommets | | Protecteurs | |
|---|---|---|---|---|
| **Ancien coût** | 13353.70 € | 146 890.70 DH | 1471.68€ | 16 188.48 DH |
| **Nouveau coût** | 284 € | 3 124 DH | 184€ | 2 024 HD |
| **Costsaving (coût optimisé)** | 13069.70 € | 143 766.70 DH | 1303,68€ | 14 340.48 DH |

En conclusion, d'après notre étude qui porte sur l'optimisation du coût d'achat des matières premières, nous constatons que la localisation de l'entreprise (fournisseur) est un critère primordial et déterminant dans la baisse du coût d'achat.

Dans ce sens, une optimisation du coût d'achat des matières premières (les plus coûteuses) prouve l'amélioration du coût de revient de l'entreprise, et par conséquent une amélioration remarquable de sa compétitivité.

Enfin, nous pouvons avancer que le développement de l'écosystème câblage automobile au Maroc participe à l'accélération de l'activité industrielle, ainsi que l'amélioration des gains des sociétés concernées, mais son développement reste tributaire du poids que peuvent avoir les fournisseurs ou les équipementiers dans la chaîne de valeur pour la branche du câblage automobile.

## Section 4 : Synthèse et Perspectives

En général, après le temps de l'observation, la présentation, l'analyse et l'interprétation des résultats de la recherche ou bien le travail empirique, vient celui de la discussion. Bien qu'il soit indéniable que l'observation confirme généralement ou infirme les propositions théoriques à propos d'un phénomène, la force d'un chercheur-gestionnaire réside essentiellement dans sa capacité, à en tirer des conclusions utiles pour l'amélioration de la situation. Autrement dit à en proposer de nouvelles perspectives, afin de mettre en avant le positionnement international du Maroc dans l'industrie automobile en général et la filière du câblage en particulier.

Les chapitres précédents nous permettent de relever les facteurs d'attractivité et de compétitivité afférents au terrain, et à procéder à la validation totale ou partielle des différentes propositions théoriques, ainsi que de recenser empiriquement un certain nombre de « facteurs ».

Cette section a pour ambition, d'une part de compléter les premiers éléments de réponse, relatifs à notre question centrale d'ouvrage, à savoir l'identification et la détermination des facteurs d'attractivité et de compétitivité territoriales comme des clés principaux de la décision au choix de la localisation. D'autre part de contribuer plus largement à l'amélioration de la stratégie nationale de l'industrie automobile au Maroc à travers l'action publique.

Cette section est organisée en deux sous-sections :

- La première essaie d'une part d'aller au-delà du contexte de l'écosystème câblage aux d'autres écosystèmes automobiles, en visant une certaine généralisation de nos résultats. Pour justifier cela, nous percevons dans un premier temps pourquoi nos travaux sont susceptibles de s'appliquer à d'autres écosystèmes automobiles, en faisant le parallèle avec d'autres activités. D'autre part, de présenter des recommandations pour l'amélioration de la stratégie nationale de l'industrie automobile au Maroc. Ces recommandations représentent l'apport scientifique de cet ouvrage.
- La seconde montre les limites de nos travaux, ainsi que les perspectives et les pistes de recherche qui s'ouvrent devant nous,

autrement dit, nous proposons des avenues de recherches futures qui constituent la dernière articulation de ce chapitre.

Bref, cette section présente l'apport scientifique de cet ouvrage. Il a pour objectif principal d'enrichir la partie théorique, en tirant profit des résultats empiriques.

## 1. Etat de l'apport scientifique

Pour traiter l'apport scientifique de cet ouvrage, nous choisissons d'exposer d'abord le contexte dans lequel nous proposons ces changements, ensuite nous évoquons les manques et les limites, et enfin nous présentons nos apports scientifiques.

### 1.1. Contexte de l'apport scientifique (survol sur le contexte)

Aujourd'hui, l'Industrie Automobile au Maroc connaît une forte croissance portée en grande partie à l'arrivée de Renault. Cependant, selon notre travail, nous constatons que cette industrie nécessite encore d'être consolidée.

Ainsi, nous remarquons que l'activité du câblage représente le métier le plus mature avec 65% des emplois, et 75% des exportations du secteur. Donc, il constitue d'un déterminant très fort de ce secteur, C'est pourquoi, nous décidons de mener notre travail de cet ouvrage en écosystème câblage.

### 1.2. Champs d'analyse de l'apport scientifique

Le champ d'analyse de notre apport scientifique se focalise sur deux champs économiques l'un méso-économique et l'autre microéconomique. Dans cette optique, nous choisissons de présenter les deux champs d'analyse comme suit :

#### 1.2.1. Au niveau du champ d'analyse méso-économique

Des attentes de forces en termes de production, d'exportations, d'emplois et, in fine d'approfondissement industriel sont adossées au développement de l'industrie automobile. Dans ce contexte, notre travail d'ouvrage porte principalement sur la politique industrielle, plus précisément sur la stratégie nationale de l'industrie automobile menée par les acteurs publics.

Dans cette perspective, nous choisissons de présenter le rôle joué par l'acteur public dans l'amélioration et le développement de la stratégie nationale de l'industrie automobile.

### 1.2.2. Au niveau du champ d'analyse micro-économique

Notre travail d'ouvrage porte principalement sur l'entreprise et sa gestion, notamment logistique.

La relation entre le niveau méso économique et le microéconomique se concrétise d'une part des mesures de soutien et d'incitation à l'investissement proposées par l'Etat, et d'autre part l'amélioration des indicateurs économiques genres l'augmentation du chiffre d'affaires, le nombre d'emplois, le volume des exportations qui sont à la charge des entreprises.

## 1.3. Apports Scientifiques : Propositions d'amélioration de l'industrie automobile : filière du câblage

Tout travail d'étude vise à apporter de la valeur ajoutée aux construits scientifiques, à travers une vision particulière de la réalité. Dans ce cadre, nous essayons d'apporter des explications, de prédire des projections, de clarifier des constats empiriques, et d'apporter des nouvelles améliorations à notre travail d'ouvrage.

Alors, avant de commencer la présentation de notre apport scientifique, nous proposons de définir leurs objectifs comme suivant.

## 1.4. Les objectifs principaux

- Contribuer à l'amélioration de l'offre territoriale et compétitive du Maroc, au niveau de l'industrie automobile d'une manière générale et la filière du câblage d'une manière spécifique.
- Favoriser la position internationale du Maroc au niveau de l'industrie automobile, sur le plan compétitif et attractif.
- Améliorer le rôle des acteurs publics, (les offreurs locaux des ressources selon ce travail).
- Promouvoir la politique industrielle en termes d'attractivité et de compétitivité.

### 1.4.1. Méthodologie de projection des objectifs

La méthodologie de projection des objectifs se base sur trois leviers essentiels; les nouveaux métiers, la croissance du marché des constructeurs et des équipementiers, et la performance des contrats de sourcing.

Alors, pour réaliser cette projection, nous proposons, les éléments suivants :

- Développer de nouveaux métiers au Maroc visant à améliorer les niveaux d'intégration locale, et élargir la gamme des produits destinés à l'export, en utilisant la méthode d'élaboration des business models pour chaque métier selon ses critères et ses caractéristiques.
- Performer les contrats de sourcing négociés entre le ministère de l'industrie et la firme concernée soit constructeur ou équipementier.
- Contribuer à la montée en charge de la production des constructeurs existants, et par conséquent des équipementiers.
- Maintenir un rythme de croissance organique des exportations, en appliquant un taux de croissance des exportations ajusté pour chaque activité.

En effet, pour répondre aux objectifs mentionnés en dessus, nos propositions se basent sur l'amélioration continue de cette industrie, dont il consiste à réunir les conditions idéales de fonctionnement, créer de la valeur et réduire les anomalies.

Dans ce cadre, nous présentons des propositions d'amélioration selon les champs d'analyse du travail d'ouvrage:

### 1.4.2. Au niveau du champ d'analyse méso-économique

Afin d'assurer une amélioration continue de l'industrie automobile marocaine, il faut que cet apport scientifique couvre toutes les dimensions de la politique industrielle, qui organise cette industrie.

Nous choisissons de mener ces dimensions sur des niveaux stratégiques, managériales et méthodologiques, tout en soutenant une bonne coordination entre les acteurs principaux de cette politique industrielle.

#### *1.4.2.1. Dimension stratégique*

Cette dimension stratégique consiste à rappeler d'abord du contexte stratégique mondial de l'industrie automobile, ensuite le contexte stratégique national servant comme une feuille de route, et enfin de présenter les pôles d'amélioration stratégiques.

**Contexte stratégique : au niveau mondial**

D'après nos lectures sur le secteur de l'industrie automobile international, nous constatons que le contexte stratégique est caractérisé aujourd'hui, par une discontinuité majeure de la demande en Europe de l'Ouest tournée de plus en plus vers les « low-cost », le développement de véhicules légers et citadins, et des constructeurs européens fortement concurrencés par les asiatiques. Donc, nous comprenons que ce contexte est marqué par une forte pression prix / coûts sur les constructeurs européens entraînant ainsi une orientation massive vers les véhicules à bas coûts.

C'est pourquoi, nous pouvons conclure que le contexte stratégique international de l'industrie automobile exige une poursuite claire d'orientation vers les véhicules à bas prix, d'où des implantations vers les pays émergents à bas coûts. Autrement dit, il s'agit d'une poursuite claire des mouvements d'implantation des équipementiers dans les pays à bas coûts, afin d'accompagner des nouveaux sites de production des constructeurs. Il s'agit bien des délocalisations en quête de structures des coûts compétitives.

Pour toutes ces raisons, nous proposons un contexte stratégique nationale caractérisé par :

**Contexte stratégique national proposé**

Nos apports scientifiques s'articulent autour de la consolidation de cette industrie au Maroc à travers le recours à des mesures innovantes et ciblées, autrement dit, offrir des avantages compétitifs aux nouveaux investisseurs.

Dans ce cadre, nos apports scientifiques ont pour objectif principal de capturer les flux de délocalisation, et construire des tissus automobiles robustes, via le développement de mesures d'accompagnement de plus en plus ciblées et innovantes. Tout en veillant sur la mise en place et la mise en œuvre d'une amélioration continue de quatre pôles stratégiques.

**Pôles stratégiques**

Afin de bien répondre à cet objectif, nous choisissons de nous concentrer sur quatre pôles stratégiques principaux :

- Mesures ciblées au développement de nouveaux métiers.
- Mesures d'accompagnement, servant à gagner de nouveaux marchés.

- Mesures pour privilégier l'intégration locale.
- Mesures permettant la compensation industrielle.

En effet, pour mettre en œuvre ces quatre pôles stratégiques, il faut ajuster des modalités de soutien pour cette industrie, sous forme du périmètre, des leviers et de format, que nous décrivons au tableau suivant.

**Tableau 40:Forme du périmètre, des leviers et du format des modalités de soutien proposées**

| Définition du Périmètre et des Bénéficiaires | Identification des Leviers d'Accompagnement | Choix du Format et des Outils |
|---|---|---|
| **Périmètres d'activité qui se concrétise en :**<br>Un accompagnement élargi à l'ensemble de l'industrie.<br>Un accompagnement spécifique à des sous-secteurs selon les critères de chacun.<br>**Type de bénéficiaires**<br>Constructeurs.<br>Equipementier rang 1.<br>Equipementier rang 2.<br>Equipementier rang 3.<br>Métiers connexes : ingénieurs / laboratoires/cabinets.<br>**Entreprises installées au Maroc :**<br>Création d'un statut d'entreprise pionnière pour attirer les industries innovantes. | L'accompagnement//<br>/levier<br>Ressources Humaines.<br>Equipement<br>/Machines.<br>Volume/ marché.<br>Foncier.<br>Impôts /taxes.<br>Organisation / Accompagnement. | Des subventions sous forme de :<br>-Subventions financières directes<br>-Subventions financières indirectes<br>- Soutien non financier. |

- Source : élaboré par l'auteur.

En outre, en ce qui concerne les perspectives d'évolution dans le secteur automobile au niveau international, le Maroc doit se pencher sur les segments les plus intéressants comme l'électrique, l'hydrogène et l'autonomie. Pour cela, il doit s'intéresser à la technologie, à l'innovation, à la recherche et au développement.

### *1.4.2.2. Dimension managériale et méthodologique*

Après avoir présenté les grandes pistes stratégiques, il est temps maintenant de présenter la manière de leurs mises en œuvre et de leurs réussites.

Dans cette optique, nous choisissons de présenter d'abord les acteurs facilitant la mise en place des pôles stratégiques en veillant à leur réussite, ensuite nous traitons d'une façon détaillée les apports scientifiques, et enfin, nous présentons un état récapitulatif.

**Acteurs publics**

La réalisation des mesures incitatives à l'investissement nécessite une collaboration entre les organes publics.

Cette collaboration entre les acteurs publics permet une lisibilité claire de l'offre territoriale du Maroc.

Cette collaboration doit être organisée par un acte réglementaire, qui détermine les engagements de chaque partie.

Cette dimension s'intéresse à la méthodologie par laquelle, nous pouvons répondre à l'objectif principal de notre ouvrage qui est également l'augmentation du taux d'intégration local, autrement dit, l'augmentation des exportations et la diminution des importations.

Dans ce sens, nous proposons au tableau suivant d'une manière explicative la méthode d'analyse des options d'import substitution :

**Méthodologie d'analyse des options d'import-substitution**

Cette méthode nécessite d'abord une évaluation de besoin d'approvisionnement de la filière auprès des équipementiers, et une analyse des opportunités :

**Tableau 41:Méthode d'analyse des axes d'amélioration proposés**

| Evaluation des besoins d'approvisionnement | Analyse de l'opportunité d'import substitution | Analyse de la compétitivité du Maroc | Options d'import / Substitution |
|---|---|---|---|
| **Récolte des besoins d'approvisionnement auprès des acteurs à travers les entretiens et les questionnaires.**<br><br>**Consolidation des besoins de la filière du « câblage » par type d'intrants.** | Analyse de la taille du marché.<br><br>Taille du marché et besoins estimés communiqués par les acteurs | Analyse des avantages compétitifs du Maroc selon :<br><br>Historique de la filière du « câblage ». Savoir-faire spécifique à l'industrie automobile. | Identification des options d'import substitution :<br>1. Développement en interne de la production d'intrants chez les équipementiers<br>2. Attraction des équipementiers internationaux.<br>3. Accompagnement d'acteurs locaux dans le développement d'une offre d'intrants pour |

| | | | |
|---|---|---|---|
| | | | l'industrie automobile. |

- Source : élaboré par l'auteur.

### *1.4.2.3. Dimensions techniques*

Cette dimension permet de concrétiser les pôles stratégiques :

**Pour le contexte industriel actuel**

**La première mesure incitative : l'appui à l'investissement**

L'amélioration proposée pour cette mesure incitative est destinée à la filière du câblage, et peut même servir aux autres filières.

**Tableau 42:Caractéristiques de la première mesure incitative proposée**

| Eléments | Mesures classiques | Mesure améliorée |
|---|---|---|
| **Définition** | Soutien financier offert à l'installation d'un nouvel acteur ou à l'extension d'un acteur existant. | Présélection d'un certain nombre de métiers nouveaux indispensables au développement de l'écosystème et nécessitant un soutien financier de l'Etat. |
| **Nature de l'aide** | Subvention d'investissement pour les investissements réalisés hors foncier, à hauteur de 20% des investissements et dans la limite de 20 Mns MAD par acteur. | - Subvention d'investissement dans des limites variables selon la nature du métier.<br>- Prime d'amorçage (compensation des pertes d'exploitation pendant 1-3 an pour soutenir l'essor des métiers au vu des faibles volumes actuels). |
| **Exigibilité** | - Nombre d'acteurs non prédéfini.<br>- Tout industriel de l'écosystème (existant ou nouvel entrant), dont le dossier de candidature répond aux critères du ministère de l'industrie. | Nombre limité d'acteurs : au maximum 3 à 5 par métier et dans la limite d'une enveloppe budgétaire globale allouée par le Ministère. |
| **Processus d'octroi** | Soumission classique de dossiers de candidatures par les industriels. | - Appel à manifestation d'intérêt auprès des équipementiers au Maroc et à l'étranger.<br>- Sélection des projets par un comité stratégique.<br>- Fast Track Process : délai d'octroi et sélection des aides instantanées<br>- Priorité les subventions aux métiers pionniers. |

- Source : élaboré par l'auteur.

En conclusion, notre proposition pour cette mesure qui s'intéresse à l'appui à l'investissement peut être résumée comme suit :

- Instaurer en plus des subvenions classiques, des subventions spécifiques pour les métiers pionniers, en favorisant ces nouveaux métiers au Maroc, et en réalisant un business plan, afin d'évaluer les besoins en accompagnement pendant la montée en charge des acteurs.

Ces subventions peuvent être démontrées comme suit :

- Accompagnement dans la réalisation des dossiers de remboursement du Fond Hassan II, via des prestataires externes, pour garantir la conformité des dossiers.
- Accompagnement à la recherche des solutions de remboursement accéléré pour les crédits de TVA. En assurant un engagement de l'Etat pour le remboursement dans un délai précis et limité.
- Soutien des banques à la croissance de l'écosystème câblage en facilitant l'accès au financement bancaire à un taux privilégié.

**La deuxième mesure incitative : la performance de la formation et la qualification de la main-d'œuvre**

L'amélioration proposée pour cette mesure incitative est destinée à la filière du câblage, et peut même servir aux autres filières.

Dans ce contexte, nous choisissons de présenter nos propositions qui portent sur la qualité de la formation selon les établissements et la qualification de la main-d'œuvre, qui sont importants et complémentaires.

Premier établissent de formation : Office de la Formation Professionnelle et de la Promotion du Travail « OFPPT »

**Tableau 43:Caractéristiques de la deuxième mesure incitative : cas d'OFPPT**

| Eléments | Mesures améliorée |
|---|---|
| **Centres de formation** | Pour le nombre des centres de formations, il n'y a pas un besoin spécifique pour la création des nouveaux centres de formation, car l'offre actuelle sur le marché est surabondante.<br>Nécessité des centres de test, autrement dit des laboratoires.<br>Mise en place des mécanismes d'aide à la formation post – embauche. |
| **Contenu de formation** | Définition de nouveaux mix de formations des employés année par année pour chaque écosystème<br>Création de filières de formation spécialisées dans les nouveaux métiers avec un parrainage durable auprès des entreprises.<br>Lancements d'initiatives Entreprises / OFPPT, pour améliorer les soft skills. |
| **Coordination** | Organisation des réunions d'une manière régulière, au moins deux fois par an entre les entreprises et l'OFPPT, afin d'améliorer de manière continue les modules de formations et d'affiner les besoins en formation.<br>Instauration une communication Entreprise / OFPPT sur les besoins en formation.<br>Réalisation des enquêtes semestrielles de satisfaction sur la qualité des formations par :<br>enquête de satisfaction régulière réalisée par la structure d'animation sur la qualité des formations de l'OFPPT, dont le but d'améliorer de façon dynamique le contenu des modules. |
| **Méthode/pratique** | Lancements d'initiatives Entreprises / OFPPT, pour améliorer les soft skills par des Séminaires Thématiques, à travers :<br>-Organisation par les entreprises des séminaires thématiques dans les instituts de formation pour une meilleure sensibilisation des étudiants au monde de l'industrie automobile et une meilleure compréhension des attentes de l'entreprise.<br>-Stages / Apprentissages: Mise en place de partenariats entreprises / instituts de formation, pour systématiser les stages en entreprises pour les étudiants permettant d'améliorer leur apprentissage et leurs connaissances du monde automobile.<br>-Nécessité de développement de compétences managériales via : |

| | |
|---|---|
| | -Renforcement des liens entre les centres de formation et les entreprises.<br>-Nouveaux modules de formations : communication, management d'équipe…<br>-Organisation des formations et le coaching du personnel.<br>-Contribution au transfert du savoir-faire métier auprès des organismes de formation (universités, écoles d'ingénieurs, établissements professionnels, etc.) à travers l'animation des séminaires, conférences, portes ouvertes ;<br>-Organisation des visites de découvertes pour les métiers automobiles en faveur des jeunes étudiants, et intégrer les stagiaires en formation alternée;<br>-Contribution au développement et au partage de la culture managériale au niveau des universités et des établissements professionnels, à même d'alimenter le marché en profils « middle management » |

- Source : élaboré par l'auteur.

Deuxième établissement : Mise en place d'un laboratoire de tests, d'analyse et de validation pour les métiers relatifs à l'industrie automobile

Sachant qu'il existe le laboratoire d'essai et d'étude public « LEEP », qui offre des prestations de

services dans les différents domaines du bâtiment et génie civil, de l'environnement, de l'hydraulique et des industries associées.

Afin d'accompagner le développement international dans la production des véhicules de la nouvelle génération (la voiture électrique, hybride, verte…), et de répondre aux exigences internationales, aujourd'hui, l'industrie automobile nécessite un laboratoire spécialisé dans ses métiers.

Dans cette optique, notre proposition s'articule autour de la mise en place d'un laboratoire spécialisé dans les métiers automobile en proximité des firmes.

Nous présentons au tableau suivant les éléments de notre proposition :

**Tableau 44:Caractéristiques de la deuxième mesure incitative : cas de LEEP**

| Eléments | Mesure proposée |
|---|---|
| **Contexte** | Aujourd'hui, les tests se réalisent en grande majorité de façon sous-traitée à l'étranger, auprès des maisons-mères ou de laboratoires indépendants.<br>Disposer d'un laboratoire de tests et d'essais est un élément indispensable à l'amélioration de l'écosystème câblage. |
| **Organisation** | Mise en place d'un laboratoire qui répond dans un premier temps aux besoins des câbleurs, pour ensuite pouvoir servir toute l'industrie automobile, en tenant compte de la proximité. |
| **Objectifs** | Nécessité de faire de nombreux tests de validation avant chaque lancement de projet<br>Ce laboratoire répond d'abord aux exigences des câbleurs pour ensuite pouvoir servir les autres filières de l'industrie automobile (emboutissage, sièges…) |
| **Types de tests à réaliser** | Tests et mesure de coupe métallographique<br>Tests de résistance électrique des matériaux<br>Tests de vieillissement<br>Tests de traction des sertissages<br>Tests des épissures<br>Tests de pliage des fils<br>Tests d'étanchéité<br>Mesures de précision |

- Source : élaboré par l'auteur.

Troisième établissent de formation : Centre d'Essais, d'Etudes et de Développement « C.E.E.D »

Cette proposition concerne la mise en place d'un Centre d'Essais, d'Etude et de Développement servant à l'ensemble des métiers de l'automobile, tout en se focalisant sur l'élément de la proximité.

**Tableau 45:Caractéristiques de la deuxième mesure incitative : cas de CEED**

| Eléments | Mesure proposée |
|---|---|
| **Contexte** | Industrie automobile marocaine nécessite une amélioration au niveau de l'innovation pour cette raison, il faut instaurer un centre pour les recherches et développement.<br>Nécessite pour les entreprises du secteur automobile de créer un centre qui représente une référence technologique pour développer le secteur et le savoir-faire local.<br>Mise en place du centre exige des investissements importants. |
| **Présentation** | Véritable potentiel de positionnement du Maroc au niveau du développement, recherche et ingénierie. |
| **Objectifs** | Création d'un centre d'études, d'essais va permettre de : |

| | |
|---|---|
| | Contribuer à l'augmentation de la valeur ajoutée au Maroc.<br>Créer un certain nombre d'emplois hautement qualifiés<br>Ancrer plus profondément la culture et le savoir-faire automobile dans le tissu local.<br>Développer à terme l'export de ce métier. |
| **Organisation** | Mise en place d'un laboratoire qui répond dans un premier temps aux besoins des câbleurs, pour ensuite pouvoir servir toute l'industrie automobile, en tenant compte de la proximité. |
| **Méthode** | Contribuer au développement du Centre d'Essais, d'Etudes et de Développement (CEED), à travers:<br>-La participation des industriels dans l'animation des différents départements du CEED<br>-La formation et le coaching du personnel du centre.<br>-La mise en place des centres dans chaque zone industrielle. |
| **Financement** | Priorisation nécessaire aux activités à développer à court terme, avec un fort soutien financier de l'Etat, pour le démarrage et un fort parrainage des industriels du secteur. |

- Source : élaboré par l'auteur.

**Tableau 46:Caractéristiques de la deuxième mesure incitative : Main-d'œuvre**

| Eléments | Mesure proposée |
|---|---|
| **Objectifs** | Constituer une main-d'œuvre diversifiée au niveau de la formation soit, ingénieurs, techniciens et managers.<br>Disposer d'une main-d'œuvre productive et efficace. |
| **Organisation** | Augmentation du « S.M.I.G », pour la motivation de la main-d'œuvre.<br>Mise en place d'une offre de transport public<br>Mettre en œuvre une Gestion Prévisionnelle des Emplois et des Ressources « G.P.E.C » sur tous les niveaux du fonctionnement de l'entreprise.<br>Elaboration d'un cahier des charges en termes de volume et qualification, et le présenter à l'O.F.P.P.T. |

- Source : élaboré par l'auteur.

En conclusion, notre proposition pour cette mesure qui s'intéresse à la performance de la formation et la qualification de la main-d'œuvre peut être résumée en:

L'Etat doit présenter un engagement, avec l'appui aux organismes de formation, des universités et des établissements professionnels de mettre sur le marché un certain nombre d'emplois, correspondant aux besoins des écosystèmes automobiles.

**La troisième mesure incitative : l'offre foncière**

D'après notre travail empirique, nous relevons que l'offre foncière constitue un élément important de la compétitivité de la filière câblage.

Le but de cette mesure est d'accélérer la croissance de la filière du câblage par l'agrandissement de la superficie d'exploitation, dont nous pouvons proposer au tableau suivant des mesures de développement aux trois types de foncier tels que : le foncier loyer, la création du foncier et le foncier nouveau.

**Tableau 47:Caractéristiques de la troisième mesure incitative**

| Eléments | Mesure proposée |
|---|---|
| **Objectifs** | Mise à disposition des investisseurs existants et potentiels d'une offre foncière avec des tarifs attractifs.<br>Conception d'une offre locative à tarifs très compétitifs<br>Détermination de l'assiette foncière à allouer en fonction des localisations.<br>Chiffrage des besoins en foncier année par année.<br>Etude des différentes options potentielles (nouvelles zones, renégociation des zones existantes, subventions directes Fond Hassan II, etc.).<br>Négociation avec les partenaires et signature des conventions d'allocation de foncier public en tenant compte de l'aménagement et du développement. |
| **Organisation** | Prise en compte de la répartition des besoins de l'équipementier en termes de : localisation, de superficie des lots et de modèle commercial. |
| **Financement** | Extension de la contribution des fonds au foncier locatif, autrement dit, l'élaboration des conventions-cadres entre le ministère de l'industrie et les établissements des fonds comme le Fonds HASSAN II, dans lesquelles la définition des modalités organisant des subventions.<br>Subvention au loyer sous forme d'une contribution financière de l'Etat à la contraction de foncier locatif. |

- Source : élaboré par l'auteur.

En conclusion, notre proposition pour cette mesure qui s'intéresse à l'offre foncière peut être résumée en :

L'Etat doit s'engager à présenter une garantie d'une capacité foncière, qui répond aux besoins des entreprises, à un prix compétitif.

**La quatrième mesure incitative : la Logistique**

Cette mesure représente une grande importance, car elle présente l'un des facteurs déterminants de la compétitivité territoriale et d'entreprise.

Nos propositions qui concernent cette mesure relèvent d'un travail purement empirique, issu de la familiarisation avec le monde des entreprises et d'une étude de cas réalisée au sein d'un grand équipementier international « YAZAKI MOROCCO –TANGER ».

Tableau 48:Caractéristiques de la quatrième mesure incitative

| Elément | Mesures proposées |
|---|---|
| **Contexte et enjeux** | Les coûts logistiques sont très élevés, que ce soit au niveau maritime-portuaire, ou terrestre.<br>Nécessite d'une amélioration au niveau de l'organisation de la chaîne logistique marocaine. |
| **Objectifs** | Dans la Perspective de croissance ambitieuse de la filière câblage est fortement conditionné par :<br>L'amélioration de l'efficience de la chaîne logistique marocaine.<br>La multiplication de la production.<br>L'optimisation des flux et des coûts logistiques. |
| **Acteurs responsables** | Le ministère de l'industrie.<br>L'association marocaine de l'industrie et la construction automobile (AMICA).<br>L'administration des douanes et des impôts indirects.<br>Les entreprises. |

- Source : élaboré par l'auteur.

En conclusion, notre proposition pour cette mesure qui s'intéresse à la gestion logistique a pour objet principal d'augmenter le taux d'intégration local.

**La cinquième mesure incitative : les procédures administratives et le système fiscal**

Tableau 49:Caractéristiques de la cinquième mesure incitative

| Eléments | Mesure proposée |
|---|---|
| **Objectifs** | Facilitation des procédures administratives.<br>Réduction du coût fiscal. |
| **Organisation Action** | Instaurer l'administration digitale.<br>Intégrer des dispositifs fiscaux permettant une meilleure fluidité des opérations.<br>Choisir la sous-traitance de quelques procédures administratives (par exemple : La procédure de l'octroi de la subvention par le fonds HASSAN II).<br>Revoir la question de la TVA sur les achats pour les exportateurs.<br>Remboursement d'une part de crédit de TVA.<br>Accompagner les entreprises du secteur automobile opérant dans les normes à accélérer l'obtention des permis d'exploitation, à travers la mise en place d'une task-force en facilitant les discussions avec les autorités compétentes. |

- Source : élaboré par l'auteur.

En conclusion, nous proposons d'instaurer l'administration digitale pour faciliter les procédures administratives et le système fiscal.

**La sixième mesure incitative : la coordination**

Enfin, il ne faut pas oublier un besoin de coordination entre les différents acteurs publics, pour assurer la mise en œuvre de ces propositions, d'où l'intérêt de former une équipe mixte composée des représentants de chaque établissement public et des experts dans l'industrie automobile.

Cette équipe a pour mission principale la mise en place des mesures incitatives à l'investissement dans les meilleures conditions et les délais impartis, et l'accompagnement afin d'assurer et garantir l'accélération industrielle de la filière du câblage.

Nous proposons une description des rôles de cette équipe au tableau suivant.

**Tableau 50:Caractéristiques de la sixième mesure incitative**

| Rôle | Proposition |
|---|---|
| **Accompagnement / suivi / Evaluation** | Accompagnement et veille sur l'exécution des mesures incitatives à l'investissement et le suivi des engagements des entreprises envers l'Etat.<br>Suivi et évaluation de l'atteinte des objectifs définis dans le contrat écosystème câblage.<br>Réaliser des rapports d'une manière régulière avec des propositions de mesures correctives. |
| **Facilitation administrative** | Accompagnement des entreprises à déterminer les financements convenables, et identifier les contacts clés pour le secteur au niveau des agences de l'Etat, banques… etc.<br>Aide à la préparation et la vérification des dossiers. |
| **Connexion / coordination entre les acteurs** | Création et animation de réseautage entre les entreprises de la filière du câblage et les PMEs. |
| **Formation / partenariats avec les universités** | Détermination des besoins de recrutement des écosystèmes par profils et communication aux instances de formation.<br>Proposition de modèles collaboratifs entre les industriels, l'OFPPT et les universités. |
| **Communication** | Accompagnement des entreprises dans la communication avec les PMEs, et la diffusion des activités de l'écosystème câblage.<br>Accompagnement à la visibilité internationale de l'écosystème câblage. |
| **Veille technologique recherche et développement** | Recherche systématique des nouvelles tendances du marché automobile et nouvelles techniques de production |

| | |
|---|---|
| | Envoie des rapports réguliers aux industriels, qui portent sur les avancées technologiques, et les nouveaux produits en lien avec leur activité. |

- Source : élaboré par l'auteur.

En plus de cette proposition portant sur la coordination entre les industriels et les acteurs publics, nous pouvons ajouter deux éléments qui peuvent contribuer à la réussite de la mission d'équipe :

- Assurer la proximité géographique de l'équipe, des entreprises et des pouvoirs publics.
- Se focaliser à court terme sur les thèmes prioritaires identifiés, en se basant sur une stratégie collaborative.

En effet, après avoir répondu aux deux premiers pôles stratégiques qui sont des mesures ciblées au développement de nouveaux métiers et des mesures d'accompagnement, servant à gagner de nouveaux marchés, il est temps maintenant de présenter l'étude des deux pôles restants à savoir ; les mesures pour privilégier l'intégration locale, et celles améliorant la compensation industrielle.

**La compensation industrielle**

Selon l'ancien ministre de l'Industrie et du Commerce[328], « la compensation industrielle, représente un véritable gisement de développement économique et social, qui constitue une réelle opportunité pour les pays émergents. Au Maroc, nous avons intégré cette pratique dans le cadre du Plan d'Accélération Industrielle. Cette approche permet de démultiplier l'investissement, monter en valeur dans les filières, et améliorer la balance des paiements, en favorisant les achats de produits ou services auprès du tissu local ».

En se basant sur cette déclaration, nous proposons des améliorations, pour activer et améliorer la compensation industrielle au niveau du secteur de l'industrie automobile, notamment la filière du câblage.

---

328)-https://fnh.ma/article/alaune/la-compensation-industrielle-un-mecanisme-profitable-au-tissuindustriel-marocain-mhe (consulté le 15/11/2017).

**Tableau 51:Caractéristiques de la compensation industrielle proposée**

| Type de compensation | Forme de compensation |
|---|---|
| **Financière** | Compensation financière de l'Etat sur les prix d'achat de certaines pièces détachées de production locale.<br>Favoriser l'investissement dans les nouvelles machines, par le soutien aux équipementiers dans l'acquisition de nouveaux appareils pour élargir le spectre de sous-traitants nationaux. |
| **Commerciale** | Engagement de l'Etat aux entreprises pour :<br>augmenter la marge de préférence pour les biens nationaux dans les appels d'offres publics. Cette marge doit être déterminée sur la base des emplois, des innovations développées dans le pays…<br>faire l'acquisition de 50% des véhicules auprès des producteurs locaux. |
| **Développement des nouveaux marchés** | Création d'un "Statut Pionnier" pour les entreprises innovantes :<br>L'Etat doit contribuer à l'émergence de ce type d'entreprises innovantes par une exemption partielle ou totale des impôts sur le revenu pour une période allant de 5 à 10 ans. Pour la fabrication des composants automobiles (la production d'airbags, systèmes de transmissions, systèmes de freinage), et en particulier, une exonération d'impôts pour des investissements réalisés pendant les cinq premières années. |

- Source : élaboré par l'auteur.

## Intégration locale

Les propositions mentionnées au tableau suivant ont pour objet principal de renforcer le taux d'intégration local.

**Tableau 52:Caractéristiques de l'intégration locale proposée**

| Type | Mesure |
|---|---|
| **Avantages Financiers : impôts et taxes** | Réduction fiscale pour les investissements en recherche et développement.<br>Mesures avantageuses pour la production de composants destinés aux voitures électriques / hybrides : moteurs et batteries électriques, air compresseurs, …<br>Subvention des projets innovants, et réunissant au moins trois entreprises, dont deux PME. |
| **Foncier** | Mise à disposition gratuite par l'Etat du terrain dans les zones franches pour les 6 premiers mois durant la construction de l'usine.<br>Réduction de 30-50% sur les prix des terrains industriels, si le projet est intéressant et l'exploitation commence dans les 36 mois suivants la date d'allocation des terres. |

| | |
|---|---|
| **Ressources humaines** | Attribution d'une aide financière pour la création d'emplois, pour couvrir les coûts du personnel, pour les prestations externes, et pour le conseil. |
| **Commerciale Marché/volume** | Organisation des segments d'activités en filières :<br>Multiplication des interactions et des échanges d'informations entre les donneurs d'ordres et les sous-traitants.<br>Uniformisation des systèmes d'information entre les entreprises de la sous-traitance et les firmes localisées au Maroc, afin de collecter et diffuser toutes les opportunités et capacités de sous-traitance à l'échelle nationale et internationale. |
| **Développer des nouveaux métiers** | Création d'un "Statut Pionnier" pour les entreprises innovantes: exemption partielle ou totale des impôts sur le revenu pour une période de 5 ou 10 ans pour la fabrication de composants automobiles (la production d'airbags, systèmes de transmissions, systèmes de freinage). En particulier, une exonération d'impôts à hauteur de 100% des investissements réalisés pendant les cinq premières années. |
| **Matière première** | Accompagnement des fournisseurs locaux, pour approvisionner le secteur automobile en apportant l'appui et l'expertise technique nécessaire. |

- Source : élaboré par l'auteur.

En plus, nous constatons lors de la rédaction de cet ouvrage, que les facteurs de l'attractivité et de la compétitivité identifiés permettent de promouvoir l'industrie automobile au Maroc, autrement dit, c'est l'amélioration de la promotion territoriale. Cette promotion doit être structurée par la mise en place d'une stratégie du marketing territorial marocain, en faveur de l'industrie automobile.

Dans cette perspective, nous proposons d'instaurer une stratégie du marketing territorial assurant une mission principale qui consiste à aider les responsables locaux et les acteurs territoriaux afin d'attirer les investisseurs et peser sur leur décision de localisation au sein du territoire marocain.

**En contexte industriel futur : à moyen et long terme**

Dont le but de permettre au Maroc d'occuper un bon positionnement à l'international, le secteur automobile de demain se trouve dans l'obligation de se tourner vers l'automobile écologique, d'où la nécessité de créer un écosystème qui s'intéresse à la technologie, l'innovation, la recherche et le développement dédié spécifiquement au secteur automobile.

En somme, nous pouvons avancer que cet apport scientifique permet de répondre à une finalité optimale, qui s'intéresse à l'amélioration du positionnement international du Maroc, au niveau du secteur industriel automobile, en se basant sur deux éléments essentiels tels que l'augmentation du taux d'intégration local, et l'amélioration de la compensation industrielle.

### 1.4.3. Au niveau du champ d'analyse micro-économique

Les entreprises sont impactées par plusieurs facteurs dans la prise de leurs décisions de localisation, notamment ceux liés au coût des facteurs de production, aux systèmes des transports, à la qualification du travail, aux politiques incitatives, et aux services rendus aux entreprises et aux particuliers.

Dans ce sens, nous proposons d'établir une communication entre les acteurs territoriaux et les entreprises, dont le but d'attirer ces dernières, pour investir au sein du territoire marocain. Cette communication doit être ciblée et personnalisée : Elle dépend de l'entreprise ciblée, du positionnement choisi, ainsi que des avantages à faire prévaloir.

A ce niveau du champ d'analyse micro-économique, nous proposons d'améliorer deux volets de l'entreprise : Le fonctionnement de l'entreprise et ses engagements envers l'Etat.

#### *1.4.3.1. Les engagements de l'entreprise envers l'Etat*

**Tableau 53:Formes d'engagement des entreprises envers l'Etat**

| Eléments | Forme d'engagement |
|---|---|
| **Main-d'œuvre** | Assurer un certain nombre d'emploi net et non brut (crée).<br>Diversifier le type de formation des postes d'emploi genre ingénieurs, technicien ...<br>Garantir un pourcentage qui dépasse 95% des employés marocains. |
| **Exports** | Augmenter la marge du chiffre d'affaires à l'export. |
| **Valeur ajoutée** | Augmenter la valeur ajoutée du secteur par un certain nombre de points. |
| **Chiffre d'affaires** | Augmenter des chiffres d'affaires additionnels. |

- Source : élaboré par l'auteur.

#### *1.4.3.2. L'amélioration du fonctionnement de l'entreprise*

Pour un bon fonctionnement et une réalisation efficiente des résultats financiers et commerciaux, nous proposons aux industriels d'exécuter leurs achats auprès des entreprises qui garantissent plus de proximité.

Cette opération répond à un double objectif : le premier permet l'optimisation des coûts logistiques et le deuxième améliore l'intégration locale.

Après avoir présenté ces propositions qui portent uniquement sur l'industrie automobile, nous proposons quelques éléments qui nous semblent importants d'ajouter à la politique industrielle marocaine. Ces propositions ont pour objectif principal d'améliorer le secteur industriel au Maroc au niveau de son positionnement international.

### *1.4.3.3. Au niveau de la politique industrielle*

L'analyse de ce travail d'ouvrage, nous permet de construire une nouvelle vision de la politique industrielle régie par un ensemble de piliers majeurs du développement du pays.

Cette nouvelle vision industrielle a pour objectif principal l'émergence d'une nation industrielle agile, solidaire et inclusive, tout en exploitant le potentiel présent.

Dans cette optique, nous présentons les piliers de ce nouveau paradigme industriel:

**Au niveau de l'amélioration du foncier**

En se basant sur le coût élevé du foncier alloué pour l'industrie au Maroc, nous proposons de mettre en place, une stratégie foncière proactive de l'Etat à travers les régions, autrement dit, la régionalisation industrielle. Chaque région doit veiller à la création des zones industrielles, des zones d'activités, et de la logistique au niveau d'infrastructures stratégiques, sous sa responsabilité directe.

**Au niveau de l'amélioration de l'investissement**

Mettre fin aux redondances administratives en matière de pilotage, d'appui et de suivi des investissements par la région, et surtout ceux qui portent sur la création et le développement des PME.

Elargir l'accès aux financements pour améliorer la trésorerie de l'entreprise, et par conséquent rétablir les marges bénéficiaires.

Ce pilier a pour objectif primordial de créer de la région un lieu de concentration géographique d'entreprises liées entre elles, par des fournisseurs spécialisés, des prestataires de services, des firmes d'industries connexes et d'institutions publiques associées, ce qui attire l'avantage de la présence les unes des autres. Autrement dit, nous cherchons à rendre les régions comme des clusters industriels automobiles. En effet, la constitution des clusters permet aux entreprises de se renforcer à l'intérieur et produire de la richesse d'une manière endogène.

En conséquence, cet environnement favorise la création des pôles de compétitivité. Autrement dit, la région doit être sous forme d'un groupement d'entreprises (petites et grandes), des laboratoires de recherche, des établissements de formation et les pouvoirs publics nationaux et locaux. Ces derniers doivent être étroitement associés à cette dynamique. La synergie entre ces différents acteurs pèse sur les différents plans tels que, l'amélioration d'une compétitivité basée sur l'innovation, la contribution au développement, la croissance de ses entreprises membres, l'amélioration de l'attractivité du territoire, le renforcement de sa visibilité nationale et internationale, et la réduction des coûts de transactions.

En effet, le Maroc connaît des inégalités entre ses régions, ce qui génère une différenciation au niveau de leur développement. Le territoire marocain se divise en deux pôles : la région centre qui représente un espace favorisé, disposant des moyens et ressources nécessaires pour s'inscrire dans le processus des pôles de compétitivité, et les régions périphériques qui souffrent des retards et des handicaps (enclavement, sous-équipement, limitation ou mauvaise gestion des ressources, etc.). D'où le besoin à une politique basée autour d'un nouvel esprit orienté vers les régions, et qui doit instaurer des piliers capables de renforcer la cohésion et de réduire les écarts de performances des diverses régions. Dans ce sens, nous proposons d'instaurer une stratégie d'accompagnement qui porte sur l'intelligence territoriale.

Selon Bertacchini[329] « l'intelligence territoriale peut être assimilée à la territorialité qui résulte des phénomènes de connexion des ressources d'un territoire et de transfert de compétences entre acteurs locaux ayant des orientations culturelles différentes ».

Face à ce nouvel échiquier industriel, la conception d'une politique industrielle nationale doit être alimentée et consolidée à partir des atouts et spécificités, qui font la force de chaque région pour un développement fort et équilibré sur l'ensemble du territoire national. Pour mettre en œuvre cette proposition, il est important d'avoir un cadre d'incitations orientées par régions et ayant un double objectif :

329)- Bertacchini, Y. (2004). Le territoire, une entreprise d'intelligence collective à organiser vers la formation du capital formel local. Communication et organisation. Revue scientifique francophone en Communication organisationnelle, (25).

l'investissement sur les atouts et spécificités régionales et le rattrapage des déficits territoriaux de développement.

En bref, notre réflexion s'articule autour de l'idée de favoriser la position de la région dans la politique industrielle, comme un acteur principal chargé d'assurer l'ancrage territorial du développement industriel automobile, et l'avantage de proximité avec la masse des acteurs.

L'intégration de la dimension environnementale comme un privilège industriel fondamental du Maroc futur, par le fait de créer l'ambition d'un Maroc « Usine Verte » dans une politique d'une nouvelle génération de zones industrielles, et de créer un statut spécifique d'aménageur de zone industrielle et d'opérateur environnemental adapté aux vocations de ces dernières.

La nécessité d'un pacte social rénové pour l'émergence d'une société industrieuse, par le fait de renforcer la culture industrielle marocaine, et favoriser une montée en puissance du couple capital humain et innovation, comme avantage compétitif, pour accroître la compétitivité du pays et son attractivité.

L'intégration de la dimension digitale comme un axe majeur du développement de l'industrie au Maroc, par le fait de prioriser l'innovation, et de dépasser la frontière technologique, pour présenter l'offre industrielle de demain, qui répond aux normes internationales du marché. Cette vision nécessite un effort de recherche et d'investissement productif sans précédent. Elle exige aussi une union des forces productives autour d'une véritable politique industrielle, afin d'accompagner les mutations du travail, dans un monde où l'impératif de créativité est présent de plus en plus fort, et où les acteurs du monde économique, professionnels, entrepreneurs comme les salariés, doivent avancer d'une manière continue pour accompagner, et ne pas suivre une vague continue de progrès technologique.

En conclusion, nous pouvons avancer que la proposition de ces orientations à la politique industrielle en générale et la stratégie nationale de l'industrie automobile en particulier, ont pour objectif d'améliorer l'attractivité et la compétitivité du territoire marocain et par conséquent, le développement du positionnement du Maroc au niveau de l'industrie à l'échelle nationale et internationale.

Ces recommandations servent certainement à enrichir la partie théorique dans le cadre de ce travail d'ouvrage.

Alors après avoir traité notre travail d'ouvrage, il est temps de présenter sa qualité et ses limites.

## 2. Qualités et limites de la recherche

Nous choisissons de présenter cette sous-section en deux paragraphes principaux. Le premier abordera les mesures prises, pour faire en sorte que les résultats de cette recherche soient validés sur le plan scientifique. Le deuxième traitera les limites inhérentes à ce travail de recherche.

### 2.1. Qualité de la recherche

L'étude de la qualité d'une recherche qualitative nécessite de répondre à une question évoquée par Miles et Huberman[330], « Comment savoir, vous ou quiconque, si les résultats qui émergent en fin d'étude sont bons? [Autrement dit], vraisemblablement ou probablement vrai, fiable, valide, sûr, raisonnable, confirmable, crédible, utile, incontestable, signifiant, autonome, [etc.]».

En effet, nous essayons d'apporter une réponse pertinente et satisfaisante à cette question, en procédant d'une manière organisée, permettant de respecter les critères de qualité. Ces critères peuvent être résumés au tableau suivant.

**Tableau 54:Critères de qualité de la recherche**

| Critères de qualité | Questionnement | Moyen requis | Etape de la recherche |
|---|---|---|---|
| **Fiabilité / objectivité** | Le processus suivi par le chercheur est-il reproductible par d'autres chercheurs ? | Accessibilité des données.<br>Explicitation de la démarche et des outils utilisés. | Design et collecte |
| **Validité de construit** | Les concepts mobilisés par chercheur sont-ils définis et utilisés avec précision et exactitude ? | Définition des concepts à partir des travaux d'auteurs.<br>Multi-sources des données, des théories, des personnes, et des méthodes. | Cadre théorique et collecte |
| **Validité interne** | Est-ce que les résultats énoncés représentent un portrait fidèle de la réalité observée ? | Validation des rapports de cas par les dirigeants. | Collecte et analyse |

330)- Miles, M. B., & Huberman, A. M. (2003). Analyse des données qualitatives. De Boeck Supérieur.

| | | | |
|---|---|---|---|
| **Validité externe** | Les résultats générés par l'analyse peuvent-ils être transférés ou appliqués à d'autres contextes ou environnements ? | Application de l'ensemble des moyens précédents.<br>Apports.<br>Saturation théorique | Analyse |

- Source : élaboré par l'auteur.

En se basant sur ces prescriptions de la littérature dont certaines sont déjà présentées dans le chapitre relatif à la méthodologie, nous suggérons les différentes mesures de la qualité de notre recherche dans les points suivants :

### 2.1.1. Fiabilité/objectivité

Dans le cadre opératoire, nous décrivons l'ensemble du processus suivi dans ce travail : de la confection des outils à la collecte et à l'analyse des données, en passant par l'identification et la sélection des participants soit les entreprises enquêtées et les responsables de l'Etat. Cette transparence permet à tout chercheur de reproduire fidèlement la présente recherche.

Ce travail de recherche est réalisé en conformité avec les techniques de collecte et d'analyse des données. Les responsables de l'Etat et des entreprises participantes ont individuellement donné leur réponse pour participer aux travaux de cet ouvrage, après avoir être informées des objectifs et des conditions de la recherche. Cet accord est matérialisé par les réponses à nos questionnaires.

### 2.1.2. Validité de construit

Les concepts mobilisés tout au long des travaux effectués dans cet ouvrage sont clairement définis à partir de travaux existants dans la littérature. Dans certains cas, des conceptions alternatives sont mises en perspective, et le choix de certaines orientations théoriques adoptées est explicité avec des arguments issus de la littérature.

#### *2.1.2.1. Validité interne*

De larges extraits de verbatim des entrevues sont utilisés, pour illustrer et confirmer les analyses effectuées dans cette recherche.

De plus, certaines données (mesures d'attractivité, politique industrielle, secteur automobile marocain, déterminants de compétitivité) sont collectées par des sources différentes (entrevue structurée et entrevue semi-structurée), et dans aucun des cas elles ne se sont opposées, aucune contradiction n'est observée. Cela plutôt est un complément d'information ou une confirmation de l'information préalablement disponible.

#### *2.1.2.2. Validité externe*

Deux notions peuvent être abordées : la saturation et la transférabilité des résultats.

La saturation des données est atteinte lorsqu'il y a suffisamment d'informations, pour reproduire l'étude, lorsque la capacité à obtenir de nouvelles informations supplémentaires est atteinte, et lorsqu'il n'est plus possible d'avoir de données supplémentaires[331]. Durant l'analyse du quatrième chapitre, nous constatons que la saturation est atteinte.

Sur un plan global, la validité externe porte sur la transférabilité des résultats à d'autres contextes ; cela renvoie à la validité d'une théorie dans un contexte autre que celui dans lequel, elle est initialement empiriquement testée et confirmée[332].

Dans le cadre de ce travail de recherche, les propositions de recherche formulées sont toutes confirmées. Ainsi, nous pouvons conclure que les mesures incitatives à l'investissement présentées par l'Etat aux équipementiers de la filière du câblage sont pertinentes, et peuvent être applicables dans les autres écosystèmes automobiles. Cette recherche permet donc de déterminer les facteurs de l'attractivité et de la compétitivité territoriales du Maroc, au niveau de l'industrie automobile et plus précisément la filière du câblage.

### 2.1.3. Les limites de recherche

Malgré sa contribution théorique et pratique, cet ouvrage renferme des limites qui méritent d'être relevées. Dans cette optique, nous choisissons de présenter les principales limites de ce travail de recherche, qui sont de type méthodologique et de recherche empirique.

#### *2.1.3.1. Les limites méthodologiques*

Même si cet ouvrage montre une base théorique solide et abondante, nous constatons un certain manque de validation empirique permettant

331)- Fusch Ph D, P. I., & Ness, L. R. (2015). Are we there yet? Data saturation in qualitative research.
332)- Lee, A. S., & Baskerville, R. L. (2003). Generalizing generalizability in information systems research. Information systems research, 14(3), 221-243.

de confronter ses résultats à la réalité. Il s'agit bien d'une limite objective qu'engendre l'approche constructiviste. Ses limites peuvent être relevées comme suit :

La première limite désigne que la recherche comporte également une limite de validité externe (transférabilité et généralisation) des résultats en raison de son échantillonnage restreint. Même si nous obtenons une saturation de données avec l'échantillonnage en vue d'améliorer la compréhension du sujet étudié, les résultats ne peuvent pas faire l'objet d'une généralisation ou d'une transférabilité sans conditions d'adaptabilité.

Une autre limite est inhérente à la démarche de codification et d'analyse des données de la recherche : étant une recherche essentiellement qualitative, l'assemblage des éléments de réponses recueillis issus d'entretiens semi-directifs, de recherches documentaires, permet de faire une représentation commune de la réalité du phénomène étudié. Nous avons conscience, cependant, que ces analyses et représentations finales ne traduisent pas de façon holistique toute la complexité de la problématique abordée.

Enfin, la non-exhaustivité des facteurs identifiés représente aussi une limite.

L'approche constructiviste utilisée nous permet d'identifier un certain nombre de facteurs qualifiés d'importants pour le choix de la localisation de chaque équipementier au Maroc. Il est évident que cette liste n'est pas exhaustive ou comporte des éléments peu représentatifs. Elle reflète une réalité partielle temporelle et spatiale. Ainsi, il implique la nécessité d'entreprendre d'autres recherches, en vue de combler ces limites.

Toutefois, il faut noter que l'approche qualitative proposée à l'issue de cette recherche peut être transférée et appliquée dans d'autres zones géographiques, que celles dans lesquelles la recherche est conduite. Ce transfert ne peut s'opérer que sous certaines conditions telles que, la prise en compte des réalités socioéconomique et culturelles de son milieu d'application, la prise en compte des caractéristiques temporelles, des limites de ressources, de l'envergure de la recherche…et ce, dans l'objectif de se prémunir de généralisation sans précaution.

Cependant, d'autres chercheurs remettent en cause cette importance de contextualisation du fait, qu'elle limite la généralisation des résultats.

### *2.1.3.2. Limites de recherche empirique*

**Au niveau du travail**

Au cours de notre stage, nous constatons une absence d'études et des rapports. Ce qui affecte défavorablement la collecte et la qualité des données empiriques.

En outre, nous remarquons un volume important des données collectées, dont résulte un nombre important de données textuelles, ce qui entrave les dimensions quantitatives et qualitatives, et l'éclairage de la dimension statique et dynamique des discours concernant les facteurs de choix de la localisation. Ce qui exige un traitement d'analyse des données en utilisant STATA.

Pour obtenir des résultats susceptibles de permettre une généralisation statistique plus solide, il convient d'étendre l'échantillon initial, en élargissant le critère de choix des entreprises, afin que nous puissions généraliser notre étude sur le secteur automobile (dans notre sélection, nous n'avons retenu que les entreprises spécialisées dans le câblage).

**Au niveau de contexte du travail de recherche**

Malgré des avancées et des résultats significatifs, il semble important de souligner que la mise en œuvre optimale du plan d'accélération industrielle est toujours confrontée à des difficultés liées au manque de cohérence et de synergie avec les autres politiques publiques, ce qui met les objectifs fixés hors d'atteinte.

En prenant en considération ces limites, il est temps maintenant d'exposer les nouvelles avenues de recherche.

## 3. Nouvelles avenues de recherche

Sur la base de l'ensemble des lectures faites, nous déduisons de nouvelles avenues de cette recherche. Ces dernières peuvent être classées en deux catégories étalées sur le présent et le futur :

## 3.1. La première catégorie

Elle s'intéresse à l'amélioration de l'existant au niveau de la politique publique menée par l'Etat, en concertation avec les entreprises notamment les investisseurs étrangers, dans le but d'accroître la rentabilité du secteur automobile.

### 3.1.1. La première avenue

Elle représente une recherche empirique sur la validation des résultats et de l'approche induite en milieu réel, d'une façon à être applicable et validée à l'ensemble des écosystèmes automobiles. Cet ouvrage a pour objectif de relever empiriquement les avantages, les limites et le niveau de difficulté de l'applicabilité des résultats, et qui peuvent enrichir la partie théorique.

### 3.1.2. La deuxième avenue

Elle se concrétise par un travail empirique qui porte sur la mise en place d'une stratégie du marketing territoriale, dont le but d'améliorer le positionnement international marocain dans le secteur automobile.

## 3.2. La deuxième catégorie

La deuxième catégorie relève d'une grande importance, car elle vise le positionnement du secteur automobile marocain à l'international à moyen et long terme. Elle s'intéresse à l'automobile de demain.

Dans cette optique, nous choisissons d'appliquer cette catégorie sur le cas de notre pays que nous présentons sous forme de synthèse

### 3.2.1. Synthèse

#### *3.2.1.1. Mise en situation*

Aujourd'hui, le monde connaît des bouleversements profonds caractérisés par une forte pression de l'impératif environnemental, des évolutions rapides technologiques et des changements de comportement des consommateurs. Dans ce contexte, ces multiples transformations conduisent vers le passage à la préparation du véhicule plus propre : une voiture électrifiée c'est-à-dire électrique, hybride rechargeable ou hybride, et à gaz naturel ou hydrogène.

Dans ce contexte industriel international, l'automobile de demain s'impose par ses caractéristiques d'être propre, autonome et partagée. Chose qui représente pour les pouvoirs publics et les acteurs de l'industrie automobile à la fois un défi à enlever et une opportunité de se saisir.

#### *3.2.1.2. Question*

Face à cette situation, la question qui s'impose : quelle est la place, la position du Maroc dans ce contexte ?

Pour répondre à cette question, il faut tout d'abord citer les atouts incontestables du pays, ensuite relever les défis, et enfin proposer les solutions possibles.

### *3.2.1.3. Les atouts du Maroc*

Nous choisissons de présenter les atouts du Maroc pour chaque type de voiture de demain.

Les voitures de futur en général sont régies soit par l'électricité ou l'hydrogène :

**Pour la voiture hydrogène**[333]

Aujourd'hui, le Maroc met une vision ambitieuse et pertinente, basée en premier lieu sur une stratégie énergétique nationale ayant pour l'un des objectifs d'équiper le pays d'une usine d'hydrogène vert à l'horizon de 2025, et le rendre un exportateur à l'horizon de 2030. Et en deuxième lieu une Commission Nationale d'Hydrogène, ayant pour mission de diriger et d'assurer le suivi de la réalisation des études dans ce domaine, et d'examiner la mise en œuvre de la feuille de route de production d'hydrogène.

En parallèle, de ces efforts, le Maroc lance une série de projets de recherches et de développement envisageant d'atteindre un mix énergétique renouvelable d'au moins 52% d'ici 2030, ce qui doit augmenter fortement les capacités de production du pays, et lui permet les outils indispensables pour devenir un acteur essentiel du marché. En effet, le Maroc dispose d'un atout naturel d'énergie solaire et éolienne exceptionnel.

En outre, un effort est déployé par le ministère de l'énergie en coopération avec le groupe MASEN[334] spécialisé en énergies renouvelables et l'IRESEN[335] institut de recherche et développement dans les nouvelles énergies, et celles renouvelables. L'objectif de cette coopération est de faire du Maroc un leader africain dans les énergies renouvelables et un champion mondial de l'hydrogène vert, ce qui améliore davantage son statut de hub énergétique.

Des nouvelles initiatives voient le jour ces dernières années, dont le but est d'accélérer la transition énergétique et économique vers un modèle de bas carbone, il s'agit particulièrement de :

---

333)- https://www.mem.gov.ma (consulté le 05/10/2022).
334)- https://www.masen.ma (consulté le 05/10/2022).
335)- http://www.iresen.org (consulté le 05/10/2022).

- L'adoption d'une feuille de route pour le développement de l'hydrogène vert.
- L'adoption d'une feuille de route pour la valorisation énergétique de la biomasse.
- L'élaboration en cours d'une feuille de route des énergies marines.
- L'élaboration d'un programme intégré de stations de dessalement d'eau programmées, adossées d'unités de production d'énergies renouvelables et ce, dans le but de subvenir aux besoins des populations et des agriculteurs en eau potable et d'irrigation.
- Le programme de décarbonation de l'industrie nationale en dotant toutes les zones industrielles du Royaume en projet d'énergies renouvelables cumulant une capacité globale de plus de 800 MW.

D'où, nous pouvons avancer que grâce aux efforts déployés par ses acteurs publics, sa position géographique d'exception et de son climat, ses énergies naturelles parmi les meilleures du monde, et de très importantes réserves foncières (sachant que l'hydrogène ne nécessite pas une révolution technologique majeure, le Maroc peut facilement occuper une place dans la future image mondiale de la voiture hydrogène).

**Pour la voiture électrique**

Afin de présenter la situation de la voiture électrique pour le Maroc, nous proposons deux plans à étudier :

<u>Le premier plan :</u>

La pièce maîtresse dans le véhicule électrique est la batterie électrique. Dans ce cadre, nous proposons la création d'une entreprise marocaine publique spécialisée dans la production de la batterie électrique. Ce projet doit être mené par le ministère de l'Industrie, car, c'est le seul établissement public qui peut mettre en place un écosystème qui répond à cette finalité.

En effet, cet écosystème doit se baser sur les éléments suivants :

- La présence des ressources naturelles (minières) représentant les principaux composants de la batterie électriques à savoir ; le Cobalt, la fluorine ou le phosphate, et inclure leurs établissements de production dans l'écosystème (O.C.P).
- Le financement du projet.
- La mise en place de la formation de techniciens et d'ingénieurs capables de maîtriser les rouages des évolutions technologiques constantes autour des batteries, en la coordination entre les établissements de formation et l'entreprise.

Le deuxième plan :

Toujours, en se référant à l'approche de l'écosystème, ce dernier peut être organisé en :

- Le Maroc réalise aujourd'hui un taux d'intégration important et croissant dans la production automobile marocaine.
- Le Maroc détient des ressources minières nécessaires pour la production de la batterie électrique. D'où la possibilité de fabriquer un grand nombre de composants de ladite batterie.
- Le Maroc garantit des avantages logistiques tels que ; une infrastructure moderne, une proximité géographique aux marchés européens, et un coût faible de la main-d'œuvre par rapport à l'Europe.

Pour toutes ces raisons, le Maroc doit convaincre un constructeur de la batterie électrique de s'implanter, comme le cas pour Renault et PSA qui ont pris le risque d'ouvrir leur première usine automobile au Maroc.

Bref, le Maroc produit déjà un très grand nombre de composants automobiles, s'il parvient à attirer un constructeur de voitures électriques qui produit des batteries localement, grâce aux ressources minières du Royaume, le pays atteindra certainement un record mondial de taux d'intégration dans l'industrie automobile.

#### *3.2.1.4. Défis de taille à relever*

Défi externe : un enjeu géopolitique caractérisé par une concurrence au niveau des énergies renouvelables par rapport à des pays de son continent comme l'Algérie (gaz naturel) et d'autres pays comme le Japon (hydrogène).

Défi interne : le seul défi auquel le Maroc doit faire face réside dans la qualité de la main-d'œuvre, autrement dit sa compétence à propos de la production hautement technologique comme les batteries électriques. Ce défi concerne les deux plans. Pour y faire face, le Maroc doit mener une stratégie d'attractivité pour les constructeurs de cette batterie, en se focalisant sur la formation et la promotion d'une main-d'œuvre locale hautement qualifiée, et d'arrêter les biais cognitifs traditionnels de l'Afrique, du sous-développement… qui ont un impact non négligeable sur les investisseurs.

## Conclusion du chapitre

L'analyse empirique proposée dans ce chapitre constitue, à notre connaissance, la première tentative d'évaluation des instruments de la politique publique à caractère incitatif dédiés à l'investissement dans l'industrie automobile, et plus précisément au niveau de la filière du câblage, en termes d'attractivité et de compétitivité territoriales.

Dans cette optique, nous relevons les principaux facteurs déterminant le choix de la localisation industrielle, en se basant sur deux études empiriques l'une est effectuée auprès d'une dizaine de firmes et l'autre est réalisée par une étude de cas.

Ces études empiriques sont traitées par le logiciel STATA, cette analyse permet de tester la validité empirique de nos prédictions théoriques, et les résultats issus de la base des connaissances (contextualisation).

Cet ultime chapitre essaie d'une part de présenter les réponses que cet ouvrage apporte à la question générale, et d'autre part, à envisager à la fois des contributions de notre travail ainsi que les principales limites et perspectives qui se dégagent de nos résultats.

En effet, ce chapitre porte sur la discussion de ce travail de recherche, dont nous choisissons de tirer profit de l'apport scientifique. Pour le faire, nous le présentons en deux catégories qui sont :

La première catégorie s'intéresse à l'amélioration de ce qui existe en terrain de recherche pour l'action publique et pour les nouveaux investisseurs, tout en proposant les éléments suivants :

- La mise en place d'une démarche des réformes économiques, en se basant sur une politique d'accompagnement appropriée capable de dynamiser davantage le secteur automobile, tout en protégeant le marché domestique, en aidant les entreprises locales à sortir du contexte actuel, où dominent les segments les plus banalisés de la production équipementière, et en activant une inflexion vers des savoir-faire et des activités qui sont en phase avec les nouvelles exigences en matière de production équipementière dans le but de dynamiser l'industrie marocaine à travers sa composante du secteur automobile.
- L'amélioration de la capacité de ces firmes de s'adapter aux délais convenables et aux standards internationaux, ce qui favorise une intégration aux réseaux productifs des grands acteurs de cette industrie. Ainsi, ces entreprises sont vivement sollicitées à s'engager davantage en matière de la recherche et du développement.

- Dans le cadre de la mondialisation-régionalisation, les principaux acteurs de l'industrie automobile et plus précisément les équipementiers choisissent de s'implanter là où ils peuvent acquérir des connaissances similaires à un moindre coût, et n'hésitent pas à puiser dans les connaissances scientifiques et techniques locales[336], afin de mettre au point de nouvelles solutions techniques et d'organiser les réseaux de recherche à l'échelle régionale, voire mondiale[337] .
- Dans le cadre de l'application du chantier de la décentralisation, il faut élargir les conditions d'implantation des grandes entreprises sur le marché domestique et sur l'ensemble du territoire marocain, en favorisant le rôle de la région.
- Mettre en place une trajectoire d'internalisation des principaux acteurs de l'industrie automobile, particulièrement au niveau de la zone euro-méditerranéenne. Autrement dit, le fait d'attirer et de nouer des partenariats avec les constructeurs et autres équipementiers internationaux, dans le but de consolider cette industrie, et donc de suivre de près les mutations que l'industrie automobile est appelée à connaître dans les années à venir (l'objet de la deuxième catégorie).

La deuxième catégorie porte sur la production et la commercialisation de la voiture du futur. Cette catégorie vise à améliorer le positionnement du Maroc au niveau international, en suivant les nouvelles mutations technologiques et les impératifs environnementaux du monde, tout en se focalisant sur le rôle de l'acteur public et les nouveaux investisseurs.

En effet, le Maroc détient plusieurs atouts, parmi lesquels nous citons une main-d'œuvre productive et moins coûteuse, une recherche et un développement public et privé, une base industrielle automobile, un talent d'ingénierie, un volontarisme des pouvoirs publics, des ressources naturelles… Ces atouts lui permettent d'occuper une bonne place dans cette transformation. Cependant, ils sont encore mal exploités et mal organisés, ce qui nécessite des efforts pour mieux les assembler.

Dans ce contexte plein de mutation, le renforcement de l'attractivité et la compétitivité du Maroc s'impose comme un enjeu économique permettant d'attirer de nouveaux acteurs sur le territoire et favoriser le

336 )- Maâninou, A. (2009). Evolution récente et avenir de l'industrie automobile au Maroc. Critique économique, (24).
337 )- Guellec, D. (1999). Économie de l'innovation, La Découverte, Coll.

succès de ceux qui y sont déjà présents. Pour réussir, le Maroc doit mener plusieurs actions dont nous citons :

- Assurer l'existence d'un marché attractif ;
- Offrir le cadre règlementaire pour innover et déployer de nouvelles solutions ;
- Soutenir les initiatives industrielles ;
- S'assurer de l'engagement des industriels dans ces métiers ;
- Accompagner les usagers et les acteurs de la filière.

Le champ d'action des opérations à mener est large et à la hauteur des enjeux. En tirant parti de ces évolutions, le Maroc doit pouvoir renforcer sa position à l'échelle africaine et mondiale et continuer à s'affirmer comme l'un des pays leaders dans l'automobile et la mobilité de demain. (Cette catégorie peut faire l'objet d'une recherche scientifique).

# Conclusion de la deuxième partie

La deuxième partie de cet ouvrage est consacrée à l'analyse empirique et permet l'enrichissement de la partie théorique de notre travail de recherche à la lumière des résultats obtenus.

En effet, cette partie est conduite tout d'abord par les choix méthodologiques adoptés, pour répondre à nos questionnements de recherche. Il s'agit bien d'une démarche plutôt qualitative que quantitative comportant ses principales étapes.

Cette partie expérimentale commence par une étude de contextualisation qui permet de contourner le sujet de l'ouvrage. Elle sert à doter notre travail de recherche d'une base empirique solide et complète. Elle cible aussi le niveau national par une étude descriptive de la politique industrielle marocaine en se focalisant sur le secteur automobile en général et la filière du câblage en particulier, réalisée auprès de plusieurs acteurs, que nous pouvons qualifier d'experts en domaine de recherche, en se basant sur un ensemble de techniques variées d'investigation. Ainsi qu'une étude comparative entre le Maroc et ses pays concurrents au niveau international.

Cette partie tente de confronter les hypothèses formulées au départ avec les résultats. Elle nous permet de répondre à l'ensemble des questionnements de recherche à travers une analyse des données empiriques, collectées au niveau de dizaines d'entreprises spécialisées dans la filière du câblage automobile, et une étude réalisée auprès d'un équipementier international, ayant pour objet l'étude approfondie d'un cas empirique spécifique. En effet, les cas d'entreprises étudiés sont riches en données empiriques, dont nous pouvons appréhender les particularités de chaque entreprise par rapport à certains axes de recherche. Toutefois, malgré leur nombre limité, les résultats obtenus permettent d'obtenir les objectifs fixés au départ : identifier et analyser les facteurs d'attractivité et de compétitivité qui sont privilégiés par les multinationales du câblage automobile par rapport à leurs implantations au Maroc.

En fait, l'analyse des données de ce travail de recherche est composée d'une analyse descriptive et une analyse des données à l'aide d'un outil statistique nommé STATA.

D'une part, l'analyse descriptive indique l'importance de l'optimisation des coûts de gestion et plus particulièrement ceux de la logistique (proximité géographique…). Elle indique que le facteur principal et le plus significatif en termes d'attractivité et de compétitivité dans l'industrie automobile marocaine et le taux d'intégration local, comme nommée dans la stratégie nationale.

D'autre part, l'analyse des données statistiques prouve que grâce aux facteurs de compétitivité le territoire marocain présente une attractivité pour les nouveaux investisseurs du câblage automobile.

Enfin, cette partie répond à la question générale de l'ouvrage. Elle représente ainsi le fruit d'un travail empirique fiable, permettant un apport scientifique qui présente la valeur ajoutée aux construits scientifiques, à travers une vision particulière de la réalité, pour lequel nous proposons un ensemble d'améliorations au niveau méso-économique, micro-économique, et la politique industrielle en respectant les dimensions stratégiques, managériales et méthodologiques. En outre, cette partie donne naissance à des perspectives de recherche dans un contexte international plein de mutations.

# Conclusion générale

# Conclusion générale

Cet ouvrage avait pour objectif d'apporter un enrichissement des connaissances théoriques et un perfectionnement des pratiques de la politique industrielle marocaine au niveau d'attractivité et de compétitivité territoriales. Ce travail porte sur le secteur industriel automobile et la filière du câblage en particulier. Et ce, afin de renforcer le positionnement concurrentiel industriel du Maroc au niveau international, tout en concentrant notre recherche sur le renouvellement des réflexions portant sur le choix de la localisation industrielle des firmes. Pour cela, nous nous sommes posé la question suivante :

**Le territoire marocain est-il attractif et compétitif pour le secteur de l'industrie automobile en général et la filière du câblage en particulier ?**

Dans la suite de cette conclusion, nous présentons un rappel de la méthodologie suivie, un rappel des principaux résultats, les contributions et apports méthodologiques et professionnelles, les limites et les contraintes de cette étude et finalement les perspectives.

# Rappel de la méthodologie et des résultats

Les principaux résultats de cet ouvrage se situent à plusieurs niveaux et s'organisent en fonction de deux parties : une partie théorique composée de deux chapitres et qui représente l'étude de la littérature : Des théories et des travaux ayant trait aux choix de la localisation industrielle basés sur des facteurs d'attractivité et de compétitivité territoriales (l'offre territoriale) et une partie empirique qui traite la recherche sur le terrain s'appuyant sur plusieurs méthodes d'investigation qui sont : Des entretiens et une étude de cas (complément de travail de recherche). Elle est composée de deux chapitres.

Nous rappelons ci-après les principaux résultats obtenus :

Le premier chapitre a traité une revue de littérature qui s'intéresse aux facteurs d'attractivité territoriale et leurs influences sur les choix de la localisation industrielle. Ce chapitre a dégagé les résultats suivants :

- La présentation des principales approches conceptuelles de l'attractivité territoriale (notion de l'attractivité, territoire, attractivité territoriale et ses approches) a montré qu'il y a une interaction entre la firme, le territoire et le pays d'accueil.

- L'étude théorique a traité les théories de la localisation, en commençant d'abord par une rapide revue des bases de la théorie de localisation permettant de déterminer les problématiques soulevées par la prise en considération de la dimension spatiale en économie et plus particulièrement sa contribution dans les choix de la localisation industrielle (l'économie urbaine, l'économie d'agglomération et la science régionale), complétée par un bref aperçu historique résumant les facteurs d'attractivité dans les dotations factorielles, la proximité et les outils de production de marché. Ensuite, elle a étudié un aperçu historique composé des facteurs traditionnels classés en facteurs qualitatifs et quantitatifs et des facteurs permettant la minimisation des coûts, et ceux favorisant la maximisation des profits. Puis, elle a présenté le nouveau cadre théorique des facteurs d'attractivité basé sur la théorie électrique, la théorie du cycle de vie, et la nouvelle économie géographique. Enfin, elle a exposé des études empiriques qui traitent les déterminants de la localisation industrielle des nouveaux investisseurs (ouvrages, livres, thèses, articles scientifiques...).

Cet examen théorique a montré que la décision de la localisation industrielle est régie par deux volontés : l'une de l'entreprise qui cherche une localisation optimale et l'autre du pays hôte qui doit présenter une offre attractive en utilisant le marketing territorial. Donc, l'agent public doit veiller en permanence à l'amélioration de l'offre territoriale et la valorisation de la promotion du territoire.

Le deuxième chapitre a traité les choix de la localisation industrielle et son rapport avec la compétitivité territoriale et la compétitivité de l'entreprise. Autrement dit, il a étudié les mécanismes économiques agissant sur les stratégies de l'entreprise pour son choix d'implantation. Ce chapitre a dégagé les résultats suivants :

- La présentation des principales approches conceptuelles de la compétitivité a montré l'absence d'une définition unique de la notion qui demeure relative à son environnement : Compétitivité de l'entreprise, compétitivité territoriale, compétitivité d'une nation et une compétitivité d'une industrie.
- L'étude théorique permettant d'identifier les facteurs de compétitivité territoriale, qui contribuent dans la décision de choix de la localisation industrielle des firmes. En commençant d'abord par la pensée de l'école classique et néo-classique (l'avantage

absolu et l'avantage comparatif). Ensuite, elle a étudié la théorie de Porter et des théories modernes qui ont présenté un ensemble de facteurs de compétitivité territoriale (l'environnement institutionnel et structurel, la structure économique du marché, le comportement des acteurs, la demande domestique, les facteurs de production, et la logistique industrielle). Enfin, il a montré le rôle de la politique publique dans la valorisation des potentiels industriels existants sur le territoire.

Donc, il en résulte que les facteurs de la compétitivité territoriale ont pour objectif primordial de renforcer la compétitivité du territoire et des entreprises à l'échelle nationale et internationale et d'attirer d'autres entreprises.

Le travail de cette première partie a soulevé les facteurs mis en place pour que les territoires se livrent à une concurrence sur le marché de localisation des activités économiques. : Chaque territoire met en œuvre des instruments et des politiques, afin d'attirer et sauvegarder le maximum des investissements étrangers. Pour répondre à cet objectif, les techniques du marketing territorial utilisées par les pouvoirs publics permettent de promouvoir les territoires, en tant que destination d'accueil des investissements étrangers. Elles permettent donc une meilleure attractivité et compétitivité territoriales.

En effet, comme tout pays en voie de développement, le Maroc s'intéresse à son attractivité et sa compétitivité territoriales à travers la mise en place des stratégies industrielles. Nous avons opté pour le secteur automobile en général et la filière du câblage en particulier. Ce travail de recherche empirique a été présenté dans la deuxième partie en deux chapitres qui sont :

Le troisième chapitre représente une grande importance pour cet ouvrage, car il a expliqué sa méthodologie et sa contextualisation :

En premier temps, il a déterminé le positionnement méthodologique et épistémologique de la recherche ainsi que le déploiement de sa démarche, il s'agit du paradigme constructiviste, de l'approche méthodologique qualitative par une recherche sur le terrain et d'une démarche inductive. Grâce à sa posture constructiviste, cette méthodologie de recherche est caractérisée par un cadre opératoire innovant.

En deuxième temps, il a étudié la contextualisation du travail de recherche, soit un état récapitulatif des connaissances, en commençant d'abord par un bilan des politiques industrielles marocaines, en se focalisant sur le secteur automobile en général et la filière du câblage en particulier. Ensuite, nous avons relevé l'ensemble des mesures incitatives à l'investissement pour les nouveaux investisseurs. Enfin, nous avons mené une étude comparative entre le Maroc et d'autres pays concurrents afin de positionner notre pays au niveau de l'offre territoriale. Il en a résulté que le Maroc doit investir au niveau de la voiture électrique et à gaz naturel.

Le dernier chapitre a pour objectif l'analyse et l'interprétation des données :

En premier temps, il a traité l'analyse des données de l'étude empirique par le logiciel STATA. Elle vise à vérifier les hypothèses de départ :

- L'attractivité territoriale influence les facteurs de la compétitivité territoriale et par conséquent le choix de la localisation industrielle des nouveaux investisseurs automobiles, autrement dit, le territoire marocain est attractif et compétitif grâce aux facteurs de la compétitivité territoriale.
- La compétitivité territoriale influence les facteurs de l'attractivité territoriale, et par conséquent le choix de la localisation industrielle des nouveaux investisseurs automobiles, autrement dit, le territoire marocain est attractif et compétitif grâce aux facteurs de l'attractivité territoriale.

Pour leurs vérifications, nous avons eu recours à deux études empiriques : Enquête et étude de cas (complément de travail de recherche). La collecte des données s'est effectuée en deux phases :

- La première phase est exploratoire. Elle s'est concrétisée par des rencontres, des lectures et analyses documentaires...
- La seconde phase est formelle, elle s'est déroulée en deux temps, le premier est un stage de recherche au sein du ministère de l'Industrie, et du Commerce. Le deuxième s'est réalisé auprès des équipementiers automobiles, en utilisant un questionnaire, il s'agit bien d'une phase d'approfondissement avec des entretiens formels.

Par la suite, nous avons eu recours au traitement et l'analyse de données en deux opérations :

- L'épuration permettant de s'assurer que les données collectées sont pertinentes.
- Le codage permet de faciliter le traitement au niveau du logiciel STATA (cette voie automatisée est utilisée pour mettre en relation les facteurs avec la décision du choix de la localisation industrielle. Cette approche de quantification est pour nous un moyen pour apporter plus de rigueur et d'objectivité dans le

traitement de nos données qualitatives. Après ce travail minutieux de traitement de données, une analyse est faite).

Ensuite, nous avons procédé à l'interprétation des résultats, autrement dit c'est l'analyse de l'intensité et la significativité des différentes variables de l'étude empirique (soit l'attractivité et la compétitivité territoriales) :

En effet, l'utilisation de la méthode qualitative a abouti à une interprétation descriptive des résultats, ce qui ne permet pas de mesurer l'intensité et la significativité de l'ensemble des variables constituant le travail empirique. D'où le recours à la méthode quantitative : Convertir les données qualitatives en données quantitatives, en ajoutant des modalités aux questions ouvertes et gardant le même échantillon statistique.

Le résultat de leurs vérifications est la confirmation des deux hypothèses, cependant, la première présente plus de significativité. Il en résulte que grâce aux facteurs de compétitivité, le territoire marocain présente une attractivité pour les nouveaux investisseurs du câblage automobile.

Ce résultat signifie qu'il existe une concordance significative entre les stratégies et les actions favorisant l'attractivité du territoire marocain. Cette concordance permet d'améliorer une bonne lecture des objectifs, qui doivent revenir aux acteurs publics à qui incombe ce rôle. La finalité de cette analyse des données réside dans la mesure de leur effet significatif sur le choix de la localisation industrielle des entreprises.

En deuxième temps, nous avons mené une étude sur l'amélioration de la compétitivité et de l'attractivité auprès de l'équipementier YAZAKI-MOROCCO S.A, et ce à travers un stage de recherche, en utilisant un questionnaire (il s'agit notamment d'un complément de travail). L'objectif central de cette étude est d'apporter une méthode permettant d'améliorer la compétitivité de l'entreprise en interne et en externe, en se basant sur l'optimisation du coût d'achat des matières premières, en changeant le fournisseur selon le critère de sa localisation qui représente un facteur primordial et déterminant dans la baisse du coût d'achat. Cette étude s'est réalisée en utilisant la méthode DMAIC. Il en résulte qu'une optimisation du coût d'achat des matières premières (les plus coûteuses) prouve l'amélioration du coût de revient de l'entreprise, et par conséquent une amélioration remarquable de sa compétitivité.

On déduit alors à la suite de ces deux études empiriques que le développement de l'écosystème câblage automobile au Maroc reste tributaire du poids que peuvent avoir les fournisseurs ou les équipementiers dans la chaîne de valeur pour la branche du câblage automobile.

En troisième temps, le chapitre présente d'abord des recommandations en tenant compte de ses champs d'application à savoir méso-économiques et microéconomiques, elles se concrétisent essentiellement par des propositions d'amélioration de chaque mesure incitative à l'investissement présentée par notre pays (l'appui à l'investissement, la performance de la formation et la qualification de la main-d'œuvre, l'offre foncière, la logistique, les procédures administratives et le système fiscale, la coordination entre les acteurs publics et privés, la compensation industrielle et l'intégration locale). Ensuite, les limites de ce travail de recherche qui sont de type méthodologiques et empiriques et enfin les nouvelles avenues de recherches qui se concrétisent dans l'automobile future.

## Les apports de l'ouvrage

Notre ouvrage a le mérite d'apporter des éléments relativement importants à l'édifice de la politique industrielle automobile notamment au niveau des facteurs d'attractivité et de compétitivité. Ses principaux apports sont :

### 1. Sur le plan théorique

Cet ouvrage a permis de :

- Etudier des travaux de recherche théoriques visant à identifier les facteurs d'attractivité et de compétitivité territoriales, déterminant le choix de la localisation industrielle.
- Présenter les recherches et études empiriques aux fondements théoriques, cherchant à déterminer les facteurs de localisation, qui guident les entreprises dans leurs choix de nouvelles implantations.

### 2. Sur le plan méthodologique

Grâce au paradigme constructiviste, Ce travail a permis l'enrichissement de la partie théorique par les résultats empiriques, il s'agit bien des nouvelles améliorations de l'ensemble des mesures incitatives à l'investissement, le perfectionnement de la compensation industrielle et le privilège de l'intégration locale.

### 3. Sur le plan opérationnel

Notre ouvrage a le mérite de clarifier la réalité du secteur de l'industrie automobile en général et la filière du câblage en particulier, en se focalisant sur les facteurs d'attractivité et de compétitivité territoriales, et par conséquent toucher du doigt les vrais freins qui réduisent le développement de l'écosystème câblage particulièrement, et le secteur de l'industrie automobile.

Les résultats obtenus et les recommandations proposées constituent des mises à jour qui doivent être prises en considération dans la politique industrielle marocaine à court, à moyen et à long terme.

Le principal apport se manifeste dans les recommandations obtenues par cet ouvrage qui doivent prises en considération par l'Etat dans la réalité industrielle marocaine, et particulièrement, dans la production et la commercialisation du véhicule de futur.

Bien que cet ouvrage nous semble présenter des contributions et des apports, elle présente quelques limites.

## Les limites :

Les principales limites de ce travail de recherche sont de type méthodologiques et de recherche empirique (au niveau du travail) :

### 1. Les limites méthodologiques

Un certain manque de validation empirique permettant de confronter ses résultats à la réalité. Il s'agit bien d'une limite objective qu'engendre l'approche constructiviste. Ses limites peuvent être relevées comme suit :

- La limite de validité externe (transférabilité et généralisation) des résultats en raison de son échantillonnage restreint.
- Les analyses et représentations finales ne traduisent pas de façon holistique toute la complexité de la problématique abordée.

## 2. Limites de recherche empirique

- Une absence d'études et des rapports. Ce qui affecte défavorablement la collecte et la qualité des données empiriques.
- Un volume important des données collectées qui entrave le traitement d'analyse des données.
- Un manque de coopération de la part des entreprises enquêtées.
- Le résultat du stage d'étude au sein du ministère de l'Industrie et du Commerce se limite à l'étude de « l'écosystème Câblage Automobile ». Cela est dû aux restrictions de la division de l'industrie automobile (secret professionnel, disponibilité des données et l'accès aux informations).

En prenant en considération ces limites, il est temps maintenant d'exposer les perspectives de cet ouvrage.

# Perspectives d'ouvrage

Les nouvelles avenues de cet ouvrage que nous trouvons pertinentes peuvent se résumer comme suit:

- Les leviers que le Maroc doit activer pour favoriser l'émergence d'un écosystème dédié particulièrement à la voiture future (électrique et hydrogène).
- L'horizon technologique pour le produit automobile marocain.
- Les défis que le Maroc doit affronter pour la production et la commercialisation de la nouvelle voiture (électrique ou hydrogène).

# Bibliographie


Abdallah, M. B., Drine, I., & Meddeb, R. (2001). Interaction [d1] entre IDE, régime de change, capital humain et croissance dans les pays émergents

Akbalik, A. (2006). Optimisation de la gestion intégrée des flux physiques dans une chaîne logistique: extensions du problème de dimensionnement de lot (Doctoral dissertation, Grenoble INPG).

Alaoui, A. (2006). La compétitivité internationale: Stratégies pour les entreprises françaises. *La compétitivité internationale*, 1-306.

Allard-Poesi, F., & Perret, V. (2014). Chapitre 1. Fondements épistémologiques de la recherche. In *Méthodes de recherche en management* (Vol. 4, pp. 14-46). Dunod.

Ames, B. C., & Hlavacek, J. D. (1990). Vital truths about managing your costs. *Harvard business review*, *68*(1), 140-147.

Arab, Z. E., & Abbas, N. (2014). *L'impact de l'innovation sur la compétivité des entreprises* (Doctoral dissertation, Université de bejaia).

Arntzen, B. C., Brown, G. G., Harrison, T. P., & Trafton, L. L. (1995). Global supply chain management at Digital Equipment Corporation. *Interfaces*, *25*(1), 69-93.

Bachirat, B., Boulouadnine, L., & Lembarek, N. (2006). L'industrie automobile au Maroc: potentiels et dynamiques des relations clients-fournisseurs. *Critique économique*, (17).

Baglin, G., Bruel, O., Garreau, A., Greif, M., & van Delft, C. (2001). Management Industriel et logistique. 3e édition. *Gestion Economica.*

Bailly, A. (1994). Territoires et territorialités,[w:] Auray JP., Bailly A., Derycke P.-H, et Huriot J.-M., Encyclopédie d'Economie spatiale: Concepts-Comportements-Organisations. *Economica, Paris.*

Balassa, B. (1966). Tariff reductions and trade in manufacturers among the industrial countries. The American Economic Review, 56(3), 466-473.

Barbat, V., & Hlady Rispal, M. (2007). Une lecture entrepreneuriale de l'internationalisation des PMI sous-traitantes. Revue internationale PME Économie et gestion de la petite et moyenne entreprise, 20(3-4), 219-248.

Barney, J. (1991). Firm resources and sustained competitive advantage. Journal of management, 17(1), 99-120.

Baron, R. (1997). Economic/fiscal instruments: competitiveness issues related to carbon/energy taxation.

Baud, P., & Bourgeat, S. (2003). et Bras C. Dictionnaire de géographie, Hatier, Collectioninitial, 544p, 137-138.

Beamon, B. M., & Chen, V. C. (2001). Performance analysis of conjoined supply chains. International journal of production research, 39(14), 3195-3218.

Benko, G. (1999). Villes et stratégies de communication et marketing urbain. Pouvoirs locaux-La documentation française, Paris, 42, 12-18.

Bertacchini, Y. (2004). Le territoire, une entreprise d'intelligence collective à organiser vers la formation du capital formel local. Communication et organisation. Revue scientifique francophone en Communication organisationnelle, (25).

Bhatnagar, R., Chandra, P., & Goyal, S. K. (1993). Models for multi-plant coordination. European Journal of Operational Research, 67(2), 141-160.
Bouchriha, H. (2002). Faire ou faire-faire dans la conception d'une chaîne logistique: un outil d'aide à la décision (Doctoral dissertation, Institut National Polytechnique de Grenoble-INPG).
Bouoiyour, J. (2007). The determining factors of foreign direct investment in Morocco. Savings and Development, 91-106.
Bretin, E., & Guimbert, S. (2001, December). Tax competition: to cure or to care?. In Conférence « Corporate and Capital Income Taxation in the European Union: the EU Commission Report on Companies' Taxation and Beyond », Faucal.
Burns, L. D., Hall, R. W., Blumenfeld, D. E., & Daganzo, C. F. (1985). Distribution strategies that minimize transportation and inventory costs. Operations research, 33(3), 469-490.
Cantillon, R. (1997). Essai sur la nature du commerce en général. INEd.
Cantwell, J. (1995). The globalisation of technology: what remains of the product cycle model?. Cambridge journal of economics, 19, 155-155
Carlton, D. W., & Perloff, J. M. (1998). Economie industrielle. De Boeck Supérieur.
Catin, M., & Ghio, S. (2000). Économies d'agglomération, concentration spatiale et croissance. Economie géographique: les théories à l'épreuve des faits, Economica, 81-110.
Catin, M., Ghio, S., & Van Huffel, C. (2001). Intégration, investissements directs étrangers et concentration spatiale dans les pays en développement. Région et Développement, 13, 11-46.
Catusse, M. (2009). Ambiguous Privatization and the Emerging Social Question. The Arab State and Neo-liberal Globalization: The Restructuring of State Power in the Middle East. Ithaca Press, Reading, 185-216.
Chai, Z. D., & Liu, H. J. (2014). An analysis of the home factors in competitive advantages of the emerging market's MNEs. Nanjing Journal of Social Sciences, 8, 24-31.
Chamard, C. (2014). Le marketing territorial: comment développer l'attractivité et l'hospitalité des territoires?. De Boeck Superieur.
Chamard, C., & Liquet, J. C. (2011). L'évaluation de l'image perçue des régions françaises (No. hal-02432272).
Chandra, P., & Fisher, M. L. (1994). Coordination of production and distribution planning. European journal of operational research, 72(3), 503-517.
Cheaitou, A. (2008). Stochastic Models for Production/Inventory Planning: Application to Short Life-Cycle Products (Doctoral dissertation, Ecole Centrale Paris).
Chevalier, J. M. (1995). L'économie industrielle des stratégies d'entreprises. Montchretien.
Cho, D. S. (1994). A dynamic approach to international competitiveness: The case of Korea. Asia pacific business review, 1(1), 17-36.
Christopher, M. (1992). Logistics &. Supply chain management.
Chunlai, C. (1997). Provincial characteristics and foreign direct investment location decision within China (No. 1997-16). University of Adelaide, Chinese Economies Research Centre.

Church, J. R., & Ware, R. (2000). Industrial organization: a strategic approach (pp. 367-69). Homewood, IL.: Irwin McGraw Hill.
Claval, P. (1968). Economie et Géographie rurales. Revue Géogrephique de l'Est, 1-2.
Coeuré, B., & Rabaud, I. (2003). Attractivité de la France: analyse, perception et mesure. Économie et Statistiques" (pp. 363-64). n 363-364-365.
Cohen, E., & Lorenzi, J. H. (2000). Politiques industrielles pour l'Europe. La documentation française.
Colbert, F., & Côté, R. (1990). Localisation commerciale. G. Morin.
Colletis, G., Gilly, JP, Leroux, I., Pecqueur, B., Perrat, J., Rychen, F., & Zimmermann, JB (1999). Construction territoriale et dynamique économique. Sciences de la Société , 48 (1), 25-47.
Combes, J. P., Duranton, G., & Gobillon, L. (2002). Origine et ampleur des inégalités spatiales de salaire en France.
Courty, P. (2003). „Les enjeux industriels et les nouvelles problématiques scientifiques–De la logistique à la logistique globale.". Ecole d'été d'automatique. Session, 24.
Creswell, J. W., & Creswell, J. D. (2017). Research design: Qualitative, quantitative, and mixed methods approaches. Sage publications.
Croom, S., Romano, P., & Giannakis, M. (2000). Supply chain management: an analytical framework for critical literature review. European journal of purchasing & supply management, 6(1), 67-83.
Crozet, M., & Koenig, P. (2005). État des lieux du commerce international. Le rôle des firmes multinationales dans le commerce international. Les Cahiers français, 325, 13-19.
Crozet, M., Mayer, T., & Mucchielli, J. L. (2004). How do firms agglomerate? A study of FDI in France. Regional science and urban economics, 34(1), 27-54.
David, A. (1999). Logique, épistémologie et méthodologie en sciences de gestion.
De Koninck, R. (1993). Brunet, R., Ferras, R. et Théry, H.(1992) Les mots de la géographie, dictionnaire critique. Montpellier/Paris/Reclus/La Documentation Française, 470 p.(ISBN 2-11-002852-1). Cahiers de géographie du Québec, 37(102), 591-592.
Debonneuil, M., & Fontagné, L. (2003). Compétitivité, Conseil d'Analyse Economique (No. 40). Report.
Depeyre, C., & Mirc, N. (2007). Dynamic Capabilites: problèmes de définition et d'opérationalisation du concept. Le Libellio d'Aegis, 3(5), 2-12.
DÉTRIE, J. (1998). Strategor: politique générale de l'entreprise. Paris: Dunod, 1999. 877 p. EBERS, M; JARILLO, JC The construction, forms, and consequences of industry networks. International Studies of Management and Organization, 27(4), 3-21.
Devereux, M. P., & Griffith, R. (1998). Taxes and the Location of Production: Evidence from a Panel of US Multinationals. Journal of public Economics, 68(3), 335-367.
Devernay, P. (1997). Le transport,« moteur » de la chaîne logistique. Logistique & Management, 5(1), 75-79.
Di Méo, G. (2000). Que voulons-nous dire quand nous parlons d'espace?. Logiques de l'espace, esprit des lieux, 37-48.

Dunning, J. H. (2015). The eclectic paradigm as an envelope for economic and business theories of MNE activity. In International Business Strategy (pp. 60-84). Routledge.
Dunning, JH (1980). Vers une théorie éclectique de la production internationale : quelques tests empiriques. Revue d'études commerciales internationales , 11 (1), 9-31.
Dupuch, S., & Milan, C. (2003). Les déterminants des Investissements Directs Européens dans les PECO. CEPN, WP, 7.
Duranton, G. (1995). Economie géographique, urbanisation et développement (Doctoral dissertation, Paris, EHESS).
El Aoufi, N. (2000). L'impératif social au Maroc: de l'ajustement à la régulation. Critique économique, (3).
En ligneRougier, E., & Piveteau, A. (2011). Le retour en trompe-l'œil de la politique industrielle. Revue Tiers-monde, (208), 177-192.
Fabricant, S. (1952). The Structure of American Economy, 1919–1939: An Empirical Application of Equilibrium Analysis (2d edition, enlarged). By Wassily W. Leontief. New York: Oxford University Press, 1951. Pp. 264. $5.75. The Journal of Economic History, 12(1), 69-69.
Farmer, D. (1997). Purchasing myopia—revisited. European Journal of Purchasing & Supply Management, 3(1), 1-8.
Federgruen, A., Groenevelt, H., & Tijms, H. C. (1984). Coordinated replenishments in a multi-item inventory system with compound Poisson demands. Management Science, 30(3), 344-357.
Fontagné, L., & Lorenzi, J. H. (2005). Désindustrialisation, délocalisations
Friboulet, J. J. (2010). La construction de l'attractivité: une analyse en termes de capacité. Mondes en développement, (1), 11-26.
Fujita, M., & Thisse, J. F. (1997). Economie géographique, problèmes anciens et nouvelles perspectives. Annales d'Economie et de Statistique, 37-87.
Fusch Ph D, P. I., & Ness, L. R. (2015). Are we there yet? Data saturation in qualitative research.
Gaffard, J. L. (2012). Compétitivité et développement industriel: un défi européen. OFCE & SKEMA Business School, les notes, (19/3).
Garelli, S. (2006). Competitiveness of Nations: the Fundamentals. World Competitiveness Yearbook. Lausanne, Switzerland: IMD World Competitiveness Centre, 607-18p.
Garelli, S. (2006). Competitiveness of nations: the fundamentals. IMD World competitiveness yearbook, 702-713.
Gilly, J. P., & Perrat, J. (2003). La dynamique institutionnelle des territoires: entre gouvernance locale et régulation globale. Cahier n, 5.
Giordano, Y. (2003). Conduire un projet de recherche: une perspective qualitative. Editions Ems.
Gollain, V. (2008). Réussir son marketing territorial en 9 étapes. Précis de.
Gollain, V. (2014). Réussir sa démarche de marketing territorial: méthode, techniques et bonnes pratiques. Territorial.
Gollain, V. (2015). identifier et valoriser ses avantages comparatifs territoriaux avec la méthode CERISE REVAIT®. 6e Version, avril.
Goodenough, A., & Waite, S. (2012). Real world research: a resource for users of social research methods in applied settings.

Grubel, H. L., & Llyod, P. PJ (1975): Intra-industry trade: The theory and measurement of international trade in differentiated products.
Guba, E. G., & Lincoln, Y. S. (1994). Competing paradigms in qualitative research. Handbook of qualitative research, 2(163-194), 105.
Gubbi, S. R., Aulakh, P. S., Ray, S., Sarkar, M. B., & Chittoor, R. (2010). Do international acquisitions by emerging-economy firms create shareholder value? The case of Indian firms. Journal of International Business Studies, 41(3), 397-418.
Guellec, D. (1999). Économie de l'innovation, La Découverte, Coll.
Guir, R. (1984). L'investissement direct et la firme multinationale. University of Ottawa Press.
Gustavsson, P., Hansson, P., & Lundberg, L. (1999). Technology, resource endowments and international competitiveness. European economic review, 43(8), 1501-1530.
Hanson, G. H., Conférence des Nations Unies sur le commerce et le développement, & Center for international development (Cambridge, Mass). (2001). Should countries promote foreign direct investment? (Vol. 9).
Hatem, F. (2004). Attractivité: de quoi parlons-nous. Pouvoirs locaux, 61(2), 34-43.
Hatem, F. (2004). Le Marketing territorial: Pourquoi, comment?. Revue Interrégions, (257).
Hatem, F. (2005). Attractivité du Territoire: Théorie et Pratique, aller-retour. Ecole de management de Normandie.
Hatem, F. (2007). Le marketing territorial: principes, méthodes et pratiques. EMS Editions.
Hatem, F., Lejeune, C., Delapierre, M., & Michalet, C. A. (2004). Investissement international et politiques d'attractivité. Paris: Economica.
Head, K., Ries, J., & Swenson, D. (1995). Agglomeration benefits and location choice: Evidence from Japanese manufacturing investments in the United States. Journal of international economics, 38(3-4), 223-247.
Heckscher, E. F. (1955). Mercantilism Vols 1 and 2. Allen and Unwin.
Hernandez, L., Mellado, P., & Valdes, R. (2001). Determinants of private capital flows in the 1970s and 1990s: is there evidence of contagion?
Hibou, B. (Ed.). (1999). La privatisation des États. Karthala Editions.
Hill, R. M. (1999). The optimal production and shipment policy for the single-vendor singlebuyer integrated production-inventory problem. International Journal of Production Research, 37(11), 2463-2475.
Hoover, E. M., & Alaurent, J. (1955). La localisation des activités économiques. Les éditions Ouvrières.
Hugon, P. (1997). Economie politique internationale et mondialisation. Economica.
Ingham, M. (Ed.). (1995). Management stratégique et compétitivité. De Boeck Supérieur.
Isard, W. (1965). Location and space-economy: A general theory relating to industrial location, market areas, land use, trade, and urban structure (No. 338 I8).
Jacoud, G., & Tournier, É. (1998). Les grands auteurs de l'économie. Paris, Hatier.
Jaidi, L. (1992). L'industrialisation de l'économie marocaine: acquis réels et modalités d'une remise en cause. le Maroc actuel, 91-117.

Jean-Claude, U., Mark, E. S., & Richard, T. (1993). Introduction à la recherche en gestion. Paris: Economica.
Jolibert, A., & Gavard-Perret, M. L. (2012). Méthodologie de la recherche en sciences de gestion: réussir son mémoire ou sa thèse (No. halshs-00834052).
Jovanovic, M. (2008). Evolutionary economic geography: Location of production and the European Union. Routledge.
Kawecki, A., & Guillochon, B. (2009). Économie internationale: commerce et macroéconomie: manuel et exercices corrigés.
Kim, D., & Marion, B. W. (1997). Domestic market structure and performance in global markets: Theory and empirical evidence from US food manufacturing industries. Review of Industrial Organization, 12(3), 335-354.
Koenig, G. (1994). Production de la connaissance et constitution des pratiques organisationnelles.
Kogut, B., & Zander, U. (1992). Knowledge of the firm, combinative capabilities, and the replication of technology. Organization science, 3(3), 383-397.
Krugman, P. (2000). La mondialisation n'est pas coupable (1996). Paris, La Découverte
Kumar, N. (1994). Determinants of export orientation of foreign production by US multinationals: An inter-country analysis. Journal of International Business Studies, 25(1), 141-156.
Lafay, G. (1987). Avantage comparatif et compétitivité. Economie prospective internationale, 29, 39-52.
Lagnel, O. (1998). L'attractivité des territoires (Doctoral dissertation, thèse de Doctorat en Sciences Economiques, Université de Paris-X-Nanterre).
Landau, R. (1992). Technology, capital formation and US competitiveness. International Productivity and Competitiveness, 299-325.
Lee, A. S., & Baskerville, R. L. (2003). Generalizing generalizability in information systems research. Information systems research, 14(3), 221-243.
Lemi, A., & Asefa, S. (2003). Foreign direct investment and uncertainty: Empirical evidence from Africa. African Finance Journal, 5(1), 36-67
Lipsey, R. E. (2001). Interpreting developed countries' foreign direct investment. In Investing Today for the World of Tomorrow (pp. 285-325). Springer, Berlin, Heidelberg.
LONGUÉPÉE, J. (2004). Dynamiques territoriales et gestion des inondations: une approche en termes de proximité. Journée d'études « Les territoires de l'eau », Arras, 26.
Lummus, R. R., Vokurka, R. J., & Alber, K. L. (1998). Strategic supply chain planning. Production and inventory management Journal, 39(3), 49.
Lung, Y., & Layan, J. B. (2008). Attractivité et agglomération de l'industrie automobile au Maroc et en Tunisie: une analyse comparative (No. hal-00387576).
Maâninou, A. (2009). Evolution récente et avenir de l'industrie automobile au Maroc. Critique économique, (24).
Maillat, D., Crevoisier, O., & Lecoq, B. (1991). Réseaux d'innovation et dynamique territoriale: un essai de typologie. Revue d'Economie Régionale & Urbaine, (3), 407-432.
Markusen, J. R., & Venables, A. J. (1998). Multinational firms and the new trade theory. Journal of international economics, 46(2), 183-203.

Markusen, J. R., & Venables, A. J. (1998). Multinational firms and the new trade theory. Journal of international economics, 46(2), 183-203.
Marniesse, S., & Filipiak, E. (2003). Compétitivité et mise à niveau des entreprises: approches théoriques et déclinaisons opérationnelles. Agence française de développement.
Martinet, A. (1984). Sciences de gestion et compétitivité de l'entreprise. Economica, Paris. Search in.
Mayer, T., & Mucchielli, J. L. (1999). La localisation à l'étranger des entreprises multinationales. Une approche d'économie géographique hiérarchisée appliquée aux entreprises japonaises en Europe. Economie et statistique, 326(1), 159-176.
Mayrhofer, U. (2007). Management stratégique. Editions Bréal.
Mérenne-Schoumaker, B. (1991). La localisation des industries. Mutations récentes et méthodes d'analyse. Nathan Université, Paris, France.
Miles, M. B., & Huberman, A. M. (2003). Analyse des données qualitatives. De Boeck Supérieur.
Miles, M. B., & Huberman, A. M. (2003). Analyse des données qualitatives. De Boeck Supérieur.
Moon, H. C. (2000). From Adam Smith to Michael Porter: evolution of competitiveness theory (Vol. 2). World Scientific.
Mouriaux, F. (2004). Le concept d'attractivité en Union monétaire. Bulletin de la Banque de France, 123, 29-44.
Mucchielli, A. (1991). Les méthodes qualitatives. Presses universitaires de France.
Mucchielli, J. L. (1991). De nouvelles formes de multinationalisation: les alliances stratégiques. Problèmes économiques, (17), 118-134.
Mucchielli, J. L. (2002). La compétitivité: définitions, indicateurs et déterminants. Accomex, numéro spécial" La France est-elle compétitive, (44), 9-19.
Mucchielli, J. L. (2002). La compétitivité: définitions, indicateurs et déterminants. Accomex, numéro spécial" La France est-elle compétitive, (44), 9-19.
Noisette, P., & Vallérugo, F. (1996). Le marketing des villes: un défi pour le développement stratégique. Editions d'Organisation
Nonnemberg, M. B., & de Mendonça, M. J. C. (2004). The determinants of foreign direct investment in developing countries. In Anais do XXXII Encontro Nacional de Economia [Proceedings of the 32nd Brazilian Economics Meeting] (No. 061). ANPEC-AssociaÃ § Ã£ o Nacional dos Centros de PÃ³s-GraduaÃ § Ã£ o em Economia [Brazilian Association of Graduate Programs in Economics].
OCDE, P. (1993). Glossaire d'economie industrielle et de droit de la concurrence
OCDE. (2002). L'investissement direct étranger au service du développement—optimiser les avantages—minimiser les coûts
Ohlin, B. (1933). Interregional and international trade Harvard University Press Cambridge Massachusetts USA.
Pain, N., & Hubert, F. (2002). Aides à l'investissement, intégration européenne et localisation de l'investissement direct allemand. Economie prevision, (1), 151-170

Palander, T. (1935). Beiträge zur standortstheorie (Doctoral dissertation, Almqvist & Wiksell
Park, Y. B. (2005). An integrated approach for production and distribution planning in supply chain management. International Journal of Production Research, 43(6), 1205-1224.
Pecqueur, B. (1995). Sur les déterminants territoriaux de la compétitivité des entreprises. Association Portugaise pour le Développement Régional, Porto.- 3ème rencontres nationales.
Perret, V., & Séville, M. (2003). Fondements épistémologiques de la recherche. Méthodes de recherche en management, 2, 13-33.
PERREUR J. (2003). La localisation industrielle: Les approches des économistes », in CLIQUET G., et JOSSELIN J.-M., (éds), Stratégies de localisation des entreprises commerciales et industrielles, De nouvelles perspectives, De Boeck.
Pettigrew, A. M. (1992). The character and significance of strategy process research. Strategic management journal, 13(S2), 5-16.
Poirier, C. C., & Reiter, S. E. (2001). La Supply Chain: Optimiser la chaîne logistique et le réseau interentreprises. Dunod.
Poirot, J., & Gérardin, H. (2010). L'attractivité des territoires: un concept multidimensionnel. Mondes en développement, (1), 27-41.
Ponsard, C. (2012). History of spatial economic theory. Springer Science & Business Media.
Ponsard, C., & Beguin, H. (1988). Analyse économique spatiale. Presses universitaires de France.
Porter, M. (1986). L'avantage concurrentiel. inter Editions. Paris (traduit de: Competitive advantage, The Free Press, New York, 1985).
Porter, M. E. (1980). Choix stratégique et compétition, techniques d'analyse des secteurs de la compétition dans l'industrie. Economica, Paris
Porter, M. E. (1990). The competitive advantage of nations The Free Press. New York, 564.
Porter, M. E., & de Lavergne, P. (1986). L'avantage concurrentiel.
Porter, M. E., Détrie, J. P., & Miraillès, P. (1993). L'avantage concurrentiel des nations. InterEd.
Porter, M. E., Takeuchi, H., & Sakakibara, M. (2000). Can Japan Compete? (pp. 2-3). London: Macmillan.
Predöhl, A. (1925). Das Standortsproblem in der Wirtschaftstheorie. Weltwirtschaftliches Archiv, 294-321.
Prévost, P., & Roy, M. (2012). Les études de cas: un essai de synthèse. Revue Organisations & Territoires, 21(1), 67-82.
Priem, R. L., & Butler, J. E. (2001). Is the resource-based "view" a useful perspective for strategic management research?. Academy of management review, 26(1), 22-40.
Ravix, J. T., & Sautel, O. (2007). Comportements des firmes et commerce international. Revue de l'OFCE, (1), 175-199
Reinaud, J. (2005). Industrial competitiveness under the European Union emissions trading scheme. Oil, Gas & Energy Law, 3(1).
Rhellou, A. (2005). Le concept de centralité en analyse économique : revue de littérature. Revue Regard sur l'Economique, (3), 219-233.

Ricardo, D. (1817). The Principles of Political Economy and Taxation, reprinted in 1996.
Riley, D. (1987). Competitive cost based investment strategies for industrial companies. Manufacturing Issues, 30-34.
Rispal, M. H. (2002). La méthode des cas. De Boeck Supérieur.
Roger, D. E. H. E. M. (1985). Histoire de la pensée économique: des mercantilistes à Keynes. Québec: Les Presses de l'Université de Laval: Dunond, Paris.
Rota-Franz, K., Thierry, C., & Bel, G. (2001). Gestion des flux dans les chaînes logistiques. Performance Industrielle et gestion des flux, 153-187.
Rugman, A. M. (1981). Research and development by multinational and domestic firms in Canada. Canadian Public Policy/Analyse de Politiques, 604-616.
Rugman, A. M. (2010). Reconciling internalization theory and the eclectic paradigm. Multinational Business Review.
Rugman, A. M., & D'cruz, J. R. (1993). The" double diamond" model of international competitiveness: The Canadian experience. MIR: Management International Review, 17-39.
Ruigrok, W., & VAN TULDER, R. (1995). Rival concepts of restructuring. RUIGROK, W.; VAN TULDER, R. The logic of international restructuring. London and New York: Routledge, 36-62.
Ruigrok, W., & VAN TULDER, R. (1995). Rival concepts of restructuring. RUIGROK, W.; VAN TULDER, R. The logic of international restructuring. London and New York: Routledge, 36-62.
Sabel, C. F. (1988). The reemergence of regional economics. Universitat Autónoma de Barcelona.
Sabri, E. H., & Beamon, B. M. (2000). A multi-objective approach to simultaneous strategic and operational planning in supply chain design. Omega, 28(5), 581-598.
Savall, H., & Zardet, V. (2004). Recherche en sciences de gestion: Approche qualimétrique, observer l'objet complexe (No. halshs-00783087).
Schärlig, A. (1969). Localisation optimale et théorie des graphes: contribution à la théorie de la localisation optimale de la firme dans une structure de concurrence (No. 19). Librairie Droz.
Schmitt, A. J., Snyder, L. V., & Shen, Z. J. M. (2010). Inventory systems with stochastic demand and supply: Properties and approximations. European Journal of Operational Research, 206(2), 313-328.
Schneider, F., & Frey, B. S. (1985). Economic and political determinants of foreign direct investment. World development, 13(2), 161-175.
Scott, W. R. (2013). Institutions and organizations: Ideas, interests, and identities. Sage publications.
Shank, J. K., & Govindarajan, V. (1995). La gestion stratégique des coûts. Les Ed. d'organisation.
Sharples, J., & Milham, N. (1990). Long run competitiveness of Australian agriculture. USDA. Economic Research Services, Foreign Agricultural Economics Report, 243.
Simchi-Levi, D., Kaminsky, P., & Simchi-Levi, E. (1999). Designing and managing the supply chain: Concepts, strategies, and cases. New York: McGraw-hill.
Soler, L. (2000). Introduction à l'épistémologie, préf.
Soulié, D. (1992). Analyse économique et stratégique d'entreprise. Edicef..

Spitezki, H. (1995). La stratégie d'entreprise: compétitivité et mobilité. Economica
Stevenson, W. J., Hojati, M., & Cao, J. (2014). Operations management (p. 182). New York: McGraw-Hill Education.
Stolper, W., & Samuelson, P. (1941). "Protection and Real Wages,'Review of Economic Studies 9.
Storaï, C. (2003). Attractivité territoriale et stratégies de localisation des firmes: le territoire Corse peut-il devenir un nouvel Eden?. Information, Savoirs, Décision, Médiation, (9).
Teece, D. J., Pisano, G., & Shuen, A. (1997). Dynamic capabilities and strategic management. Strategic management journal, 18(7), 509-533.
Texier, L. (1999). Une clarification de l'offre d'implantation en marketing territorial: produit de ville et offre de territoire. Revue d'économie régionale et urbaine, (5), 1021-1036.
Texier, L., & Valla, J. P. (1992). Le marketing territorial et ses enjeux. Revue française de gestion, (87), 45-55.
Thibault, G. (2008). Quelle stratégie industrielle pour la France face à la mondialisation?. Editions Technip.
Thiétart, R. A. (1998). coll (2004)'Méthodes de recherche en management.'. Dunod,
Thiétart, R. A. (2014). Méthodes de recherche en management-4ème édition. Dunod.
Thomas, D. J., & Griffin, P. M. (1996). Coordinated supply chain management. European journal of operational research, 94(1), 1-15.
Tixier, D., Mathe, H., & Colin, J. (1983). La logistique au service de l'entreprise. Paris: Dunod.
Vakharia, A. J. (2002). E-business and supply chain management. Decision Sciences, 33(4), 495-504.
Veltz, P. (1996). Mondialisation, villes et territoires. L'économie d'archipel, 2, 230
Vernon, R. (1966). International trade and international investment in the product cycle. Quarterly journal of economics, 80(2), 190-207.
Vidal, C. J., & Goetschalckx, M. (1997). Strategic production-distribution models: A critical review with emphasis on global supply chain models. European journal of operational research, 98(1), 1-18.
Von Thünen, J. H. (1930). Der isolierte Staat in Beziehung auf Landwirtschaft und Nationalokönomie: Neudruck nach der Ausgabe letzter Hand (2. bzw. l. aufl., 1842 bzw. 1850), eingeleitet. G. Fischer.
Wacheux, F. (1996). Qualitative methods and management research. Economica Edition.
Weber, A. (1962). Theory of the Location of Industries. University of Chicago Press.
Xiao, W., & Zhou, J. Z. (2014). Chinese OFDI location preferences with country-specific advantages: an empirical analysis based on firms' investment motivation and capability. Journal of Zhejiang University (Humanities and Social Sciences), 44(1), 184-196.
Yin, R. K. (2003). Case study research design and methods third edition. Applied social research methods series, 5.

# Webographie


https://www.imd.org/ (consulté le 18/01/2020).
https://fr.weforum.org/about/world-economic-forum/ (consulté le 18/01/2020).
https://www.ires.ma/images/PDFs_publications/Tableau_de_bord_stratgique_Evolution_du_positionnement_international_du_Maroc_Huitime_dition.pdf (consulté le 20/12/2020).
www.doingbusiness.org (consulté en mars 2020).
https://www.lesiteinfo.com/economie/forbes-le-maroc-3e-pays-pour-investir-en-afrique/ consulté le 29/02/2020).
https://www.doc-etudiant.fr (consulté le 02/03/2018).
http://www.blog.saeeed.com/ (consulté le 05/03/18).
https://docplayer.fr/11483857-La-competitivite-une-approche-methodologique.html (consulté le 05/04/2018).
https://www.cairn.info/revue-reflets-et-perspectives-de-la-vie-economique-2006-1-page-5.html (consulté le 26/09/2020).
https://lawcat.berkeley.edu/search?f1=author&as=1&sf=title&so=a&rm=&m1=p&p1=United%20States.%20Congress.%20House.%20Committee%20on%20Banking,%20Finance,%20and%20Urban%20Affairs.%20Subcommittee%20on%20Economic%20Stabilization.&ln=en (consulté en avril 2020).
https://www.lecese.fr/sites/default/files/pdf/Avis/2011/2011_11_competitivite.pdf (consulté en mai 2020).
https://obsmetiers.rcp-pro.fr/ (consulté en mai 2020).
https://odc.gouvernement.lu/fr/actualites/mes-actualites/2019/wef-gcr.html. (Consulté le 20/11/2020).
https://www.ires.ma/fr/forum/rencontres/524-les-accords-de-libre-%C3%A9change-conclus-par-le-maroc-quelles-incidences-sur-la-comp%C3%A9titivit%C3%A9-globale-du-pays.html (Consulté le 20/12/2020).
http://www.mcinet.gov.ma/ (consulté en septembre 2017).
http://www.invest.gov.ma (consulté en septembre 2017).
https://lematin.ma/journal/2019/maroc-ameliore-score-mais-classement/324273.html (consulté le 17/05/2017).
https://www.cnea.ma/fr/communiques-de-presse/doing-business-2020-le-maroc-se-hisse-au-53eme-rang-a-lechelle-mondiale (consulté le 17/05/2022).
https://africabusinesscommunities.com/news/business-insider-features-morocco-as-one-of-africas-best-investment-destination-in-2022/ (consulté le 17/05/2022).
https://leseco.ma/business/indice-emerging-markets-logistics-2022-quelle-place-pour-le-maroc.html (consulté le 17/05/2022).
https://www.challenge.ma/maroc-les-investissements-directs-etrangers-en-hausse-de-56-a-fin-mars-237990/ (consulté le 17/05/2022).
https://fr.hespress.com/259394-gci-le-maroc-55e-mais-premier-pays-pour-la-contribution-a-la-paix.html (consulté le 17/05/2022).
https://www.lopinion.ma/Attractivite-des-investissements-etrangers-le-Maroc-classe-au-80e-rang-mondial_a27230.html (consulté le 17/05/2022).
https://lematin.ma/ (consulté le 10/10/2020).

https://industries.ma/la-thailande-appelle-le-maroc-a-etre-sa-porte-dentree-de-lafrique/ (consulté le 20/09/2020).
https://www.webmanagercenter.com (consulté le 20/10/2020).
https://www.tia.gov.tn/ (consulté le 20/12/2020).
https://ec.europa.eu/commission (consulté le 18/09/2021).
https://www.conseil-national-industrie.gouv.fr/actualites/feuille-de-route-pour-l-industrie-automobile (consulté le 18/09/2021).
https://www.europarl.europa.eu/doceo/document/A-7-2013-0391_FR.html (consulté le 18/09/2021).
https://www.ibef.org (consulté le 29/09/2021).
https://www.natrip.in/(consulté le 29/09/2021).
https://www.siam.in/(consulté le 29/09/2021).
https://www.indiantradeportal.in/ (consulté le 05/10/2021).
https://www.oica.net (consulté le 05/10/2021).
https://www.oecd.org/mena/competitiveness/Compact-for-Economic-Governance-Morocco-EN.pdf (consulté le 05/10/2021).
https://www.adb.org/sites/default/files/publication/411926/ewp-519-thailand-automotive-manufacturingc-corridor.pdf(consulté le 05/10/2021).
https://www.boi.go.th/upload/content/BOI-brochure%202015-automotive-20150325_70298.pdf (consulté le 05/10/2021).
https://www.adb.org/sites/default/files/project-documents/53239/53239-001-rrp-en.pdf (consulté le 05/10/2021).
https://www.thailande-fr.com/ (consulté le 05/10/2021).
https://www.boi.go.th/index.php?page=add_investment. (Consulté le 25/10/2021).
https://export.agence-adocc.com/fr/fiches-pays/thailande (consulté le 05/10/2021).
www.valeo.com (consulté le 25/05/2019).
https://fnh.ma/article/alaune/la-compensation-industrielle-un-mecanisme-profitable-au-tissuindustriel-marocain-mhe (consulté le 15/11/2017).
https://www.masen.ma (consulté le 05/10/2022).
https://www.mem.gov.ma (consulté le 05/10/2022).
http://www.iresen.org (consulté le 05/10/2022).

# Annexes

# Annexe n°1[338]

**Plan d'Accélération Industrielle 2014-2020**
**Ecosystème « Câblage Automobile »**

**Questionnaire n°**

**IDENTIFICATION DE L'ENTREPRISE**

Raison sociale :
Adresse :
Statut juridique : S.A S.A.R.L Autre
Date de création :
Société Mère :
Capital social:
Nombre de sites de production :
Nom du dirigeant de l'entreprise :
Téléphone :

**Grandeurs macro-économiques :**

| Année | 2014 | 2015 | 2016 | 2017 (avril à juin) | Prévisions 2017-2020 |
|---|---|---|---|---|---|
| Chiffre d'affaires (en Millions de DH) | | | | | |
| Investissement (en Millions de DH) | | | | | |
| Effectif | | | | | |

**Fournisseurs :**

*Matières premières (Principaux fournisseurs)*

| Désignation de la matière première | Fournisseur | Achat en valeur (En Euro) | Part d'achat étranger (en %) | Pays d'approvisionnement |
|---|---|---|---|---|
| | | | | |

- Total des achats. -
Part des achats étrangers

*Pièces de rechange (Principaux fournisseurs) :*

| Désignation de la pièce de rechange | Fournisseur | Achat en valeur (En Euro) | Part d'achat étranger (en %) | Pays d'approvisionnement |
|---|---|---|---|---|
| | | | | |

- Total des achats. -
Part des achats étrangers

338 )- le modèle du premier questionnaire de type ouvert.

*Equipements (Principaux fournisseurs) :*

| Désignation de l'équipement | Fournisseur | Achat en valeur (En Euro) | Part d'achat étranger (en %) | Pays d'approvisionnement |
|---|---|---|---|---|
| | | | | |

- Total des achats. -

Part des achats étrangers

**Produit**

*Description Produit*

| Lignes de Produits | Client | Client final (constructeur) | Marché final de vente du véhicule |
|---|---|---|---|
| | | | |

**Logistique**

- Import

*Principales provenances (Pays) : Allemagne.*

| Type de Transport | TIR | Routier | Express | Aérien | Autre | Valeur (€) |
|---|---|---|---|---|---|---|
| Volume : nombre de transactions/mois | | | | | | |
| Fréquence : Journalier (J), hébdo (H) | | | | | | |
| Total | | | | | | |

- Export

*Principales destinations (Pays) : Espagne / Belgique / Slovaquie.*

| Type de Transport | TIR | Routier | Express | Aérien | Autre | Valeur (€) |
|---|---|---|---|---|---|---|
| Volume : nombre de transactions/mois | | | | | | |
| Fréquence : Journalier (J), hébdo (H) | | | | | | |
| Total | | | | | | |

**Questions :**

*Quels sont les critères de votre choix de localisation au Maroc ?*

*Quels sont à votre avis les leviers de compétitivité que devant assurer la réussite de l'écosystème « câblage automobile » ?*

*A votre avis les matières premières /pièces/équipements prioritaires à localiser ?*

*Quelles sont vos attentes de l'écosystème « câblage automobile » ?*

*Quelles sont les contraintes au développement de l'écosystème câblage automobile au Maroc ?*

**Commentaires libres**

# Annexe n°2[339]

**Plan d'Accélération Industrielle 2014-2020**
**Ecosystème « Câblage Automobile »**

**Questionnaire n°**

**<u>RAPPEL DE L'IDENTIFICATION DE L'ENTREPRISE</u>**

Raison sociale :
Adresse :
Nombre de sites de production :
Nom du dirigeant de l'entreprise :
Téléphone :

**<u>PRIERE DE CHOISIR LA BONNE REPONSE AUX FACTEURS D'ATTRACTIVITE ET DE COMPETITIVITE</u>**

- Critères de choix de la localisation au Maroc

*<u>Le positionnement géographique du Maroc :</u>*

☐ Très important
☐ Important
☐ Pas important

*<u>Les subventions : soutien financier :</u>*

☐ Très important
☐ Important
☐ Pas important

*<u>Le système fiscal :</u>*

☐ Très important
☐ Important
☐ Pas important

*<u>L'accès au foncier :</u>*

☐ Très important
☐ Important
☐ Pas important

*<u>Des avantages douaniers :</u>*

☐ Très important
☐ Important
☐ Pas important

- Les leviers de compétitivité :

*<u>Taux d'intégration de la matière première :</u>*

☐ Très important
☐ Important
☐ Pas important

- Les attentes de l'écosystème « câblage automobile » :

339 )- le modèle du deuxième questionnaire semi-directif.

*Implémentation de nouveaux fournisseurs au Maroc, et spécialement dans les Zones Franches :*

- [ ] Très important
- [ ] Important
- [ ] Pas important

*Encourager des fournisseurs locaux afin de ne pas dépendre à 100% de l'étranger :*

- [ ] Très important
- [ ] Important
- [ ] Pas important

- Les contraintes au développement de l'écosystème câblage automobile au Maroc :

*L'absence de fournisseurs locaux de pièces de rechanges :*

- [ ] Très important
- [ ] Important
- [ ] Pas important

*Les délais de livraison des fournisseurs étrangers :*

- [ ] Très important
- [ ] Important
- [ ] Pas important

*L'absence de support technique locale pour quelques fournisseurs :*

- [ ] Très important
- [ ] Important
- [ ] Pas important

# Annexe n°3

**Grandeurs économiques**

Pratiquement, nous choisissons dans notre questionnaire de se baser sur trois grandeurs économiques essentielles, dont voici le tableau :

- Pour la première entreprise : **SE BORDNETZE MOROCCO SARL**

| **Année** | **2014** | **2015** | **2016** | **2017 (avril à juin)** | **Prévisions 2017-2020** |
|---|---|---|---|---|---|
| **Chiffre d'affaires (en Millions de DH)** | 1.198 | 1.482 | 1.316 | 414 | 5.612 |
| **Investissement (en Millions de DH)** | 96 | 24 | 14 | 4 | 100 |
| **Effectifs** | 4.978 | 4.396 | 3.806 | 4.452 | 4.500 |

- Pour la deuxième entreprise : **LEAR AUTOMOTIVE MOROCCO SA**

| **Année** | **2014** | **2015** | **2016** | **2017 (avril à juin)** | **Prévisions 2017-2020** |
|---|---|---|---|---|---|
| **Chiffre d'affaires (en Millions de DH)** | 590 | 643 | 1.215 | 2.019 | 2.690 |
| **Investissement (en Millions de DH)** | 112 | 140 | 253 | 294 | 350 |
| **Effectif** | 1448 | 1849 | 3561 | 4628 | 5000 |

- Pour la troisième entreprise : **FUJIKURA AUTOMOTIVE MOROCCO KENITRA**

| **Année** | **2014** | **2015** | **2016** | **2017 (avril à juin)** |
|---|---|---|---|---|
| **Chiffre d'affaires (en Millions de DH)** | 436,00 | 176270,00 | 641687,00 | 1050000,00 |
| **Investissement (en Millions de DH)** | 11250,00 | 92177,00 | 134948,00 | 154000,00 |
| **Effectif** | 800 | 1400 | 2000 | 3400 |

- Pour la quatrième entreprise : **LEONI WIRING SYSTEMS BOUSKOURA**

| **Année** | **2014** | **2015** | **2016** | **2017 (avril à juin)** | **Prévisions 2017-2020** |
|---|---|---|---|---|---|
| **Chiffre d'affaires (en Millions de DH)** | 898 | 871 | 841 | 728 | 6900 |
| **Investissement (en Millions de DH)** | 32 | 92 | 51 | 85 | 291 |
| **Effectifs** | 2262 | 2445 | 2278 | 2000 | 2200 |

- Pour la cinquième entreprise : **DELPHI MAROC**

| Année | 2014 | 2015 | 2016 | 2017 (avril à juin) | Prévisions 2017-2020 |
|---|---|---|---|---|---|
| Chiffre d'affaires (en Millions de DH) | 2 589 724 520 | 3 021 038 418 | 2 652 049 705 | 4 224 000 000 | 18 128 000 000 |
| Investissement (en Millions de DH) | 129 000 000 | 212 000 000 | 292 000 000,00 | 237 000 000 | 1 245 000 000 |
| Effectifs | 6727 | 5989 | 7393 | 9909 | + 11500 |

- Pour la sixième entreprise : **YAZAKI KENITRA**

| Année | 2014 | 2015 | 2016 | 2017 (avril à juin) |
|---|---|---|---|---|
| Chiffre d'affaires (en Millions de DH) | 986.086,859 | 1.322.555,785 | 1.475.766,996 | 1450.629,80 |
| Investissement (en Millions de DH) | 72.502,457 | 24.958,985 | 34.676.200,14 | 18.241.400,00 |
| Effectif | 2.925 | 3.190 | 2.916 | 2.785 |

- Pour la septième entreprise : **LEONI WIRING SYSTEMS AIN SEBAA**

| Année | 2014 | 2015 | 2016 | 2017 (avril à juin) | Prévisions 2017-2020 |
|---|---|---|---|---|---|
| Chiffre d'affaires (en Millions de DH) | 1 101 | 1 027 | 1 082 | 684 | 4 190 |
| Investissement (en Millions de DH) | 44 ,4 | 79 ,4 | 26, 9 | 6 ,4 | 45, 2 |
| Effectifs | 3022 | 3346 | 2734 | 2329 | 1172 |

- Pour la huitième entreprise : **SEWS CABIND MAROC**

| Année | 2015 | 2016 | 2017 |
|---|---|---|---|
| Chiffre d'affaires (en Millions de DH) | 1 559 909 | 1 452 837 | 1 513 837 |
| Investissement (en Millions de DH) | 152 605 | 218 614 | 90 736 |
| Effectifs | 5149 | 4776 | 4896 |

**Les parts de l'achat**

| Eléments | Part de l'achat des matières premières à l'étranger | Part de l'achat des pièces de rechange à l'étranger | Part de l'achat des équipements à l'étranger |
|---|---|---|---|
| SE BORDNETZE MOROCCO SARL | 70% | 85% | 85% |

| | | | |
|---|---|---|---|
| FUJIKURA AUTOMOTIVE MOROCCO | 70% | 70% | 50% |
| LEAR AUTOMOTIVE MOROCCO SA | 66% | | |
| LEONI WIRING SYSTEMS BOUSKOURA | 65% | 24% | 21% |
| DELPHI MAROC | 65% | 76% | 78% |
| YAZAKI KENITRA SA | 81% | 73% | 82% |
| LEONI WIRING SYSTEMS AIN SEBAA | 92% | 25% | 35% |
| SEWS CABIND MAROC | 100% | 84% | 86% |

## La logistique : export/import

| Eléments | Valeur Importation (euro) | Pays-prin-provenance | Valeur Exportation (euro) | Pays-prin-distination |
|---|---|---|---|---|
| SE BORDNETZE MOROCCO SARL | 2110000,00 | Allemagne. | 3550000,00 | Espagne / Belgique / Slovaquie. |
| Fujikura Automotive Morocco | 88000,00 | Pays-Bas, France, Espagne, Italie, Allemagne, | 778900,00 | Espagne, Allemagne, Italie, Hongrie. |
| Lear Automotive Morocco SA | 150000,00 | UE, USA. | 155000,00 | Royaume-Uni, Allemagne, France, Espagne. |
| LEONI WIRING SYSTEMS BOUSKOURA | 260000,00 | France, Portugal, Espagne, Allemagne, et local. | 295000,00 | France, Espagne, Maroc Tanger. |
| DELPHI MAROC | 18900000,00 | Multiples Pays | 27000000,00 | Multiples Pays |
| YAZAKI KENITRA SA | 89000000,00 | Multiples Pays | 111000000,00 | 100 % Yazaki Europe Ltd - C à Conventry en Angl |
| Leoni Wiring Systems Ain Sebaa | 160000,00 | France/ Portugal/Allemagne/ Espagne/ Local | 282000,00 | France / Espagne / Maroc Tanger |
| SEWS CABIND MAROC | 50400000,00 | Italie | 123600000,00 | Italie / Espagne |

# Annexe n°4[340]

- Les résultats de la méthode ACM sur les items de l'attractivité

| | overall | | | dimension_1 | | | dimension_2 | | |
|---|---|---|---|---|---|---|---|---|---|
| Categories | mass | quality | %inert | coord | sqcorr | contrib | coord | sqcorr | contrib |
| Item1_2 | | | | | | | | | |
| 0 | 0.021 | 0.791 | 0.146 | 2.880 | 0.662 | 0.173 | 2.374 | 0.129 | 0.117 |
| 1 | 0.083 | 0.684 | 0.053 | -0.825 | 0.596 | 0.057 | 0.590 | 0.088 | 0.029 |
| 2 | 0.063 | 0.574 | 0.045 | 0.140 | 0.015 | 0.001 | -1.579 | 0.559 | 0.156 |
| Item1_3 | | | | | | | | | |
| 0 | 0.042 | 0.766 | 0.108 | -1.583 | 0.541 | 0.104 | 1.908 | 0.225 | 0.152 |
| 1 | 0.042 | 0.415 | 0.029 | -0.445 | 0.157 | 0.008 | -1.066 | 0.258 | 0.047 |
| 2 | 0.083 | 0.781 | 0.064 | 1.014 | 0.744 | 0.086 | -0.421 | 0.037 | 0.015 |
| Item1_4 | | | | | | | | | |
| 0 | 0.042 | 0.766 | 0.108 | -1.583 | 0.541 | 0.104 | 1.908 | 0.225 | 0.152 |
| 1 | 0.063 | 0.373 | 0.025 | -0.055 | 0.004 | 0.000 | -0.954 | 0.368 | 0.057 |
| 2 | 0.063 | 0.697 | 0.063 | 1.110 | 0.681 | 0.077 | -0.318 | 0.016 | 0.006 |
| Item1_5 | | | | | | | | | |
| 1 | 0.021 | 0.791 | 0.146 | 2.880 | 0.662 | 0.173 | 2.374 | 0.129 | 0.117 |
| 2 | 0.146 | 0.791 | 0.021 | -0.411 | 0.662 | 0.025 | -0.339 | 0.129 | 0.017 |
| Item1_6 | | | | | | | | | |
| 1 | 0.042 | 0.765 | 0.100 | 1.758 | 0.720 | 0.129 | 0.820 | 0.045 | 0.028 |
| 2 | 0.125 | 0.765 | 0.033 | -0.586 | 0.720 | 0.043 | -0.273 | 0.045 | 0.009 |
| Item1_7 | | | | | | | | | |
| 0 | 0.042 | 0.456 | 0.044 | 0.603 | 0.191 | 0.015 | -1.325 | 0.265 | 0.073 |
| 2 | 0.125 | 0.456 | 0.015 | -0.201 | 0.191 | 0.005 | 0.442 | 0.265 | 0.024 |

Les résultats de la méthode ACM sur les items de compétitivité

| | overall | | | dimension_1 | | | dimension_2 | | |
|---|---|---|---|---|---|---|---|---|---|
| Categories | mass | quality | %inert | coord | sqcorr | contrib | coord | sqcorr | contrib |
| Item2_1 | | | | | | | | | |
| 0 | 0.025 | 0.757 | 0.062 | 0.451 | 0.033 | 0.005 | 2.823 | 0.723 | 0.199 |
| 2 | 0.075 | 0.757 | 0.021 | -0.150 | 0.033 | 0.002 | -0.941 | 0.723 | 0.066 |
| Item2_2 | | | | | | | | | |
| 0 | 0.038 | 0.657 | 0.067 | 1.390 | 0.433 | 0.072 | -1.344 | 0.224 | 0.068 |
| 2 | 0.063 | 0.657 | 0.040 | -0.834 | 0.433 | 0.043 | 0.807 | 0.224 | 0.041 |
| item2_3 | | | | | | | | | |
| 0 | 0.025 | 0.480 | 0.070 | -1.673 | 0.403 | 0.070 | -0.981 | 0.077 | 0.024 |
| 1 | 0.012 | 0.165 | 0.045 | -1.005 | 0.113 | 0.013 | -0.916 | 0.052 | 0.010 |
| 2 | 0.063 | 0.724 | 0.033 | 0.870 | 0.583 | 0.047 | 0.575 | 0.141 | 0.021 |
| Item2_4 | | | | | | | | | |
| 1 | 0.012 | 0.033 | 0.048 | 0.156 | 0.003 | 0.000 | -0.723 | 0.030 | 0.007 |
| 2 | 0.088 | 0.033 | 0.007 | -0.022 | 0.003 | 0.000 | 0.103 | 0.030 | 0.001 |
| Item2_5 | | | | | | | | | |
| 1 | 0.012 | 0.843 | 0.043 | 0.537 | 0.034 | 0.004 | 3.514 | 0.809 | 0.154 |
| 2 | 0.088 | 0.843 | 0.006 | -0.077 | 0.034 | 0.001 | -0.502 | 0.809 | 0.022 |

340 )- Résultat issu du logiciel STATA.

| | | | | | | | | | | |
|---|---|---|---|---|---|---|---|---|---|---|
| Item2_6 | | | | | | | | | | |
| | 1 | 0.012 | 0.715 | 0.092 | -3.502 | 0.669 | 0.153 | -1.238 | 0.046 | 0.019 |
| | 2 | 0.088 | 0.715 | 0.013 | 0.500 | 0.669 | 0.022 | 0.177 | 0.046 | 0.003 |
| Item2_7 | | | | | | | | | | |
| | 0 | 0.012 | 0.745 | 0.067 | 2.441 | 0.451 | 0.074 | -2.647 | 0.294 | 0.088 |
| | 2 | 0.088 | 0.745 | 0.010 | -0.349 | 0.451 | 0.011 | 0.378 | 0.294 | 0.013 |
| Item2_8 | | | | | | | | | | |
| | 0 | 0.025 | 0.760 | 0.074 | 2.007 | 0.552 | 0.101 | -1.655 | 0.208 | 0.068 |
| | 2 | 0.075 | 0.760 | 0.025 | -0.669 | 0.552 | 0.034 | 0.552 | 0.208 | 0.023 |
| Item2_9 | | | | | | | | | | |
| | 0 | 0.012 | 0.715 | 0.092 | -3.502 | 0.669 | 0.153 | -1.238 | 0.046 | 0.019 |
| | 1 | 0.025 | 0.423 | 0.054 | 0.718 | 0.096 | 0.013 | -1.782 | 0.327 | 0.079 |
| | 2 | 0.062 | 0.592 | 0.029 | 0.413 | 0.148 | 0.011 | 0.960 | 0.443 | 0.058 |
| Item2_10 | | | | | | | | | | |
| | 1 | 0.037 | 0.706 | 0.065 | -1.690 | 0.668 | 0.107 | -0.538 | 0.037 | 0.011 |
| | 2 | 0.063 | 0.706 | 0.039 | 1.014 | 0.668 | 0.064 | 0.323 | 0.037 | 0.007 |

# Liste des tableaux

# Liste des figures

# Table des matières

## Structures éditoriales du groupe L'Harmattan


**L'Harmattan Italie**
Via degli Artisti, 15
10124 Torino
harmattan.italia@gmail.com

**L'Harmattan Hongrie**
Kossuth l. u. 14-16.
1053 Budapest
harmattan@harmattan.hu

---

**L'Harmattan Sénégal**
10 VDN SICAP AMITIE 3
BP 45034 Dakar-Fann
direction@senharmattan.com

**L'Harmattan Cameroun**
Tsinga/Derrière polyclinique FECAFOOT
BP 11486 Yaoundé
Jacques.koukam@harmattan.fr

**L'Harmattan Burkina Faso**
Villa 281, secteur 23 623, rue 14.32
Ouagadougou
zagbie@outlook.fr

**L'Harmattan Guinée**
Almamya, rue KA 028 OKB Agency
BP 3470 Conakry
harmattanguinee@yahoo.fr

**L'Harmattan RDC**
185, avenue Nyangwe
Commune de Lingwala – Kinshasa
matangilamusadila@yahoo.fr

**L'Harmattan Congo**
219, avenue Nelson Mandela
BP 2874 Brazzaville
deunovmikhael@gmail.com

**L'Harmattan Mali**
Immeuble Mgr Jean Marie Cissé
Aci Hamadallaye
BP 145 Bamako
syllaka@yahoo.fr

**L'Harmattan Togo**
Djidjole – Maison Amela
face EPP BATOME
02 BP 20680 Lomé
didieramela11@gmail.com

**L'Harmattan Côte d'Ivoire**
Résidence Karl – Cité des Arts
Abidjan-Cocody
03 BP 1588 Abidjan
harmattan.ivoire@gmail.com

**L'Harmattan Bénin**
Rue 604, (Immeuble à l'entrée
de la rue UCAO- Cite de Saint-Jean)
Cotonou
stepcorpus@gmail.com


---

## Nos librairies en France


**Librairie internationale**
16, rue des Écoles
75005 Paris
librairie.internationale@harmattan.fr
01 40 46 79 11
www.librairieharmattan.com

**Librairie des savoirs**
21, rue des Écoles
75005 Paris
librairie.sh@harmattan.fr
01 46 34 13 71
www.librairieharmattansh.com

www.ingramcontent.com/pod-product-compliance
Lightning Source LLC
LaVergne TN
LVHW021150061026
849535LV00002B/414
* 9 7 8 2 3 3 6 5 4 6 6 6 7 *